認知言語学を紡ぐ

森　雄一・西村義樹・長谷川明香 編

有薗智美
小松原哲太
鈴木　亨
八木橋宏勇
永澤　済
籾山洋介
野田大志
平沢慎也
野中大輔
古賀裕章
本多　啓
野村益寛
長谷川明香
西村義樹
井川壽子
張　莉
田中太一

くろしお出版

序

　本書は，「認知言語学を紡ぐ」というタイトルのもと，17 名の言語研究者
が，それぞれの問題関心において言語現象を分析した論考を収録する。本書
のもととなっているのは，2015 年度〜2017 年度成蹊大学アジア太平洋研究
センター共同研究プロジェクト「認知言語学の新領域開拓研究―英語・日
本語・アジア諸語を中心として―」（研究代表者：森　雄一）である。この
プロジェクトにおいては，研究会を 8 回，公開シンポジウムを 2 回開催し，
プロジェクトメンバーとゲストスピーカーが報告と討議を行った。ゲスト
スピーカーには認知言語学的手法をメインにしている研究者だけではなく，
様々なスタイルの研究者をお招きすることができ，認知言語学研究の活性化
のため，有意義な機会であったと考える。その成果が，成蹊大学アジア太平
洋研究センターからの助成を受け，本書『認知言語学を紡ぐ』と姉妹書『認
知言語学を拓く』の 2 巻に成蹊大学アジア太平洋研究センター叢書としてま
とめられることとなった。
　本書『認知言語学を紡ぐ』は，次のような構成となっている。
　第 1 部「規則性と変則性のあいだ」は，レトリックと逸脱表現を扱う。認
知言語学における最重要のテーマの一つであるレトリックを主題にした論考
では，定番の概念メタファー論ではなく，メトニミーの理解，くびき語法と
いった新鮮なトピックから，認知言語学によるレトリック研究は尽きること
なき泉であることをあらためて実感させられる。また，逸脱，誤用とされる
言語表現を丁寧に考察した論考からは，整合的な母語話者の言語運用が浮き
彫りとなる。第 2 部「認知意味論の諸相」は，命名における意味拡張，百
科事典的意味論，多義論について，それぞれの論者が自身の研究の蓄積を活
かし，新たな展開を探った論考群となっている。認知言語学のなかで最も中
心的なテーマの一つであるが，まだまだ考えなければならない問題は多い
ことがお分かりいただけると思う。第 3 部「構文論の新展開」は，when 節，
身体部位所有者上昇構文，使役移動事象，虚構使役表現，主要部内在型関係
節構文をそれぞれ扱った諸論考からなる。新進の研究者がそれまであまり光
があたっていなかった構文現象に挑むとともに，熟達の研究者が自家薬籠中
としている構文現象を見事にさばいている。日本の認知言語学研究の現在の
水準を理解いただく上で絶好のセットとなっていると自負するものである。

第4部「認知言語学から見た日本語文法」は，「自分」論と日本語の受身論という，日本語文法研究史の上でも認知言語学によるアプローチによっても繰り返し論じられてきたテーマを扱う。すでに何度も論じられてきた現象が新しい切り口でどのように扱われているかに注目いただきたい。

　以上に見たように，本書は，研究手法，言語現象のいずれかの面で今までの蓄積を活かしながらも，新たな認知言語学の世界を創りあげようという試みである。『認知言語学を紡ぐ』という書名の由来を理解いただけるであろう。なお，本書の姉妹書『認知言語学を拓く』は認知言語学外部からの刺激により認知言語学研究を展開させた論考を多く収録する。あわせてお読みいただければ編者にとって望外の喜びである。

　本書は，森，西村，長谷川の3名の編者によって責任をもって編集されたが，もととなったプロジェクトの企画立案，本書所収の論考の点検等，随所でプロジェクトメンバーの久保田篤氏（成蹊大学），眞田敬介氏（札幌学院大学），野田大志氏（愛知学院大学），石塚政行氏（東京大学）のお力添えを賜った。本書の執筆者のお一人，田中太一氏（東京大学大学院博士課程）には編集の重要な局面で多大な貢献をしていただいた。また，成蹊大学アジア太平洋研究センターの歴代所長，事務担当者の諸氏には，細やかなご援助をいただいた。本書の編集はくろしお出版の池上達昭氏が担当くださった。常に的確な助言をくださる氏の支えなしには，本書は成立し得なかった。以上の方々に心より御礼を申し上げる。

森　雄一　西村義樹　長谷川明香

目 次

第 1 部　規則性と変則性のあいだ

第 1 章　日本語母語話者による英語メトニミー表現解釈における

　　　　知識と文脈の役割...有薗智美　　3

第 2 章　レトリックの認知構文論

　　　　——効果的なくびき語法の成立基盤——.........................小松原哲太　25

第 3 章　創造的逸脱を支えるしくみ

　　　　—— Think different の多層的意味解釈と参照のネットワーク——

　　　　...鈴木　亨　47

第 4 章　母語話者の内省とコーパスデータで乖離する容認度判断

　　　　—— the reason... is because... パターンが妥当と判断されるとき——

　　　　...八木橋宏勇　71

第 2 部　認知意味論の諸相

第 1 章　生物の和名・俗名における意味拡張.................................永澤　済　93

第 2 章　百科事典的意味の射程——ステレオタイプを中心に——.....籾山洋介　115

第 3 章　現代日本語における名詞「名」の多義性をめぐって.........野田大志　137

第 3 部　構文論の新展開

第 1 章　英語の接続詞 when

　　　　——「本質」さえ分かっていれば使いこなせるのか——..........平沢慎也　161

第 2 章　打撃・接触を表す身体部位所有者上昇構文における

　　　　前置詞の選択—— hit を中心に——...野中大輔　183

第3章　日本語における使役移動事象の言語化

　　　──開始時使役 KICK 場面を中心に──..............................古賀裕章　203

第4章　英語における中間構文を埋め込んだ虚構使役表現について

　　　..本多　啓　231

第5章　主要部内在型関係節構文の談話的基盤..............................野村益寛　253

第4部　認知言語学から見た日本語文法

第1章　再帰と受身の有標性.. 長谷川明香・西村義樹　275

第2章　再帰代用形「自分」と Image SELF

　　　──言語におけるリアリティをめぐって──.......................井川壽子　299

第3章　非情の受身の固有性問題──認知文法の立場から──............張　莉　321

第4章　日本語受身文を捉えなおす──〈変化〉を表す構文としての受身文──

　　　...田中太一　343

第 1 部

規則性と変則性のあいだ

第 1 章

日本語母語話者による英語メトニミー表現
解釈における知識と文脈の役割

有薗智美

キーワード：メトニミー，比喩解釈，外国語，知識，文脈的手掛かり

1. はじめに

　認知言語学における比喩研究の成果は，外国語教育・学習における比喩研究に応用されており，特にメタファー表現の理解・記憶については盛んに研究が行われている。一方で，外国語学習におけるメトニミーの理解については，その必要性が指摘されながらも，メタファーほど研究が進んでいないのが現状である (Low 2008, Barcelona 2010)。本章ではまず，第 2 節で外国語における比喩解釈に関する先行研究を概観したうえで，第 3 節で日本語母語話者による英語のメトニミー表現の解釈に関するインタビューデータを基に，外国語のメトニミー表現の解釈がどのように行われているかを示し，解釈の可否に関わる要因を明らかにする。また第 4 節では，第 3 節で示したメトニミー表現の解釈データの中でも名詞転換動詞に焦点を当て，日本語母語話者を対象にした，ある名詞から想起される行為についてのアンケート調査の結果と照らし合わせて，当該項目に対して持つ知識とその表現が用いられる文脈が，適切な解釈をどのように促進・抑制しているかについて観察を行う[1]。

2. 外国語の比喩解釈

　外国語学習における比喩の処理能力として問題になるのは，理解・記憶・産出であるが，これまでの研究は，とりわけメタファーの理解と記憶に関す

---

[1]　Cruse (2011: 121) は，話し手と聞き手，書き手と読み手の関係や，談話の参与者がその場で見たり聞いたりできる言語表現以外の情報などを含む，5 つのタイプの文脈 (context) を挙げている。本章ではそのうち，前後の文や当該表現の直前直後に現れる語彙や構造，つまり，狭い意味での文脈 (linguistic context) を指す。

るものが多い。なかでも Littlemore and Low（2006）は，外国語学習者が比喩表現を理解する際のプロセスを querying routine として示している。それによると学習者はまず，当該表現の基本義，あるいは馴染みのある意味を認識し，その事物の形，構成要素，構造，機能について考え，それらが適切な意味かどうかを決定するために文脈を使用し，もし適切でないと判断した場合には，周辺的な関連性や概念を考えるということである。外国語の比喩表現を解釈する時，学習者は母語話者よりも注意深く，意識的に意味を導き出さなければならず，それゆえこの種の照合パターンをうまく利用することが求められる（Littlemore and Low 2006: 25）。このプロセスは，メタファー表現を適切に解釈するためのものとして示されているが，このような，比喩の動機付けに注意を向けるプロセスは，当該表現の解釈だけでなく，記憶にも効果的であることが明らかにされている（Kövecses and Szabó 1996, Boers and Demecheleer 1998, Boers 2004, Boers and Lindstromberg 2006 など）。以上のように，メタファーに関してはその動機付けに焦点を当てることが実際に学習効果を高めることが示されている。

　一方 Littlemore（2009, 2015）は，メトニミーは修辞的役割を担うだけでなく，物事に対する評価的態度を示したり他者を説得したりする際などにも用いられるため，メトニミーに焦点を当てることは外国語学習者にとって有益であると述べ，外国語学習におけるメトニミーの重要性を主張している。また，Barcelona（2010: 147–148）は，外国語学習におけるメトニミー教授の方法として「メトニミーに導かれる推論の遍在性に対する気付き，意識を高めること」，「メトニミートリガーとして適切な文脈を使用すること」，「言語あるいは文化に特有のバリアを説明すること」，「メトニミー思考を刺激すること」を提案している。ただし Barcelona 自身も指摘しているように，外国語のメトニミー表現の理解と使用を促す方法はこれまでに提案されているが，実際にそれらがどう作用するか，またどれほど効果があるかについてはほとんど研究されていない。

　そこで本章では，外国語のメトニミー表現の解釈が実際にはどのように行われているかを明らかにするために，日本語母語話者による英語のメトニミー表現の解釈のプロセスを，インタビューによって得られたデータを基に示していく。またこれに関連して，解釈の可否を左右する要因を明らかにす

る[2]。さらに第4節では，第3節で示した解釈データの中でも名詞転換動詞に
焦点を当て，当該項目に関して学習者はどのような知識を持っているかをア
ンケートによって明らかにし，それを基に，解釈に大きな役割を果たしてい
ると考えられる「知識」と「文脈的手掛かり」の，解釈への関与についてよ
り詳細に見ていく。

3. 日本語母語話者による英語のメトニミー表現の解釈ストラテジー

3.1 調査対象者

　本調査の対象となるのは，英国大学院のビジネススクールに通う日本語母
語話者 10 名であり，英語レベルは CEFR の B2 レベル（vantage；準上級）以
上に該当する[3]。

3.2 調査に使用されるメトニミー表現

　Kövecses and Radden（1998）に挙げられている概念メトニミーに動機付け
られた 20 のメトニミー表現を *British National Corpus* において採集し，文脈
とともに提示する[4]。なお，文脈については，当該表現を適切に解釈するのに
十分な量と内容であると英語母語話者一名に判断されたものである。

3.3 調査手順

　本調査はインタビュー形式であり，使用言語は日本語である。被験者はま
ず，調査資料中の下線が施された箇所（メトニミー表現）の意味を口頭で答
え，その後「なぜその表現がそのような意味を表すか」というインタビュ
アーの質問に答える。これにより，メトニミー表現の解釈において，被験者

---

[2] 　本章は，日本語母語話者が英語のメトニミー表現をどのように解釈しているかを明
らかにするものだが，Littlemore, Arizono and May（2016）の Study 1 では，同インタビュー
データを基に，日本語母語話者が起こす誤りに着目し，メトニミー解釈のエラー分類を提
示している。

[3] 　CEFR（ヨーロッパ言語共通参照枠）の B2 レベルは，IELTS では 5.5–6.5，TOEFLiBT で
は 72–94 などが該当すると言われている（文部科学省 2015）。CEFR の各レベルに関する詳
細は Council of Europe（2001）を参照のこと。

[4] 　本章では紙幅の関係上，調査資料として用いたメトニミー表現と文脈の全てを載せる
ことはできないが，本章の目的であるメトニミー解釈のストラテジーを示すために必要な
調査資料については，本文中に挙げる。

がどのような動機付けを行うかを見る。この一連のプロセスは，ビデオ録画されている。なお，本調査の被験者と同レベルの英語能力を持つ二名に対して予備調査を行っており，そこで難しいと判断された単語については，本調査では予め単語の下に意味を記入し，それ以外に本調査で被験者の知らない単語があった場合には，必要に応じてその場で教える。さらに，被験者の回答が当該文脈中のメトニミー表現の意味として妥当か否かは，二名の英語母語話者が判断した。

3.4 結果と考察

3.4.1 メトニミー解釈のストラテジー

インタビューにおける被験者の意味解釈とその動機付け説明により，日本語母語話者は英語のメトニミー表現を解釈する際，以下のストラテジーを用いていることが分かった。

（A） 文脈的手掛かりの利用
（B） 当該表現についての知識の利用

山梨 (1995: 30) は，メトニミー表現の理解について「文脈や知識が与えられる限り，問題の伝達内容の一部を記号化することによって，その対象を補完的に理解していくことが可能になる」と述べているが，母語だけでなく外国語のメトニミー表現を解釈する際にも，文脈と知識が主要な役割を担っている。一方で，これらはメトニミー表現の解釈に特有のものではない。Evans and Green (2006) は，語は百科事典的知識へのアクセスポイントであり，語の意味というのは，文脈的情報が百科事典的意味の選択に影響を与えた結果，オンラインで構築されると述べている。つまり，ある語が複数の意味を持つ際には，それがメトニミー表現であるか否かに関わらず，当該項目が埋め込まれた文脈と，その語に対して持つ百科事典的知識が求められるということである。しかし，メトニミー解釈の際に利用する知識がどのようなものであり，またどのような文脈的手掛かりであるかを詳細に見てみると，メトニミーに特有のものも観察された。以下，順に見ていく。

まず，文脈的手掛かりの利用であるが，この文脈的手掛かりには，同一文中で問題となるメトニミー表現の直前直後に現れる要素を参照する場合と，

当該項目を含む文とは異なる文を参照する場合があり，特に前者の場合，ア
クティブゾーン（AZ）とプロファイル（PF）の不一致（Langacker 1987）に対す
る気付きという，メトニミー解釈特有のストラテジーを含んでいる。以下の
例を見てみよう。

（1） Somewhere in the formless murk, a lone blues trumpet was improvising
　　　around 'Love for Sale'. [...]

（1）の *trumpet* は〈楽器〉ではなく，〈トランペット奏者〉を表す。これを適切
に解釈した4名の被験者が，動詞（*was improvising*）の主語は人でなければな
らず，したがって *trumpet* は〈楽器〉ではなく〈奏者〉を表すと説明した。ここ
では，楽器の〈トランペット〉が参照点，'improvising' というプロセスに関連
して実際に活性化されるのは〈トランペットを演奏する人〉である。つまり被
験者は，動詞によって *trumpet* のアクティブゾーンを理解したのである。言
い換えれば，AZ/PF の不一致に対する気付きにより，当該表現を解釈するた
めのメトニミー的思考が活性化されたことになる。この気付きは結局，動詞
の存在によるものであり，*trumpet* 自体が何を指示しているかを特定するの
に，言語文脈に手掛かりを求めていることを表している。つまりこれは，広
く捉えれば「文脈的手掛かりの活用」という，語の意味の一般的な解釈スト
ラテジーでありながら，詳細に見るとメトニミー解釈に特有のものであると
言える。また，以下の例でも同様に直前直後の要素が解釈に影響している。

（2） Nothing is sacred; when the Princess of Wales bought a Mercedes in
　　　February he accused the Royals of 'showing contempt for British workers
　　　while living off the fat of the land'.

（2）の *Mercedes* は，PRODUCER FOR PRODUCT により，〈メルセデス社〉
を表す形式でその製品である〈車〉を表すが，これを適切に解釈したある被験
者は，直前に冠詞の *a* があることから〈会社〉ではなく一台の〈車〉を表してい
ると説明した。
　一方次の例では，当該項目が埋め込まれた文とは異なる文を参照していた。

（3） Since 1965 the species has been noted in each month between October (21st) and May (30th), but there are earlier records for July (31st, 1959), and September (27th–30th, 1958). An injured bird also summered at Darwell Reservoir in 1958.

（3）の summered についてある被験者はまず，「夏にすることはなんだろう」と述べており，このことから TIME FOR ACTION によって意味を導こうとしていたことが分かる。しかし，同一文中の主語の an injured bird を参照するだけでは動詞としての summer が表す意味を特定することができなかったため，前文を読み直したところ渡り鳥に関するものだと気付き，それによって下線部の意味を〈ダーウェル貯水池で過ごした〉と適切に解釈した。つまりこの回答は，文脈的手掛かりの中でも直前直後の要素ではなく離れた要素がフレームの特定に役立ったケースである[5]。また，文脈的手掛かりの活用により，誤った解釈の修正を行ったケースも確認された。

（4） Dressing for television is covered at length (ties made from madder silk and with an Olney knot at the best for keeping the microphone in place). And there is a good account of the infamous Nixon/Kennedy TV debate when Kennedy's aide even turned up the heat in Nixon's dressing-room to make him sweat more.

（4）の turned up the heat についてある被験者は初め，〈議論が熱を帯びた〉と答えた。これは，興奮を熱によって捉える概念メタファーによって解釈を行ったと考えられるが，この被験者はすぐに波線部分に触れ，〈暖房の温度を上げた〉と回答を修正した。このようなケースから，文脈的手掛かりは，実際に指示されるフレームを特定するなど解釈のプロセスにおいて利用されるだけでなく，一度行った解釈が適切かどうかを判断するためにも利用されていることが明らかになった。

　次に，ある語に対して持つ知識の利用について見てみよう。ここでの「知識」には，比喩表現に限らず，ある言語表現の意味を理解するのに必要なひ

---

[5] フレームとは，経験に基づき構成された知識の総体であり，このフレームにおいて，二つの要素がメトニミー関係を築いている。

とまとまりの背景知識（フレーム）や，そのフレームにおけるメトニミー関係に関する知識（例えば，〈作者〉によって〈作品〉を表すことがあるなど）だけでなく，抽象化・構造化される以前の知識ともいうべき心的イメージを含む。当該項目に対して何らかの適切な知識を持っていれば解釈がより具体的になる例として，まずは心的イメージが解釈を助ける例を見てみよう。

（5）　The wind seems to <u>whistle</u> through the doors and windows.

（5）の whistle について，〈ぴゅーぴゅー吹き抜ける〉と適切に解釈した複数の被験者が，「笛の音のような高い音をたてて通り抜ける」と説明した。これは〈笛〉に関わる音や内部の空気を吹き出す力強さなどを解釈の際に想起しており，笛に対する聴覚・視覚イメージが適切な解釈を促している。このことは外国語のメタファー解釈においてはすでに観察されており，当該項目に関するイメージの具体性が解釈の精度に影響することが報告されている（Littlemore 2009）。

　一方，以下の例はより抽象化された，メトニミーに特有の知識を利用した例である。

（6）　US officials insist that <u>Washington</u> is not pushing the idea, but confirmed that it will be a topic of conversation when the chairman of the Federal Reserve, Alan Greenspan, visits Moscow this weekend.

（6）の Washington について，単なる地名ではなく〈アメリカ政府〉と正しく解釈した被験者の中には，「霞が関」で〈日本政府〉を表すのと同様，場所で機関を表していると指摘した者がいた。このことは，PLACE FOR INSTITUTION が英語表現だけでなく母語の日本語表現においても動機付けとして認められ，またそれによって地名で〈政府〉を表すという事例も共通しており，これを正しく適用して解釈を行っていることを示している[6]。つま

---

[6]　ただしこの Washington の解釈においても，Washington だけを見て即座に〈政府〉と解釈したのではなく，被験者が明示的に説明していないだけで，述部（is not pushing the idea）を参照して AZ/PF の不一致に気付いたうえで，PLACE FOR INSTITUTION を想起したと考えるのが自然である。

り，PLACE FOR INSTITUTION という概念メトニミーが知識として被験者の頭に存在しており，それを適用しているということである。

（7）Cats hate to bury their faeces in a place where they have recently done so. In the garden you will see them <u>nosing around</u> trying to find a new place to dig a hole.

また，（7）の *nose* は名詞転換動詞であり，本来は身体部位の〈鼻〉を表す形式によって，それを用いて行う〈嗅ぐ〉という行為を表している。日本語にはゼロ派生の名詞転換動詞は存在しないにも関わらず，複数の被験者が下線部を〈嗅ぎまわっている〉と正しく解釈し，彼らは皆「鼻で匂いを嗅ぐため」であると説明している。つまり，INSTRUMENT FOR ACTION により，道具とそれを用いて行う行為を適切に関連付け，解釈を行っている。またさらに一歩進んで，英語においては，ある名詞がそれと関係する行為を表すのに用いられることがあるということを指摘した被験者もいた。

　これらの回答から分かるのは，複数の表現に関与する体系的動機付けとしてのメトニミー関係（PLACE FOR INSTITUTION や INSTRUMENT FOR ACTION など）がすでに学習者の知識体系の一部にあり，母語に当該メトニミーの対応する事例があろうとなかろうと，学習者はその知識を利用して外国語のメトニミー表現の解釈を行っているということである。

3.4.2　適切なメトニミー解釈を左右する要因

　外国語のメトニミー表現を解釈する際にも，母語のメトニミー表現を解釈するのと同様，文脈と知識（心的イメージを含む）が不可欠であることが分かったが，では，どのような場合にそれらが有効に働くのであろうか。本節では前節に続き，適切なメトニミー解釈を導くケースをさらに掘り下げ，同時に，適切な解釈を妨げる要因についても考察する。というのも，Kövecses（2005, 2006）は，メタファー表現の解釈において有効に働くはずのストラテジーが，時として誤解釈を導く可能性があると指摘しており，本研究においても同様の現象が観察されたためである。つまり，意味の解釈に必要な知識と文脈は，十分な量が与えられないか，もしくは十分な量が与えられたとしても適切にそれを利用することができなければ，（当然のことながら）解釈

の役に立たないだけでなく，解釈の妨げになることさえあると言える。
　まず，解釈の成否を左右する文脈的手掛かりについて見てみよう。

（8）　The rooms, painted green, were dark and damp and smelled of alien
　　　growths. Ludens tiptoed into the kitchen and was amazed to see two mugs
　　　on the table with remnants of tea in them.

（8）では，*tiptoe* を〈つま先立ちで入る〉や〈忍び足で入る〉のように適切な解釈
を行った被験者の多くが，直後にある *into* の存在に触れ，それによって動詞
tiptoe がつま先を使った移動を表すと説明した。以下の（9）についても同様
に，当該項目の直後にある要素を参照したと説明する被験者が多かった。

（9）a.　Being mothered by a grandparent...
　　　b.　Rocks were blanketed with brown seaweeds...

（9）の *mother*, *blanket* は（8）の *tiptoe* 同様，メトニミーに基づく名詞転換動
詞である。妥当な回答に対する動機付け説明では，（9a）の *being mothered* は
動作主を表す *by a grandparent* により〈育てられる〉という意味に，（9b）の
were blanketed は道具を表す *with brown seaweeds* により〈覆われる〉という意
味に解釈されたことがわかった。動詞の解釈として，後続する要素を参照す
ることはメトニミー表現の解釈に限ったことではないが，ここで重要なの
は，それが名詞によって喚起される行為の特定（換言すれば，フレームの特
定）に役立っているということである。つまり，*tiptoe* だけを見て〈つま先立
ちをする〉と答えた被験者も，後続する *into* により〈つま先立ちで入る〉とい
う移動の意味へと回答を変更しており，〈つま先〉が道具として関与する行為
のフレームを〈移動〉のフレームに正しく特定したのである。同様に，例えば
（9a）は *by a grandparent* の存在が，*mother* を〈出産〉フレームではなく〈養育〉
フレームに正しく関連付けるのに役立っている。ただし，（8）では前置詞その
ものが移動フレームの特定に役立っているのに対し，（9）では前置詞自体
ではなくそれが導く名詞句がフレームの特定を助けており，この点について
は今後詳細に検討する必要がある。
　以上のように，当該表現が動詞の場合には直後に現れる前置詞やそれが導

く名詞句を参照したり，あるいは前節 (1) の *trumpet* を解釈する際に，主語
である当該項目の直後に位置する動詞を参照したり，(2) の *Mercedes* の解
釈では直前の冠詞 *a* を参照したりするように，解釈の際に利用する文脈的手
掛かりの中でも，当該項目の直前直後に置かれている要素が，解釈に対して
より強い影響を与えると考えられる。そして，前節 (3) の *summer* の例のよ
うに，直前直後の言語文脈から解釈が定まらない場合（そのような強い影響
を与える要素を持たない場合，あるいはそれを参照することによって確信が
持てない場合）には，同一文中だけでなく，提示された言語文脈全体を通し
て手掛かりを検索する傾向にある。また，この場合には，*into* や *a* などの機
能語ではなく内容語を参照し，当該項目を含む文だけでなく，提示された複
数の文全体のトピックを考え，そこから再び当該項目の意味を解釈しようと
するようである。

　一方，学習者は，当該項目の文字通りの意味には馴染みがある場合でも，
文脈的手掛かりの誤用により解釈を誤ってしまうケースもある。

(10)　Since 1965 the species <u>has been noted</u> in each month between October
　　　(21st) and May (30th), but there are earlier <u>records</u> for July (31st, 1959),
　　　and September (27th-30th, 1958). An injured bird also <u>summered at</u>
　　　<u>Darwell Reservoir</u> in 1958.

この例について，動詞の *summer* の意味を〈観察された／発見された〉と回
答する被験者が多く，インタビューではその理由として波線部の *has been*
noted や *records* の存在が指摘された。つまり彼らは，波線部の意味に引き
ずられて，*summered* を受身で解釈してしまっているのである。これはすで
に，外国語のメタファー表現の解釈に関する研究においては観察されてお
り，学習者は文脈の存在によって，イメージ，母語の知識，個々の語の解釈
プロセスを利用しなくなることがあると報告されている (Skoufaki 2005)。

　次に，メトニミー解釈に対する知識の関わりを見てみよう。メトニミーで
は，ある形式が同一フレーム内の別の要素を表すのに用いられており，それ
を解釈する際には当然，このフレームを適切に想起できるか，あるいはフ
レーム内で実際に指示される要素を特定できるかが鍵になる。したがって，
メトニミーを成立させるフレームが特定しにくい場合，あるいはフレーム内

の情報が母語話者のそれとはずれていると思われる場合には，解釈を誤ってしまう。以下の例を見てみよう。

(11)　Unlike both his younger brother and sister, who clearly suffered from an inability to form stable ties with other people and seemed to depend on the bottle to bolster their self-assurance, Valentin's reputation was almost that of a good prince in a fairy-tale.

(11) の *the bottle* について，ほとんどの被験者はその形や用途などを具体的に想起できたとしても，それが関わるフレーム（ここでは〈飲酒〉）を特定できていなかった。インタビューで誤った解釈を行った被験者たちは，いかなる文脈的手掛かりについても指摘していないため，文脈的手掛かりの利用がうまくいっていないことが一つの理由であると思われる。ここで注目すべきは，半数以上の被験者がメタファーにより創造的に解釈したということである。これは Littlemore による一連のメタファー解釈研究においては見られなかったエラーである。つまり，学習者は馴染みのある語が馴染みのない用法で用いられているという状況で，その意味の解釈に困難を伴う場合，メトニミー思考よりもメタファー思考を優先する傾向にある (Littlemore et al. 2016 参照)。さらに，次の例もフレームの特定に問題があるケースである。

(12)　When the Cordorys had finished landscaping their garden, they decided to add the finishing touches and brighten it up by designing and making their own garden furniture.

(12) の *landscape* のような名詞転換動詞の場合，それが事物ではなく何らかの行為を表すということは即座に認識できても，当該項目に対して母語話者とは異なる知識を持つことから，当該文脈においては誤ったフレーム（内の要素）にアクセスしてしまうことがある。日本語母語話者にとっては *landscape* は〈眺める対象〉であり，3 名が下線部を〈庭を眺める〉と誤って解釈した。動詞の *landscape* の適切な解釈は〈整備する〉という意味であり，これが可能であるのは，英語母語話者にとって，*landscape* に対する〈造園の結果（生じるもの）〉という知識が顕著であるためであり，つまりここでの不適

切な解釈には，文化的な要因が関与していると考えられる。

　ここで，学習者にとって最も解釈に困難を伴う慣用表現について見てみよう。慣用表現は，個々の構成要素の総和以上の意味を句全体で表すものであるため，学習者は個々の構成要素には馴染みがあっても，解釈に困難を伴う場合がある[7]。

(13)　[...] Dobson and his mob just <u>laughed you off the street</u> tonight and we can't afford that. [...]

(13)の下線部を正しく〈笑って通りから追い出した〉と解釈した被験者はおらず，*laugh* を〈笑う〉あるいは文脈を考慮して〈あざ笑う〉と解釈し，*off the street* を〈道の端で〉，〈道路から離れて〉などと解釈した。これは，学習者は複数の語によって構成される比喩表現に対し，その表現全体にアクセスできない場合，個々の語をそれぞれ理解しようとするという Littlemore and Low (2006) の主張に沿う。分析可能性の低い表現に関しては，個々の構成要素に馴染みがあり，それらについてある程度の知識を持っていたとしても，それらが組み合わさって個々の部分の総和以上の意味を持つ時，同じパターンの構文を知っていればそこから類推できる可能性は当然あるが，そうでなければ学習者にとって解釈はほとんど困難である。つまり，慣用的に結びついた句全体の意味を解釈する際に，本節で見てきた他の表現の解釈では役立った個々の語に関する知識や文脈的手掛かりを利用しようとしても，ほとんど意味をなさない場合もあるということである。

　さて，分析可能性が低い慣用表現を除き，メトニミーの解釈では文脈的手掛かりの適切な利用と，背景知識としてのフレーム（内の要素）の特定が重要であることが分かるが，では，どちらがより強力なストラテジーとして作用するのか。Littlemore (2008) は，外国語のメタファー解釈において，母

---

[7]　Kövecses and Radden (1998) では，*to laugh someone off some place* は MEANS FOR ACTION の例として挙げられており，動詞 *laugh* の多義として分析していることが分かる。一方構文文法の考えでは，動詞自体の意味は一定であり，移動の意味は使役移動の構文（[NP₁ V NP₂ PP]）によって与えられると考える。3.2 節で述べた通り，本章で使用する調査資料は Kövecses and Radden (1998) に挙げられているものを BNC で採集して使用しており，この例もメトニミーに基づく動詞の多義として含めている。

語話者によってイメージしやすい（つまり，具体的に想起しやすい）と判断された表現ほど，学習者の正答率が高いと主張している。一方有薗（2016）は，学習者が母語話者の持つフレーム内の情報（フレーム内の要素だけでなく，それらの相対的顕著さ）を共有していなければ，解釈は不可能であると主張している。したがって，知識（構造化された知識だけでなく，心的イメージも含む）と解釈の関係を示すためには，母語話者ではなく学習者の持つ知識を調査しなければならない。そこで次節では，メトニミー解釈において当該表現に対して学習者が持つ知識と解釈の可否の関係を明らかにするために，日本語母語話者に対するアンケート調査を行う。

4. 名詞転換動詞の解釈と，名詞から想起される行為との関係

　本節では，第3節のインタビュー調査によって得られた名詞転換動詞のデータに特に焦点を当て，新たに名詞転換動詞の連想行為アンケートを行い，知識と解釈の関わりについて考察する。前節（7）の *nose* に対する〈嗅ぐ〉という解釈において見られるように，名詞が動詞として用いられているという気付きにより，日本語母語話者はまず，問題の表現が〈事物〉ではなくそれに関連した〈行為〉を表すと即座に考える。つまり，品詞転換というのは，特に非母語話者にとってはフレームの活性化や文脈の参照によるメトニミー思考を助けるものである。

　前節で見たように，外国語のメトニミー表現を解釈する際にも，それ以外の表現を解釈するのと同様文脈と知識の両方が不可欠であり，どちらか一方を利用して解釈を行う場合は解釈の妥当性に問題が生じる場合がある。しかしながら，Littlemore et al.（2016）は，実際に指示される行為が他の行為に比べて際立っている場合，当該項目と実際の意味を結び付けやすく，解釈を行いやすいが，複数の行為が同等に容易に喚起される項目の場合には，そこからさらに文脈に合致するものを選択しなければならず，正答率は相対的に低くなる可能性があると主張している。また，Piquer Píriz（2008）は，スペイン語を母語とする若年英語学習者に対するメトニミー表現解釈の実験を行い，例えば *not open one's mouth*（〈口を開かない〉ことを表す形式で〈話さない〉ことを表す）のように，当該表現の意味が身体部位の顕著な機能に基づいて拡張している場合，母語に対応する表現がないとしても，若年外国語学習者（5;8–11;9）は適切に意味を解釈すると主張している。この例は名詞転換

動詞ではないが，メトニミー表現の解釈に対して，ある語に結びついた顕著な知識の存在（例えばある身体部位と，その部位の典型行為や機能）が，適切な解釈に大きな影響を与えると主張しているという点では同様である。

　これらの先行研究の主張が正しければ，ある名詞に対して日本語母語話者が想起する行為として顕著なものがあり，しかもその知識が名詞転換動詞の意味と一致していれば，それが適切な解釈を導く強力な要因となり，その項目の正答率は高くなるはずである。したがって本節では，ある名詞転換動詞が文脈において表す比喩的意味が，それが文脈から独立して示された際に連想される行為と一致しているか否かによって，解釈に影響があるかを見る。

4.1　アンケート対象者

　アンケートの対象者は，イギリスの大学院を修了した日本語母語話者 12 名で，第 3 節において名詞転換動詞を解釈した日本語母語話者と同等の英語レベル（CEFR の B2 レベル以上）である。

4.2　アンケート内容

　名詞転換動詞として用いられる 7 の名詞（*blanket, nose, mother, tiptoe, garage, landscape, summer*）を単独で提示し，各語について連想する行為を，辞書などを参照せずに記入してもらう（複数回答可）。

4.3　結果と考察

　日本語母語話者による連想行為のアンケート結果は表 1 の通りである。

表 1　日本語母語話者による，英単語から連想される行為（回答者 12）[8]

blanket		nose		mother		tiptoe		garage		landscape		summer	
かける	9	嗅ぐ	10	育てる	4	つま先立ちする	6	駐車する	10	眺める	10	泳ぐ	6
包む	5	かむ	3	食事を作る	4	忍び足で歩く	3	物を収納する	5	写真を撮る	4	汗をかく	6
保温する	5	すする	3	世話をする	3	バレエをする	3	開閉する	5	旅行する	3	プール・海に行く	2
くるまる	2	鼻水が出る	2	叱る	3	その他	10	点検する	2	絵を描く	2	その他	21
覆う	2	鼻血が出る	2	教える	3			その他	6	楽しむ	2		
寝る	2	飛び出る	2	授乳する	3					広がる	2		
寒がる	2	その他	10	愛情を注ぐ	2					その他	5		
その他	10			家事をする	2								
				その他	11								

---

[8]　表 1 では，各項目の最下部にある「その他」には，他の回答者と共通していない行為がまとめられている。

この結果を基に、当該項目に対して想起される顕著な行為と名詞転換動詞としての意味の関係を示すと以下のようになる。

(a) 名詞から想起される顕著な行為と、文脈中における名詞転換動詞としての意味が一致：nose, garage
(b) 名詞から想起される顕著な行為と、文脈中における名詞転換動詞としての意味が不一致：landscape, tiptoe, summer, blanket, mother

(a)は、アンケートで半数（6名）以上の人が名詞から共通する行為を連想しており、しかもその行為が名詞転換動詞としての意味と一致しているケースである。(b)は、半数以上が共通して連想する顕著な行為が認められたが、それが名詞転換動詞の意味とは一致しないか、あるいは半数以上が共通して連想する行為がなかったため、名詞転換動詞の意味との一致を問題にできなかったケースである。これを、第3節における解釈インタビューで得られた名詞転換動詞の正答数（以下図1）と照らし合わせ、当該項目に対する知識と文脈中の意味の関係ごとに、解釈の可否への影響を見てみよう。

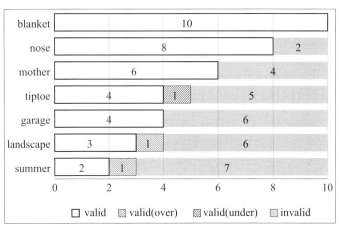

図1　名詞転換動詞の解釈（全回答10）[9]

---

[9] valid(over)は、英語母語話者に「妥当ではあるが意味を特定し過ぎている」と判断された回答であり、一方valid(under)は「妥当ではあるが解釈が足りない」と判断された回答

まず，文脈における当該表現の比喩的意味と，日本語母語話者による当該語から想起される顕著な行為が一致している例として，*nose* と *garage* が挙げられる。連想行為アンケートでは，*nose* に対して 12 名中 10 名が〈嗅ぐ〉という行為を挙げており，これは *nose* の動詞としての意味と一致している。

(14) Cats hate to bury their faeces in a place where they have recently done so. In the garden you will see them <u>nosing</u> around trying to find a new place to dig a hole.

解釈インタビューでの正答数は 10 名中 8 名であり，当該の語が名詞転換動詞として，その語から連想されやすい顕著な行為を表す場合には正答が得られやすいと言えそうである。一方，*garage* についても，連想行為アンケートでは 12 名中 10 名が〈駐車する〉という行為を挙げており，文脈中の比喩的意味と一致している。それにもかかわらず，*nose* とは異なり解釈インタビューでの正答数は 10 名中 4 名と多くない。

(15) The continuing rise in claims costs has made it necessary to increase <u>the Society's premium rates for all classes of motor policy</u>. For some policyholders the increase is partially or even wholly offset by adjustments made to the premiums for (a) certain models of motor car for which the Rating Group has been reduced and (b) vehicles <u>garaged</u> in certain Rating Districts where the claims experience has been particularly satisfactory.

ここで注目すべきは，インタビューにおいて不正解だった 6 名のうち 4 名の回答が，過剰な拡張により解釈を誤ったケースだということである。この 4 名は，一度は〈停車する〉と適切に解釈を行ったにもかかわらず，波線部分によって保険に関する文脈であることを指摘し，そこからさらにそれぞれ〈登録される〉，〈分類される〉，〈ランク付けされる〉，〈適用される〉と回答を修正した。つまり，想起される顕著な行為に基づき適切に解釈を行ったうえで，文脈を参照することによってさらなる拡張を行ってしまったことになる。

である。詳細は Littlemore et al.(2016) を参照のこと。

続いて，顕著な行為が認められたが，それが名詞転換動詞の意味とは一致しないケースである。まず解釈インタビューでは 10 名中 4 名しか正解していない *landscape* であるが，以下の例では名詞転換動詞として，〈造園する〉という意味を表している。

(16)　When the Cordorys had finished landscaping their garden, they decided to add the finishing touches and brighten it up by designing and making their own garden furniture.

連想行為のアンケートでは 12 名中 10 名が〈眺める〉という行為を挙げており，これが，日本語母語話者が *landscape* に対して想起する顕著な行為であると言える。*nose* や *garage* の解釈を考えると，(*garage* は余分な拡張を行ってはいるものの) 想起される顕著な行為に基づく解釈を行っているため，それらと同様に *landscape* でも，より多くの被験者が解釈インタビューにおいて〈眺める〉と解釈していてもおかしくないが，実際に〈眺める〉と回答したのは誤回答の 6 名中 3 名のみであった。したがって，その語によって想起される顕著な行為があるからといってそれが必ずしも解釈に最も強い影響を与えているわけではないことが分かる。次の *tiptoe* も同様に，顕著な行為と文脈中での適切な解釈が一致していないケースであるが，解釈インタビューの方では半数が適切に解釈している。

(17)　The rooms, painted green, were dark and damp and smelled of alien growths. Ludens tiptoed into the kitchen and was amazed to see two mugs on the table with remnants of tea in them.

アンケートでは，半数が *tiptoe* から連想される行為として〈つま先立ちをする〉を挙げている。一方解釈インタビューでは，10 名中 5 名が後続の *into* の存在を指摘し，〈忍び足で歩く〉という移動の意味に適切に解釈していた。つまり，第 3 節ですでに述べたとおり，強い影響を与える文脈的手掛かりの存在により，単につま先で立つだけでなくその部分を用いて移動するという意味を導いたことになる。このような例から，想起される顕著な行為と名詞転換動詞としての意味の間にずれがあっても，文脈的手掛かりを利用して適切

に解釈できることが分かる。また，以下の *summer* は解釈インタビューにおける正答数は 10 名中 3 名と最も少なかった。

(18) Since 1965 the species has been noted in each month between October (21st) and May (30th), but there are earlier records for July (31st, 1959), and September (27th-30th, 1958). An injured bird also <u>summered</u> at Darwell Reservoir in 1958.

連想行為アンケートでは，*summer* に対して半数が〈泳ぐ〉と〈汗をかく〉という行為を連想していたため，これらを顕著な行為とすることができるだろう。その一方で，他の項目と比較して想起される行為にばらつきがあった。これは，*summer* が具体物ではないことが関係していると思われる。具体物，特に人工物は何らかの用途のもとに存在しており，したがって特に文脈が提示されていなくとも，それに関わる行為を限定的に想起しやすい。それと比較して，〈夏〉などはそれほど容易ではなく，アンケートではかなり個人的な経験なども含め，人間の行う行為のみが〈夏〉に関する行為として挙げられていた。この語の解釈では，インタビューにおいて，文脈中の手掛かりの探索が他の項目の解釈と比較して活発に行われていた。解釈インタビューでの正答数の少なさは，顕著な行為が人間の行う行為であるため，渡り鳥がテーマである当該文脈においては当てはまらず，また渡り鳥と〈夏〉によって表される行為の関係が特定できなかったためであろう。

　最後に，*blanket* と *mother* を見てみよう。

(19) Rocks close under the window were covered with grey and orange lichens; further out they were encrusted with barnacles and beyond that they <u>were blanketed</u> with brown seaweeds, their slimy fronds gleaming in the sunshine.

連想行為アンケートで 12 名中 9 名が〈かける〉を挙げているが，名詞転換動詞としての意味は〈覆う〉であり，これだけを見れば，想起される顕著な動詞としての意味は厳密には異なる。ただし，この〈かける〉と〈覆う〉について，実際に名詞から想起される顕著な行為と比喩的意味が一致していないとは言

い切れない。というのも，連想行為アンケートの回答者は，自分や他者に毛布を掛けて温まったり温めたりする，あるいは毛布を掛けて覆ったり隠したりするというある程度共通した一連の行為を想起しており，その行為のどの部分を切り取るかによって〈かける〉〈包む〉〈くるまる〉〈覆う〉という異なる語で表している可能性がある。つまり，知識としては何らかの対象に毛布を掛けてそれによって対象が覆われるという全体的行為を想起しており，そのうちのどの部分が意味として切り取られるかの選択を，文脈的手掛かり（*with brown seaweeds*）により行っていると考えられる。

　また，*mother* については，連想行為アンケートでは相対的に回答数が多かったのが，〈子供を育てる〉ことと〈食事を作る〉の二つであったが，どちらも半数以上には満たず，顕著な行為とは言い難い。一方，解釈インタビューでは，以下の *mother* を 10 名中 6 名が〈育てる〉と適切に解釈した。

(20)　Being <u>mothered</u> <u>by a grandparent</u> was certainly not always a happily
　　　remembered experience, and for one illegitimate Scots girl it generated a
　　　lifetime of mutual bitterness.

第3節で述べた通り，インタビューでの動機付け説明では正解したほとんどの被験者が下線の *by a grandparent* の存在を指摘している。つまり，純粋にその名詞から想起される顕著な行為のみが解釈の可否を左右するのであれば，〈食事を作る〉のような意味に解釈する可能性もあるはずであるが，直後の要素を参照することにより，〈育てる〉の読みを選択したと言える。ただし，連想アンケートを見ると〈育てる〉の他に〈世話をする〉〈叱る〉〈教える〉〈愛情を注ぐ〉のように，子供を養育する際の行為が挙げられており，*blanket* と同様，叱ったり愛情を注いだりしながら子供を育てるという知識を持っており，ここでも実際の文脈を参照することによってそのうちどれを意味として選択するかを決定している可能性がある。

　以上のことから，名詞によって想起される顕著な行為とその名詞が動詞として用いられる際に表す意味が一致していることが，解釈を成功に導くのではないことが分かる。文脈の参照によってその顕著な行為を破棄する場合もあり，解釈の際に知識を適切に利用できるか否かは，文脈的手掛かりを適切に利用できるか否かに左右されるのである。つまり，当該項目に対して日本

語母語話者が持つ知識（ここでは，名詞から想起される顕著な行為）と意味の解釈との関係を見てきたが，解釈の際の知識の想起は，言語文脈によって促進・抑制されているのである。

5. おわりに

　本章では，英語のメトニミー表現の解釈において日本語母語話者が用いるストラテジーとして，一般的な語の解釈と同様，知識と文脈的手掛かりが利用されていることを確認し，そのうえで，メトニミー表現の解釈に特有の知識と言語文脈の存在について確認した。同時に，解釈が成功した場合だけでなく失敗しているケースから，メトニミー解釈の成否を左右する要因についても示し，当該項目の直前直後にある文脈的手掛かりは意味の特定に強い影響を与えるが，それが利用できない場合には提示された文章全体のトピックから意味を導こうとする可能性を示した。

　さらに，第4節において連想行為アンケートを行い，その語に対する知識と適切な解釈の関係を見た。その結果，オンラインの解釈において，その語に対して持つ顕著な知識よりもむしろ，その語が埋め込まれている言語文脈の方が重要な役割を担っていることが明らかになった。もちろん，当該項目の適切な解釈を導くための知識（母語話者と同様のもの）を持っていなければそもそも解釈はできないが，知識だけでは不十分であり，それが当該項目の意味として文脈と矛盾しないかを判断し，また，もし矛盾があった場合には別の知識を喚起する手掛かりを文脈に求めるということが，解釈プロセスにおいてより重要な部分である。つまり，文脈による知識の促進・抑制が解釈の成否を決定づける鍵になることが確認された。

　今後は，本章での発見的研究を基に，被験者の数を増やし，知識と文脈の関係をより詳細に分析したい。特に，メトニミー解釈における知識の利用（例えば，フレームやフレーム内の要素の特定）に対してどのような文脈的手掛かりがより強力なトリガーになるかという問題を明らかにしていく。

付記

　本研究は第3節の一部を除き，JSPS 科研費 JP 16K16838 の助成を受けたものである。

参照文献

Barcelona, Antonio（2010）Metonymic inferencing and second language acquisition. *AILA Review* 23: 134–154.

Boers, Frank（2004）Expanding learners' vocabulary through metaphor awareness: What expansion, what learners, what vocabulary? In: Michel Achard and Susanne Niemeier （eds.）*Cognitive linguistics, second language acquisition, and foreign language teaching*, 211–232. Mouton de Gruyter.

Boers, Frank and Murielle Demecheleer（1998）A cognitive semantic approach to teaching prepositions. *English Language Teaching Journal* 52（3）, 197–204.

Boers, Frank and Seth Lindstromberg（2006）Cognitive linguistic applications in second or foreign language instruction: Rationale, proposals, and evaluation. In: Gitte Kristiansen, Michel Achard, René Dirven and Francisco J. Ruiz de Mendoza Ibáñez（eds.）*Cognitive linguistics: Current applications and future perspectives*, 303–355. Mouton de Gruyter.

Council of Europe（2001）*Common european framework of reference for languages: Learning, teaching, assessment.* http://www.coe.int/t/dg4/linguistic/Source/Framework_ EN.pdf [accessed 2017/09/27]

Cruse, D. Alan（2011）*Meaning in language: An introduction to semantics and pragmatics.* Third edition. Oxford University Press.

Evans, Vyvyan and Green, Melanie（2006）*Cognitive linguistics: An introduction.* Edinburgh University Press.

Kövecses, Zoltan（2005）*Metaphor in culture: Universality and variation.* Cambridge University Press.

Kövecses, Zoltan（2006）*Language, mind and culture: A practical introduction.* Oxford University Press.

Kövecses, Zoltan and Günter Radden（1998）Metonymy: Developing a cognitive linguistic View. *Cognitive Linguistics* 9（1）: 37–77.

Kövecses, Zoltan and Péter Szabó（1996）Idioms: A view from cognitive semantics. *Applied Linguistics* 17: 326–355.

Langacker, Ronald W.（1987）*Foundations of cognitive grammar, vol. 1, theoretical prerequisites.* Stanford University Press.

Littlemore, Jannette（2008）The relationship between associative thinking, analogical reasoning, image formation and metaphoric extension strategies. In: Mara Sophia Zanotto, Lynne Cameron and Marilda C. Cavalcanti（eds.）*Confronting metaphor in use: An applied linguistic approach*, 199–222. John Benjamins.

Littlemore, Jannette（2009）*Applying cognitive linguistics to second language learning and teaching.* Palgrave Macmillan.

Littlemore, Jannette（2015）*Metonymy: Hidden shortcuts in languages, thought and communication.* Cambridge University Press.

Littlemore, Jannette, Satomi Arizono and Alice May（2016）The interpretation of metonymy by Japanese learners of English. *Review of Cognitive Linguistics* 14（1）: 51–72.

Littlemore, Jannette and Graham D. Low（2006）*Figurative thinking and foreign language learning*. Palgrave Macmillan.

Low, Graham D.（2008）Metaphor and education. In: Raymond W. Gibbs Jr.（ed.）*The Cambridge handbook of metaphor and thought*, 212–231. Cambridge University Press.

Piquer Píriz, Ana Maria（2008）Reasoning figuratively in early EFL: Some implications for the development of vocabulary. In: Frank Boers and Seth Lindstromberg（eds.）*Cognitive linguistic approach to teaching vocabulary and phraseology*, 219–240. Mouton de Gruyter.

Skoufaki, Sophia（2005）Use of conceptual metaphors: A strategy for the guessing of an idiom's meaning? In: Marina Mettheoudakis and Angeliki Psaltou-Joycey（eds.）*Selected papers on theoretical and applied linguistics from the 16th international symposium, April 11–13, 2003*, 542–556. Aristotle University of Thessaloniki.

有薗智美（2016）「日本語母語話者による英語の名詞転換動詞解釈とフレーム」『日本認知言語学会論文集』16: 530–535.

文部科学省（2015）「各試験団体のデータによる CEFR との対照表」http://www.mext.go.jp/b_menu/shingi/chousa/shotou/117/shiryo/__icsFiles/afieldfile/2015/11/04/1363335_2.pdf [accessed 2017/10/01]

山梨正明（1995）『認知文法論』ひつじ書房.

用例出典

British National Corpus（データ提供元：小学館コーパスネットワーク）

第 2 章

レトリックの認知構文論
──効果的なくびき語法の成立基盤──

小松原哲太

キーワード：認知図式，多義性，等位構造，際立ち

1. はじめに

　認知言語学は，隠喩や換喩などのレトリック（i.e. 修辞）を，言語学の中心的な考察対象の 1 つに押し上げた（Lakoff 1993, Panther and Radden 1999）。レトリックは意味論に関係する現象であるとみなされることも多いが，文法形式の機能や構文的な使用環境を考慮しない限り，その表現効果が説明できないようなレトリックの現象が存在する。本章では，日本語の「くびき語法（zeugma）」の成立基盤の分析を通じて，レトリックの表現効果が，主観的で恣意的な読み込みから生まれるのではなく，慣習的な語彙と文法を複雑かつ創造的に組み合わせることから生まれることを示す[1]。

　第 2 節では，くびき語法の基本的な性質を概観し，第 3 節では，認知文法の理論を背景として，効果的なくびき語法の成立条件を考察する。第 4 節から第 7 節では，くびき語法の用例のバリエーションを記述し，第 3 節で示す成立条件の有効性を考察する。第 8 節はまとめである。

2. くびき語法

　認知言語学ではくびき語法をレトリックとして考察する研究は多くない

---

[1]　本章では認知言語学，特に認知文法のフレームワーク（Langacker 1987, 1991）にもとづき，文法は本質的に記号的（symbolic）であるという立場から，語彙と文法は，形式と意味の対からなる構文（construction）の連続体をなすものとみなす。認知言語学を理論的基盤とし，構文の観点からレトリックを研究するアプローチを，本章では，レトリックへの認知構文論的アプローチとよぶ。本章の考察は，このアプローチによる事例分析の 1 つとして位置づけられる。

が，くびき語法はレトリックの表現効果が語彙の意味と文法の機能の相互作用から生まれることを示す好例である。修辞学を中心とする先行研究では，多様な観点から記述が行われている。しかし統一的な見解といえるものはなく，結果的に，くびき語法という現象の特性は見えづらくなっている。本節では，これまでの研究の知見をまとめるとともに，くびき語法の基本的性質を記述し，広い意味でのくびき語法の現象を分類する。

2.1 広義のくびき語法

「くびき語法」という用語は，研究者によってさまざまな意味で用いられている。最も広義には，並立された複数の語句に対して単一の語句を用いることを言う（Lanham 1991: 159）。典型的には，1つの動詞を複数の名詞句に対して用いる（1）のような表現を指す（cf. Enos 1996: 777）。

（1）a. 遠慮しているうちに，熱燗も，料理も冷めてしまった。
　　 b. 遠慮しているうちに，もてなした人の心も，料理も冷めて，不味くなったものを食わねばならぬ。

　　　　　　　　　　　　　　　　　（北大路魯山人『魯山人味道』：330）
（2）a. 熱燗も冷めて，料理も冷めてしまった。
　　 b. もてなした人の心も冷めて，料理も冷めてしまった。

　例えば（1a）では，述部「冷めてしまった」が並立された2つの主部「熱燗も」と「料理も」に対して用いられている。（1）の主部の並立は，（2）のように2つの節の並立に展開することでパラフレーズできる。共通の述部をR，2つの主部を生起順序にしたがってW$_1$，W$_2$とすると，この展開関係はR（W$_1$/W$_2$）＞R（W$_1$）/R（W$_2$）のように表記できる（スラッシュは並立関係を示す）。（1a）では，W$_1$は「熱燗」，W$_2$は「料理」であり，Rは「冷めて」である。（1a）の表現がR（W$_1$/W$_2$）に対応し，（2a）がR（W$_1$）/R（W$_2$）に対応する。Lausberg（1963: tr192–199; tr は邦訳書のページ数を示す）は，この共通する語句Rを「括弧の外に出し」ただ1つで済ませてしまうという点に，くびき語法一般の特徴づけを見いだしている。以下では，Rを「くびき表現」と呼ぶ。本章では，Rが動詞であるくびき語法を主な考察対象とする。

2.2 狭義のくびき語法

より狭い意味では，くびき語法は，単一の語句を並立された複数の語句に対して用いるもののうち，(1b) のように，どちらか一方の関係では文字通りではない意味を補って解釈する必要があり，くびき表現が二重の意味を担うものを言う[2]（石橋 1973: 1010, cf. 中村 1991: 356–358)。

(2a) の動詞「冷める」は，前の節と後の節で，ともに温度が下がるという意味で用いられており，対応する (1a) でも「冷める」は 2 つの主部に対して同じ意味で用いられている。この点で (1a) は慣用語法にしたがった文字通りの表現であり，(2a) の省略 (ellipsis) とみなすことができる。(1a) のような例が，あえてくびき語法と呼ばれることは少ない。レトリックとしてのくびき語法の特色は，(1b) にみられるような並立の異質性にある。(2b) の「冷める」が，前の節では感情についての比喩表現として，後の節では温度についての文字通りの表現として用いられていることに対応して，(1b) では，くびき表現 R が 2 つの主部 W_1 と W_2 との二重の関係に応じて，比喩的にも字義的にも解釈できる[3]。

(3) a. 料理が冷める / 料理を冷やす / 料理が温まる
   b. 心が冷める / $^?$心を冷やす / 心が温まる
(4) a. 料理が冷める / $^?$料理が静まる / $^?$料理が騒ぐ
   b. 心が冷める / 心が静まる / 心が騒ぐ

(1b) の述部が，主部との接続に応じて，同時に 2 つの異なる多義的意味 (i.e. 温度の変化 / 心境の変化) をもつことは，(3)(4) に示されるように，類

---

[2] 文字通りの意味と修辞的な意味を二重にもつ表現は，修辞学で兼用法 (syllepsis) と呼ばれる。したがって，狭義のくびき語法のくびき表現は，基本的に，兼用法の用例でもあると言える。くびき語法と兼用法の関係についての考察としては，佐藤・佐々木・松尾 (2006: 184–187), Greene et al. (2012: 1553) も参照。

[3] R と二重の関係をもつくびき語法における W_1 と W_2 の語順に関して，Shen (1998: 32) は「文の述部によって示される階層的カテゴリーの典型的な成員は，非典型的な成員に先行する傾向がある」と述べている。くびき語法に好まれる語順があるという事実は興味深い。その一方で，Shen が考察対象とするヘブライ語と日本語は基本語順が異なり，この一般化が日本語にそのまま適用できるかどうかに関しては議論の余地がある。実際に (1b) では，R が比喩的な意味になる「心」が，文字通りの意味になる「料理」に先行している。

28 | 小松原哲太

義語，反義語に関する意味関係の分布が異なることから示唆される[4]（Cruse 1986: 54–57, 籾山 1993: 46–53, 望月 2014: 139–141）。

2.3 破格くびきと非文くびき

（5）a.　さて，虫かごと虫取り網を持って，森へ出発！

　　b.　さて，勇気と虫取り網を持って，森へ出発！

　　c.　虫かごと虫取り網で，なんとかモンシロチョウを一匹捕まえた。

　　d.　[??]一人と虫取り網で，なんとかモンシロチョウを一匹捕まえた。

　（5）は，広義のくびき語法に含まれる現象の多様性を示している。（5a）は（1a）と類似した省略的な表現である。（5b）は（1b）と同じように，述部が二重の意味で解釈できる，狭義のくびき語法の表現である。

　（5c）では，（5a）と並立されている表現は同一であるが，「虫かご」と「虫取り網」はモンシロチョウを捕まえるための道具として並立されている。しかし，（6a）が示すように，「虫かご」は通常は虫を捕まえるための道具ではない。（6a）と（6b）から，（5c）は，2つの節に展開してパラフレーズすることはできないと言える。本章ではこれを「破格くびき」と呼んで，狭義のくびき語法とは区別する（cf. 佐藤他 2006: 136–139）。意味的には不整合性が認められるにもかかわらず，破格くびきは実際の言語使用において観察される[5]。破格くびきの類例としては（7）が挙げられる。

（6）a.　[?]虫かごで，モンシロチョウを捕まえた。

　　b.　虫取り網で，モンシロチョウを捕まえた。

　　c.　一人で，モンシロチョウを捕まえた。

---

[4]　(3) において「温まる」は，字義的な意味でも比喩的な意味でも用いられている。日本語 Web コーパス jpTenTen11 における語形の生起頻度は，「心が温まる」が 875 件，「心が冷める」が 11 件であった（2017 年 8 月現在）。この事実は，(1b) の「心が冷める」という表現が，むしろ「心が温まる」という定着した比喩表現から派生された可能性を示唆している。

[5]　破格くびきの例として，数や人称などの文法的な一致が並立された語句の一方にしか適合しない (i) のような事例が挙げられることがある。

　（i）*Neither he nor we are killing.*　　　　　　　　　　（大塚・中島 1982: 1314）

(i) の *are* は，数に関して *we* のみに適合し *he* には適合しない。本章では，(i) のタイプの破格くびきは考察対象としない。

(7) a. 車や飛行機の飛ぶ便利な世の中になった。　　　（中村 1991: 357）
　　b. 紅茶とトーストを食べると，伸子はテーブルを立ちながら女中を呼んだ。　　　　　　　　　　　　　　（宮本百合子『伸子（下）』: 246）
　　c. うちの母親なんかは風邪をひくと，うどんと風邪薬を飲ませてくれましたね。　　　　　　　　　　　　　（「うどん」『新日本風土記』）

　（5c）とは反対に，（5d）は2つの節に展開すれば，（6b）（6c）が示すように，それぞれ適切な表現になる。しかし（5d）のような並立は不自然であり，実際の言語使用で用いられることは基本的にはない。言語分析では，この種の並立の不適切性の現象が，くびき語法と呼ばれる場合がある（e.g. Lyons 1977: 404–407, Langacker 2009: 349, 松本 2010: 26, 籾山 2016: 513）。本章ではこれを，「非文くびき」と呼んで，効果的なレトリックとしての狭義のくびき語法とは区別する[6]。

2.4　くびき語法の分類

　以上の考察をまとめると，広義のくびき語法は，表1のように分類することができる。右端の括弧付きの番号は対応する例文の番号を示している。矢印は上に行くほど，容認性が高いことを示す。レトリックとしてのくびき語法の特色は，慣習的な語法から逸脱しているにもかかわらず，容認度が高くなるという点にある。本章では，狭義のくびき語法を主な考察対象とする。

表1　広義のくびき語法の分類

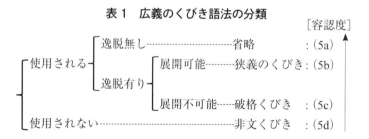

---

[6] 1つの語が2つの異なる意味を同時に担うことは，普通はない。この原則を利用して，ある語句の2つの意味が多義的であるかどうかを判定するために，くびき語法がテストとして用いられる場合がある。くびき語法が不適切になるということは，R(W$_1$), R(W$_2$)のそれぞれにおけるRの意味が1つの意味として統合できないことの証拠であるとされる（松本 2010: 26, cf. 小野 2007: 502–503）。

ただし，表1の容認度の区分は絶対的なものではなく，コンテクストによって相対的に変化し得る．(8) (9) が示すように，一見すると容認度が低いように見える表現が，適切なコンテクストの中ではレトリックとしてのくびき語法の効果を生み出す場合もある．

(8) a. $^?$机と頭を整理する
  b. 焦って結果を出そうとする前に，一度机と頭を<u>整理しなさい</u>．
(9) a. $^?$電卓と知恵を貸す
  b. 数学の問題を解くために，電卓と知恵を<u>貸してあげる</u>．

3. くびき語法の構文と意味

第2節では，広義のくびき語法における狭義のくびき語法の位置づけを考察した．以下では，特に断らないかぎり「くびき語法」という用語は，狭義のくびき語法を指すものとする．

これまでの研究では，Rが二重の意味をもつこと，W_1 と W_2 は文字通りの意味で並立されているわけではないことなどが指摘されてきたが，効果的なくびき語法の成立基盤は，具体的には明らかになっていない．

一見すると，くびき語法というレトリックは，洞察に富んだひらめきや主観的な読み込みによって，偶発的ないしは例外的に成立しているように見える．しかし，くびき語法から生まれる表現効果は，くびき語法を構成する文法や語彙の慣習的な機能に動機づけられている．本節では，認知文法のフレームワークを背景として，くびき語法に用いられる言語形式の構造と機能を分析することで，くびき語法の成立条件を考察する．

3.1 並立の2つの基本機能

二つの名詞 W_1 と W_2 が並立助詞「と」によって等位接続（coordination）された (10) を分析の出発点にしよう[7]．(10) では，感情を表す W_1「不安」

---

[7] 引用例出典のテレビ番組によれば，(10) の述部「いだき」の主部に対応するのは"ココナッツオクトパス"と呼ばれるインドネシアに棲息するタコであり，身を隠す為にヤシの実の殻を被ったり，持ち歩いたりする習性がある．(10) で問題となるココナッツオクトパスは，ヤシの実の殻を見つけることができず，身の丈に比べて小さな貝殻を仕方なく代用品として使っていたところを天敵の魚に襲われ，何とか切り抜けたところである．

と具体物を表す W_2「貝殻」が等位接続されて，R「いだき」の目的語とし て構成素（constituent）をなしている。等位接続された二つの名詞が目的語 として構成素をなすという点では，（10）は（11a）のような文字通りの表現 と同様である。しかし（11a）とは異なり，（10）の等位構造を，「不安をいだ く」「貝殻をいだく」のように，2つの等位項（conjunct）をそれぞれ目的語と する節に展開すると，各節で動詞「いだく」は異なる意味をもつ。「いだく」 が2つの異なる意味を同時に表しているという点で，（10）はくびき語法の 用例であると言える。

(10)　不安と貝殻をいだき，安全な場所を求め，移動します。
　　　　　　　　（「インドネシアの海ヤシの実を持つタコ」『ワイルドライフ』）
(11) a.　タコは，オコゼとヒラメを恐れている。
　 b.　タコは，オコゼのひれを恐れている。

　（10）のくびき語法には，並立助詞「と」によって形成される等位構造 が利用されている。本節ではまず，「と」が（10）の中でどのようなはた らきをしているかを調べよう。等位構造には，2つの基本的な機能がある （Langacker 1991: 11.2, 2009: Ch. 12）。第1の機能は，複数の等位項を他の 構造に平行的（parallel）に接続することである。（5a）や（11a）のように，等 位項の文法カテゴリーが同じである（e.g. 両方名詞である）こと，意味役割 が同じである（e.g. 両方被動作主である）こと等は，等位項の平行性の一側 面である。第2の機能は，複数の等位項に同等（co-equal）に際立ちを与え ることである。2つの語を1つに統合する機能をもつ構文では，たいてい2 つの語のプロファイル（i.e. 指示対象として焦点化された存在）のいずれか が上書きされて，どちらか一方のプロファイルが継承される。これに対して 等位構造の構文では，2つの語のプロファイルは両方保持される[8]。

---

[8]　Langacker（1991, 2009）は *and* をはじめとする英語の等位接続詞を中心に考察してい る。英語の *and* が，名詞，形容詞，動詞，節などの等位接続に用いられるのに対して，日 本語の「と」は基本的に名詞の接続にのみ用いられ，節の接続には用いられないという点 で，両者の分布は相当異なる。
　（i）*I bought a newspaper and a loaf of bread. / She likes and admires her teacher.*
　　　　　　　　　　　　　　　　　　　　　　　　　　　　　（Lagacker 2009: 349）
　（ii）新聞とパンを買った。/ 先生を尊敬し {* と / て / φ} 慕っている。

等位構造における際立ちの同等性は、修飾構造と比較すると理解しやすい。図1は、(11a)の「オコゼとヒラメ」のような等位構造と、(11b)の「オコゼのひれ」のような修飾構造のちがいを図式的に示している。太線はプロファイルされていることを表す。まず、修飾構造の基盤となる認知的図式を考察しよう。図1(b)のOとHは、それぞれ[オコゼ]と[ひれ]の概念内容を略字的に表している（角括弧は概念を示す）。「XのY」という構文は、Yをトラジェクター(tr; 第1の焦点)、Xをランドマーク(lm; 第2の焦点)として位置づける機能をもつ。「X」に「オコゼ」、「Y」に「ひれ」が対応づけられる（= 点線）ことで、[オコゼ]は[ひれ]の部分に注意を絞るための背景情報として位置づけられ、「オコゼのひれ」は名詞句全体としては[ひれ]をプロファイルする。

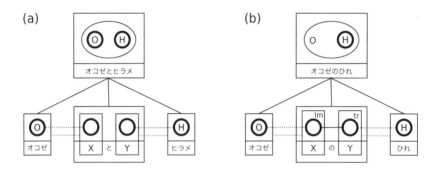

図1　等位構造と修飾構造

次に、図1(a)は、「オコゼとヒラメ」のような等位構造の意味を図式的に示している。図1(a)ではOとHは[オコゼ]と[ヒラメ]の概念内容の略号である。「XとY」という構文は、「XのY」とは異なり、XとYのどちらか一方に注意を絞るのではなく、XとYに同等に注意を配分する。この注意方略のちがいは、(12)(13)の言語的振る舞いからも示される。

ただしLangackerは、*and*による等位構造の基本的な機能は、等位構造全般のスキーマ的な機能と同等であると述べている(*ibid*.: 353)。この主張にもとづき、本章では「と」による名詞の等位構造は、*and*による名詞の等位構造と基本的に同様の認知的図式を反映していると考える。

(12) a. タコはオコゼを，また同じくらいヒラメを怖がっている。
   b. ?タコはオコゼを，また同じくらいそのひれを怖がっている。
(13) a. ?タコはオコゼを，特にヒラメを怖がっている。
   b. タコはオコゼを，特にそのひれを怖がっている。

3.2　等位構造と構成性

3.1 節では，等位構造の基本的な機能を考察した。次に，(11a) のような等位構造を含む文字通りの表現との比較で，くびき語法における等位構造の役割を考察しよう。

図 2 は，動詞が文字通りの意味で解釈される (11a) の意味を図式的に示している（ここでは表現の音韻極は単純化のために省略されている）。右下の楕円で囲まれた 2 つの太線の円は，等位構造をなす 2 つの名詞（i.e.「オコゼとヒラメ」）のプロファイルを示している。左下図の太線の矢印と 2 つの円は「X が Y を恐れる」という構文が表す心理的関係を示している。(11a) の等位構造によって，2 つの名詞は同等に目的語として機能する。この同等性にもとづいて恐怖の対象 (= 矢印の先端にあたる円) は二重に対応づけられることになる (= 点線)。

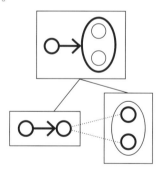

図 2　等位接続詞の文法的機能

図 2 の上図は，動詞と目的語が統合された意味を示している。「ヒラメとオコゼ」という等位構造は，2 つの存在を恐怖の対象としてグループ化する解釈を喚起する。図 2 の上図の太線の楕円は，(11a) において「ヒラメとオ

コゼ」が目的語として構成素をなしていることを示している[9]。

3.3 くびき語法の成立条件

　等位構造をなす2つの名詞が動詞の目的語になっているので，(10)のくびき語法は，(11a)と文法的には類似している。それでは，何が(10)の表現効果を特徴づけているのだろうか。本節では，図2との比較で，(10)のくびき語法の認知基盤を分析し，くびき語法の成立条件を考察する。

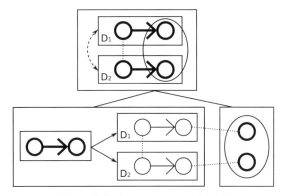

図3　等位構造によるくびき語法

　まず第1に，(10)の特徴は，動詞が二重の意味をもつという点にある。「いだく」という動詞には少なくとも，「胸に赤子をいだく」のような身体的抱擁を表す用法と，「大志をいだく」のような心理的所有を表す用法がある。この2つの用法には，"包接"のような共通した図式的(i.e. 抽象的)な意味が認められる。図3の左下図における太線の円と矢印は，くびき表現R「いだく」の図式的意味Sを示している。「いだく」のより具体的な意味は，目的語との関係で理解される。D_1, D_2とラベルされたボックスは，物理的空間における包接と，心理的空間における包接関係を示している。それぞれの包接対象(＝矢印の先端にあたる円)は，並立された2つの名詞W_1, W_2の指示

---

[9]　(11a)は，「オコゼ」に対する恐怖と「ヒラメ」に対する恐怖を並立しているだけである。したがって厳密には，2つの感情生起のタイミングは時間的に別々であってもよい。この解釈をとる場合には，図2上図の太線の楕円は，［オコゼ］と［ヒラメ］を［怖いもの］というカテゴリーとしてグループ化する解釈に対応する。

対象 (= 右下図) と対応づけられる (= 水平方向の点線)。

第 2 に，並立された 2 つの包接対象 (i.e. [不安]/[貝殻]) はそれぞれ異なる概念領域 D_1, D_2 で解釈される。図 3 の上図は，動詞と目的語の統合によって生じる高次構造に対応する。W_1「不安」と W_2「貝殻」を構成素としてグループ化する解釈は背景化され，$R(W_1)$「不安をいだく」イベントと $R(W_2)$「貝殻をいだく」イベントを 2 つの別のイベントとみる解釈が前景化される (= 太線部分)。楕円が細線であることは，統語的な構成性が背景化されていることを示している。

第 3 に，図 2 とは異なり，図 3 の対応関係は二重ではなく，2 つの概念領域に平行的に形成されるが，この 2 つの包接は共通の主体 (i.e. ココナッツオクトパス) によって結合されている。D_1 と D_2 をまたぐ垂直方向の点線は，包接の主体が同じであることを示している。

第 4 に，(8)(9) が示すように，効果的なくびき語法が成立するためには，以上の特徴に加えて，2 つのイベントに何らかの関連性が認められなければならない。例えば (9b) がくびき語法として容認されるためには，「知恵」が思考の手助けになり，「電卓」が計算の手助けになるという点で，数学の問題を解くために両者が「貸してあげる」に値するものであるという点が理解される必要がある。(10) では，「不安」であるという心的状態と「貝殻」を持っているという物理的状態が同時に生じているということが，くびき語法としての適切性を動機づけている。図 3 上図の破線の両矢印は 2 つのイベントの関連性を示している[10]。

以上の考察から，(10) のような典型的なくびき語法の成立には，くびき表現の意味の二重性，2 つの概念領域を背景とする並立構造，並立される 2 つのイベントが共有する参与者やセッティング，高次構造における 2 つのイベントの関連性という 4 つの要因が少なくとも関係していることが分かる。しかし，くびき語法には，典型例と異なる特性をもつ事例も存在する。第 4

---

[10]　関連性理論では，関連性の公理にもとづき「多数の弱い含意」(Sperber and Wilson 1995: 222) を読み取るプロセスがレトリックとしての効果を特徴づけるものであるとみなされている。例えば，(i) のくびき語法の表現効果は，*Peter, Bob, a sad smile* の間に意味的な関連性を見出す処理過程によって特徴づけられる。

(i) *Mary came with Peter, Joan with Bob, and Lily with a sad smile on her face.*　　　　(*ibid.*)
関連性理論では，くびき語法における関連性にどのような種類があるのかは記述されてこなかった。本章の第 7 節では，この関連性の具体的な内容を記述している。

節から第7節では，4つの要因のそれぞれに注目して，くびき語法の構造と機能のバリエーションを記述し，くびき語法の成立基盤を詳しく考察する。

4. 二重性のバリエーション

くびき表現Rは，図式的な関係Sを表し，Sは異なる2つの概念領域D_1，D_2において事例化される。(10)における「いだき」のように，D_1とD_2は隠喩の起点領域 (source domain) と目標領域 (target domain) に対応することがよくある。例えば (1b) では感情を温度で喩える隠喩が問題となる。

(14)　炒豆と小娘はそばにあると手が出る　　　　　　（佐藤他 2009: 565)

(15)　葉子が来たならばと金の上にも心の上にもあてにしていたのが見事に外れてしまって，葉子が帰るにつけては，無けなしの所から又々何んとかしなければならないはめに立った木村は，二三日の中に，糠喜びも一時の間で，孤独と冬とに囲まれなければならなかったのだ[11]。

（有島武郎『或る女』: 225)

Rの二重性が，隠喩に関係しない事例も存在する。(14) では，「女に手を出す」のような慣用表現と同様に，手が出るという身体動作の，文字通りの意味と換喩の意味が二重になっており，D_1とD_2は行為のフレームの部分と全体に対応する。(15) では，くびき表現Rに対応する「あてにしていた」は，見込む，あるいは期待するといった意味を一般的に表す。言い換えると，このRは文字通りの意味を表す表現であると言える。(15) の場合には，W_1とW_2のいずれか一方とのつながりでRの意味が修辞的に拡張されるわけではなく，Rが表す一般的な意味Sが，2つの異なる概念領域 (i.e. 経済的側面/心理的側面) で事例化されることで，くびき語法が成立している。類例としては (16) が挙げられる。

(16)　葉子はつや[= 登場人物の名前]のまめやかな心と言葉に引かれてそこにい残る事にした。　　　　　　（有島武郎『或る女』: 528)

---

[11]　(15) には下線部の箇所に加え，「孤独と冬とに囲まれなければならなかった」という箇所にもくびき語法の表現効果が認められる。

（16）では形容動詞「まめやかな」が誠実であるという，心理面にも言語面にも適用できるような一般的な意味を表すことが，くびき語法の成立基盤になっている。Rが文字通りの意味だけを担う事例は，Rが文字通りの意味と修辞的な意味の両方を担う典型例とは質的に異なるように見える。しかし，図3に示される概念構造は両者のどちらの場合にも適合している。（15）（16）のような事例から，くびき語法成立の鍵になるのは，Rが異なる2つの概念領域における事例化を許容できるということであることが分かる。

以上より，Rが図式的な関係Sを表し，Sが異なる2つの概念領域D1，D2において事例化されることが，くびき語法の成立基盤の1つであるといえる。

5. 並立のバリエーション

くびき語法で並立される要素のタイプにはバリエーションが存在する。（10）のように目的語要素が並立されるだけでなく，（1b）のように主語要素が並立される事例も観察される。（17）では手段，（18）では起点を表す修飾句要素が並立されている。

(17) こんなに世界がぐんと広くて，闇はこんなにも暗くて，その果てしないおもしろさと淋しさに私は最近はじめてこの手でこの目で触れたのだ。　　　　　　（吉本ばなな「キッチン」；野内（1998: 101）による例）
(18) そう思う間もあらせず，今度は親類の人達が五六人ずつ，口々に小やかましく何か云って，憐れむような妬むような眼付きを投げ与えながら，幻影のように葉子の眼と記憶とから消えて行った。

（有島武郎『或る女』：84）

また，並立表現にもバリエーションが存在する。（10）では「と」によって，（1b）では「も」によって並立されている他，「や」「に」「だの」「なり」「か」「やら」等の多様な並立の構造表現が用いられ得る。また（17）のように，単に統語的に並置されるだけで，並立の意味が出る場合もある。

くびき語法の並立の構造自体のタイプにもバリエーションが存在する。典型例としては，等位構造を含むものがよく挙げられるが，（19）のような随

伴を意味する修飾構造を含む例も、同様の表現効果を生み出す。(19) の下線部「この町からいなくなる」に対応する主語は「アロア」であり、「短い秋と一緒に」は述部にかかる修飾句であると統語的には言える。しかし意味的には、「W_1 と一緒に W_2 が R する」という構文は、R があらわすイベントの主体には W_2 だけでなく W_1 も含まれることを含意するという点で、「W_1 と W_2 が R する」という等位構造を含む構文と機能的に類似している [12]。修飾構造によるくびき語法の類例としては、(20) (21) が挙げられる。

(19) でも、短い秋と一緒にアロアが<u>この町からいなくなる</u>と思うと、たまらない気持ちになるのでした。

（ウィーダ（原作）「アロアがいない」『フランダースの犬』）

(20) ボクの小さな恋心が電車と一緒に<u>動き出した</u>。

（「すきです。」京阪電鉄広告、2015 年 6 月）

(21) ここの生徒は耳と耳の間が風を通す洞穴になっていて、風と一緒に先生の言葉も<u>通過させてしまう</u>。しかし先生はそんなことを気にかけない。先生は喋るために月給をもらっているが、教えるために月給をもらっていないからであった。　　　　　　（坂口安吾「勉強記」：104）

　等位構造と修飾構造のちがいは、並立される 2 つの存在の際立ちのちがいにある。(22) は「X と一緒に」で示される随伴者が、動作主よりも際立ちが低いことを示している。「パトラッシュ」を犬の名前とすれば、(22b) のような表現は不自然である。(22b) で随伴者に対応する「先生」は、述部の尊敬語に呼応することはできず、したがって主語ではない。Langacker

---

[12]　助詞「と」は等位構造、修飾構造の両方で用いられ得る。「W_1 と W_2 が R する」と「W_1 が W_2 と R する」は、一見すると単なる語順のかきまぜであるように見えるが、(i) (ii) のように統語的な解釈に影響する。

(i) ネロとアロアがアントワープから出た。［等位構造の解釈優勢］

(ii) アロアがネロとアントワープから出た。［修飾構造の解釈優勢］

(iii) ネロと一緒にアロアがアントワープから出た。［修飾構造］

(iv) アロアがネロと一緒にアントワープから出た。［修飾構造］

(iii) (iv) と (i) (ii) の比較から、「一緒に」は随伴を意味する修飾構造の標識になっていると考えられる。ただし「X と一緒に」は慣用的な表現パターンであり、この種の統語的な分析性を保持しているかどうかについては別途検証が必要になる。

(1991: 312) は，節が表すイベントの中で図（figure）としての際立ちをもつ存在を表すものとして，主語を規定している。この観点からは，(22) の振る舞いは随伴者が，動作主よりも際立ちが低いことを示していると言える。

(22) a. パトラッシュと一緒に先生が病院にいらっしゃった。
 b. ?先生と一緒にパトラッシュが病院にいらっしゃった。

　図4は，(19) のような修飾構造によるくびき語法の意味を示している。右下図の太線の円は動作主（e.g.[アロア]）を示し，細線の円は，動作主よりも際立ちの低い随伴者（e.g.[短い秋]）を示している。楕円は両者が1つのイベント（e.g.[いなくなる]）の主体としてグループ化されていることを示している。上図では，1つのイベント（e.g.[アロアがいなくなる]）だけが焦点化されているが，異なる概念領域において2つのイベントが並立されることが解釈の基盤となっている点は，図3と同じである。(10) と (19) の表現効果の類似性は，この概念構造の共通性を反映している。

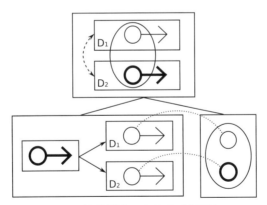

図4　修飾構造によるくびき語法

　以上の考察から，等位構造か修飾構造かによらず，くびき語法の成立には，D_1 と D_2 のそれぞれに含まれる存在と対応関係にある，2つの存在が並立されることが必要であることが分かる。

40 | 小松原哲太

6. 共有のバリエーション

くびき語法では基本的に，2つの異なる概念領域におけるイベントが参与者やセッティングを共有する。図4には，図3とは異なり，この共有が表示されていないが，例えば (19) では「この町から」が示す行為の起点が共有されており，(20) では「この瞬間から」のように，移動と感情の開始時点を共有されたセッティングとして表現するコンテクストを付与することが可能である。

(23) a.　思惑だの褌なんてえものはえてして外れやすい。
　　　　（古今亭志ん生『びんぼう自慢』；佐藤他 (2006: 175–176) による例）
　　 b.　理屈と膏薬は何処へでもつく。　　　　　　　　（佐藤他 2006: 565）
　　 c.　女房と畳は新しいほどいい。　　　　　　　　　　　　　　　（*ibid.*）

しかし (23) には，この種の共有された要素は存在しないように見える。例えば (23a) では，R(W₁)「思惑は外れやすい」と R(W₂)「褌は外れやすい」は，それぞれ総称的な陳述であり，具体的なイベントとして何らかの参与者やセッティングを共有しているわけではない。むしろここでは，2つの存在の一方が他方を比喩的に叙述することが主眼となっている。(23a) の「褌」は「思惑」の比喩である。両者は同一の存在ではないが，比喩の写像 (mapping) によって対応づけられている。この写像が成立するのは，両者が「外れやすい」からである。この意味で，(23a) では2つのイベントの参与者が「外れやすい」という性質を共有していると考えることができる。

以上より，くびき語法の成立には，R(W₁), R(W₂) が表す2つのイベントが参与者やセッティング，ないしはそれらの性質を共有することが条件になると考えられる。

第5節と本節の考察に関連して，以下の点を付け加えておきたい。くびき語法の特性は，R(W₁) と R(W₂) が異なる概念領域におけるイベントを並立するという点にある。しかし (23) のように，2つのイベントの重要性が非対称的になることもある[13]。興味深いことに，叙述の重要性は，並立の統

---

[13] 中村 (1991: 357–358) は「どうしても本心を打ちあけろというから夜の窓と心を開け放したんですが」という例を分析して，「『心を開く』ほうが主要な伝達情報であり，『夜の窓』のほうは表現の摩擦を起こすためについでに添えられた」言葉かもしれないと述べている。

語的構造と関連している。第 5 節で考察した修飾構造によるくびき語法に
おいては，修飾要素に叙述を補足する存在が配置され，主節要素に叙述の中
心となる存在が配置される傾向がある。例えば (19) では R(W₂)「アロアが
いなくなる」ことが述べたいことの中心であり，「短い秋がいなくなる」こ
とは，アロアが町を出る時期を示すことで，状況を付加的に説明しているに
すぎない。同様に，(20) の「電車が動き出した」ことは，「恋心が動き出し
た」のが電車の出発と同じタイミングであることを暗示しているにすぎな
い [14]。修飾構造によるくびき語法において，修飾要素は主節要素よりも際立
ちが低い (図 4)。以上の考察は，叙述の重要性が，統語構造に反映された
際立ちの高さと，類像的に関係づけられていることを示唆している。

7.　関連性のバリエーション

　R(W₁) と R(W₂) が，異なる概念領域における 2 つのイベントを表すこと
がくびき語法の表現効果を特徴づける。この 2 つのイベントは，何らかの点
で関連づけられていなければならない。第 6 節では，イベントの参与者や
セッティングについて考察したが，本節では，2 つのイベントの関係を考察
する。具体的には，2 つのイベントの共通性と共起性が関連性の基盤となる
例が観察される [15]。

(24)　だめね，機械も人も年をとると。孫に温かいお料理を，と思ったの
　　　よ。私の自慢料理，ニシンとカボチャの包み焼き。(『魔女の宅急便』)

　共通性にもとづく場合として，(24) では，R(W₁)「機械が年をとる」(= 古

---

[14]　ただし (20) の修飾句は，恋の進展を電車の進行で喩える (e.g. 加速する，揺れる) た
めの呼び水として，比喩的談話の構築に寄与する可能性もある。また，「電車」が引き合い
に出されていることは，京阪電鉄の広告としての効果の点では重要である。

[15]　共通性と共起性は，それぞれ隠喩と換喩の基盤であるとされることがある。しか
し，共通性と隠喩，あるいは共起性と換喩を同一視することはできない。例えば (10) で
は，一方で，「いだく」という動詞の隠喩の意味が問題になるが，他方で，「不安をいだく」
イベントと「貝殻をいだく」イベントは共起するという点で関連づけられている。第 7 節
で用いる「関連性」という用語は，R, W₁, W₂ のようなくびき語法の構成要素となる語句の
意味ではなく，2 つの節 R(W₁), R(W₂) が表す 2 つのイベントの意味的な関係を指すことに
注意されたい。

くなる）ことと，$R(W_2)$「人間が年をとる」（= 老いて衰える）ことに共通性が認められることが，W_1「機械」と W_2「人」を並立する根拠になっている[16]。類例として，(23a) では，$R(W_1)$「思惑が外れる」イベントと $R(W_2)$「褌が外れる」イベントが共通する性質（i.e. 頻度が高い）をもつとみなされているためにくびき語法が成立する。第6節で述べたように，この例ではさらに，イベントの参与者である［思惑］と［褌］が比喩写像によって対応づけられている。

　共起性にもとづく場合は，基本的に，$R(W_1)$ と $R(W_2)$ が表す2つのイベントが，時間的に同時に生起するという点で関連性が保証される。例えば(1b) では，$R(W_1)$「もてなした人の心が冷める」イベントと $R(W_2)$「料理が冷める」イベントが同時に生起していることが，くびき語法の成立基盤になっている。類例としては，(25)(26) が挙げられる。

(25)　甘いへんのうの匂いと，囁くような衣摺れの音を立てて，私の前後を擦れ違う幾人の女の群も，皆私を同類と認めて訝しまない。

（谷崎潤一郎「秘密」：35）

(26)　穏やかな老人の言葉と怡々たるその容に接している中に，子路は，これもまた一つの美しき生き方には違いないと，幾分の羨望をさえ感じないではなかった。　　　　　　　　　　　　　　　（中島敦「弟子」：75）

　共起性によるくびき語法が成立するためには，2つのイベントが同時に生起することが十分予測できるようにコンテクストが調整される必要がある。(8a)(9a) の不自然さは，$R(W_1)$ と $R(W_2)$ が表すイベントが同時に起こるようなコンテクストをすぐに想像しにくいという点にあり，(8b)(9b) ではそのようなコンテクストが具体的に示されていることによって，効果的なくびき語法として成立していると考えられる。

---

[16]　(24) のより詳しいコンテクストを考慮するならば，劇中での (24) の発話は，壊れた電気オーブンのせいで料理に失敗した老女によってなされたものであり，ここでは「機械」と「人」が年をとること（ないしはその結果事態）は同時に起こっていると言える。したがって厳密には，(24) は共通性と共起性によって，二重に動機づけられている。

レトリックの認知構文論 | 43

8. おわりに

　本章では，日本語のくびき語法を考察対象として，その認知的な成立基盤を考察した。効果的なくびき語法の認知的な成立基盤は (C) のように要約できる。（ここでは並立が 2 つの場合を考察しているが，この成立基盤は並立が 3 つ以上の場合にも自然に拡張できる。）

　(C)　狭義のくびき語法の成立条件
[C-1]　R は図式的な関係 S を表す。S は異なる 2 つの概念領域 D_1, D_2 において事例化される。（二重性の条件）
[C-2]　D_1 と D_2 のそれぞれに含まれる存在と対応関係にある，2 つの存在が並立される。（並立の条件）
[C-3]　$R(W_1), R(W_2)$ が表す 2 つのイベントが，参与者，セッティング，ないしはそれらの性質を共有する。（共有の条件）
[C-4]　$R(W_1), R(W_2)$ が表す 2 つのイベントが，共通性ないしは共起性によって関連づけられる。（関連性の条件）

　例えば，(10) の R「いだき」は，第 1 に，抽象的な包接関係 S をプロファイルし，S は物理的空間 (D_1) と心理的空間 (D_2) において事例化される。第 2 に，「不安」と「貝殻」のプロファイルは，ともに D_1 と D_2 における包接の対象として並立されている。第 3 に，$R(W_1)$「不安をいだき」と $R(W_2)$「貝殻をいだき」がプロファイルする 2 つのイベントは包接の主体を共有しており，第 4 に，この 2 つのイベントは同時に生起するという点で関連づけられている。

　レトリックの表現効果は，一見すると，精緻に構築された言語表現の全体から完全に創発的に生まれているように見え，言語学的に分析することは不可能であるように見える。しかし，レトリックが，既存の語彙や文法を全く用いずに創案されることは基本的にはない。認知言語学，特に認知文法のアプローチでは，語彙や文法は，カテゴリー化や注意などの基本的な認知能力によって特徴づけられるとされる。レトリックにも，この原則は基本的に適用される。本章における分析には，既存のフレームワークで提案されてきた概念以外の，レトリック専用の特別な理論装置は含まれていない。本章の事例分析は，認知言語学の理論が，効果的なレトリックの成立基盤の研究にも

適用できることを具体的に示している。

付記

　本研究は，科学研究費補助金（課題番号：17K13451）の助成を受けている。本章の執筆にあたり，成蹊CAPSプロジェクト第3回研究会（2015年於成蹊大学）で研究発表を行った。発表に際しては，森雄一先生，籾山洋介先生，小柳智一先生をはじめ，多くの方々から有益なコメントをいただいた。また第5節の考察の一部は，木本幸憲氏との個人的な議論にもとづいている。記して感謝申し上げたい。

引用例出典

有島武郎『或る女』(新潮文庫，新潮社，1995)

黒田昌郎（監督）『フランダースの犬』(日本アニメーション，1975)

北大路魯山人『魯山人味道』(改版，中央公論社，1995)

坂口安吾「勉強記」『おかしい話』，97–127.(ちくま文学の森，筑摩書房，1988)

谷崎潤一郎「秘密」『谷崎潤一郎』，24–54.(ちくま日本文学，筑摩書房，2008)

中島敦「弟子」『中島敦』，36–94.(ちくま日本文学，筑摩書房，2008)

宮崎駿（監督）『魔女の宅急便』(スタジオジブリ，1989)

宮本百合子『伸子（下）』(岩波文庫，改版，岩波書店，1973)

日本放送協会（制作）「うどん」『新日本風土記』(日本放送協会，2012)

日本放送協会（制作）「インドネシアの海ヤシの実を持つタコ」『ワイルドライフ』(日本放送協会，2015)

参照文献

Cruse, D. Alan（1986）*Lexical semantics*. Cambridge University Press.

Enos, Theresa（ed.）（1996）*Encyclopedia of rhetoric and composition: Communication from ancient times to the information age*. Routledge.

Greene, Roland Arthur, Stephen Cushman, Clare Cavanagh, Jahan Ramazani, Paul F. Rouzer, Harris Feinsod, David Marno, and Alexandra Slessarev（eds.）（2012）*The Princeton encyclopedia of poetry and poetics*, fourth edition. Princeton University Press.

石橋幸太郎（編）（1973）『現代英語学辞典』成美堂.

Lakoff, George（1993）The Contemporary theory of metaphor. In: Andrew Ortony（ed.）*Metaphor and thought*, second edition, 202–251. Cambridge University Press.

Langacker, Ronald W.（1987）*Foundations of cognitive grammar: Volume I theoretical prerequisites*. Stanford University Press.

Langacker, Ronald W.（1991）*Foundations of cognitive grammar: Volume II descriptive application*. Stanford University Press.

Langacker, Ronald W.（2009）*Investigations in cognitive grammar*. Mouton de Gruyter.

レトリックの認知構文論 | 45

Lanham, Richard A.（1991）*A handlist of rhetorical terms*, second edition. University of California Press.

Lausberg, Heinrich（1963）*Elemente der literarischen Rhetorik*. Hueber.［万沢正美（訳）（2001）『文学修辞学：文学作品のレトリック分析』東京都立大学出版会.］

Lyons, John（1977）*Semantics: Volume 2.* Cambridge University Press.

松本曜（2010）「多義性とカテゴリー構造」澤田治美（編）『語・文と文法カテゴリーの意味』23–43. ひつじ書房.

望月雄大（2014）「くびき語法の再考察：メタファー理論の観点から」『日本語用論学会第 16 回大会発表論文集』137–144.

籾山洋介（1993）「多義語分析の方法：多義的別義の認定をめぐって」『名古屋大学日本語・日本文化論集』1: 35–57.

籾山洋介（2016）「多義語の多様性：典型的な多義語と単義語寄りの多義語」『日本認知言語学会大会論文集』16: 512–517.

中村明（1991）『日本語レトリックの体系：文体のなかにある表現技法のひろがり』岩波書店.

野内良三（1998）『レトリック辞典』国書刊行会.

小野尚之（2007）「くびき語法と多義の解釈」『英語青年』153（8）: 502–504.

大塚高信・中島文雄（編）（1982）『新英語学辞典』研究社.

Panther, Klaus-Uwe and Günter Radden（eds.）（1999）*Metonymy in language and thought.* John Benjamins.

佐藤信夫・佐々木健一・松尾大（2006）『レトリック事典』大修館書店.

Shen, Yeshayahu（1998）Zeugma: Prototypes, categories, and metaphors. *Metaphor and Symbol* 13（1）: 31–47.

Sperber, Dan and Deirdre Wilson（1995）*Relevance: Communication and cognition*, second edition. Blackwell.

第 3 章

創造的逸脱を支えるしくみ
── Think different の多層的意味解釈と参照のネットワーク──

鈴木　亨

キーワード：創造的逸脱，属性評価文，拡張，混交，参照のネットワーク

1.　はじめに

　1997 年の Apple 社の宣伝広告で使われた "Think different." という表現
は，標準的な英文法の体系に照らして見ると幾分逸脱的な表現である。動詞
think と形容詞 different の関係が文法的に不透明なのである。Steve Jobs の公
式評伝である Isaacson（2011: 329–330）によると，広告案の検討段階では，
当該表現の文法性について種々議論があったことが記されているが，注目さ
れるのは Jobs 自身がこの different は differently の代用ではないと認識して
いたということである。その一方で，この different は differently の間違いで
はないかという指摘と，それをめぐる賛否両論の議論があるのも事実である
（Pinker 2014: Ch. 6 を参照）。

　具体的には，活動動詞の think が，感覚動詞や結果動詞のように形容詞を
補部とする用法は一般的ではなく，different を単に -ly の省略された副詞と
みなすのも，語源的特徴などからすると不自然である（鈴木 2016）。

　それにもかかわらず，この表現は英語圏ではそれなりに容認され，受容さ
れつつあるように思われる。一見逸脱的な表現が創造的革新として受け入れ
られる背景には，どのような条件が必要なのだろうか。調べることのでき
た範囲では，think と different の組み合わせに最初に言及した英文法書であ
る Wood（1981）に以下の記述がある（参照したのは 1981 年の改訂版である
が，初版は 1962 年）。

　　Think different, when it means not think in a different way but have different
　　thoughts, is certainly correct:

48 | 鈴木　亨

I used to hold that opinion, but now I *think different*.（Wood 1981: 81）

Wood は，think in a different way（= differently）とは区別して，"have different thoughts" の解釈があると述べている。ある意味で Think different. をめぐる解釈論争を先取りする解説であるが，なぜこの表現にこのような解釈が成立するのかを解明するのが本研究の目的である。

　本章では，Think different. という表現が，それなりに容認されるに至った背景には，関連する語彙や文法（用法）の複合的なネットワークがあり，それに支えられてこの表現が一定の英語らしさを持つ表現として成立していることを論じる。第 2 節では，当該表現における different を単なる副詞形の代用と分析することの問題，さらに different の限定的な副詞的振る舞いについて考察する。第 3 節では，think が限定的な条件で名詞句補部をとる「疑似他動詞用法」について精査した上で，think の補部が「引用実詞」を担う位置として構文化されている可能性について検討する。第 4 節では，先行研究の谷口（2005）に基づき，属性評価文としての think の拡張用法について考察する。第 5 節では，早瀬（2008）による，形容詞を伴う命令文における結果解釈の分析を援用しつつ，関連表現の参照ネットワークによる多層的意味解釈のあり方について論じる。第 6 節では，本章の提案の意義を振り返り，まとめとする。

2.　Different の語彙的位置づけ

　現代英語において -ly が脱落した形容詞と同型の副詞（単純形副詞 flat adverb）は，典型的にゲルマン語源の単音節語の特徴である（安井・秋山・中村 1976, Quirk, Greenbaum, Leech, and Svartvik 1985, Huddleston and Pullum 2001）。

（1）a.　Drive {slow/slowly}.

　　b.　Get the doctor {quick/quickly}.

　一方，ロマンス語源の複音節語では，-ly のない形容詞形と -ly のついた副詞形は，その使用において明確に区別されるのが一般的である[1]。

---

[1]　複音節のロマンス語源形容詞でも，direct や decent など単純形副詞用法を示す例が全

創造的逸脱を支えるしくみ　｜　49

（ 2 ）a.　My mother drives {dangerously/*dangerous}.

　　　b.　We listened to her {carefully/*careful}.

　この観点からは，3 音節からなるロマンス語源（フランス語起源）の形容詞である different は，少なくとも単純形副詞の典型例とは考えにくい（鈴木 2016）。

　一方，different に関しては，他の形容詞とは異なる副詞らしさを示す特徴として，no/any によって修飾することができるということがある。通常，no/any は名詞，副詞，比較級の形容詞のみを修飾するが，different は例外的に，原級の形容詞形でも修飾可能である（Wood 1981, 小西 1989）。しかし，この副詞的な用法は，「まったく同じ（変わらない）」という強意解釈を持つもので，"no different" という慣用句としての限定的な用法であると思われる。

（ 3 ）　But the third grade was **no different**.

　　　　　　　　　　　　　　　（Megan McDonald, *Judy Moody, Mood Martian*）[2]

　　　（でも 3 年生になっても何も変わりはなかった）

　また，特定動詞との組み合わせで副詞的な用法としては，多くの辞書にも例文がある（が，あまり詳しい説明のない）"know different" という口語表現がある。

（ 4 ）　But I **know different**.　　　　　　　　（Gillian Flynn, *Gone Girl*）

　　　（でも私はそうではないと知っている。）

　この表現は，第 4 節で詳しく見る属性評価文の拡張用法にも似ているが，know は状態動詞であり，活動動詞ではないこと，さらに 1 人称視点の用例が多く，その際に自分の正しさについて強い自信を誇示するような独特の含みがある点で，動詞 know との組み合わせに限定された慣用的な孤立表現で

くないというわけではない（e.g. They treat me decent.）。

2　本章では，例文の重要箇所をボールド体で表記する。

50 ｜ 鈴木 亨

あると考えられる[3]。

　まとめると，different に関しては，他の形容詞には見られない副詞的とも言えるいくつかの用法があることは事実であるが，それらが生起する環境は慣用的に厳しく限定されており，Think different. の創発に直接つながるものではない。少なくとも，一般的な語彙項目としての different に関して，単に省力化あるいは時代の流行や個人的選好の結果として -ly が脱落して副詞化しているとする説明は不十分であると思われる。

3. 疑似他動詞用法と引用実詞

3.1　Think の疑似他動詞用法

　活動動詞としての think は基本的に自動詞であり，思考対象を指す名詞句は，通例前置詞（of/about など）を伴う。しかし，Isaacson（2011: 329–330）では，Think different. における different を，Think victory. の名詞のように考えるという Jobs の主張が紹介されている。事実，口語体などややインフォーマルな使用域では，think が直接目的語をとる疑似他動詞用法とでも言うべき事例がいくつか存在する。1 つめは同族目的語を典型とし，thing 名詞や代名詞も含む，思考内容を漠然と表す他動詞用法である。2 つめは，命令文に特化して意識を集中すべき対象を指示する用法，3 つめは，頭に浮かぶ複数の事柄を目的語として列挙する用法である。以下では，それぞれの事例を詳しく見た上で，形容詞の different が，そのような用法に関連づけられるかどうかを検討する。

3.1.1　同族目的語構文

　同族目的語として thought を組み合わせた think の用例はかなり一般的である。

---

[3]　関連して，近年拡がりを見せている "(be) wired different" という慣用的表現がある。

　（ⅰ）He's **wired different** than the rest of us.　　　　　　（COCA, ACAD 2007）
　　　（彼は我々とは頭の配線が違うのだ。）

この用例における different は，基本的に differently と言い換え可能であるが，その一方で，wired という受動態に結びつく慣用句として，遺伝学の発展に伴う「遺伝的なしくみを配線する（wire）」というメタファーの普及とともに確立した，孤立的な用法ではないかと考えられる。インターネット検索で見つかる wired different の用例は，大半が遺伝に基づく違い，もしくはコンピュータ関連機器の配線についての表現である。

（5）a. All I'm doing is **thinking unworthy thoughts** that nobody can hear.
（Nick Hornby, *How to Be Good*）
（僕は誰にも聞かれない，無駄なことをただ考えているだけなんだ。）

   b. So now he consciously applies himself to **thinking their thoughts**,
getting into their mood. （Christopher Isherwood, *A Single Man*）
（そこで彼は，あえて意識的に彼らと同じようなことを考えて，彼
らの気分を味わってみようとするのだ。）

　同族目的語構文と並行性があると思われるのは，thing 名詞を目的語とす
る用法である。これらの例では，thing(s) の部分を thought(s) に置き換えて
もほぼ同義になる。

（6）a. It was too much to stay inside, **thinking these things**, and regretting so
many others. （Rachel Joyce, *The Unlikely Pilgrimage of Harold Fry*）
（そんなことを考え，他にもあれこれ後悔しながら，家にじっとし
ているわけにはいかなかった。）

   b. ... each could tell that the other was **thinking the same thing**.
（Nick Hornby, *Funny Girl*）
（互いに相手が同じことを考えているのがわかった。）

   c. I **think everything** you think. （Nick Hornby, *How to be Good*）
（君の考えるようなことは全部私も考えているよ。）

　さらに，文脈上先行する思考内容を代名詞で示す例も少なくない。

（7）a. I let her **think it**, but thought I knew better.（Sarah Waters, *Fingersmith*）
（彼女にはそう思わせておいて，自分では私の方が上手だと思って
いた。）

   b. Please don't **think that**. （Ian McEwan, *The Children Act*）
（頼むからそんなことは考えないで。）

　これらの事例は，think が非能格動詞であると同時に，おそらく日常的な基
本動詞であることから，構文選択における think の融通性の高さを示してい

52 | 鈴木　亨

る。事実，使役移動構文や結果構文でも think を使用することは可能である。

（8）a.　Honestly...'**think the pain away**'...absolute nonsense...
　　　　　［映画「ブリジット・ジョーンズの日記 ダメな私の最後のモテ期
　　　　　（Bridget Jones's Baby）」から主人公の出産時のセリフ］
　　　　　（はっきり言って…「頭で考えて痛みを忘れろ」なんて…ありえな
　　　　　い…）

　　　b.　How to **think yourself happy**.　　　　　　　（Google 検索）
　　　　　（幸せになれる思考法）

3.1.2　意識の集中を指示する命令文

　Think victory. など think が直接目的語をとる用法は命令文が典型的である。

（9）　It's a big game. **Think baseball**.
　　　　［映画「人生の特等席（Trouble With the Curve）」から，少年野球チー
　　　　ムの監督が移動中のバスでふざけている選手たちに言うセリフ］
　　　　（大事な試合なんだ。野球に集中しろ。）

　この用法では，目的語は無冠詞で抽象的な概念対象を指す名詞に限られる
という特徴があり，解釈も，単に考えるのではなく，対象に意識を集中させ
るという独自の意味を持つ。したがって，動詞 think に特化されたミニ構文
（Boas 2003）として，次のように定式化することもできるだろう[4]。

（10）　*Think* + N：Concentrate your thoughts on N.「N に意識を集中させよ」
　　　　　（N = 無冠詞の抽象名詞）

---

[4]　この用法には，次のような平叙文の使用例もまれにあるので，上で述べたミニ構文の
定式化は，あくまでも容認される際の典型条件と考えるべきかもしれない。
　（i）I wonder how many people actually *think* music when they're listening to it ... very few I
　　　bet...　　　　　　　　　　　　　　　　　　　　　　（David Lodge, *Thinks*...）
　　　（音楽を聴きながら本当に音楽について真剣に考えている人はいったいどれほどいる
　　　のだろうか…そんな人はごくわずかに違いない。）

創造的逸脱を支えるしくみ | 53

この think の疑似他動詞用法によく似た用法を持つ動詞に，talk がある。

(11) a. To relax, to ease ourselves towards the bed I was sitting on, we **talked books** in a light and careless way, hardly bothering to make a case when we disagreed... (Ian McEwan, *Sweet Tooth*)
（くつろいで，私が腰かけていたベッドにゆっくり二人で近づいていくために，気楽に無頓着な調子で読んだ本についてあれこれ語り合い，たとえ意見が分かれても互いに反論するようなことはなかった。）

b. She **talked marriage**. Marriage to me, can you envision that, Nathan?
(William Kent Krueger, *Ordinary Grace*)
（彼女は結婚しようって本気で言うんだ。この俺とだよ，信じられないだろ，ネイサン？）［話し手は，彼女（ネイサンの姉）の父親と同世代で，彼女を結婚対象とは見ていない。］

本来は自動詞である talk の疑似他動詞用法は，[talk ＋ N] の形式で「N について（熱心に，まじめに，そのことばかり）話す」という解釈を持つ[5]。ただし，think とは異なり，命令文に限定されるという傾向はなく，口語体の平叙文では普通に見られる。同様に，雑誌等のインタヴュー記事の見出しで，「～について語る」という discuss に近い意味で，目的語をとる talk の用法も定着しているが，その背景にはジャーナリズムにおける文章表現の簡略化志向があると推察される。

(12) Sparks **talk** 'Hippopotamus,' mystery Morrissey present, and keeping L.A. weird. (Yahoo Music, Sept 1, 2017)
（新作「ヒポポタマス」，モリッシーからの謎の贈物，そして LA の風変わりさを守り続けることについて，スパークスが語る。）

また，命令文ではないが，主に進行形で頭に思い浮かぶことを新情報とし

---

[5] 小西 (1980: 1592) では，talk のこの用法における目的語は無冠詞の名詞 (e.g. treason, scandal; philosophy, finance, business, music) になることが記されている。

54 | 鈴木 亨

て次々と列挙していく次のような think の用法もある。

(13) I'm **thinking Hugh Grant**. I'm **thinking Elizabeth Hurley**. I'm thinking
     how come two months on they're still together. I'm thinking how come he
     gets away with it.   (Helen Fielding, *Bridget Jones: The Edge of Reason*)
     （私はヒュー・グラントのことを思い，エリザベス・ハーリィのこと
     を思う。2 ヶ月も経つのにあの二人がまだ付き合っていられるのはな
     ぜだろう，彼はどうやってあの状況を凌いでいるのかと思う。）

　これは，新情報に対する聞き手の注意を喚起するという点では，命令文の
用法とも機能的な類似性があると思われる。
　以上，限定された用法や文脈では，本来自動詞である think が名詞目的語
を補部とすることができることを見た。

3.2　引用実詞を補部とする構文化

　前節では限定的な環境で think が目的語をとる用法があることを確認
したが，ここでは形容詞が補部に生じる場合に「引用実詞（quotation
substantive）」として認可される可能性について検討する[6]。引用実詞は，
Jespersen の用語で，動詞や形容詞など本来は名詞句ではないものが，引用
符に入れられた「〜という（句）」というような解釈で事実上名詞句の資格
が与えられ，典型的に名詞句の生起位置に生じるものである。

(14) It was *hit or miss* with him.   (Lamb E2 VII; Jespersen: M.E.G. II, 8.21)

　この引用実詞の生起位置が構文的に固定されるということがある。例え
ば，分裂文の焦点には通常名詞句しか生じないにもかかわらず，一定の条件
で副詞が生じる次のような事例がある。

(15) It was *intonationally* that these linguistic units were separated.

(Quirk et al. 1985: 562)

6　think の変則的な補部を引用実詞とみなす可能性については，大室剛志氏の示唆による。

創造的逸脱を支えるしくみ | 55

これについて，安井（1976）は，天野（1976）の指摘に基づき，分裂文の焦点に生じる副詞は引用実詞であると論じている（Quirk et al. 1985 も参照）。換言すれば，分裂文の焦点位置は構文的に引用実詞を導入する機能を持つということになる。

実は，think には，（16a）のような挿入節用法と並行して，直接引用による補部位置の焦点化とでもいうべき用法がある。（16b, c）では，動詞 think の補部位置でそれぞれ時制文と疑問文が焦点化されているが，文章上の表記では，動詞と引用部の間にコロンが挿入されることも少なくない。

(16) a. You have come to Briar, **I think**, to swallow up me.

(Sarah Waters, *Fingersmith*)

（あなたがブライアにやってきたのは，私の財産をすっかり奪いとるためだったと思うのだけど。）

b. **I think**, He won't do it! He dare not do it! Then **I think:** He will.

(Sarah Waters, *Fingersmith*)

（私は思う，彼はそんなことはしない！　絶対にしない！　でもふと思う，きっとするだろう。）

c. Marie-Laure **thinks:** Do they mean Papa?

(Anthony Doer, *All the Light We Cannot See*)

（マリー＝ロールは思う，あれはお父さんのことだろうか。）

これらの事例は，口語体では think が焦点的要素を補部にできることを示しており，think に語彙化されたある種の焦点化構文とみなすことができる[7]。ただし，これらの例が発話される際には，挿入節の場合と同様に think と引用部の間に（コンマやコロンで示される）ポーズが入ることが想定され，その点では，名詞補部をとる疑似他動詞用法や形容詞補部の用法と同一視することはできない[8]。また，think の後続部に引用される焦点要素が比較

---

[7]　分裂文では命題内の一要素が焦点化されるのに対し，think 補部の場合は，談話上の新情報である思考内容そのものへの注意喚起がその機能であり，構文上の性質は若干異なる。

[8]　インターネット上の検索では，コロンを用いた "Think: different." という表記も見つかるが，量的には主流とは言えない。またその場合も，直接引用の場合と同様に一定のポーズの挿入を想定するのが自然であろう。本章で検討対象とするのは，違いは微妙だが，あ

的自由に選択できるのに対し，少なくとも think に後続する形容詞の選択肢
は，後で見るように慣用的にかなり制限されている。

　このような理由から，ここでの結論としては，think の補部が引用実詞と
して形容詞を認可できるところまで構文化されているという立場はとらず，
疑似他動詞用法や直接引用と親和性がある動詞 think が，補部選択において
比較的高い融通性を持つことを示唆するにとどめる。この点については後ほ
ど 5.2.3 節で改めて触れる。なお，名詞句を補部とする疑似他動詞用法は，
目的語の選択肢が比較的自由であることを考えると，それ自体がある種のミ
ニ構文の資格を獲得していると考えてよいだろう。

4.〈SVC〉構文における属性評価
4.1　寸法の形容詞と色彩の形容詞
　Think different. との類似がよく指摘される表現として Think big. がある
が，think と組み合わされる形容詞には他にも次のような例があり，大まかに
寸法（dimension）の形容詞と色彩の形容詞に分けられる（Pinker 2014 参照）。

（17）a.　Think Small.　　　　　　　（Volkswagen 社の 1959 年の宣伝文句）[9]
　　　b.　Think Pink.　　　　　　　（映画「Funny Face」の挿入歌タイトル）

　寸法の形容詞には，現代英語では -ly 形の副詞がほとんど使用されないと
いう特徴がある（Dixon 2005: 381）。そのことから，これらの形容詞が動詞
補部として生じる際には，"in a big/small scale"（「大きな / 小さな規模（視野・
サイズ）で」）という副詞的解釈で，実質的にも副詞として機能していると
考えられる。また，"Think big" 自体はすでに定型表現として一般化してお
り，命令文以外でも比較的自由に使われている。

（18）　He also distrusted anyone who routinely referred to 'the planet' as proof of
　　　thinking big.　　　　　　　　　　　　　　　　（Ian McEwan, *Solar*）

くまでも動詞と形容詞の間でポーズが挿入されない事例である。

[9]　Volkswagen 社の "Think Small" は，コンパクトなサイズの車（Volkswagen Beetle）を米
国の市場に売り込むという目的のキャンペーンで採用された 1959 年の宣伝コピーである。

（また彼は，広い視野でものを考えている証拠であるかのように，決まって「地球」を引き合いに出す人間のことも信用していなかった。）

　動詞の選択に関しては，big の場合，talk big（得意げに話す），save big（大幅に節約する）など，small の場合は，start small（小さな規模で始める），eat small and often（1 回に食べる量を減らし，食事の回数を増やす）などの例がある。定型表現としてイディオム的解釈を持つ talk big を除くと，基本的には think big と同様の副詞的解釈で，宣伝文句や標語など命令文の形式で使用される事例が多い。
　一方，色彩を表す形容詞も，-ly 形の副詞は現代英語では文語的，あるいは古風な表現ととられる傾向がある。色彩形容詞の特徴の 1 つとして，結果構文に生じる場合に，結果志向の動詞との組み合わせで結果状態を付加的に描写するという点で，「見せかけの結果句」に似た副詞的振る舞いを示すことが挙げられる[10]。

（19）　She sighs, her breath **exploding white** into her face.

（Maggie O'Farrell, *The Hand That First Held Mine*）

（彼女がため息をつくと，その息は顔に向けて白く拡がった。）

　色彩形容詞の場合は，色彩語の品詞が形容詞なのか名詞なのかという潜在的多義性の問題もある。"Think Pink." は，ファッション業界でピンク色を流行らせ，どんな製品もピンク色にしようという劇中歌の表現である。この場合の pink は，ピンク色のもの，あるいはピンク色であること（pinkness）を指し，think は，「（選択肢から）〜を選ぶ」という意味で choose や pick に近い意味で使われていると思われる。次の例も「部屋の壁を何色にするか」という文脈で紫色（purple）を選ぶという解釈である。

（20）　I was thinking purple.　（Megan McDonald, *Judy Moody, Mood Martian*）

---

[10]　Washio（1997）では，「強い結果構文（strong resultatives）」を一般に許さないフランス語や日本語でも，色彩形容詞は結果句として容認されることが指摘されている。付加詞的結果句，及び「見せかけの結果構文（spurious resultatives）」については，Iwata（2006），Suzuki（2017）も参照のこと。

（私は紫色にしようと思っていたの。）

　このような観点から，think 補部における色彩語を名詞と分析するなら
ば，これはすでに見た「意識の集中」の用法と機能的には同型のものと位置
づけられる。いずれにせよ色彩語の特異性を考えると，〈think + 色彩語〉の
表現が Think different. を直接導くモデルになるとは考えにくい。以下では，
これらの形容詞を除外した上で，さらに残る動詞と形容詞の組み合わせパ
ターンについて考察し，Think different. の成立背景を明らかにしていく。

4.2　属性評価の〈SVC〉構文
　Think different. について考えるためのヒントとして，次の例を考えてみよ
う[11]。

（21）　Eat fresh.　　　　　　　　　　　　　　　　（SUBWAY の宣伝文句）

　これも一見して文法的に逸脱した印象を与える表現である。動詞 eat に後
続する形容詞 fresh はどう解釈されるべきだろうか。活動動詞である eat に
は，think と同様に感覚動詞や結果動詞の解釈はそぐわない。また，fresh に
は freshly という -ly 形の副詞があるが，その用法は動詞の過去分詞形への前
置修飾（e.g. freshly baked bread）にほぼ限定され，動詞に対する後置修飾は
一般的ではない。
　関連する先行研究として，まず谷口（2005: 6 章）の議論を整理しておこ
う。谷口は，知覚経験を通じて対象について属性評価を述べる知覚動詞
（look, feel, taste など）の連結用法が，歴史的には動詞の修飾語であった副
詞が形容詞にシフトすることにより，動詞における主体化を伴い〈SVC〉
構文（谷口では CPV（Copulative Perception Verb）構文）として構文化される
プロセスがあったことを論じている。具体的には，-ly 形副詞を伴う用法
（The flowers smell sweetly.）から，形容詞を伴う連結用法（The flowers smell
sweet.）への拡張に並行して，知覚の経験者が背景化され，知覚対象がより

---

[11]　冒頭の e はポスターなどのオリジナル表記では小文字であるが，ここでは英語の一般
的表記法に従い大文字とする。

際立ちを持つようになったとされる[12]。

谷口はさらに，この〈SVC〉構文が，行為を通じた推論に基づき対象物の属性を評価する表現として，知覚動詞以外の活動動詞（谷口では「行為動詞」）にまで拡張されつつあることを示唆している。Horton（1996）が疑似連結動詞（quasi copula）と呼ぶ次の例では，話し手が食べる行為（eating）を通じて，行為対象のケーキの属性（食感）が評価されているということになる。

(22)　The cake eats short and crisp.　　　　　　　　（Horton 1996: 329）
　　　（このケーキは（食感が）サクサクパリパリしている。）

同様の拡張事例は read にも見られる。

(23) a.　While that article **reads naïve** these days, ...
　　　（Donna Diers, *Speaking of Nursing...: Narratives of Practice, Research, Policy and the Profession*）
　　　（あの論文は現在の視点から読めばナイーブに思えるが…）
　　b.　This **reads arrogant** but he's surely being tongue in cheek...
　　　　　　　　　　　　　　　　　　　　　（*The Guardian*, July 1, 2014）
　　　（これを読むと傲慢と思われるだろうが，彼は明らかに冗談半分で言っているのだ…）

(23) の read の用例は専門書やジャーナリズムの文章であり，もはやインフォーマルとは言えない範囲まで広く容認されつつあることが示唆される。ただし，谷口の〈SVC〉構文の拡張分析を認めた上でも，Think different. や Eat fresh. の場合は，動詞の行為主体は顕在化されない命令文主語の you であり，話し手（評価主体）とは別人であるという点において，構文的には同型ではないことに注意したい。

---

[12]　Quirk et al.（1985）では，-ly 形副詞を用いたより古いパターンは，現代英語としては形容詞に比べて容認度がやや落ちると判断されている。
　(i)　The flowers smell {sweet/ [?]sweetly}.　　　　　　（Quirk et al. 1985: 407）

4.3 属性評価文の拡張型

　ここでは，動詞行為の主体（主語）が評価者ではなく，評価対象となる事例が，口語体のインフォーマルな使用域を中心に拡がりつつあることを指摘し，属性評価の〈SVC〉構文のもう1つの拡張型を認める必要があることを論じる。以下に見るように，act や talk など人の行為を表す基本動詞と，その行為者に対する評価を表す形容詞の組み合わせがその典型例となる。

(24) a. The maître d' opened the front door and **acted solicitous**...

(Robert B. Parker, *A Savage Place*)

（レストランの案内役がドアを開け，気がかりなそぶりを見せた。）

b. The trouble is that when I'm serious I can't **act serious**.

(Graham Greene, *The Human Factor*)

（困ったことに，私は真面目なときに真面目な態度がとれないのだ。）

c. Don't **act executive** with me.　　　(Robert B. Parker, *The Judas Goat*)

（私に対して偉そうにするな。）

(25) a. I wondered if they all **talked funny**...

(Robert B. Parker, *A Savage Place*)

（彼らはみんなおかしな話し方をするのだろうか…）

b. He **talks conservative** to the conservatives and **liberal** to the liberals...

(Jonathan Steinberg, *Bismarck: A Life*)

（彼は保守層に対しては保守的な話し方を，リベラル層に対してはリベラルな話し方をする…）

c. If you're not going to **talk serious**, I'm going to bring hay to the cows with Dad...　　　　　　　　　　　　　　　　　(COCA, FIC 1997)

（真面目に話す気がないなら，私はお父さんと牛に干し草をやりに行くけど…）

　このタイプの拡張例に生じる形容詞は，主語の行為を間接的に描写しつつ，そこから推論される人物評価を表すと考えられるが，その種類は人物を評価する形容詞から比較的少数のものが選ばれ，限定的な基本動詞と組み合わされ，コロケーション的に制限されたものが多いようである。当該の形容詞のレパートリーには，different も含まれる。

創造的逸脱を支えるしくみ | 61

(26) a.　They **walk different**. They **talk different**. They **eat different**. They
　　　　sleep different.　　　　　　　　　　　　　（COCA, SPOK 1998）
　　　　（あの子たちは歩き方も違えば，話し方も違うし，食べ方も違う
　　　　し，眠り方だって違う。）［親から見た双子の子どもについての描写］

　　b.　Just because I **look and talk different** doesn't mean I don't have
　　　　feelings or that I am stupid.　　　　　　　　（COCA, FIC 1999）
　　　　（見かけや話し方が違うからといって，私に感情がないとか馬鹿だ
　　　　とか思わないでほしい。）

　（26a）では，日常行為を表す複数の基本動詞が並列されており，（26b）で
は，評価文に典型的な知覚動詞である look との組み合わせで talk が生じて
いる。いずれも動詞の意味的分布の近さが反映されていると考えられる。次
の例は，副詞の differently との組み合わせだが，拡張タイプに生じる基本動
詞が look と並列して用いられる例は多く，コロケーション的にも有意な生
起関係にあるものと思われる。

(27)　　... people who probably **look and act and think differently** from us, and
　　　　have faults we don't have.　　　　（Christopher Isherwood, *A Single Man*）
　　　　（…（彼らは）私たちとはおそらく見かけも振る舞いも考え方も違う人
　　　　間で，私たちにはない欠点がある。）

　Eat fresh. や Think different. を含め，このタイプの〈SVC〉構文の拡張例に
おいて具体的な意味解釈はどのようなしくみに基づいてなされているのだろ
うか。次節では，早瀬（2008）の分析を参考に，属性評価文の多層的解釈の
あり方について考察する。

5.　属性評価文の多層的意味解釈
5.1　命令文における結果変化の含意
　早瀬（2008）は，動詞に後続する副詞形と形容詞形の交替現象について論
じる中で，事象の「状態性の解釈」を志向する形容詞が活動動詞（早瀬で
は「非状態動詞」）と組み合わされる拡張事例では，特に命令文という「非
時間的（atemporal）」かつ「非実現的（irrealis）」なムードを持つ形式におい

て，動詞の読みに〈be + 形容詞〉の構文的読みが重ねられると分析している。早瀬 (2008: 147) に従えば，Think different. の解釈は，大意として "think so that you will be different or distinct from others." となり，命令文としての think の読みに，形容詞を伴う命令文 Be different. の解釈が加えられていることになる。1 つの文におけるこのような複数の解釈の重ね合わせは，混交 (blending) によるものとされる[13]。

　早瀬の分析の洞察は，活動動詞と形容詞の拡張的な組み合わせが，命令文を典型とする仮想的な時制表現に特徴的であることに注目し，形容詞 (構文) が本来志向する状態性との親和性を関連づけているところにある。形容詞が持つ状態性志向が，命令文において動詞行為の結果読みを引き起こすのである。ただし，活動動詞と形容詞の拡張的な組み合わせは，命令文 (及び不定詞節や動名詞節) に限られるわけではなく，観察される使用実態としては，平叙文を含む一定の拡がりを示していることはすでに見たとおりである。COHA の検索では，20 世紀半ばにおいてすでに think と different の組み合わせはそれなりの使用例があったことが示唆される[14]。

(28) a.　Well, I suppose you **think different** from us folks, we're just plain folks...　　　　　　　　　　　　　　　　(COHA, FIC 1954)
　　　（まあ，あんたは俺たちとは考え方も違うんだろうが，俺たちはいたって単純な人間なんだ。）

　　b.　But the court **thought different**.（COHA, MAG 1956: 原文は *TIME* 誌）
　　　（しかし法廷の判断は違っていた。）

　以下では，早瀬の混交分析を援用しつつ，平叙文を含めたより広い構文形式での多層的意味解釈のしくみについて考察する。

---

[13]　混交の一般理論としては，Fauconnier and Turner (2002)，変則的事例に関わる統語的混交については，Barlow (2000), Taylor (2012: Ch 12) をそれぞれ参照。

[14]　COHA の検索では，命令文及び不定詞と動名詞を除く通常の平叙文での think different の使用例は，現在形で 12 件，過去形では 5 件であった。また，"Think different." がこれだけ人口に膾炙した最近では，"The Man Who Thought Different"（2012 年に出版された Steve Jobs の評伝本のタイトル）というような例もある。

5.2 混交と多層的意味解釈

5.2.1 [NP BE/SEEM ADJ] の枠組み

　属性評価の〈SVC〉構文の拡張が活動動詞にまで及びつつあることを谷口 (2005) は指摘したが，その使用実態は，経験者の行為にとどまらず，評価される対象の行為を表す動詞類に及んでいることを第4節で見た。さらに 5.1 節では，命令文形式において，混交により動詞行為の解釈と〈be + 形容詞〉の解釈が重ねられ，構文独自の結果解釈が導かれるという早瀬 (2008) の分析を見た。以下では，命令文に限らず平叙文を含むより一般的な形で，活動動詞と形容詞からなる〈SVC〉構文の属性評価文が，創造的逸脱表現として成立していることに加え，この表現の多層的意味解釈を支える関連表現がネットワークとして参照されていることを論じる。

　属性評価文に生じるもっとも典型的な動詞は，連結動詞の be と seem であり，この [NP BE/SEEM ADJ] の枠組みが，行為者を主語とする属性評価文を生み出すブレンド素材の1つになると考えられる。換言すれば，推論の根拠となる具体的な行為を表す動詞を，属性評価文の枠組みにおける be/seem の位置にはめ込んでいるということになる。

　行為主体をその行為様態に基づく推論で評価する〈SVC〉構文の背後に，be/seem の評価文の枠組みがあることは，当該表現において〈S BE/SEEM C〉の含意が成立するということからも示される。例えば，複数の動詞を含む (29)（=(26a)）では，"They are different (in their ways of {walking / talking / eating / sleeping})." という含意が成り立つ。

(29)　They **walk different**. They **talk different**. They **eat different**. They **sleep different**.　　　　　　　　　　　　　　　　　　　(COCA, SPOK 1998)

5.2.2 〈SVC〉構文の多層的意味解釈

　ここでもう一度，(21) の Eat fresh. の例に戻って考えてみよう。早瀬 (2008) の分析にならえば，"eat (something) so that you can be/feel fresh"（良い気分になれるように食べる）という解釈になると考えられるが，サンドウィッチ店の宣伝コピーであることからも，"eat fresh sandwiches"，つまり食べるべきサンドウィッチ自体が fresh であるという読みも当然喚起されると考えられる。また，同様に eat を用いた healthy との組み合わせの (30) では，単に

「食べて健康になる」というのではなく，「体に良いもの(healthy food)を食べて健康になる」，あるいは，分量や回数などを含めての「健康的な食べ方(in a healthy way = healthily)」という様態解釈も含まれるだろう。

(30)　How to **eat healthy**, lose weight and feel awesome every day.（Google 検索）
　　　（健康的に食べて体重を減らし，毎日気分良く過ごす方法）

　同様に，Think healthy. の場合，ただ考えるというのではなく，その背後には副詞的容態表現を含む Think in a healthy way/healthily. が想定されるのに加え，「健康志向の(前向きな)考え方をして健康になる」という解釈を支える同族目的語表現(Think healthy thoughts.)を想起しうる。Think different. の場合も，単に考えることを促すのではなく，人とは違うことを考えるところから，人とは違う人間になることが求められていると考えられる。Wood(1981: 81)の記述では，think different は "have different thoughts" の意味であるとされていたことも思い出したい。また，Jobs 自身は否定し，多くの人が「誤読」したとされる「人とは違う考え方をする(Think differently.)」という副詞的読みも，喚起される可能な解釈の1つとして排除することはできないだろう。

　なお，think などいくつかの活動動詞に関しては，再帰代名詞 oneself を利用した結果構文が，動詞活動自体の継続や努力に焦点を当てた解釈を持つ表現形式として存在する[15]。

(31) a.　You can think yourself happy.
　　 b.　You can eat yourself healthy.
　　 c.　You can {walk/run/swim} yourself slim.

　これらの結果構文に特徴的なのは，結果に至る過程において行為主体に一定の負荷がかかるという含意の存在である (Boas 2003)。再帰代名詞の有

---

[15]　再帰代名詞を伴う結果構文には，上で挙げた以外に，機能不全の表現を伴って活動の過剰さを誇張する結果構文があり，そちらがイディオム化された表現としてより一般的である。
　(i) a. She talked herself hoarse.
　　 b. He read himself blind.

創造的逸脱を支えるしくみ | 65

無という形式の違いが意味の違いを反映するのであれば，〈SVC〉構文自体
に，そのような負荷（継続や努力）の読みが内在するのではなく，命令文や
不定詞など特定の形式において付随的に喚起されるものと考えられる。

　活動動詞を伴う〈SVC〉構文の表現が，ここまで見たような多層的意味解釈
に開かれているのだとすれば，[NP BE/SEEM ADJ] という枠組みに think や eat
といった動詞を単にはめ込むだけでは，その解釈可能性を十分に説明するこ
とはできない。これは，解釈の枠組みとなる構文に混交される動詞をどうな
じませるか，英語の「好まれる言い回し」（西村・長谷川 2016）としてどのよ
うに受容させられるか，という問題にも関わる。

5.2.3　参照される関連表現のネットワーク

　多層的意味解釈の1つは，eat の例で見たように顕在化されない目的語と
それに対する修飾語としての形容詞の解釈に基づいている。食べ物を明示
的な目的語とする他動詞用法を持つ eat の場合は，〈SVO〉の他動詞型が解
釈上の1つのモデルとして想定できることは明らかである。一方，他動詞
用法が一般的ではない think の場合にも，同族目的語などを伴う疑似他動詞
用法が存在することはすでに見たとおりである。それらの用法を解釈のモ
デルとして参照し，think と組み合わされる形容詞を，非顕在的な思考産物
（thought）に対する修飾語として再解釈することは，さほど不自然ではない
だろう[16]。実際，評価文の think 補部に生じる形容詞は，同族目的語構文にお
ける thought(s) の修飾語となる形容詞に重なることが多い。例えば，"Think
healthy."，"Think different."，"Think big." に対応して，それぞれ次のような同
族目的語構文の例は珍しいものではない。

(32) a.　Think healthy thoughts.
　　 b.　Think different thoughts.
　　 c.　Think big thoughts.

　このような対応関係は，実際の言語使用で混交によって創発される新奇表

---

[16]　見せかけの結果構文において，結果句の形容詞が顕在化しない結果産物の修飾語と
して解釈できることとの並行性にも注意したい（Suzuki 2017 参照）。

現が容認される際に，共通する語彙を持つ関連表現が言語素材として参照されていることを間接的に示唆するものと思われる。

次に，いわゆる副詞的解釈についても考えてみよう。属性評価の〈SVC〉構文に生じる活動動詞は，通例語彙的に形容詞に対応する -ly 形副詞を従えることが可能であり，おそらくその方が規範意識の反映としても，むしろ自然な英語表現と見なされる場合が多いと思われる（walk differently / walk different）。形容詞形と副詞形では，前者で属性評価の色彩がより強くなるが，評価そのものの前提となるのは，あくまでも動詞と副詞の組み合わせで描写される特定の行為様態である。つまり，形容詞を補部とする用例の解釈においても，対応する副詞形の表現が背景に想起されると考えることはさほど不自然ではない。Taylor（2012）のメンタル・コーパス流に言えば，話し手は半ば無意識であっても，動詞と対応する副詞形との組み合わせが自らの言語知識に存在することを前提に，当該の形容詞を適切なものとして選んでいるということが考えられる。

さらに，3.2 節での引用実詞を補部とする構文化の分析について再度考えてみよう。先の議論では，ポーズの有無に加え，各種の節表現が直接引用される場合は言うまでもなく，名詞の場合と比べても，当該パターンに生じる形容詞は慣用的にかなり狭く限定されることから，形容詞が生じる事例は引用実詞を含む構文化とは考えにくいと結論づけた。しかし，意識の集中や注意喚起の対象を臨時的に補部とする疑似他動詞用法や直接引用用法の存在は，それ自体が think の補部位置の潜在的利用可能性を強く示唆するものであり，評価文の形式で think と形容詞を組み合わせるという創発的な混交に一定の「英語らしさ」の根拠を与える要因になるものと思われる。

なお，活動動詞を伴う属性評価文において，形容詞の different が比較的多用される理由については，第 2 節で見た different の（限定的ではあるが）非形容詞的な特異な振る舞いに加えて，プラスにせよマイナスにせよ事物を評価する上で，他との比較による「違い」の有無が，人間の認識における 1 つの有用な基準になっているということが考えられる。形容詞の different が，COCA と BNC における [in ADJ way]（検索式は〈in [at*] [j*] way〉）の検索結果では高頻度で現れる（COCA では 1 位，BNC では 2 位），つまり様態の way と different のコロケーションが非常に強いことも偶然ではないだろ

う（鈴木 2016: 251）[17]。

　以上をまとめると，活動動詞を伴う属性評価文において多層的意味解釈が生じるのは，形式面での属性評価文の [NP be/seem ADJ] の枠組みに様々な動詞をはめ込む混交を基本として，当該構文における動詞と形容詞のなじみやすさを高め，結果としてその「英語らしさ」を保障するために，think や different などの語彙・文法的な関連表現のネットワークが参照されているからということになる。当該表現の逸脱度が高いほど，言語使用者は，いわば逆行分析（reverse engineering）として，その妥当性を検証する上で関連表現を試行錯誤的に参照する必要があると考えるならば，多層的意味解釈と使用語彙のコロケーション上の限定性の説明となるのではないだろうか[18]。

　本章で考察の対象とした Think different. のような宣伝文句の1つの特徴は，それが誠実な相互理解を求める理想的なコミュニケーションとは異なり，半ば一方的であいまいなメッセージの発信にもなりうるという点である。メッセージの送り手は，正しい解釈が理解されるよりも，聞き手による潜在的に開かれた解釈を呼び込むことを意図することもあるだろう。これは，場合によっては，送り手が半端な形で投げかけた表現を，受け手がその隙間を能動的に埋めながら解釈する状況を意味する。しかし，ことばによるコミュニケーションとは，少なからず不完全な相互関係として生じる側面が

---

[17]　Isaacson（2011: 329–330）の記述によると，Think different. の少なくとも1つの解釈として，"think the same" の反意表現が意図されていたとされる。本来形容詞である same は，現代英語ではそれ自体で副詞としても機能する。『ジーニアス英和大辞典』（電子版）には次のような例文がある。

　(i)　"Rain" and "reign" are pronounced the same even though they are spelt differently.
　　　（英語の「雨」と「統治」は綴りが違うが発音は同じだ。）

ここで pronounced を修飾する the same は，spelt を修飾する -ly 形副詞の differently と対置されることで，副詞の資格を持つことがわかるが，逆に副詞的な the same と対になるのは，少なくとも規範的には -ly 形の differently であるとも言える。参照のネットワークに think the same も含めて考えれば，反意関係を元にして different を副詞的に「誤用」するきっかけの1つになると考えることには十分妥当性がある。

[18]　逆行分析とは，本来は工学における用語で，既存のシステムや製品を分析・分解して，内部構造を解析し，その基本設計を明らかにすることである。ここでは，未知の言語表現に出会ったときに，聞き手はなじみのある関連表現のネットワークを手がかりにして，どの素材を組み合わせれば（＝ブレンドすれば），当該表現が文脈に合った意味解釈を持ちうるのかを計算するという比喩的な意味で用いている。

68 | 鈴木　亨

あるはずである。創造的逸脱表現においては，唯一の正しい解釈を前提とするのではなく，提示された表現を文法(=言語知識)の枠の中で多層的な解釈に開かれたものと見ることも必要であろう。

6.　まとめ

　本章では，活動動詞が形容詞を補部とする，やや逸脱的と思われる用法について，先行研究(特に谷口 2005, 早瀬 2008)に基づき，属性評価の〈SVC〉構文の拡張事例として位置づけ，そこにおける多層的意味解釈について，関連表現が参照されるネットワークに基づく説明を与えた。[NP BE/SEEM ADJ]の枠組みに活動動詞を組み込むこと自体は単純な操作であるが，その結果が英語らしい表現として理解・受容されるためには，語彙・用法的なつながりを持つ関連表現(対応する副詞的表現，疑似他動詞用法など)を参照しつつ，妥当な解釈を複合的に重ねていくことが必要であることを論じた。このように考えることにより，当該の逸脱的表現において語彙的選択肢が限定されやすいことも理解できると思われる。

付記

　本研究の一部は，日本英語学会第 33 回大会(関西外国語大学，2015 年 11 月 21 日)，及び成蹊大学アジア太平洋研究センター共同研究プロジェクト「認知言語学の新領域開拓研究」(成蹊大学，2016 年 7 月 17 日)における発表に基づいている。それぞれの機会にコメントをいただいた参加者の方々に感謝する。本研究は科学研究費補助金(基盤研究(C) 課題番号 15K02590「創造的逸脱表現を支える文法のしくみ：言語使用のインターフェイスと言語変化」及び基盤研究(C) 課題番号 19K00680「英語の文法的逸脱表現の創発と受容における創造的調整機能の研究」)の助成を受けている。

参照文献

天野政千代 (1976)「分裂文の焦点の位置における副詞」『英語学』14: 66–80.

Barlow, Michael (2000) Usage, blends, and grammar. In: Michael Barlow and Suzanne Kemmer (eds.) *Usage-based models of grammar*, 315–345. CSLI Publications.

Boas, Hans C. (2003) *A constructional approach to resultatives*. CSLI Publications.

Dixon, Robert M. W. (2005) *A semantic approach to English grammar*. Oxford University Press.

Fauconnier, Gilles and Mark Turner (2002) *The way we think: Conceptual blending and the mind's hidden complexities*. Basic Books.

早瀬尚子 (2008)「形容詞か副詞か？：副詞としての形容詞形とその叙述性」『認知言語

学論考』8: 125–155.

Horton, Bruce（1996）What are copula verbs. In: Eugene H. Casad（ed.）*Cognitive linguistics in the Redwoods*, 319–346. Mouton de Gruyter.

Huddleston, Rodney and Geoffrey K. Pullum（2002）*The Cambridge grammar of the English language*. Cambridge University Press.

Isaacson, Walter（2011）*Steve Jobs*. Simon & Schuster.

Iwata, Seizi（2006）Argument resultatives and adjunct resultatives in a lexical constructional account: The case of resultatives with adjectival result phrases. *Language Sciences* 28: 449–496.

小西友七（編）（1980）『英語基本動詞辞典』研究社出版.

小西友七（編）（1989）『英語基本副詞形容詞辞典』研究社出版.

西村義樹・長谷川明香（2016）「語彙，文法，好まれる言い回し：認知文法の視点」藤田耕司・西村義樹（編）『日英対照　文法と語彙への統合的アプローチ：生成文法・認知言語学と日本語学』282–307. 開拓社.

Pinker, Steven（2014）*The sense of style: The thinking person's guide to writing in the 21st century*. Allen Lane.

Quirk, Randolph, Sidney Greenbaum, Geoffrey Leech, and Jan Svartvik（1985）*Comprehensive grammar of the English language*. Longman.

鈴木亨（2016）「'Think different' から考える創造的逸脱表現の成立」 菊地朗・秋孝道・鈴木亨・富澤直人・山岸達也・北田伸一（編）『言語学の現在を知る 26 考』241–253. 研究社.

Suzuki, Toru（2017）Spurious resultatives revisited: Predication mismatch and adverbial modification.『山形大学人文学部研究年報』14: 69–104.

谷口一美（2005）『事態概念の記号化に関する認知言語学的研究』ひつじ書房.

Taylor, John（2012）*The mental corpus: How language is represented in the mind*. Oxford University Press.［西村義樹・平沢慎也・長谷川明香・大堀壽夫（編訳）（2017）『メンタル・コーパス：母語話者の頭の中には何があるのか』くろしお出版.］

Washio, Ryuichi（1997）Resultatives, compositionality and language variation. *Journal of East Asian Linguistics* 6: 1–49.

Wood, Frederick T.（1981）*Current English usage*, Revised by Roger H. Flavell and Linda M. Flavell, Papermac.

安井稔（1976）『新しい聞き手の文法』大修館書店.

安井稔・秋山怜・中村捷（1976）『現代の英文法 7 形容詞』研究社出版.

使用コーパス

British National Corpus（BNC）: http://corpus.byu.edu/bnc/

Corpus of Contemporary American English（COCA）: http://corpus.byu.edu/coca/

Corpus of Historical American English（COHA）: http://corpus.byu.edu/coca/

第 4 章

母語話者の内省とコーパスデータで
乖離する容認度判断

—— *the reason... is because...* パターンが妥当と判断されるとき——

八木橋宏勇

キーワード：母語話者の内省，構造的関連性，物理的距離，焦点，指示機能

1．はじめに

　「正しい用法」とは何を意味するのだろうか。「正しくない用法」だと考えられる言語現象であっても，何らかの動機づけを持ち，正しいとまでは言えなくとも，妥当であると判断されることはあるように思われる。本章で扱う *the reason ... is because ...* は，一般的に非標準用法とされ，誤用であると断言している文献も散見される。総じて英語母語話者の内省でも容認度が低い。しかし，非標準用法であるとか誤用であるとされながらも，言語使用においては頻繁に観察されているのが実情である。つまり，英語母語話者の内省とコーパスデータでは，容認度判断に乖離が生じているということになる[1]。

　以下，第 2 節では，このパターンが母語話者の内省では容認度が低くなる 2 つの理由を論じる。第 3 節ではコーパスデータをもとに本パターンが好まれる文法的環境を提示し，情報構造や照応の観点から because と that の交替について議論し，最終節で今後の見通しを提示する。

2．非標準用法ないしは誤用と判断される 2 つの理由

　本章で扱う言語現象は，一般的に非標準用法あるいは誤用と考えられている *the reason ... is because ...*（以下，RB パターン）である。以下の引用に見られるように，標準的で正しい用法は *the reason ... is that ...*（以下，RT パター

---

[1] *the reason ... is because / that ...* のほか，*The reason being is because / that ..., the reason being because / that ..., Reason being, because ...* といった類似の用法も確認されている。したがって本パターンは，言語変化・表現のバリエーションが生成されるプロセスを明らかにするうえで，有益な言語資料となりうる可能性を秘めていると言える。

ン）であると記している文献は多い。

> I don't plan to add a chat room to the site. The only reason *is* that I don't
> have time to monitor one.
> （このサイトにチャットルームをつけ加えるつもりはありません。唯一
> の理由は，それをチェックする暇がないからということです）
> ●口語では，The reason is *because* ... という形が見受けられるが，is の
> 補語には名詞節が来るべきなので，that が正しい。
>
> （綿貫・ピーターセン 2011: 232）

　本節では，RB パターンが非標準用法ないしは誤用であるとされる 2 つの
主な理由を概観するとともに，母語話者の内省的容認度判断とコーパスデー
タの乖離をどう考えるべきか論じていく。

2.1　文法的な理由

　まず，文法的な観点から RB パターンを非文と主張するのは Bremner
（1980）や Fowler（1926 [2009], 1965）である。

> The grammatical reason for the error in "The reason he failed is because he
> didn't study" is that *the reason is* calls for a nounal clause［後略］
> （"The reason he failed is because he didn't study" が誤っている文法的な理
> 由は，*the reason is* は名詞節を必要としているからである）
>
> （Bremner 1980: 315，訳は筆者）
>
> After such openings as *The reason is, The reason why...is*, the clause
> containing the reason must not begin with *because*, but with *that*.
> （*The reason is* や *The reason why...is* で始めた場合，続く理由を含む節は
> *because* ではなく *that* で始められなければならない）
>
> （Fowler 1926 [2009]: 46，訳は筆者）

　RB / RT パターンは，統語スキーマの観点から言えば，いずれも SUBJECT-
COPULA-COMPLEMENT 構造を持っている。この COMPLEMENT 部を具
現化する資格を持つのは典型的に名詞（句・節）ないしは形容詞（句）であ

るとされている[2]。つまり，Bremner や Fowler の主張は，the reason is に続く
COMPLEMENT 部を成立させるには，伝統的に副詞節を構成するとされる
because[3] ではなく，名詞節を導く that が必要であるということであり，規範
的文法観に立てば正しい指摘であると言える。

　一方で，Hirose（1991: 16）は，because 節は通常副詞節であるものの，that
節に代わり名詞用法があることを指摘している。

（1）a.　The reason why I'm late is <u>because I missed the bus</u>.
　　　　（私が遅れた理由は，バスに乗り遅れたからだ）

　　　b.　The *reason* they're following you is not <u>because you're providing some</u>
　　　　<u>mysterious leadership</u>. It's <u>because you're following them</u>.
　　　　（その人たちがあなたについて来る理由は，魅惑的なリーダーシッ
　　　　プを発揮しているからではない。あなたがその人たちについて行っ
　　　　ているからだ）

（2）a.　<u>Just because advanced civilizations *can* exist on other planets</u> doesn't
　　　　mean that they *do*.
　　　　（高度な文明が他の惑星に存在しえたからといって，必ずしも存在
　　　　したということにはならない）

　　　b.　<u>Because the covert narrator has entree into a character's mind</u> does not
　　　　mean he constantly exercises it.
　　　　（見えない語り手が登場人物の心の中に立ち入ることができるから
　　　　といって，その人がしょっちゅうそれをするとは限らない）

　　　c.　'Okay, okay. I'm sorry. But <u>just because I screwed up on the Second Law</u>
　　　　<u>of Reference</u> doesn't mean it's all right for you to play fast and loose with
　　　　citations.'

---

[2]　Evans and Green（2006: 597）は次の例を挙げ，伝統的に述部補語といえば NP と AP を
指し，PP の場合は副詞として扱われていることを指摘している。
　1. Lily is [$_{NP}$ a rocket scientist].
　2. Lily is [$_{AP}$ drunk].
　3. Lily is [$_{PP}$ under the table].

[3]　安藤（2005: 58）には「The reason (why) ... is に続く補語節では，that を使うのが正式
であるが，話し言葉では because も普通に使われる（その場合は副詞節が補語）」とあり，
because 節が副詞節であることが示されている。

（「そうだね，申し訳ない。でも，私が指示の第二法則でしくじったからといって，君が言及をいい加減にしても良いということにはならないのだよ」）　　（Hirose 1991: 16–17，名詞節を表す下線・訳は筆者）

　（1）は be 動詞の補語として，（2）は動詞 mean の主語として用いられている名詞用法の because である。Hirose（1991: 16–17）は前者を the complement-*because* construction，後者を the subject-*because* construction と呼び，このような名詞節を構成する because は，規範的には退けられるものの，実際のところ話し言葉や書き言葉の別を問わず幅広く使用されている用法であると指摘している。

　近年，英英・英和を問わず辞書においても，because の名詞用法を積極的に記述する動きが見られている[4]。これは，because の名詞用法が the complement-*because* construction や the subject-*because* construction を中心に，一定頻度確認されていることと関連している。

　　The reason that; that: used to introduce a noun clause
　　　　　　（Webster's New World College Dictionary, 5th edition, [because 項]）

　ところで，Quirk, Greenbaum, Leech, and Svartvik（1985: 1389）は RB / RT パターンを疑似分裂文に類するものとし，RB パターンに言及している Declerk and Reed（2001: 369）はこれを一種の指定文[5]とみなしている。本章は同様の立場に立って議論を進めていくが，RB パターンが指定文であるならば，「指定文の値（value）は，いかなる範疇の句でも従属節でも表現されうる」（Huddleston and Pullum 2002: 270）という指摘[6]は大きな意味を持つ。because

---

[4]　たとえば when や if のように，副詞節と名詞節の両方の用法を持つ接続語は実在しており，英語という言語体系の中で容認されない現象ではない。

[5]　指定文（specificational sentence）とは，主語名詞句で示される変項（variable）の値を be 動詞に続いて示されている値（value）で指定している単文のことを言う。例えば，Declerck（1988: 8）が挙げている The murderer is Jack Smith. は，「X が the murderer である」という前提のもと，X の値を Jack Smith に定めているという点で指定文と言える。

[6]　参考までに，値（value）の提示にはバリエーションも観察されている（下線・訳は筆者）。

・The only reason I didn't become a professional golfer was <u>because of</u> my family commitments.
（私がプロゴルファーにならなかった唯一の理由は，家族の関わり方のためであった）

が名詞節と考えられようが，副詞節と考えられようが，RBパターンを非標準用法・誤用と断じる文法的な論拠は，再考の余地があると考えられるからである。

2.2 冗長であるという理由

もう一つ，RBパターンは避けるべきとされる論拠に冗長性の問題がある。同じく Bremner（1980）と Fowler（1965）の主張を見てみよう。

［前略］there is obviously a tautological overlap between r. [= reason] and because［後略］
（reason と because は明らかに同語反復的な重複がある）

（Fowler 1965: 504，訳・括弧は筆者）

A simpler reason is that *because* means "for the reason that" and therefore one would be saying, "The reason he failed is for the reason that ...," which is as redundant as saying "The because is because."
（［文法的な理由］より単純な理由を挙げると，*because* は "for the reason that" を意味しており，"The reason he failed is for the reason that ...," と言っているようなものだからである。これは "The because is because." と言うくらい冗長である）　　（Bremner 1980: 315，訳は筆者）

この冗長性の問題は，比較的新しい文献においても指摘されている（Leech, Cruickshank and Ivanič 2001: 447，ほか）。従来から，冗長性は望ましくないこととして言及されることが多いものの，定型表現として十分に確立されているパターンの場合は冗長であることが問題視されないようである。個々の構成要素の意味が希薄化し，全体として一つの情報ユニットになっているからだと予測される。

（Oxford Advanced Learner's Dictionary, 9th edition (app edition)．[reason 項 Extra example]）
・The reason I called was <u>to</u> ask about the plans for Saturday.
（私が電話した理由は，土曜日の予定について尋ねるためであった）
（Longman Dictionary of Contemporary English, 4th edition (CD-ROM) [reason 項]）

（ 3 ）a. Lift up your head and be proud.

（顔を上げ堂々としていなさい）

b. Her teachers said she was a slow learner, whereas in actual fact she was
partially deaf.

（教師たちによると彼女の学習進度は遅いということだったが，実
は彼女は耳が遠かったのだ）

（『ロングマン英和辞典』，［actual 項］，下線は筆者）

c. I hope *the time* will soon come when we can meet again.

（私たちが再び会えるときがじきに来るといいのですが）

（綿貫・ピーターセン 2011: 280，下線は筆者）

例文 (3a, b) の下線部は，いずれも意味的な冗長性が認められるコロケー
ションであるが，実際のところ問題なく容認される文である。例文 (3c) に
ついては，the reason と because 同様，time と when に意味的な重複が認め
られるが，RB パターンのような議論はなく正用法と考えられている統語的
パターンの一つである[7]。

このことについて，大塚 (1959: 791–792) は，冗長的な表現が英語には多
く存在することを認めたうえで「強調・文の調和などのために効果的に行う
場合」は「修辞学または文体の問題」と論じている[8]。それでは，RB パター

---

[7]　平沢 (2014: 199) は，「ある言語の話者にとってある表現が自然な表現と感じられる」
とはどういうことなのかという問題について，Taylor (2004) の議論を次のように紹介してい
る：「ある言語 L においてある言語表現 E がしっくり来る自然な表現と感じられるのは，E
と似ていると感じられる他の表現 E', E'', E''',…がその言語体系の中に存在し，それらが共
謀して E に ecological niche を与えているからである」。例文 (3c) にある the time...when... が
RB パターンに生態的位置 (ecological niche) を与えていると言えるのか十分な論拠は得られ
ていないが，少なくとも英語という言語体系の中に類似したパターンが存在していること
を指摘しておく。

[8]　参考までに，17 世紀の Jonathan Swift，ハードボイルドな作風で知られる Ernest Hemingway
の文学作品にも RB パターンは観察されている。

・The reason why so few marriages are happy, is because young ladies spend their time in making
nets, not in making cages.　　　　　　　（Jonathan Swift, *Thoughts on Various Subjects*）
（幸せな結婚というものがこうも少ない理由は，若い女性が捕獲用の網をつくることにば
かり時間をかけて，飼育用のカゴをつくるのに時間をかけないためである）

・The real reason for not committing suicide is because you always know how swell life gets

母語話者の内省とコーパスデータで乖離する容認度判断 | 77

ンは RT パターンとは異なるどのような効果を持っているのだろうか。

2.3　母語話者の容認度判断はどれほど妥当なのか

　これまで見てきたように，文法的な理由と冗長性の問題から，RB パターンは否定的な評価を与えられることが多い状況にある。ところで，辞書や文法書を含む多くの文献で，RB パターンは非標準用法または誤用としてわざわざ取り上げられるのはなぜだろうか。裏を返せば，実に多くの使用実績があるからだと考えられる。

　この点で，以下の引用にある，母語話者の内省による容認度判断への注意喚起は興味深い。

　　残念ながら，使用法についての内省による判断は実際に観察される使用
　　法と必ずしも一致しない。[中略] 母語話者は，よく考えてみると「非
　　標準的な」，「非論理的な」，さらには「間違った」言い方のような気も
　　してくる表現を，自分が日頃使用しているとは認めたがらない場合があ
　　るのだ。　　　　　　　　　　　　　（Taylor 2012: 10，邦訳から引用）

　次の引用は，母語話者の容認度判断と自然な言語使用には乖離が存在する可能性を示唆するものである。

A reader questioned whether I should have written the reason is... that rather
than the reason is ... because. He is right. The offending sentence was:
　　The reason for a semicolon in the second example is because you're
　　introducing a new clause.
I should have written:
　　The reason for a semicolon in the second example is that you're
　　introducing a new clause.
The reason is that because is redundant.
　（ある読者から，the reason is... because ではなく the reason is... that と書

---

again after the hell is over.　　　　　　　（Ernest Hemingway, *Selected Letters 1917–1961*）
（自殺しない本当の理由，それは地獄が終われば，人生がどれほど素晴らしいものになる
かを常に知っているからである）

くべきではなかったのかと指摘があった。その方が正しい。問題の一文は「第 2 例でセミコロンが用いられている理由は，新しい節を導入しているからだ」というもので，「第 2 例でセミコロンが用いられている理由は，新しい節を導入していることだ」と書くべきであった。理由は，because が冗長であることである）

〈http://www.onlinegrammar.com.au/reason-is-that-versus-reason-is-because/，最終アクセス日：2016 年 11 月 18 日〉

　これは，英語の文法について一般的な読者から寄せられた疑問に専門家が答えていくサイトからの引用である。サイト運営者（＝講師）は，上記引用部に続けて「文法的／冗長性の問題」に言及し，改めて考えると RB パターンの使用は誤りであったと述べている。この一節に潜む大変興味深い事実は，他者から指摘されなければ見過ごすほど，RB パターンはごく自然な言い回しとして慣習化されつつあると読み取ることができる点である[9]。

　　[前略]この自然な言語運用こそが言語の本来の目的，規則性，多様性，制約，変容，等を最も良く反映しており，さらにその背後にある認知的側面と社会的側面とを同時に如実に反映する[後略]

（﨑田・岡本 2010: 11）

　この「自然な言語運用」については，いわゆる用法基盤主義（usage-based model）の観点から，Taylor も言及しており，コーパスに基づく言語研究の意義が明快に論じられている。

　　母語話者が「自分は日頃こういう表現を使っている」と言ったり思ったりしていることは，かなり割り引いて受け取る必要がある。われわれは

---

[9]　このサイト運営者は，"The problem is that many writers use the reason is because and it sounds OK to me."（問題は，the reason is because と書く人が多いし，私自身（その表現に）違和感はない）とも書いている。つまり，「言語使用の段階では違和感はないが，注意深く内省してみると問題があるパターンに思われた」と述べているのである。コーパスデータにも多数の用例が確認される事実は，「言語使用の段階では違和感がない」ことと合致し，用法基盤主義の立場から大変興味深い。

実際のデータ，すなわち，母語話者が「実際に使っている表現」の記録に目を向ける必要がある。　　　　　　　　　（Taylor 2012: 11，邦訳から引用）

事実，コーパス[10]には，RTパターンの方が量的には優勢であるものの，非標準用法や誤用として簡単には退けられないほどRBパターンも確認できる。

表1　BNC / Wordbanks における RT / RB パターンの総数

	コーパス	合計
reason	BNC	647
that	Wordbanks	437
reason	BNC	60
because	Wordbanks	120

　抽象名詞で概念の外枠を記し補文標識 that でその中身を導く N-*be-that* 形式（Schmid 2000: 4，柴﨑 2014: 2–4）は，the problem is that ..., the fact is that ..., the point is that ..., the trouble is that ... など幅広く観察されることから，RTパターンは英語という言語体系の中で立ち位置が十分に確立されていると言える[11]。したがって，RBパターンとRTパターンが同じように用いられるとすると，それこそ形式的に冗長であり，RTパターンだけでコミュニケーション上は問題ないはずである。しかし，実情は異なっていることから，それぞれが独自の機能を果たすべく，異なる役割が与えられている（可能性がある）と考えるのが妥当である。

　次節では，コーパスデータに表れるRBパターンを好む文法的環境を指摘し，（reason 以外にも様々な名詞群がNスロットに挿入可能であるという意味で）極めて安定的な N-*be-that* 形式を逸脱し，that に代わり because が用いられる理由を探っていく。

---

[10]　本章で利用したコーパスは British National Corpus（＝BNC）と Wordbanks である。いずれも，中心語を普通名詞 reason とし，共起語の品詞は接続詞に設定のうえ，reason に後続する [+2] から [+5] までを検索した。[+1] を除外した理由は，reason と that/because の間には be 動詞が来るため，本章で扱うパターンは採集できないと判断したためである。また，表1はノイズを除去した後の総数である。

[11]　注7参照。

3. RB パターンが好まれる文法的環境

　北村（2016: 76）は，Declerk and Reed（2001: 369）が RB パターンを一種の破格構文とみなしていることを示しつつ，RB パターンは破格であっても一定の頻度が確認されていることから容認度は高いと論じている。続けて，「規則性を備えた英語の破格構文は［中略］一定の傾向に従って生じている可能性［中略］この傾向とは破格構文を生じさせやすい文法環境のことである」（ibid.: 79）と指摘している。生産性が高い N-*be-that* 形式（RT パターン）よりも，使用頻度が高まるという意味で RB パターンがより好まれる文法的環境とはいったいどのようなものなのだろうか。

3.1　コーパスデータから見る RB パターンが好まれる文法的環境

　それでは，コーパスデータ（BNC と Wordbanks）（中心語を普通名詞 reason とし，共起語の品詞は接続詞に設定のうえ，reason に後続する [+2] から [+5] までを検索）をもとに RB / RT パターンの特徴を見ていこう。表 2 は，表 1 で示したデータの詳細である[12]。

表 2　BNC / Wordbanks における RT / RB パターンの検索結果

	コーパス	+2	+3	+4	+5	合計
reason that	BNC	342	39	139	127	647
	Wordbanks	240	28	80	89	437
reason because	BNC	8	4	9	39	60
	Wordbanks	28	8	22	62	120

　[+2] から [+5] まで，いずれにおいても RT パターンの方が RB パターンよりも出現頻度が高く正用法としての安定感を読み取ることができる。注目

---

[12]　それぞれに含まれていた主な形式は以下の通りである。

[+2]：*the reason is because / that...*

[+3]：*another reason <u>could / may / must</u> be because / that..., the reason <u>given / being</u> is that..., the reason is <u>more / possibly / simply / usually</u> that..., the reason why is because...* など

[+4]：*the reason <u>for NP</u> is because / that..., the reason <u>NP VP</u> is because / that..., the reason <u>will not</u> be because / that..., the reason will usually be that..., the reason <u>can be only</u> that..., the reason <u>seems</u> to be that..., the reason is <u>not just / simply</u> that...*

[+5]：*the reason <u>for NP</u> is because / that..., the reason <u>why NP VP</u> is because / that..., the reason <u>NP VP</u> is because / that...*

すべきは，注目すべきは，統語的展開パターンが限られている [+3] を除き，BNC と Wordbanks のいずれにおいても（[+2] と [+5] を比較すれば明らかなように）「RT パターンは reason と that の距離が離れれば離れるほど用例数が減少」し，「RB パターンは逆に用例数が増加」する傾向を示している点である。

　参考までに，RB / RT の両パターンが観察される Evans（2014）から用例を見てみよう。(4)–(7) は RT パターン，(8)–(9) は RB パターンであるが，おおよそ上記の傾向と一致する結果となっているように思われる。

（ 4 ）　<u>One reason</u> is <u>that</u> the language-as-instinct thesis provides a complex and self-supporting worldview....
　　　（一つの理由は，言語本能説は複雑で自律的な世界観を提示していることである…）　　　　　　　　　　（Evans 2014: 64，下線・訳は筆者）

（ 5 ）　<u>A second reason</u> for the difficulty is <u>that</u> nearly every week one of the world's languages dies out.
　　　（難しい 2 つ目の理由は，ほぼ毎週世界の言語の一つが無くなっているということだ）　　　　　　　　　　（ibid.: 66，下線・訳は筆者）

（ 6 ）　<u>The reason</u> for thinking there is such a thing as Mentalese is <u>that</u> it provides language with its semantic grounding....
　　　（心的言語のようなものが存在すると考える理由は，それによって言語は意味的基盤を与えられるということだ）

　　　　　　　　　　　　　　　　　　　　　（ibid: 168，下線・訳は筆者）

（ 7 ）　<u>The reason</u>, presumably, is <u>that</u>, if the central purpose of language is to facilitate communication, then at least two people would simultaneously have had to acquire....
　　　（おそらく理由は，言語の主たる目的がコミュニケーションを促すものだとすると，少なくとも二人の人が同時に獲得しなければならなかっただろうということだ）　　　　　（ibid.: 256，下線・訳は筆者）

（ 8 ）　<u>The reason</u> this decidedly odd-sounding procedure works, in this instance, is <u>because</u> the hand shapes and gestures used by sign languages are often iconic ....
　　　（この例において，この明らかにおかしく聞こえる手順が機能している理由は，手話で使われる手の形状とジェスチャーがしばしば類像的

であるからである） （ibid.: 54，下線・訳は筆者）

（9）...the reason that children, any normally developing children, can grow up learning to use the words of their mother tongue － Icelandic, Tongan, English or whatever － is because we are all born with a universal language of thought: Mentalese.

（正常に発育している子どもたちが成長して母語—アイスランド語，トンガ語，英語ほかいかなる言語でも—の語を使えるようになる理由は，我々はみな普遍的な思考の言語，すなわち心的言語を持って生まれてくるからである） （ibid.: 163，下線・訳は筆者）

reason との距離によって，because / that の選択が影響されるとしたら，それはいったいどういうことなのだろうか。

3.2　語の構造的関連性と物理的距離

　この問題を考えるうえで，Pinker（2014: Ch 4）は大変興味深い指摘をしている。文を作り上げていくプロセスは，網目状の知識や発想（web）を樹形図の階層構造（tree）で組み立て，それを線状のセンテンス（chain）に変換する作業であるという。この階層構造に対する意識が薄れてしまうと，文構造が乱れ破綻を起こしやすくなる。

> ツリー（樹形図で表現される階層的な文法構造）［中略］はタダではない。記憶に余分な負荷をかける。［中略］疲れてくると書き手がツリーの全ての枝に目を行き渡らせることが難しくなる。視野がのぞき穴程度に狭くなり，一度に目が行くのはせいぜい 2, 3 の隣接した単語だけになる。たいていの文法規則はツリーがどういう構造かで決まるものであり，隣にある単語が何かで決まるものではないため，このように一時的にツリーを意識できなくなると，やっかいなミスにつながる恐れがある。
> （Pinker 2014: 89，訳は北村（2016）から引用）

　北村（2016: 82–85）は，（RB パターンも含む）破格が生じやすい文法環境として，「構造的関連性を持つ語句が実際の文の中で物理的距離を置いて用いられる場合」を挙げたのち，「命題的意味としては単文で表せる内容であ

母語話者の内省とコーパスデータで乖離する容認度判断 | 83

るにもかかわらず，情報構造上，複文の構造を持つ，分裂文・提示文等には破格的な構造が頻出する」とも指摘している。

　次節では，RB / RT パターンの構造的特徴と情報構造について論じ，続く節ではこのパターンに (that に代わり) because が生じるのは「やっかいなミス」というよりも「reason との物理的距離を乗り越え，構造的関連性をより強固に担保する」ための機能を果たしている可能性を論じる。

3.3　疑似分裂文としての RT / RB パターンと情報構造

　2.1 節で述べたように，RT / RB パターンは一種の疑似分裂文としての特徴を有していると考えられている (Quirk et al. 1985: 1389 ほか)。疑似分裂文は，分裂文と同様に，その構造によって伝達内容が旧情報なのか新情報なのか明確に区別することができる (Quirk et al. 1985: 1387)。

> 文には，情報構造 (information structure) がある。文が伝える情報は，古い (old) (既知の (given)，前提となっている (presupposed)) ものか，新しいものかのいずれかである。新しい情報は，焦点 (focus) と呼ばれ，古い情報は，それに対する前提 (presupposition) となる。ほとんどの文に，焦点と前提がある [中略] 英語では，前提を焦点より前に述べるという傾向が強い [後略]　　　　　(Declerck 1991: 20，邦訳から引用)

　疑似分裂文が形式的に備えている情報構造はどのようなものなのだろうか。代表的な疑似分裂文は，what 節が変項 (variable) として主語の位置に置かれ，その指示対象を指定する値 (value) は be 動詞によって結び付けられる。例文 (10) を見てみよう。

(10)　What he's done is (to) spoil the whole thing.
　　　（彼がしたことは，何もかも台無しにしたということだ）
　　　　　　　　　(Quirk et al. 1985: 1388，新情報を表す下線・訳は筆者)

　what 節が変項を規定し，その値は前景化された要素によって指定される (Huddlestone and Pullum 2002: 1420)。「先行の *do*」として機能する代動詞 do を含む what 節は，一次的な焦点として機能し，新情報として最も際立

つ焦点（下線部）を文末焦点（end-focus position）の位置に導いている。つまり，主語の位置に置かれる情報が前提，be 動詞で導かれる情報が焦点で新情報と言うことになる。

この前提として機能する what 節は，焦点の位置に表れる新情報を提示する前に，聞き手ないしは読み手がその情報にアクセスしやすくなるよう誘導する参照点として機能していると言える。

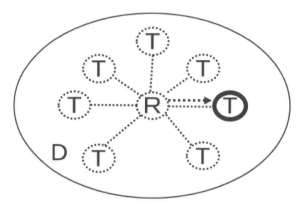

図1　参照点によって起動されるターゲット候補の集合（山梨 2017: 128）

図1は，前提となる what 節（＝先行詞）が参照点（R=Reference point）として探索領域（D=Dominion）の中にターゲット（T=Target）の候補を起動させ，最終的にターゲットを一つに絞り込むことを示した概念図である。例文（10）で言えば，what he's done という前提部が参照点となり，彼が行った行為（の結果・評価）に関するターゲット候補の中から「何もかも台無しにした」を同定している。

　What he's done is (to) spoil the whole thing.
　　（前提＝R）　　　　　（焦点＝T）

ところで，Quirk et al.(1985: 1388) によると，what 節は比較的自由に疑似分裂文を構成できるが，who, where, when には制限があり，whose, why, how に至っては疑似分裂文に使われることはないと言う。そのため，この制限・

母語話者の内省とコーパスデータで乖離する容認度判断 | 85

制約を補填するために一般的な性質の名詞（例 (11)–(13) の下線部）を用いた擬似分裂文の言い換えは数多くあると指摘し，次のような例を挙げている。

(11)　*The person who spoke to you* must have been the manager.
　　　（あなたに話しかけた人は，監督だったに違いない）
(12)　*The reason we decided to return* was that / because〈informal〉he was ill.
　　　（私たちが戻ろうと決めた理由は，彼が調子悪かったからだ）
(13)　*The time when the countryside is most beautiful* is（in）autumn.
　　　（その田舎が一番きれいなのは，秋だ）

　why 節が擬似分裂文を作ることができないがゆえに RB / RT パターンが同等の機能を担っているとすると，RB / RT パターンの情報構造は以下のようになっていると考えられる[13]。

[NP The reason] is because / that NP VP
　（前提 = R）　　　　　（焦点 = T）

　それでは，ともに焦点となる新情報を導いていると考えられる because と that は，reason との物理的距離によってどのような振る舞いを見せるのだろうか。

---

[13]　Quirk et al.（1985: 1071）が挙げている次の例から分かるように，because 節は様々な形で文の焦点になることが指摘されている（cf. 古賀 2010: 142–143）。したがって，RB パターンにおいても焦点の位置で用いられることはごく自然なことだと思われる。

・It is because they are always helpful that he likes them.　　　　　［分裂文］
・The reason he likes them is because they are always helpful.　　　［擬似分裂文］
・Does he like them because they are always helpful or because they never complain?
　　　　　　　　　　　　　　　　　　　　　　　　　　　　　　　　　［疑問の焦点］
・He didn't like them because they are always helpful but because they never complain.
　　　　　　　　　　　　　　　　　　　　　　　　　　　　　　　　［否定の焦点（文否定）］
・He liked them, not because they are always helpful but because they never complain.
　　　　　　　　　　　　　　　　　　　　　　　　　　　　　　　［否定の焦点（構成素否定）］
・He likes them only because they are always helpful.　　　　　　　［only による強調］
・Only because they are always helpful does he like them.　　　　　［only による否定倒置］
・Why does he like them? Because they are always helpful.　　　　　［why に対する応答］

3.4 RB／RT パターンにおける because と that の交替

Bolinger（1977: 11–12）によれば，that には様々な用法があるものの，基本的には指示詞（demonstrative）であると考えられ，前方照応的用法の場合，その that にはさかのぼって指示しうるような既出事項（＝先行詞）があるはずだとしている。この考え方を敷衍するならば，RT パターンにおいては，that は reason と照応し，その叙述内容を焦点の位置に導く機能を果たしていると言える。

3.1 節で示したように，N-be-that 形式によって生態的地位を与えられていると想定される RT パターンであっても，先行詞である reason との距離が離れれば離れるほど用例数は減少していた。これは，先行詞に後続する修飾部や挿入句などによって，reason と that の間の情報量が増えれば増えるほど，その照応的な構造的関連性という強度が薄められてしまうからだと想定される。

このような場合，3.2 節で紹介した Pinker（2014: 89）の説明を援用すると，「階層構造（tree）」の全ての枝に意識が行き届かなくなり，reason と that の間の情報量が「余分な負荷」となって線状のセンテンス（chain）に変換する際に reason と照応する that が出てこなくなる可能性がある。これは，北村（2016: 82）が言う「構造的関連性を持つ語句が実際の文の中で物理的距離を置いて用いられる場合」に生じる破格につながると思われる。

通常，書き言葉においては何度でも推敲する機会があるため，一度見失った階層構造を再び意識に呼び戻し，注意を払って書き直すことは可能である[14]。書き言葉に RT パターンが多く観察されるのはこのような修正の経緯が少なからず関わっていると想定される。

一方で，話し言葉の場合はそのような修正はできない。話し手は，「ある構文[15]で始まるが，話し手がそれを最後まで続けることができず，別の構文で終わる」（Brown and Miller 2013: 23，訳は北村（2016: 77）から引用）ことに

---

[14]　筆者の経験で言えば，「本論文の目的は」で始まる一文は「…することである」で終わるつながりがすわり良いと分かっていても，両者の間に情報量が多くなると「本論文の目的は…………することを目的とする／することを目指す」のように，文頭に「目的」とすでに記しているにもかかわらず文末にも「目的」や「目指す」を登場させてしまう。そのような場合は，推敲を重ねながら何度も書き替えを図ることがよくある。これは書き言葉だからできるのは言うまでもない。

[15]　本章においては RT パターンを指している。

陥り，発話のターンを相手に明け渡すとそのまま修正の機会を失う。RB パターンに即して言うと，話し手は何らかの理由を論じていることは分かっていても，reason に続く修飾部や挿入句による情報量の増大に伴い，はじめに reason という語を用いたことを見失って，場合によっては [the reason for / that / why X is that Y] と [X because Y] を融合させる形で発話を終える。聞き手の側にとっても，reason と because / that の間に情報量が多くなると階層構造の意識が失われるほどの負担がかかる。RB パターンが「話し言葉」だとされる所以はこのあたりに理由を求められそうである。

　井関 (2006: 316) は，「一連の談話を理解しようとするときには［中略］まとまりのある表象を作る必要がある。この統合過程を促す明示的な手がかりとして働くのが照応指示である」とし，「反復照応詞[16] は，代名詞よりも多くの意味情報を持っているため，指示機能においても優れている」(ibid.: 317) という (ひとつの) 見解を提示している。

　　　指示対象と照応詞の間に距離がある場合には，反復照応詞の方が代名詞
　　　よりも指示対象語の活性化において有利である。　　　　　(井関 2006: 326)

　N-*be-that* 形式という安定的なスキーマに支えられているはずの RT パターンから逸脱し，RB パターンが使用されるのには，reason との物理的距離によって見失われがちの構造的関連性を，(両者は異なる語彙であるため厳密には反復照応とは言えないが，冗長だと感じられるほど中心的な語義を共有していると考えられる)reason と because の語彙的結束性 (lexical cohesion) によって照応関係を補完した結果であると考えられる[17]。

4. おわりに

　本章では，母語話者の内省的容認度判断とコーパスデータに乖離がある一

---

[16]　代名詞を用いずに繰り返される同じ語のこと。例えば「健は坂道を駆け上がった。健は息を切らした」(井関 2006: 316，下線は筆者)。

[17]　綿貫・ピーターセン (2011: 280) は，例文 (3c) (= I hope the time will soon come when we can meet again.) について「このように先行詞と離れた when は省略することはできないが，先行詞の直後にある関係副詞は省略されることが多い」と指摘している。that 節に関する同様の現象は，Bolinger (1972: 38) で論じられている。

つの事例として *the reason ... is because / that ...* を取りあげた。コーパスをはじめ様々な実例を観察してみると，RB パターンの方は非標準用法・誤用と言われてきたものの，RT パターンとは機能的に異なる振る舞いをしている可能性が感じられる。ここでは RB パターンの動機づけを中心に論じてきたが，談話展開における両パターンの機能的な共通点と相違点に関しても興味深いデータが得られている。それは稿を改めて論じることとしたい。

参照文献

安藤貞雄（2005）『現代英文法講義』開拓社.

Bolinger, Dwight（1977）*Meaning and form*. Longman.

Bolinger, Dwight（1972）*That's that*. Mouton.

Bremner, John B.（1980）*Words on words*. Columbia University Press.

Brown, Keith and Jim Miller（2013）*The Cambridge dictionary of linguistics*. Cambridge University Press.

Declerck, Renaat（1988）*Studies on copular sentences, clefts and pseudo-clefts*. Mouton de Gruyter.

Declerck, Renaat（1991）*A comprehensive descriptive grammar of English*. 開拓社.［安井稔（訳）（1994）『現代英文法総論』開拓社.］

Declerck, Renaat and Susan Reed（2001）*Conditionals: A comprehensive empirical analysis*. Mouton de Gruyter.

Evans, Vyvyan and Melanie Green（2006）*Cognitive linguistics: An introduction*. Edinburgh University Press.

Evans, Vyvyan（2014）*The language myth: Why language is not an instinct*. Cambridge University Press.

Fowler, Henry W.（1926）*A dictionary of modern English usage*.（The classic first edition. With a new Introduction & notes by Crystal David, 2009）Oxford University Press.

Fowler, Henry W.（1965）*A dictionary of modern English usage*.（2nd edtion by Ernest Gowers）Oxford University Press.

平沢慎也（2014）「「クジラ構文」はなぜ英語話者にとって自然に響くのか」『れにくさ』5(3): 199–216.

Hirose Yukio（1991）On a certain nominal use of *because*-clauses: Just because *because*-clauses can substitute for *that*-clauses does not mean that this is always possible. *English Linguistics* 8: 16–33.

Huddleston, Rodney and Geoffrey K. Pullum（2002）*The Cambridge grammar of the English language*. Cambridge University Press.

井関龍太（2006）「照応処理における活性化ユニットの検討：反復照応詞と代名詞の機能的差異」『認知科学』13(3): 316–333.

北村一真 (2016)「英語の破格構文」『杏林大学研究報告〈教養部門〉』33: 75–87.

古賀恵介 (2010)「副詞節の修飾構造について」『福岡大学人文論叢』42 (1): 131–161

Leech, Geoffrey, Benita Cruickshank and Roz Ivanič (2001) *An A-Z of English grammar & usage*. New edition. Longman.

大塚高信 (編) (1959)『新英文法辞典』三省堂書店.

Pinker, Steven (2014) *The sense of style: The thinking person's guide to writing in the 21st century*. Penguin.

Quirk, Randolph, Sidney Greenbaum, Geoffrey Leech and Jan Svartvik (1985) *A comprehensive grammar of the English language.* Longman.

﨑田智子・岡本雅史 (2010)『言語運用のダイナミズム：認知語用論のアプローチ』研究社.

Schmid, H. J. (2000) *English abstract nouns as conceptual shells: From corpus to cognition*. Mouton de Gruyter.

柴﨑礼士郎 (2015)「直近のアメリカ英語史における *the problem is* (*that*) の分析：構文の談話基盤性を中心に」『語用論研究』16: 1–19.

Taylor, John R. (2004) The ecology of constructions. In: Günter Radden and Klaus-Uwe Panther (eds.) *Studies in linguistic motivation*, 49–73. Mouton de Gruyter.

Taylor, John R. (2012) *The mental corpus: How language is represented in the mind*. Oxford University Press. [西村義樹・平沢慎也・長谷川明香・大堀壽夫 (編訳) (2017)『メンタル・コーパス：母語話者の頭の中には何があるのか』くろしお出版.]

綿貫陽・マーク・ピーターセン (2011)『表現のための実践ロイヤル英文法』旺文社.

山梨正明 (2017)『新版 推論と照応：照応研究の新展開』くろしお出版.

第 2 部

認知意味論の諸相

第 1 章

生物の和名・俗名における意味拡張

永澤　済

キーワード：生物，俗名，種属，メタファー，メトニミー

「……ところが夜だかは，ほんとうは鷹の兄弟でも親類でもありませんでした。かえって，よだかは，あの美しいかわせみや，鳥の中の宝石のような蜂すずめの兄さんでした。蜂すずめは花の蜜をたべ，かわせみはお魚を食べ，夜だかは羽虫をとってたべるのでした。それによだかには，するどい爪もするどいくちばしもありませんでしたから，どんなに弱い鳥でも，よだかをこわがる筈はなかったのです。

　それなら，たかという名のついたことは不思議なようですが，これは，一つはよだかのはねが無暗に強くて，風を切って翔けるときなどは，まるで鷹のように見えたことと，も一つはなきごえがするどくて，やはりどこか鷹に似ていた為です。もちろん，鷹は，これをひじょうに気にかけて，いやがっていました。それですから，よだかの顔さえ見ると，肩をいからせて，早く名前をあらためろ，名前をあらためろと，いうのでした。」

（宮澤賢治『よだかの星』）

1. はじめに

　生物の和名や俗名は，近代自然科学で論理的に付された学名とは異なり，人間古来の素朴なものの捉え方を反映していて興味深い。

　日本には「オジサン（オジイサン）」という和名の魚がいるが，これは2本のひげをもつ風貌を人間の「おじさん」になぞらえた名称で，類似性に基づく比喩，メタ

オジサン

ファー（隠喩）による命名である。また、「マルバサツキ」は、幅広で丸みをもった葉の形状からその名が付いたが、これは葉・茎・花等の植物を構成する要素のうち「葉」を焦点化し、その特徴により全体を代表しており、隣接性に基づく比喩、メトニミー（換喩）による命名である。ほかに、「ナミアゲハ」は幼虫が柚子の木で育つことから「ユズムシ」の別名をもつが、これは生息地や餌を縁故とした名称で、同じくメトニミーといえる[1]。

このほか、「ヒメリンゴ」（リンゴに似るがそれより小型）の「ヒメ」、「ウシサワラ」（サワラに似るがそれより大型）の「ウシ」、「カラスムギ」（麦に似るが食用にならない）の「カラス」等、生物名が接辞化したものもみられる。

さらに、「カワスズメ」（魚類）、「キュウリウオ」（魚類）、「コウモリソウ」（植物）のように、魚類に鳥類「スズメ」や植物「キュウリ」の名がつけられたり、植物に哺乳類「コウモリ」の名がつけられる等、互いに異なる種属間で名の借用が多くみられることも注目に値する。

ヒメリンゴ

> 有限のことばを使って無限のものごとを表現するには、じゅうぶんに揃っていない大工道具で工作をするときのように、工夫が必要だ。工面しなければ用がたりない……ということこそ言語のひとつの宿命だと言わなければならない。
> （佐藤信夫 1978: 62–63）

まさにこの「有限のことば」による「工面」の宝庫といえるのが、生物の和名・俗名である。本章では、古来人間にとって身近な鳥類、魚介類、昆虫、植物の素朴な名称を取り上げ、その命名にみられる意味拡張のメカニズムを分類し、考察する。

---

[1] 「メトニミー（換喩）」は、佐藤信夫が次のように述べているように、その「隣接性」に多様なものを含む。「換喩は隣接性（縁故）にもとづく比喩だという説明法が一般に広く認められているけれど、さてその隣接性の正体は何かと考えはじめると、ずいぶんあいまいである。人とそのかぶりもの、人とその作品、土地とその産物、人とその乗り物……といった色とりどりの関係がある。じつを言うと、直喩や隠喩とちがって、換喩とは何かについては、まことに多種多様な意見が入り乱れていて、標準的な定義などというものはまるで存在しないのだ。」（佐藤信夫 1978: 143）

生物の和名・俗名における意味拡張 | 95

　以下，第 2 節では語形成のタイプによる分類，第 3 節では意味拡張のタイプによる分類（メタファー的命名，メトニミー的命名，混合型），第 4 節では焦点化と表現法の多様性，第 5 節では「相対的」命名法，第 6 節はまとめとして種属を超えた共通性について論じ，最後に第 7 節で今後の展望を示す。

2.　語形成のタイプ

　生物の和名・俗名に顕著な意味拡張の認められる例を，語形成のタイプにより分類すると，次のような「単独 X 型」「X ＋種属名型」「P（接頭辞）＋種属名型」「種属名＋ S（接尾辞）型」の大きく 4 タイプに分けられる。

2.1　単独 X 型

　X に，種属を表すカテゴリー名や接辞が付加されないタイプである。「ヒゲ」（鳥類），「ブッポウソウ」（鳥類），「オジサン」（魚類），「ハチ」（魚類），「リンゴカレハ」（昆虫），「タイコウチ」（昆虫），「ネコノシタ」（植物），「ユズリハ」（植物）など，種属を問わず多くみられる。以下に例をあげる[2]。

〔鳥類〕
　　アオクビ，イワヒバリ，ウソ，ウミオウム，ウミガラス，ウミスズメ，ウミネコ，ウミバト，エビトリ，オキノタイフ，オナガ，シリクロ，シロハラ，セグロ，ハラジロ，ヒゲ，ブッポウソウ，ホホアカ，マメマワシ，マメワリ，マユジロ，メジロ

〔魚介類〕
　　アカメ，アゲマキ，アブラボウズ，アメフラシ，イトヒキヌメリ，イヌノシタ，イノシシ，ウミウシ，ウミウマ，ウミスズメ，ウミヘビ，ウメイロ，オジサン，カネタタキ，カマキリ，カラス，カワスズメ，カワハギ，カンヌキ，キタマクラ，キヌバリ，クマドリ，クロコバン，クロサギ，コ

---

[2]　「ウミネコ」（鳥類），「カワスズメ」（魚類），「クサヒバリ」（昆虫），「カニコウモリ」（植物），「ヤブジラミ」（植物）等は，形式的には後部要素「ネコ」「スズメ」「ヒバリ」「コウモリ」「シラミ」が種名を表し，一見すると次節 2.2「X ＋種属名型」に分類されるが，実際には，それらが哺乳類の「猫」や鳥類の「雀」を表しているわけではなく，種名を含めた X 全体で他の種属へと転用されている（例：「ウミネコ」は「海」と動物「ネコ」が結合し全体として鳥類名へ転用）ため，「単独 X 型」に分類する。

シナガ，シオフキ，セグロ，ネコナカセ，ネズミ，ハチ，マツカワ

〔昆虫〕

アリマキ，ウシゴロシ，ウチスズメ，カッコウカミキリ，カネタタキ，クサヒバリ[3]，シラガジジー，シラガダユー，タイコウチ，ネコアオムシ，ハナムグリ，ハネカクシ，ヘビトンボ，マツカレハ，ミミズク，リンゴカレハ

〔植物〕

アシボソ，アリドオシ，アワブキ，ウシゴロシ，ウナギツカミ，オオイヌノフグリ，カクレミノ，カニコウモリ，カワラマツバ，キツネノオウギ，キツネノカミソリ，キツネノテブクロ，コシアブラ，サワヒヨドリ，タイワンヒヨドリ，ネコノシタ，ネコノチチ，ハナイカダ，ヒナノカンザシ，ミヤマクワガタ，ヤブジラミ，ヤブデマリ，ユズリハ

2.2　X + 種属名型

Xの後に，類名「トリ（鳥）」「ウオ（魚）」「ムシ（虫）」「ソウ（草）「ハナ（花）」や，種名「カラス」「ツバメ」「カモメ」「タラ」「フグ」「カニ」「カミキリ」「チョウ」「トンボ」「マツ」「アザミ」「キク」等の種属名が付加され複合語となっているタイプである。以下に例をあげる。

〔鳥類〕

アカハラ + ダカ，イワ + ツバメ，エゾ + フクロウ，エリマキ + シギ，オジロ + ワシ，カモ + アヒル，カンムリ + ウミスズメ，カンムリ + ヅル，カンムリ + ワシ，キジ + バト，クサ + シギ，クジャク + バト，コシアカ + ツバメ，ソリハシ + シギ，ツバメ + チドリ，ツル + クイナ，ツル + シギ，トウゾク + カモメ，ハゲ + ワシ，ハシブト + ガラス，ハチ + ドリ，ヒバリ + シギ，ミヤコ + ドリ，ヨ + タカ，ワシ + カモメ

〔魚介類〕

アオ + ザメ，アカ + イカ，アカメ + フグ，アツモリ + ウオ，アラメ + ガレイ，イシガキ + フグ，イセ + エビ，イソ + カサゴ，イッテン + アカタチ，ウマヅラ + ハギ，エゾ + アワビ，オウム + ガイ，オナガ + ザメ，カ

3　「クサヒバリ」とは，「草の間にすむ虫ながら，その鳴き声が鳥のヒバリに比肩できるほどのもの」の意。（『日本大百科全書』）

エル＋ウオ，カミソリ＋ウオ，カンムリ＋クラゲ，カンムリ＋ゴカイ，カンムリ＋ブダイ，キツネ＋ガツオ，キノボリ＋ウオ，キュウリ＋ウオ，コショウ＋ダイ，サクラ＋ウオ，サクラ＋マス，サクラ＋ギ，トラ＋ギス，ネコ＋ザメ，メガネ＋ウオ，ミズ＋ウオ，ハナ＋オコゼ，ハナ＋アイゴ，ハナ＋カサゴ，ハナ＋カジカ，ハナ＋ゴイ，ハナ＋スズキ，ハナビラ＋ウオ，バラ＋ムツ，ヒゲソリ＋ダイ，ホタル＋イカ，ボタン＋エビ，マツ＋ダイ，ムシ＋ガレイ，メ＋ダイ，ヤナギ＋ムシガレイ

〔昆虫〕

アリ＋バチ，ウチワ＋ムシ，ウマノオ＋バチ，オナガ＋アゲハ，オナガ＋シジミ，カトリ＋トンボ，カブト＋チョウ，カンムリ＋セスジゲンゴロウ，ギン＋ヤンマ，クマ＋ムシ，コウモリ＋ガ，ゴミ＋ムシ，サムライ＋アリ，スズメ＋ガ，スズメ＋バチ，タバコ＋ガ，チョウ＋トンボ，トゲ＋アリ，ナナホシ＋テントウ，ノコギリ＋クワガタ，ユズ＋ムシ，ラクダ＋ムシ

〔植物〕

アブラ＋ツツジ，アワ＋イチゴ，イチョウ＋シダ，イワ＋ザクラ，イワ＋ヤブソテツ，ウサギ＋ギク，エゾ＋マツ，オジギ＋ソウ，カミソリ＋バナ，キク＋アザミ，キツネ＋ネム，クサ＋イチゴ，クサ＋ボタン，クサ＋フジ，クサ＋ブドウ，コウモリ＋ソウ，サクラ＋ソウ，サクラ＋タデ，サクラ＋バラ，サクラ＋ラン，シマ＋ツユクサ，シロバナ＋スミレ，シロバナ＋タンポポ，ツル＋ニンジン，ニオイ＋スミレ，ニガ＋ナ，ノコギリ＋ソウ，ノジ＋スミレ，バラ＋イチゴ，ビジョ＋ザクラ，ヒヨドリ＋バナ，フユ＋イチゴ，マルバ＋ウツギ，マルバ＋サツキ，モミジ＋イチゴ，ヤナギ＋タンポポ，ヤブ＋デマリ，ヤブ＋ヤナギ，ヤブ＋ラン，ヤマ＋シャクヤク，ヤマ＋モモ，ヤマ＋ラッキョウ，ヨモギ＋ギク

2.3　P＋種属名型

接頭辞P（「イト-」「イヌ-」「ウシ-」「ウマ-」「オ-」「オトコ-」「オニ-」「オンナ-」「カラス（ノ）-」「クマ-」「サクラ-」「スズメ（ノ）-」「トラ-」「ニセ-」「ヒナ-」

「ヒメ -」「ホシ -」「マ -」「マメ -」「メ -」等）が種属名に前接するタイプである[4]。以下のように，種属を超えて用いられる接頭辞が多くある。

種属を超えて用いられる主な接頭辞

接頭辞	鳥類	魚介類	昆虫	植物
イト - （全体または部分が糸のように細い）		アナゴ，オコゼ，ハゼ，ベラ	アメンボ，カメムシ，トンボ	イヌノヒゲ，スゲ，ススキ，ラッキョウ，ナデシコ
イヌ - （似て非なる，無用の[5]）	ガン，ヒバリ，ワシ			ガラシ，ゴマ，ザクラ，サフラン，ザンショウ，ツバキ，ビエ，ビワ，ブナ，ホオズキ，ムギ，ヨモギ，ワラビ
ウシ - （大型の，野生の）		エビ，ギギ，サワラ	トンボ	ウド，カバ，ハコベ，ブドウ，ホオズキ，ムギ
ウマ - （大型の，野生の）			ゼミ	ムギ，ブドウ
オ - （大型の，男性的な）				ガツラ，ヘビイチゴ，マツ

---

[4] 接頭辞とは一般に「単独では用いられず，常に他の語の上について，その語とともに一語を形成するもの」である。本章では，「丸」が「丸を描く」のように名詞単独用法をもつ一方で，「丸暗記」「丸見え」「丸洗い」のように意味を稀薄化させ接辞としても機能する（籾山洋介 2014: 58）といったケースに代表されるように，〈他の語に前接した際に，名詞単独用法とは異なる意味をもち，その意味で慣用化しているもの〉を接辞とみて「P ＋種属名型」とした。

[5] 「イヌ」がこのような意味を表すのは，「犬侍」「犬畜生」などの表現に表れるように，動物の「犬」が日本文化において（自由な往来をすることに由来する）マイナスイメージをもつことからきているとの見方がある（山田孝子 1994）。また，「犬」が「人ではない（人以下の価値に過ぎない）」ものの代表としてシネクドキー的に用いられている可能性も指摘されている（森雄一 2018）。あるいは，『日本国語大辞典』では，「いな（否）」からきているとの説も示されている。なお，田中修（2014）によれば，「イヌ -」が付されていても後に「有用性」が発見され評価が変わった例もある。「イヌサフラン」（植物）の成分「コルヒチン」は有毒物質であるが，現在では「痛風」の特効薬となっており，タネなしスイカをつくる薬剤としても利用されているという。

接頭辞	鳥類	魚介類	昆虫	植物
オトコ-（大型の，男性的な）		ガイ		クルミ，ダケ，ビシ
オニ-（巨大な，異形の，勇猛な）	アオサギ，アジサシ，カッコウ	アサリ，アンコウ，オコゼ，カサゴ，カマス，キンメ，コブシガイ，サザエ[6]	クワガタ，ゼミ，ツノクロツヤムシ，ツノゴミムシダマシ，ヤンマ	アザミ，タビラコ，ドコロ，グルミ，バス，ユズ，ユリ，ワラビ
オンナ-（小型の，女性的な）				ガシ，ゲヤキ，ヤナギ
カラス-（全体または部分が黒みを帯びる，食用にならない）	バト	ガイ，ガレイ，ザメ，ダイ，ダラ，フグ	アゲハ，シジミ，トンボ	ゴマ，ザンショウ，（ノ-）イチゴ，（ノ-）エンドウ
クマ-（大型の，山地の）	タカ，ワシ		アリ，コオロギ，スズムシ，ゼミ，バチ	イチゴ，ザサ，シデ，タケラン，ノギク，フジ，ヤナギ，ワラビ
サクラ-（全体または部分が赤みを帯びる）	インコ，ボウシ	エビ，ガイ，ダイ		
サザナミ-（小波状模様をもつ）	インコ，スズメ	ウシノシタ，ガイ，ダイ，フグ，ヤッコ	クチバ，スズメ	

6　軟体動物門腹足綱アクキガイ科の巻き貝。殻に棘の多い点がサザエに似ているためこの名をもつが，分類上は縁遠く，科ばかりでなく目の段階でも異なる（『日本大百科全書』）。

接頭辞	鳥類	魚介類	昆虫	植物
スズメ- （小型の）		ガイ, ガレイ, ダイ, フグ	[7]	イチゴ, ウリ, （ノ-）エンドウ
トラ- （虎を思わせ る縞模様をも つ）	ツグミ	カジカ, ギス, サメ, ヒメジ, フグ	ガ, カミキリ [8]	
ニセ- （似て非なる）	タイヨウチョウ, メンフクロウ, ヤブヒバリ	クロホシフエ ダイ, タカサゴ, モチノウオ	アシナガギンバエ, テントウムシダマ シ, ノコギリカミキリ, ハムシダマシ	カラクサケマ ン, クロハツ, マテバシイ
ヒナ- （小型の, か わいらしい）	[9]	ギンポ, ゲンゲ, ハゼ	カマキリ, バッタ	ギク, ゲシ, スミレ, リンドウ
ヒメ- （小型の, か わいらしい）	ウ, ウズラシギ, クイナ, クビワカモメ, クロアジサシ, クロウミツバ メ, ノガン	アンコウ, ダイ, ツバメウオ	アメンボ, オオクワガタ, カマキリ, キノコゴミムシ, コガネ, コオロギ, ハナムグリ, マイマイカブリ	ウツギ, オドリコソウ, グルミ, コブシ, ジソ, スミレ, トラノオ, リンゴ
ホシ- （斑模様をも つ）	ガラス, ハジロ, ムクドリ	ガレイ, ゴンベ, ダカラガイ	ササキリ, シャク, ハラビロヘリカメ ムシ, ベニカミキリ, ミスジ	

---

[7] 「スズメバチ」「スズメガ」などの語があるが, その場合は「スズメのように大きい」あるいは「スズメのような色」の意であり, ここにあげた「スズメのように小さい」とは異なる用法である.

[8] 総称.

[9] 「ヒナウグイス」「ヒナスズメ」「ヒナダカ」などの語があるが, いずれもそれらの鳥の雛または若鳥を表す語であり種属名ではない. また「アフリカヒナフクロウ」「ナンベイヒナフクロウ」「クロオビヒナフクロウ」など和名に「ヒナフクロウ」の付された輸入種があるが, 単独の種属名「ヒナフクロウ」は存在しない.

接頭辞	鳥類	魚介類	昆虫	植物
マ - (その種のなかで標準的)	ガモ，ガン，ヒワ	アジ，イワシ，エソ，ガキ，ダイ		カバ，キビ，ダケ，タデ，ヒエ，フジ
マメ - (超小型の)	ハチドリ，カワセミ，クロクイナ，シギダチョウ	ツブラ，アジ[10]	クワガタ，コガネ，ガムシ	リンゴ，ラン，ガキ
メ - (小型の，女性的な)		ゴチ		アザミ，ガシ，クルミ，シャクナゲ，ダケ，マツ

　以上に一覧されるように，本章でいう接頭辞Pとは「単独では用いられず，常に他の語の上について，その語とともに一語を形成するもの」(例：オ -，マ -，メ -)，および出自は名詞であっても「他の語に前接した際に，名詞単独用法とは異なる意味をもち，その意味で慣用化したもの」(例：イト -，ウシ -，マメ -)である。

　ただ，興味深いことに，同一の名詞を起源としていても，元の意味が希薄化して接頭辞化している場合(本節「P+ 種属名」型)と，元の意味を保持している場合(前節「X+ 種属名」型)とがあり，両者の境界は流動的で連続性がある。

　たとえば，名詞「サクラ」は，本節の「サクラエビ」「サクラガイ」「サクラダイ」「サクラインコ」といったケースでは「赤みを帯びた色」の色彩表現として慣用化し，元の意味が希薄化していて接頭辞的であるが，前節の「サクラスズメ」では「桜の樹皮状の模様がくびから腹にかけてある(小鳥)」(『日本国語大辞典』)様を表わし，元の意味が稀薄化しておらず，接頭辞とはいえない。同じく，前節「サクラソウ」「サクララン」「サクラバラ」「サクラタデ」のように，植物名に「サクラ」を付し，花の容姿を「サクラ」にみたてる用法があるが，この場合も元の意味が稀薄化せず，使用範囲も植物に限定されることから接頭辞とみなしにくい。同様に，魚介類の「サクラウオ」「サクラマス」は「サクラの咲く季節にとれる」ことに由来するもの，昆虫の「サクラコガネ」「サクラヒラタハバチ」「サクラセグロハバチ」は「サクラを食す」ことに由来するものとされ，元の意味が保持されていることから接頭

10　種属名ではなく，「稚鯵」のこと。

辞とはいえない。

　また,「スズメ-」も,本節の「スズメガレイ」「スズメイチゴ」「スズメノエンドウ」のケースでは「小型」の意を表す接頭辞であるが,前節の「スズメバチ」では「スズメのように大きい」意(この意味では慣用化していない),「スズメガ」では「スズメのような色」を表しており,接頭辞とはいえない。

　このように,同一の名詞を参照していても,ターゲットとする内容には多様性があり,その慣用化の程度が高い場合に接頭辞 P として機能する。

2.4　種属名 + S 型

　接尾辞 S が種属名に後接するタイプである。種属を超えて用いられる主要な接尾辞として「- ダマシ」「- モドキ」の 2 種があり,「似て非なる」の意を表す。以下に例をあげる。

種属を超えて用いられる主な接尾辞

接尾辞	鳥類	魚介類	昆虫	植物
- ダマシ		アカホシカニ,イソカニ,カニ,キリガイ,ナメラ,ミズウオ	ゴミムシ,コメツキ,テントウムシ	オウレン,カキノキ,カンゾウ
- モドキ	クイナ,ツグミ,ツル,ノガン,ムクドリ,メジナ,モズ	イソギンチャク,エゾボラ,オコゼ,キセルガイ,キンメ,タニシ,ブリ	アゲハ,アリ,カマキリ,カミキリ,クダマキ,クワガタ,コオロギ,ショウリョウバッタ,シロアリ,タテハ	ウメ,キキョウ,クワ,タチバナ,トウツル,ウド,オウバイ,カキ,カミソリ,サクラソウ,サクラ,セリ,チチ,ビワ,フジ

3.　X の意味拡張のタイプ

　次に,意味的側面をみていこう。前節 2.1「単独 X 型」,2.2「X + 種属名型」における X は,意味拡張のタイプにより,メタファー的命名,メトニ

ミー的命名，およびその混合型の 3 種に分類することができる[11]。

3.1 メタファー的命名

X がメタファー(類似性に基づく比喩)により命名されているタイプである。

形状的な類似に由来する命名の例として，「ツルシギ」(鳥類)はツルよりはるかに小さいが，細くて長い嘴と足が赤色でツルを連想させることから付いた名である。「カンヌキ」(魚類)は棒状の体形を門扉を閉める横木「閂」になぞらえた名である。「ミミズク」(昆虫)は暗褐色で前胸背にもつ 1 対の大きな耳状突起が鳥類のミミズクの耳状羽毛に似ることに由来する。「サクララン」(植物)は葉がランに似，花が桜のような色と形状をしていることに由来する。「ハナイカダ」(植物)は葉面の中央に小さな花をつける特殊な花つきを，葉をいかだに見立てて呼んだ名である。

触覚的な類似として，「マツカワ」(魚類)は体表のざらつきを松の樹皮に重ねた名である。「ネコノシタ」(植物)は葉面に短い剛毛があってざらつくのが猫の舌に似ていることに由来する。

習性的な類似として，「トウゾクカモメ」(鳥類)は飛んでいるカモメやアジサシを襲い，獲物を吐き出させて奪うことに由来する(『日本国語大辞典』)。「サムライアリ」(昆虫)は「奴隷狩り」を行うアリで，隊列をなしてクロヤマアリなどの巣を襲い，

カンヌキ

ミミズク

ハナイカダ　サクララン

---

[11] ここで注意しておきたいのが，2.1 節「単独 X 型」と 2.2 節「X ＋ 種属名型」の X の機能の違いである。たとえば，X が「ノコギリ」のとき，単独で「ノコギリ」といえば「単独 X 型」となり，(それが本来の「ノコギリ」を指しているのでないとすると)その所属するカテゴリーは全く不明であるが，種属名「ソウ」を付して「ノコギリソウ」といえば「X ＋ 種属名型」となり，それが「ノコギリ」以外のものをさしていること，および植物のカテゴリーに所属することが明示的になる。その意味で両者は異なるものであるが，本章の議論においては X 部分を一括しその意味拡張のタイプを考察する。

蛹や幼虫を略奪して自巣に持ち帰り羽化したアリに寄生して養ってもらう（「奴隷狩り以外の仕事は行わない」）習性からの命名である（『日本大百科全書』『原色昆虫大図鑑』）。

　棘や毒といった特徴を他のものに見立てた例として，「ハチ」（魚類）は背びれの棘に刺されると，ハチに刺されたような痛みが走ることに由来する（『日本大百科全書』）。「アリバチ」（昆虫）もアリのような外見でありながら羽と毒針をもつことに由来する。別名「ウシゴロシ」ともいわれる。

　このようなメタファーによる命名は無数に見出せるが，以下に例を示す。名の由来（何を何に見立てたメタファーか）については，章末「資料」に示した文献にもとづく。

〔鳥類〕

　〔単独X型〕

　　ウソ，エビトリ，オキノタイフ，ブッポウソウ，ママメワシ，マメワリ

　〔X＋種属名型〕

　　エリマキ＋シギ，カモ＋アヒル，カンムリ＋ウミスズメ，カンムリ＋ヅル，カンムリ＋ワシ，キジ＋バト，クジャク＋バト，ツバメ＋チドリ，ツル＋クイナ，ツル＋シギ，トウゾク＋カモメ，ハゲ＋ワシ，ハチ＋ドリ，ヒバリ＋シギ，ワシ＋カモメ

〔魚介類〕

　〔単独X型〕

　なお，森（2015, 2018）は，命名は一般に，その対象の独自性を表示する「表現性」と，その対象が属するカテゴリーを表示する「表示性」のバランスをとって行われるものとし，その際の「表示性」を3種に分けている。一つはカテゴリー名を直接明示する「表示性①」（例：「○○銀行」），また，カテゴリー名を明示せずに当該カテゴリーに特徴的な名によってそのカテゴリーを想起させる「表示性②」（例：ペットに「タマ」「ミケ」「シロ」など短音のそれらしい名を付ける），もう一つは，同じくカテゴリー名が明示されないが，慣習的にそのカテゴリーであることが意識されやすい「表示性③」（例：本田技研の一連の車に「バラード」「コンチェルト」等の音楽用語を採用），というものである。同論文によると，米の品種名（商品名）には表示性①のみならず表示性②③のタイプも多く見られるとされるが，一方で，本章で対象としている生物名の和名・俗名に関していえば，表示性①（「X＋種属名型」）のタイプは非常に多いが（例：ノコギリソウ），表示性②③のようにカテゴリー名を明示せずに種属を想起させるような命名は，管見の限り一般的ではない（2.1節にあげた「単独X型」はいずれも名を見ただけでは種属を推測しにくい）。

アゲマキ[12]，アメフラシ，イヌノシタ，イノシシ，ウメイロ，オジサ
ン，カネタタキ，カマキリ，カラス，カンヌキ，キヌバリ，クマドリ，
クロコバン，シオフキ，ネコナカセ，ネズミ，ハチ，マツカワ

　［X＋種属名型］

　　アツモリ＋ウオ，イシガキ＋フグ，ウマヅラ＋ハギ，オウム＋ガイ，カ
エル＋ウオ，カミソリ＋ウオ，カンムリ＋クラゲ，カンムリ＋ゴカイ，
カンムリ＋ブダイ，キツネ＋ガツオ，キノボリ＋ウオ，キュウリ＋ウ
オ，コショウ＋ダイ，サクラ＋ウオ，サクラ＋マス，サクラ＋ギ，トラ
＋ギス，ネコ＋ザメ，メガネ＋ウオ，ミズ＋ウオ，ハナ＋オコゼ，ハナ
＋アイゴ，ハナ＋カサゴ，ハナ＋カジカ，ハナ＋ゴイ，ハナ＋スズキ，
ハナビラ＋ウオ，バラ＋ムツ，ヒゲソリ＋ダイ，ホタル＋イカ，ボタン
＋エビ，マツ＋ダイ，ムシ＋ガレイ，ヤナギ＋ムシガレイ

〔昆虫〕

　［単独 X 型］

　　ウシゴロシ，カッコウカミキリ，カネタタキ，シラガジジー，シラガダ
ユー，タイコウチ，ネコアオムシ，ハナムグリ，ハネカクシ，ヘビトン
ボ[13]，マツカレハ，ミミズク，リンゴカレハ

　［X＋種属名型］

　　アリ＋バチ，ウチワ＋ムシ，ウマノオ＋バチ，カトリ＋トンボ，カブト
＋チョウ，カンムリ＋セスジゲンゴロウ，クマ＋ムシ，コウモリ＋ガ，
ゴミ＋ムシ，サムライ＋アリ，スズメ＋ガ，スズメ＋バチ，タバコ＋
ガ，チョウ＋トンボ，トゲ＋アリ，ノコギリ＋クワガタ，ラクダ＋ムシ

〔植物〕

　［単独 X 型］

　　アシボソ，アリドオシ，アワブキ，ウナギツカミ，オオイヌノフグリ，
カクレミノ，カニコウモリ，キツネノオウギ，キツネノカミソリ，キツ
ネノテブクロ，ネコノシタ，ネコノチチ，ハナイカダ，ヒナノカンザ
シ，ユズリハ

12　二本の水管が殻の上に突き出ているさまを，古代の子どもの髪型総角に見立てた。

13　「ヘビトンボ」の名は，これを捕まえると頭胸部をヘビのように動かし，かみついて
くることによるもの。トンボとは名ばかり。（『日本大百科全書』）

［X＋種属名型］

アブラ＋ツツジ，アワ＋イチゴ，イチョウ＋シダ，ウサギ＋ギク，オ
ジギ＋ソウ，カミソリ＋バナ，キク＋アザミ，キツネ＋ネム，クサ＋イ
チゴ，クサ＋ボタン，クサ＋フジ，クサ＋ブドウ，コウモリ＋ソウ，サ
クラ＋ソウ，サクラ＋タデ，サクラ＋バラ，サクラ＋ラン，ノコギリ＋
ソウ，バラ＋イチゴ，ビジョ＋ザクラ，モミジ＋イチゴ，ヤナギ＋タン
ポポ，ヨモギ＋ギク

3.2　メトニミー的命名

　Xがメトニミー（隣接性に基づく比喩）により命名されているタイプである。
　最も典型的なメトニミー（赤い頭巾をかぶった少女を「赤頭巾」と呼ぶ類
の，空間的隣接性に基づくもの）による命名の例として，「アオクビ」（鳥類）
は，その種を特徴づける緑色の首を焦点化し，その部位が全体を代表してい
る。同様に「オナガ（尾が長く体長の半分を占める）」「セグロ（頭頂部から
尾にかけて体の上面が黒色）」「オジロワシ（尾羽が白色）」（以上鳥類），「アカ
メ（目の瞳孔が赤い）」「メダイ（目が大きい）」（以上魚類），「オナガアゲハ（後
ろ羽の尾状突起が長い）」「ギンヤンマ（雄の腹部基部が水色〜銀色）」（以上昆
虫），「シロバナタンポポ（白色の頭花をつける）」「マルバサツキ（葉が幅広で
丸みをもつ）」（以上植物）等，その種に特徴的な部位を焦点化した名称は多
数みられる。
　また，「イソカサゴ（磯魚で，岩礁の潮だまりに多くみられる『日本大百
科全書』）」（魚類）や「イワザクラ（渓谷の岩壁などに生え，岩場に生えるサ
クラソウの意『日本大百科全書』）」（植物）は，その種の代表的な生息場所に
基づく名で，同じく隣接性による比喩といえる。同様に，「ユズムシ」（昆虫
「ナミアゲハ」の幼虫）も代表的な生息場所（柚子の木）と餌（柚子の葉）を縁
故としている。「エゾフクロウ」（鳥類），「エゾアワビ」（貝類），「エゾマツ」
（植物）のように，具体的な地名を付された名称もこの類である。その他，
「アリマキ」（昆虫）はアブラムシの別名であるが，排泄する甘露に蟻が群が
ることから「蟻が取り巻く（場所）」の意をもつ。
　以上のような空間的隣接性ではなく，より抽象的な隣接性に基づく名称と
して，季節を焦点化した「ヒヨドリバナ（ヒヨドリの鳴くころに咲くところ
からの名『日本国語大辞典』）」や「フユイチゴ（果実は9〜10月に赤色に

熟し冬までみられるところからの名『日本大百科全書』)」，芳香を焦点化した「ニオイスミレ（花の香りの強さからの名）」等もある。

さらに，「キタマクラ（フグ科の魚で皮膚に強毒をもち，食べると死んで北枕になるという俗信からの名『日本国語大辞典』)」(魚類)，「ウシゴロシ（牛の鼻に輪を通すとき，この木で鼻孔の仕切りに穴をあけるところからついたとされる名『ブリタニカ国際大百科事典』)」(植物)，「コシアブラ（樹皮から樹脂液をとり，漉して塗料（金漆）をつくったことによる名『日本大百科全書』)」(植物)，のように，その種属の特徴や習性を人間との関係で捉えた名称もあり，これもメトニミーによる命名といえる。

このように，メトニミー的命名の「隣接性」には，空間的なものから抽象的なものまで多様なタイプが存在する（注１参照）。以下に例を示す。

〔鳥類〕

　［単独Ｘ型］

　　アオクビ，オナガ，キタマクラ，シリクロ，シロハラ，セグロ，ハラジ
　　ロ，ヒゲ，ホホアカ，マユジロ，メジロ

　［Ｘ＋種属名型］

　　アカハラ＋ダカ，イワ＋ツバメ，エゾ＋フクロウ，オジロ＋ワシ，クサ
　　＋シギ，コシアカ＋ツバメ，ソリハシ＋シギ，ハシブト＋ガラス，ミヤ
　　コ＋ドリ

〔魚介類〕

　［単独Ｘ型］

　　アカメ，コシナガ，セグロ，カワハギ

　［Ｘ＋種属名型］

　　アオ＋ザメ，アカ＋イカ，アカメ＋フグ，アラメ＋ガレイ，イセ＋エ
　　ビ，イソ＋カサゴ，イッテン＋アカタチ，エゾ＋アワビ，オナガ＋ザ
　　メ，メ＋ダイ

〔昆虫〕

　［単独Ｘ型］

　　アリマキ

　［Ｘ＋種属名型］

　　オナガ＋アゲハ，オナガ＋シジミ，ギン＋ヤンマ，ナナホシ＋テント
　　ウ，ユズ＋ムシ

〔植物〕

[単独 X 型]

ウシゴロシ，コシアブラ

[X ＋種属名型]

イワ＋ザクラ，イワ＋ヤブソテツ，エゾ＋マツ，シマ＋ツユクサ，シロ
バナ＋スミレ，シロバナ＋タンポポ，ツル＋ニンジン，ニオイ＋スミ
レ，ニガ＋ナ，ノジ＋スミレ，ヒヨドリ＋バナ，フユ＋イチゴ，マルバ
＋ウツギ，マルバ＋サツキ，ヤブ＋デマリ，ヤブ＋ヤナギ，ヤブ＋ラ
ン，ヤマ＋シャクヤク，ヤマ＋モモ，ヤマ＋ラッキョウ

3.3 混合型

X が複合語で，メタファーとメトニミーの混合とみられるタイプである[14]。
「クサヒバリ」(昆虫) は，小型のコオロギで「その鳴き声が鳥のヒバリに
比肩できる」(『日本大百科全書』)ことからメタファーにより「ヒバリ」の名
が付され，さらに本家の「ヒバリ」(鳥類) と区別するために，主な生息場所
「草地」を想起させる「クサ」の名がメトニミーにより付されている。

このタイプの命名法は，生息場所を想起させる「海」「川」「草」などを種属
名 A の前に付すことにより，全体として別の種族 B の名へ転用する命名法
で，「ウミネコ」(哺乳類→鳥類)，「カワスズメ」(鳥類→魚類)，「ウチスズメ」
(鳥類→昆虫)，「ヤブジラミ」(昆虫→植物) 等，種属の違いを超えてよくみ
られる[15]。

また，この「混合型」も，前節「メトニミー的命名」の場合と同様，生息
場所のような空間的な隣接性ばかりでなく，「ヨタカ (昼間は樹上で眠り，
夕方から巧みに飛んで昆虫を捕食する『日本国語大辞典』)」のように，活動
時間帯を焦点化した，より抽象的な隣接性によるタイプもみられる。

---

[14] このようなメタファーとメトニミーの混合は命名以外の一般の比喩にもみられ，
籾山 (2014: 158–160) に，時代を反映する流行語の例として「銃後」(メトニミー＋メタ
ファー)，「カミナリ族」(メタファー＋メトニミー) の例が紹介されている。

[15] 昆虫を鳥類になぞらえるような，たとえるものとたとえられるものの間の差異の大
きいメタファーのみならず，「ウミオウム」(鳥類)，「ウミガラス」(鳥類) のように，同じ鳥
類間で「鸚鵡 (オウム)」でないものを「オウム」と呼び，「烏 (カラス)」でないものを「カ
ラス」と呼び，そこに生息場所「海」を付す，といった類のメタファーも命名には多くみ
られる。

生物の和名・俗名における意味拡張 ｜ 109

以下に例を示す。

〔鳥類〕

　［単独 X 型〕

　　イワヒバリ，ウミオウム，ウミガラス，ウミスズメ，ウミネコ，ウミバ
　　ト，ウミネコ，ヨタカ

〔魚介類〕

　［単独 X 型〕

　　アブラボウズ，ウミウシ，ウミウマ，ウミスズメ，ウミヘビ，カワスズ
　　メ，クロサギ

〔昆虫〕

　［単独 X 型〕

　　ウチスズメ，クサヒバリ

〔植物〕

　［単独 X 型〕

　　カワラマツバ，サワヒヨドリ，タイワンヒヨドリ，ミヤマクワガタ，ヤ
　　ブジラミ，ヤブデマリ

4.　焦点化と表現法の多様性

　以上の比喩は，何を焦点化し，どう表現（言語化）しているのかという点
において，多様である。

4.1　焦点化する事物の多様性

　生物の和名・俗名において，焦点化される事物は多様であるが，次のよう
な点（しばしば複数にまたがる）が焦点化される場合が多い。

　a.　特徴的な部位（目，嘴，頭，尾，足，腹，首，羽，角，ヒゲ，ヒレ，
　　　ウロコ，皮，葉，茎，花，果実，等）
　b.　形状・厚さ・太さ（身体部位・器官の形状，ツル性，等）
　c.　色（赤，青，黄，黒，白，サクラ色，ボタン色，等）
　d.　サイズ
　e.　模様（縞，トラ模様，小波模様，斑点，光沢，等）
　f.　触覚

g. 鳴き声・音

h. 匂い

i. 味

j. 毒性

k. 活動時間帯・季節 (花, 食べ頃, 等)

l. 習性・生態 (おじぎ, 葉の順序)

m. 生息場所 (山, 海, 川, 磯, 里, 〜地方, 等)

n. 用途 (食用か否か, 料理法, 塗料, 等)

o. イメージ (優美, 奇抜, 奇怪, 獰猛, 等)

4.2 表現法の多様性

焦点化した事物を, どう表現 (言語化) するかも多様である。

ある身体部位や器官を焦点化する場合, ターゲット (表す対象) 側でどの「部分」に着目するか, ベース (表す手段) 側でどの「部分」に着目するか, の組み合わせにより多様なパターンがある。たとえば,「ノコギリソウ」は, 植物全体のうち葉の特徴的な形状を焦点化し, その形状をノコギリの歯になぞらえている。「カニコウモリ」も, 同じく葉を焦点化し, その形状をコウモリの姿になぞらえ, かつ葉の表面の模様をカニの甲羅の模様に重ねている。

また, 色を焦点化する場合も,「アオ」「アカ」といった直接的な色名を用いて表す場合もあれば,「サクラエビ」「ボタンエビ」のように,「サクラ」「ボタン」といったベースの側の色を焦点化することにより表す場合もある。また, 色名「アオ」「アカ」等の表す範囲は, 明度・彩度によって規定される理想的な色の定義からは外れ, 広く拡張されている。

ベースとして採用される事物も,「ノコギリ」のような人工物と,「コウモリ」「サクラ」のような自然物との両方がある。また, 自然物になぞらえる場合も, 植物を動物によって表現したり (コウモリソウ, ヒヨドリバナ, ネコノシタ, ネコノチチ), 昆虫を動物によって表現したり (ラクダムシ, ウマノオバチ, ミミズク, ウシトンボ), 魚類を植物によって表現したり (マツカワ, キュウリウオ, サクラマス), 魚類を昆虫によって表現したり (カマキリ, ハチ), 魚類を動物によって表現したり (ネズミ, イノシシ, トラウオ, カラス), 人間にたとえたり (ビジョウオ, アツモリウオ, オジサン,

サムライアリ，トウゾクカモメ，タイコウチ）等，異なる種属間を横断する命名が多く見られる[16]。

　また，たとえば同じ「サクラ」をベースとしながらも，「サクラソウ」の場合はその形状が焦点化されているのに対し，「サクラエビ」ではその色が焦点化されるなど，着目点にも多様性が見られる。

　文法的にみると，名詞由来の名称が大半を占めるが，鳥類や魚類，昆虫の動きを焦点化した動詞由来の名称「シオフキ」「アワブキ」「タイコウチ」「エビトリ」「マメワリ」「マメマワシ」「サザエワリ」「ネコナカセ」「ワラベナカセ」「アメフラシ」「カネタタキ」「ウナギツカミ」「アリドオシ」「バクチコキ」等も見られる。

5. 「相対的」命名法

　同じ種属内で相対的関係を示す命名法がしばしばみられる。上述 2.3 節の「P＋種属名型」がその典型である。そこには，〔中心（理想）的（美しい，食用，等）／周縁的〕，〔サイズが大きい／小さい〕等を表し分ける原理がはたらいている。

　　例：リンゴ／ヒメリンゴ
　　　　ヤブジラミ／オヤブジラミ
　　　　カラスノエンドウ／スズメノエンドウ
　　　　マダイ／ヒメダイ
　　　　カレイ／カラスガレイ
　　　　エビ／ウシエビ
　　　　サワラ／ウシサワラ

6. まとめ—種属を超えた共通性—

　以上，生物の和名・俗名にみられる意味拡張について考察した。日本古来の生物名にはメタファー的，メトニミー的命名によるものが多くあり，多様な焦点化および表現法（言語化）が見出せる。そのことは，自然界の生物の形状や生態の無限の神秘を，そのまま体現しているともいえる。

---

[16] 特に魚類にその傾向が強くみられるように思われるが，それは，古くから人間にとって魚類が食料として重要かつ身近な存在であったことと関係があるかもしれない。

しかし，そのような多様性の一方で，種属を超えた共通性が見出せることも，興味深い。まず，遠く離れた種属同士が，似たような虎模様（トラツグミ，トラカジカ，トラ，トラガ）や小波模様（サザナミインコ，サザナミスズメ，サザナミフグ，サザナミクチバ）を共通にもっている，といった事実自体が自然の神秘であるが，さらに興味深いのは，それらに「トラ -」「サザナミ -」といった共通の名をつけ呼ぶ人間の認知の，柔軟なしくみである。2.3 節に示したように，「ウシ」「ウマ」「クマ」「カラス」「スズメ」「サクラ」のような，人間にとって身近な動植物の名を広く種属横断的に使用し，接辞化させてきたことも，その一例といえる。また，接辞以外でも，ネコ，ヘビ，サクラ等，特定の動植物の名が繰り返し使用されていることも同様である。そして，4.2 節に示したように，植物を動物によって表現したり（ネコノシタ），魚類を植物によって表現したり（キュウリウオ），魚類を動物によって表現したり（ネズミ）と，全く異なる種属間を横断する命名が多いことにも，その柔軟性が表れている。

7．今後の課題と展望

最後に，本書全体のテーマ「認知言語学新領域の開拓」に向け，認知言語学の「外」の領域（日本語史）で研究している筆者の立場で今後の課題と展望を記したい。

本章で扱った和名・俗名のデータは，主に現代の事典類をもとに収集したものだが，この収集方法ではその名称が近代分類学以前のものか，以降の新しいものかが判然としない。たとえば「サクラボウシインコ」（鳥類，オウム目オウム科）は，色を示す接頭辞「サクラ -」（喉付近の赤色の羽からの命名とみられる）が付され古来の素朴な名のようにみえるが，生息地はカリブ海等の熱帯森林であり，日本には近代以降に輸入されたとみられ，和名もそれ以降に付けられた可能性がある。同じく「ヒナギク」（キク科）や「ヒナゲシ」（ケシ科）も，古来の接頭辞「ヒナ -」をもち，現在は日本で園芸種として普及しているが，原産はヨーロッパで古くは日本に自生していなかったことから，その名は比較的新しいものと推測される。このように，一見素朴な命名のようにみえても，古来の命名法に倣った新しい名の場合もある。

本研究が目的とする「人間の原初的な命名のメカニズムの解明」のためには，まずその和名や俗名がいつ頃から使われているものであるかを明らかに

生物の和名・俗名における意味拡張 | 113

し，近代科学以前のなるべく素朴な生物名を考察対象とする必要がある。そのためには，前近代の事典的資料（『日本植物誌』『植物図説雑纂』『本草図譜』『万葉集品物図絵』『梅園百花画譜』『草花図譜』『草木図説』『千虫譜』『栗氏魚譜』『水畜綱目』『目八譜』『禽鏡』『飼籠鳥』等[17]）を参考に，その名の使用時期を可能な限り明らかにしておくことが有効であろう。事典とあわせて，渋澤敬三（1959）の魚名研究で駆使されているような幅広いジャンルの一次資料（『古事記』，『日本書紀』，『万葉集』，法典『延喜式』，辞書『倭名類聚抄』，各種風土記，古代中世の貴族・武士の日記類等）は重要な資料となるだろう。

こうしたデータは，大月（2007: 160）の「生物の命名は，少なくともヒトが里（平地）あるいは陸地に定住した後に始まったと考えられる。この種の考察は単なる思弁に陥らず，慎重に経験的かつ合理的に推論を進めねばならないが，言語の起源・進化との関係でも重要な判断材料を提供する可能性がある」との指摘を実証的に解明することにもつながるかもしれない。

資料

蒲原稔治（1961）『原色日本魚類図鑑　正　改訂版』保育社.
蒲原稔治（1961）『原色日本魚類図鑑　続』保育社.
川副昭人・若林守男（1976）『原色日本蝶類図鑑』保育社.
近畿甲虫同好会（編）（1955）『原色日本昆虫図鑑　上：甲虫編』保育社.
北村四郎・村田源（1971）『原色日本植物図鑑　木木編 1』保育社.
北村四郎・村田源（1979）『原色日本植物図鑑　木木編 2』保育社.
北村四郎・村田源・堀勝（1957）『原色日本植物図鑑　草本編 1』保育社.
北村四郎・村田源（1961）『原色日本植物図鑑　草本編 2』保育社.
北村四郎・村田源・小山鐵夫（1964）『原色日本植物図鑑　草本編 3』保育社.
小林桂助（1976）『原色日本鳥類図鑑　増補改訂新版』保育社.
菅原浩・柿澤亮三（編）（1993）『図説日本鳥名由来辞典』柏書房.
竹内吉蔵（1955）『原色日本昆虫図鑑　下』保育社.

写真

「オジサン」：Izuzuki, CC BY-SA 3.0 via Wikimedia Commons　https://commons.wikimedia.org/wiki/File:Ojisan.jpg
「カンヌキ」「ハナイカダ」「ヒメリンゴ」：写真 AC　https://www.photo-ac.com
「サクララン」：pixabay　https://pixabay.com/ja/photos/サクララン-ホヤ-・-ベラ-花

17　国立国会図書館電子展示会「描かれた動物・植物：江戸時代の博物誌」（http://ndl.go.jp/nature/index.html）による。

-805984/

「ミミズク」：エコパしぜん通信　http://midori.eco.coocan.jp/kimama/musi/kamemusi-2/mimmizuku.html

電子版資料

『ブリタニカ国際大百科事典　小項目事典』ブリタニカ・ジャパン.

『日本大百科全書』小学館（JapanKnowledge Lib. 収録）.

『日本国語大辞典　第二版』小学館（JapanKnowledge Lib. 収録）.

参照文献

籾山洋介（2014）『日本語研究のための認知言語学』研究社.

森雄一（2015）「命名論における表示性と表現性：米の品種名を題材に」『成蹊国文』48: 160–172.

森雄一（2018）「認知言語学④：認知言語学と命名論」滝浦真人（編）『新しい言語学：心理と社会から見る人間の学』72–85. 放送大学教育振興会.

大月実（2007）「命名と名前：命名論の新たな地平」『認知言語学論集』7: 117–167.

澁澤敬三（1959）『日本魚名の研究』角川書店.［網野善彦・速水融・二野瓶徳夫・澁澤雅英・山口和雄・山口徹（編）（1992）『澁澤敬三著作集』第 2 巻, 11–391. 平凡社に再録］

田中修（2014）『植物は人類最強の相棒である』PHP 研究所.

山田孝子（1994）『アイヌの世界観：「ことば」から読む自然と宇宙』講談社.

第2章

百科事典的意味の射程
──ステレオタイプを中心に──

籾山洋介

キーワード：百科事典的意味，ステレオタイプ，フレーム，慣習性，一般性

1. はじめに

　本章は，語（等の言語表現）の多様な意味について，百科事典的意味の観点（百科事典的意味観）から考え，記述することの妥当性を，現代日本語の直喩やメタファー等の分析に基づき示すことを狙いとするものである。特に，百科事典的意味に含まれると考えられる基本的な事柄を概観したうえで，ステレオタイプについてやや詳しく検討する。

　第2節では，本章での語の百科事典的意味の定義を示したうえで，百科事典的意味に含まれるものとして，語の意味の慣習性の程度，語の指示対象の特徴，語の意味の基盤となるフレーム，語の一般性の程度が完全でない意味について具体例に基づき説明する。

　第3節では，語の百科事典的意味に含まれる，ステレオタイプが有する特徴に注目する。特に，ある特徴について慣習性は高いが一般性は低いという性質を有する典型的なステレオタイプに加え，一般性の程度がゼロであるという特徴が認められる場合もあること，さらに，ある特徴の慣習性が低いというステレオタイプの周辺に位置付けられる事例もあることを示す。

　第4節では，本章のまとめを簡単に述べる。

2. 百科事典的意味とは

　百科事典的意味観は，認知言語学において広く受け入れられている，言語の意味に関する広い射程を有する考え方であり，意味論と語用論は連続

的であると考えるものである[1]。本章では，まず，Haiman (1980), Langacker (1987: 4.2, 2008: 36–43, 47–50), Evans and Green (2006: 206–222), Geeraerts (2010: 88–91, 222–224) 等を踏まえて，(語の) 百科事典的意味について以下のように定義する。

> ある語 (に相当する言語単位)[2] の百科事典的意味とは，その語から想起される (可能性がある) 知識の総体のことである。
>
> （籾山 2010b: 94, 2010c: 5）

なお，この定義における「(その語から) 想起される (可能性がある) 知識の総体」とは個人レベルのものを想定している[3]。つまり，同じ言語の話者であっても，ある語の百科事典的意味が相当異なる，つまりは個人差があるという場合も考えられる。例えば，「月曜日」という語から〈憂鬱である〉[4] という特徴を想起するという日本語話者は相当数にのぼると思われる一方で，この特徴を想起しない人もいるであろう。

　以下，本節では，百科事典的意味に含まれるものとして，語の意味の慣習性の程度，語の指示対象の特徴，語の意味の基盤となるフレーム，語の一般性の程度が完全でない意味について具体例に基づき概観する。

---

[1] 認知言語学以前，あるいは認知言語学以外で百科事典的意味観と何らかの共通点，親和性を有する諸説については，籾山 (2010c: 14–22) を参照のこと。

[2] 「語 (に相当する言語単位)」としたのは，慣用句のように複数の語から構成されるものであっても，構成要素の意味から句が有する意味を導けないものを含めるためである。

[3] 一言語内の多様性については，周知の通り，言語変種・方言 (地域方言・社会方言) 等の観点から研究が行われてきた。また，「さらに，厳密には，一人一人，発音の癖やことばづかいの特徴が違っており，これは個人語 (idiolect) と呼ばれる言語変種である」(白井 2015: 73) という記述からもわかるように，同一言語の話者であっても，語の意味に限らず，いろいろな面で個人レベルでの違いがあることになる。なお，管見では，(語の意味として個人差をどの程度重視するか否かは別として) 語 (等の表現・記号) の意味の個人差を射程に入れているものとして，佐藤 (1977: 12, 42, 1993[1985]: 148)，国広 (1982: 81–84)，Geeraerts (2010: 255)，西村・野矢 (2013: 80, 85)，Ježek (2016: 53)，鍋島 (2016: 375–377)，山田 (2017: 27–28, 107–108) がある。

[4] ある語 (等の言語表現) の意味 (に関わる特徴) は，〈　　〉で括って示す。

2.1　語の意味の慣習性の程度

　2.1 節では，Langacker(1987: 158–161)に基づき，百科事典的意味について，「慣習性」(conventional である程度)という観点から確認する。慣習性とは，ある語の百科事典的意味(を構成する要素)が言語共同体で共有されている程度，つまり，どれだけの人が知っているかということである。例えば，現代日本語の「煮詰まる」という多義語の場合，〈(料理等で)水分が少なくなる〉という意味は日本語話者の大半が知っているのに対して，おおよそ〈完成に近づく〉(「計画が煮詰まってきた」等)と〈行き詰る〉(「煮詰まっちゃってこれ以上アイディアが出ない」等)という 2 つの意味については，その一方しか知らない人が相当数いる。つまり，「煮詰まる」という語について，〈水分が少なくなる〉という意味は慣習性が高いのに対して，〈完成に近づく〉と〈行き詰る〉という意味は慣習性が劣るということである[5]。

　このような場合に，百科事典的意味観は慣習性の低い意味も射程に収め，各語の意味(を構成する要素)を，慣習性の程度に応じて位置付ける。言うまでもなく，ある語の百科事典的意味として，慣習性のより高い意味を，(相対的に)重要な意味と見なす(慣習性については，3.3 節であらためて取り上げる)。

2.2　語の指示対象の特徴

　語の百科事典的意味を構成する，その語から想起される(可能性がある)知識の総体には，(現実)世界にその語の指示対象(の集合)が存在する場合は，その指示対象が有する諸々の特徴も含まれる[6]。以下の例を見てみよう。

---

[5]　「煮詰まる」という語について，『大辞林』(第三版)には，語釈の 1 つとして「③時間が経過するばかりで，もうこれ以上新たな展開が望めない状態になる」(p. 1928)と記述されているのに対して，『明鏡国語辞典』(第二版)には，「近年，『議論が行き詰まる』の意で使うのは俗用で，本来は誤り」(p. 1326)とあり，『岩波国語辞典』(第七版　新版)には，〈行き詰まる〉に相当する語釈はない(p. 1127)。以上の辞書での扱いから，「煮詰まる」の〈行き詰まる〉という意味は，〈完成に近づく〉という意味と同程度の慣習性を有しているとは言えないと考えられる。

[6]　松本(2003: 9)に「認知意味論においては，事物に関するあらゆる知識が意味の問題に関わる」とある。関連する指摘として，Langacker(1987: 154–156)，西村・野矢(2013: 83)，鍋島(2016: 163)も参照のこと。

118 | 籾山洋介

（1）　蒲団は薄いのが一枚しかない。彼はその中にくるまって，<u>柏餅のよう</u>
<u>になって寝た</u>。
（島崎藤村『春』，中村明『比喩表現辞典』，p. 267／5601，角川書店）[7]

　この例の「柏餅のようになって寝た」という表現の理解には，「柏餅」という語の指示対象の〈柏の葉が餅を包んでいる様子（餅に対して柏の葉が薄いということ）〉についての知識が必要である。このように，語の意味を適切に理解するのに，その語の指示対象の特徴を想起しなければならない場合もあることになる。

2.3　語の意味の背景知識としてのフレーム

　語の百科事典的意味を構成する，その語から想起される（可能性がある）知識の総体には，その語の意味の基盤となる「フレーム」等の背景知識も含まれる。本章では，Fillmore and Atkins（1992: 76–77），西村（2002），Fillmore（1982: 112, 116–119, 121–122, 134, 2003 [1977]: 209–212, 233, 250, 256），Croft and Cruse（2004: 14, 28），Evans and Green（2006: 222, 225, 227, 229–230），Cienki（2007: 170, 172），Evans（2007: 85），Geeraerts（2010: 222, 224–225），野村（2013a, 2013b），鍋島（2016: 第 7 章）に基づき，フレームを以下のように定義する。

　　　フレームは百科事典的意味観に基づくものであり，語（等の言語表現）の意味の基盤となる背景知識である。その背景知識は，経験がスキーマ化・理想化されたものであるとともに，構造化されており，長期記憶に蓄えられている。さらに，ある語（等の言語表現）があるフレームを喚起し，そのフレームのある構成要素あるいは要素間の関係を焦点化する。

　以下，「空き地」と「さら地」という語を例に，フレームの役割について検討する。この 2 語は，いずれも〈（土や雑草等以外は）何もない土地〉を表

---

[7]　本章では，例文中の考察対象の表現には実線の下線を施す。また，考察対象以外の何らかの注目すべき箇所には点線の下線を施す。

すが，このような土地を異なるフレームで捉えたものであると考えられる[8]。
以下の例を見てみよう。

（2）　子供のころは，よく近所の<u>空き地</u>に入り込んで遊んだものだ。
（3）　<u>再開発の工事は着々と昔のまちなみを消し去りつつある。広がった<u>さ
　　　ら地</u>には，早くも雑草が生えだしている。そのうちアスファルトやコ
　　　ンクリートでふさがれてしまうとも知らずに，山から吹きおろす無遠
　　　慮な寒風に耐えている。
　　　　　　　　　（『朝日新聞』（朝刊）2014 年 3 月 19 日，聞蔵 II ビジュアル）</u>

　まず，例（2）からわかるように，「空き地」は，「（概ね）建物が建っている
地域」というフレームにおいて，〈何もない（そこだけ建物が建っていない）
土地〉を表す。
　一方，「さら地」は，現在は〈何もない土地〉であるが，例（3）の「再開発
の工事は着々と昔のまちなみを消し去りつつある」という箇所からもわか
るように，「以前はその土地に木々や建物があった」と考えられる。そして
「その木々を伐採したり建物を撤去した結果，今は何もない」わけである。
さらに，例（3）に「そのうちアスファルトやコンクリートでふさがれてしま
う」とあることから，「その土地は，将来的に売却したり建物を建てる予定
である」と考えられる。
　以上から，「さら地」は，その土地の来歴と将来構想を含む「以前はその土
地に木々や建物があったが，その木々を伐採したり建物を撤去した結果，今
は何もない。さらに，その土地は，将来的に売却したり建物を建てる予定で
ある」というフレームにおいて，〈何もない土地〉を表すということである。
　このように，「空き地」と「さら地」はいずれも〈何もない土地〉を表す
が，各語の基盤となるフレームに違いがあり，異なる百科事典的意味を有す
ることになる。

---

[8]　ここでの「空き地」と「さら地」についての記述は，籾山（2014b: 76–77）に若干の修
正を加えたものである。

2.4 語の一般性の程度が完全でない意味

　本章では，Langacker（1987: 158–161）を踏まえ，一般性の程度（generic である程度）が完全でない意味も，語の百科事典的意味に含まれると考える。一般性の程度とは，ある語の百科事典的意味を構成する要素が，その語が表すカテゴリーのどれだけの成員に当てはまるかという程度のことである。さらに，語の百科事典的意味の一部として，一般性の程度が完全ではない意味（ある語が表すカテゴリーの成員の一部（下位カテゴリー）にのみ該当する意味）を認めることが必要であることを論じる。例えば，「鳥」という語について，〈卵生〉という特徴はすべての鳥に当てはまることであるから，この特徴は一般性の程度が完全である。一方，〈飛ぶことができる〉という特徴は，飛べない鳥もいることから，一般性の程度が完全ではない。ただし，「生まれ変わったら鳥になりたい」といった文を理解するには，〈飛ぶことができる〉という特徴を認めなければならない。

　さらに，一般性の程度が完全ではない意味を有する下位カテゴリーは，Lakoff（1987: Ch 5）を参考にして，一般性の程度が完全ではない意味がどのような特徴を持つものであるかによって，以下のように分類できる[9]。

> 典型例：（ある言語共同体において）あるカテゴリーの中で，数多く見られ，想起しやすい一群の成員（下位カテゴリー）のこと。
>
> 理想例：（ある言語共同体において）あるカテゴリーの中で，（何らかの観点から見て）理想的な（一群の）特徴を有する一群の成員（下位カテゴリー）のこと。
>
> 顕著例：（ある言語共同体において）あるカテゴリーの中で，そのカテゴリーの何らかの程度性のある特徴を顕著に有する一群の成員（下位カテゴリー）のこと。[10]

　以下，典型例，理想例，顕著例について，直喩の具体例に基づき確認する。

---

[9]　より詳しくは，籾山（2014a, 2014b: 第8講）を参照のこと。

[10]　「理想例」は，程度性のある特徴に注目している場合は，「顕著例」の特殊な一種と考えられる。

百科事典的意味の射程 | 121

（4）　それでも鐵造は安心しなかった。念には念をいれるため，入札した当
　　　　日，武知を連れて GHQ の民政局に行った。今では GHQ は鐵造の庭
　　　　のようなものだった。
　　　　　　　　　　（百田尚樹『海賊とよばれた男』（下），p. 36，講談社文庫）

　　この例の「GHQ は鐵造の庭のようなものだった」とは，おおよそ，GHQ
は，鐵造が（これまで何度も来たことがあり）隅々までよく知っていると こ
ろという意味である。このように理解するには，「（自分の家の）庭」という
表現に，〈隅々までよく知っている〉という特徴を認めなければならない。実
際，多くの人にとって，「庭」はこのような特徴を有すると考えて問題ない
であろう。つまり，「庭」の典型例は，〈（庭の持ち主が）隅々までよく知っ
ている〉という特徴を有するということである。

（5）　八十歳を越えてからマルクスを真剣に研究した。「資本論」その他，
　　　　多くの著作を読み，さらに経済学者を招いて，まるで学生のように真
　　　　剣に講義を受けた。
　　　　　　　　　（百田尚樹『海賊とよばれた男』（下），pp. 407–408，講談社文庫）

　　この例には「まるで学生のように真剣に講義を受けた」とあり，「学生」
に〈真剣に講義を受ける〉という特徴を認めていることになる。ただし，この
特徴はすべての学生が有するものではなく，（教師等から見た）理想的な学
生のみに認められるものである。つまり，「学生」の理想例は，〈真剣に講義
を受ける〉という特徴を有するということである。

（6）　彼にはその返却原稿が石のように重く感じられた。
　　　　（松本清張「理外の理」，宮部みゆき（責任編集）『松本清張 傑作短篇コ
　　　　レクション』（上），p. 188，文春文庫）

　　この例からわかることは，「石」に〈重い〉という特徴を認めているとい う
ことである。ただし，石の中には，確かに容易に持ち上げられないほど大き
く重い石がある一方で，簡単に拾ったり投げたりできる軽い石もある。つ ま
り，この例の「石」は，重さの点で顕著な程度を有するものを指しているこ

とになる。以上から、〈重い〉という特徴は、「石」の（重さに関する）顕著例のみが有する特徴であると考えられる[11]。

　以上、ある語が表すカテゴリーの一般性の程度が完全ではない意味を有する下位カテゴリーである典型例、理想例、顕著例について取り上げた。

2.5　まとめ

　以上、第2節では、語の百科事典的意味の定義を示したうえで、百科事典的意味に含まれるものとして、語の意味の慣習性の程度、語の指示対象の特徴、語の意味の基盤となるフレーム、語の一般性の程度が完全でない意味について具体例に基づき説明した。

3.　ステレオタイプ

　本節では、ある語が表すカテゴリーの一般性の程度が完全ではない意味を有する下位カテゴリーのうちで、典型例、理想例、顕著例とは性質の異なる「ステレオタイプ」についてやや詳しく検討する[12]。まず、「典型的なステレオタイプ」を、Lakoff(1987: Ch 5)を踏まえて、以下のように定義する。

　　典型的なステレオタイプ：（ある言語共同体において）あるカテゴリーの成員全般に関して、十分な根拠なしにある特徴を有すると広く信じられてはいるが、実際にそのような特徴を有するのは、カテゴリーの成員の一部であるという場合に、そのような一群の成員（下位カテゴリー）のこと。　　　　　　　　　　　　　　（籾山 2010b: 96, 2010c: 9）[13]

　典型的なステレオタイプについて、以下の例に基づき簡単に説明する。

---

[11]　この例は、「石」の方が「（原稿等の）紙」よりも一般に比重が大きいということも関係している可能性がある。

[12]　ステレオタイプ（に関係する比喩）に関する先駆的な研究と考えられるものとして、佐藤（1987: 102–139）が「逆隠喩」と呼ぶものがある。さらに、森（2007）は、逆隠喩を換喩として捉え直すことを提案している。両者の説については、籾山（2016: 91–96）も参照のこと。

[13]　ここで「典型的なステレオタイプ」とするものは、籾山（2010b: 96, 2010c: 9）では、単に「ステレオタイプ」と呼んでいたものである。

百科事典的意味の射程 | 123

（7）　最近の小中学校の先生にはサラリーマン教師が多いという意見がある。

　まず，「サラリーマン教師」とは，「サラリーマンが有する何らかの特徴を持つ教師」を表していると考えられるが，ここでの「サラリーマン教師」は，おおよそ〈義務としての勤務時間内に決められた仕事を行うだけであって，生徒に対して柔軟に献身的に対応するといったことをしない教師〉と理解できる。従って，「サラリーマン」が有する特徴として，〈義務としての勤務時間内に決められた仕事を行うだけであって，主体的に献身的に仕事を行うといったことをしない〉という特徴を認める必要があることになる。ここで，「サラリーマン教師」という表現の上記のような意味に特に疑問を感じない人が多いとすれば，「サラリーマン」という語自体の上記の特徴は多くの人が認めるもの，信じているもの，つまりは，慣習性の高い意味であると考えられる。

　さて，「サラリーマン」には，実際には，主体的に献身的に仕事を行う人も珍しくないことから，〈義務としての勤務時間内に決められた仕事を行うだけであって，主体的に献身的に仕事を行うといったことをしない〉という特徴を有するのは，「サラリーマン」の中でも一部の人に限られることになる。つまり，この種の特徴は，「サラリーマン」という語が表すカテゴリーにおいて一般性の程度が低い（少なくとも完全でない）ということである。

　以上のように，「サラリーマン」という語の上記の特徴は，慣習性は高いが一般性は低いものである。さらに言えば，この種の特徴は，実際には一般性が低いことから，「サラリーマン」全般にその特徴を認めることには十分な根拠はないことになる。つまりは，〈義務としての勤務時間内に決められた仕事を行うだけであって，主体的に献身的に仕事を行うといったことをしない〉という特徴を有するのは，「サラリーマン」のステレオタイプに限られるわけである[14]。なお，「サラリーマン」という語のこの種の特徴はステレオタイプのみが有するものであっても，例(7)等の「サラリーマン教師」という表現を理解するには必須のものであることから，「サラリーマン」の百科事典的意味に含まれることになる。

　以下，3.1 節で，典型的なステレオタイプについて，さらに具体例に基づ

---

[14]　ステレオタイプの形成過程，さらに，認知的仕組みについての社会心理学等の考え方の概略については，籾山（2016: 81–85）を参照のこと。

き検討したうえで，3.2 節では，一般性の程度がゼロである場合を取り上げる。さらに 3.3 節では，慣習性の程度が低い場合を検討する。

3.1 典型的なステレオタイプ—慣習性が高く，一般性が低い場合—

まず，以下の「交通事故のような」という直喩表現を含む例を見てみよう。

（8）　　私の妻は，死の一年くらい前からけん怠感を訴えていたが，町医者，専門医，大病院の医師はいずれも「骨粗しょう症及び鬱（うつ）症」という診断だった。(中略)改めて大きな病院で診察を受けたら，余命一カ月という，がんの末期症状だった。
　　　　<u>初期段階の三医師の診断は交通事故のような不可抗力のものだった</u><u>のだろうか</u>。そうであれば，妻は三回も立て続けに事故にあったことになる。
　　　　(『朝日新聞』(朝刊) 2000 年 7 月 22 日／(声)中司敬三，聞蔵Ⅱビジュアル)

例 (8) では，妻の具合が悪いことに対する「初期段階の三医師の診断」が「がん」であることを見抜けなかったことを，「交通事故のような不可抗力のものだったのだろうか」と述べている。つまり，この例では，「交通事故」に〈不可抗力〉あるいは〈避けられない〉という特徴を認めていることになる。まず，このような文章に接し，「交通事故」という表現の使い方に特に疑問を感じない読み手が多いと思われるが，そうだとすれば，「交通事故」の〈不可抗力〉という特徴は慣習性が高いことになる。

さて，交通事故の中には，歩道を歩いている歩行者に車が突然突っ込んでくるというような，確かに (歩行者にとって)〈避けられない〉ものもあるだろう。一方で，歩行者として車に十分注意して道路を渡る，あるいは，車を運転する場合に安全運転を心がけるといったことによって避けられる (避けられた) 交通事故も多いと思われる。つまり，「交通事故」の〈不可抗力〉という特徴は，実際には「交通事故」の一部にのみ当てはまることであり，一般性は低いことになる。

以上のように，「交通事故」の〈不可抗力〉という特徴は，広く信じられている (可能性が高い)，つまりは，慣習性が高いが，一方で，実際にそのような特徴を有するのはカテゴリーの成員の一部であり，一般性は低いことに

なる。さらに、「交通事故」の〈不可抗力〉という特徴は、実際には一般性の程度が低いことから、「交通事故」全般にこのような特徴を認めることには十分な根拠がないことになる。続いて、以下の例を見てみよう。

（9）　確かに決勝点は"交通事故のような"失点だった。河錫舟がペナルティーエリア外から力まかせに放ったミドルシュートは左ポストの内側に当たり、跳ね返ったボールが右サイドネットを揺らした。「百回打ったら九十九回は外すシュート」（同監督）。
　　　（『東京新聞』（朝刊）2000 年 4 月 27 日、中日新聞東京新聞記事データベース）

　例（9）では、サッカーにおけるある種の失点を「"交通事故のような"失点」と述べている。さらに、この失点を喫した立場から、「百回打ったら九十九回は外すシュート」とある。つまり、この例では、「交通事故」を、例（8）と同様に、〈避けられない〉あるいは〈防げない〉と捉えることに加えて、〈起きる可能性が低い〉と見なしていることになる。なお、「交通事故」の〈起きる可能性が低い〉という特徴は、〈避けられない〉という特徴よりも（はるかに）一般性の高い特徴であると言っていいだろう。つまり、〈起きる可能性が低い〉という特徴は、「交通事故」全般に認められるものであり、ステレオタイプのみが有するものではない。
　また、この例においても「交通事故」という表現の使い方に特に問題を感じない読み手が多いとすれば、「交通事故」に関する〈避けられない〉という特徴は慣習性が高いことが確認できる。
　以上、「交通事故のような」という直喩表現を含む 2 つの実例を通して、「交通事故」という語の意味について見てきた。その結果、「交通事故」の〈不可抗力〉あるいは〈避けられない〉という特徴は慣習性が高い一方、一般性は低いことがわかった。さらに、「交通事故」の〈不可抗力〉等の特徴は、実際には一般性が低いことから、「交通事故」全般にこのような特徴を認めることには十分な根拠がないわけである。以上から、〈不可抗力〉等の特徴を有する「交通事故」は、「交通事故」の典型的なステレオタイプであると考えられる。

3.2 慣習性が高く，一般性がゼロの場合

　ここまで見てきた「サラリーマン」の〈義務としての勤務時間内に決められた仕事を行うだけであって，主体的に献身的に仕事を行うといったことをしない〉という特徴，「交通事故」の〈不可抗力〉という特徴は，一般性は低いが，それぞれの語が表すカテゴリーの一部の成員（下位カテゴリー）が実際に有するものであった。それに対して，3.2 節では，ある語が表すカテゴリーについて，ある特徴を有する成員がまったく存在しないにもかかわらず，問題のカテゴリーがその特徴を有すると信じられているケースを取り上げる[15]。

　まず，「ロケット」という語を含む以下の直喩表現を見てみよう。

(10)　あるとき週刊朝日の記者がやってきて，大男でもないきみがどうして<u>ロケットのようなすばらしい速球</u>を投げられるのか科学的に分析してみたいといった。

　　　　　　　（海老沢泰久『ただ栄光のために　堀内恒夫物語』，p. 122，文春文庫）

　この例の「ロケットのような（すばらしい）速球」という表現は，おおよそ，堀内恒夫投手が投げる球は，「ロケット」と同様に「速い」ということである。さて，「ロケット」は，飛行物の中でも（飛行機等よりも）高速で移動・飛行できるものである。つまりは，〈速い（高速で移動できる）〉という特徴は，すべての「ロケット」に当てはまることであり，この特徴は「ロケット」に関して一般性の程度が完全であることになる。

　次に，以下の「ロケットスタート」という表現を含む例を検討する。

(11)　身長 162 センチと小柄ながら，<u>ロケットスタート</u>で世界記録を 4 度マークした。

　　　　　　　　　（『朝日新聞』（朝刊）2017 年 2 月 20 日，聞蔵Ⅱビジュアル）

---

[15] 「その選手が打ったボールは，<u>まるでピンポン球のように</u>レフトスタンドに飛んでいった」（『講談社　類語辞典』p. 947 ／下線は引用者）等の例における「ピンポン球」の〈野球のバットでピンポン球を打った場合に，野球のボールを打った場合よりも，軽々と遠くに飛ばすことができる〉という特徴は，これに該当するケースである。詳しくは，籾山（2014b: 95–96, 2016: 97–100）を参照のこと。

百科事典的意味の射程 | 127

　この例は，スピードスケートの清水宏保について述べたものであり，「ロケットスタート」は，メタファーに基づき，スタート後すぐにトップスピードになることを表している[16]。なお，ここでのメタファーとは，「二つの事物・概念の何らかの類似性に基づいて，一方の事物・概念を表す形式を用いて，他方の事物・概念を表すという比喩」（籾山 2002: 65）のことである[17]。

　「ロケットスタート」がこのように理解できる基盤として，「ロケット」に〈発射後すぐに高速（トップスピード）に達する〉という特徴を認めることが必要である。また，例（11）の「ロケットスタート」という表現の使い方に特に疑問を感じない読者が多いとすれば，「ロケット」の〈発射後すぐに高速に達する〉という特徴は慣習性が高いことになる。

　さて，実際の「ロケット」はどうであろうか。「ロケット」は，実際には発射（スタート）直後はゆっくりと上昇していき，発射後すぐに高速に達するロケットはないであろう。つまり，「ロケット」の〈発射後すぐに高速に達する〉という特徴は，どの「ロケット」にも当てはまらない（一般性の程度がゼロである）。さらに，「ロケット」という語が表すカテゴリーに〈発射後すぐに高速に達する〉という特徴を有する成員が実際にはまったく存在しないのであるから，当然のことながら，そのカテゴリーにその特徴を認める根拠もないことなる。次に，以下の例を見てみよう。

(12)　相手は常識破りの富士急ハイランドですから。ワールドレコードのコースター，3秒で時速174キロに達するロケットスタート，
　　　　　（「現代日本語書き言葉均衡コーパス」(NINJAL-LWP for BCCWJ)）

　この例は，遊園地の「コースター」に関するものであり，「3秒で時速174キロに達するロケットスタート」とある。つまり，スタートから「3秒」という短時間で「174キロ」という高速に達することを「ロケットスタート」というメタファーで表現しているわけである。従って，〈発射後すぐに高速に達する〉という特徴は，「ロケット」という語が表すカテゴリーに

---

[16]　ステレオタイプが有する特徴がメタファーの基盤である場合については，籾山 (2010a: 262–264, 2014a: 665, 2016: 88–91) も参照のこと。

[17]　メタファーのこの定義は，佐藤 (1992[1978]: 第2章) 等を踏まえたものである。

おいて一般性の程度がゼロであるにもかかわらず，例 (12) の「ロケットス
タート」の場合にも，この特徴を認めなければならないことになる。

　以上の例 (11) と (12) では，スピードスケートの選手の滑走とコースター
の走行といういずれも空間の移動について，「ロケットスタート」が用いら
れている。以下では，空間における移動ではない場合に「ロケットスター
ト」が用いられている場合を検討する。

(13) 　　トップリーグ王者は，学生王者に受けて立つことはしなかった。パ
　　ナソニックの主将堀江は「僕たちは言うたら，ヒール (敵役) の状態。
　　この 1 週間，相手を学生と思うなと話し，前半のロケットスタートを
　　意識して臨んだ」。
　　　　必死のプレーで，観客の応援をもらって戦いたい挑戦者の帝京大に
　　対し，猛攻で早々に流れを奪った。キックオフのボールを敵陣で確保
　　すると，1 分，SO バーンズからバックスの 2 人をパスで経由して，
　　FB 北川が右隅にノーホイッスルトライ。5 分にも児玉がノーホイッ
　　スルトライで続いた。
　　　　　　　　　　　　（『朝日新聞』(朝刊) 2016 年 2 月 1 日，聞蔵Ⅱビジュアル）

　この例は，ラグビーの試合で，パナソニックが帝京大に対して，開始早々
に得点しリードを奪うことを「ロケットスタート」と表現している。さら
に，2 つ目の段落の記述からわかるように，パナソニックは「ロケットス
タート」に成功したわけである。

　さて，ここでの「ロケットスタート」を〈試合開始早々に (大きな) リード
を奪う〉という意味に理解するには，やはり，「ロケット」に〈発射後すぐに
高速に達する〉という特徴を認めなければならない。「ロケット」にこのよう
な特徴を認めれば，まず，〈発射後すぐに〉と〈試合開始早々に〉との間に類似
性を見出すことができる。さらに，〈高速に達する〉ことと〈(大きな) リード
を奪う〉こととの間には，少なくとも〈望ましい状態になる〉という類似性が
認められる。以上から，例 (13) の「ロケットスタート」は，メタファーに
基づき，〈試合開始早々に (大きな) リードを奪う〉という意味に理解できる
わけである。さらに，次の例を見てみよう。

百科事典的意味の射程 | 129

(14)　　プロ野球の開幕から 1 カ月が経過。(中略)
　　　　開幕前にこの展開をずばり予想したという人は多くないでしょう。
　　　正直，私も楽天がここまでのロケットスタートを切るとは思っていま
せんでした。(『朝日新聞』(朝刊) 2017 年 5 月 7 日，聞蔵Ⅱビジュアル)

　この例の「ロケットスタート」は，「楽天」が〈シーズン開幕早々，首位
(という極めて望ましい順位)に立つ〉ことを表している。この場合の「ロ
ケットスタート」も，「ロケット」に〈発射後すぐに高速に達する〉という特
徴を認めれば，メタファーに基づきこのような意味に理解できると考えられ
る。つまり，〈発射後すぐに〉と〈シーズン開幕早々〉との間に類似性を見出す
ことができ，〈高速に達する〉ことと〈首位に立つ〉こととの間にも〈望ましい
状態になる〉という類似性が認められるわけである。
　以上，「ロケット」の成員には，〈発射後すぐに高速(トップスピード)に
達する〉という特徴を有するものがまったく存在しない，つまりは，この特
徴は一般性の程度がゼロであることを見てきた。また，「ロケット」という
語が表すカテゴリーに，この特徴を有する成員がまったく存在しないのであ
るから，当然のことながら，そのカテゴリーにその特徴を認める根拠もない
ことなる。ただし，例 (11)〜(14) のメタファーに基づく「ロケットスター
ト」という表現を理解するには，「ロケット」に〈発射後すぐに高速に達す
る〉という特徴を認めなければならないことから，「ロケット」の百科事典的
意味には(「ロケット」のステレオタイプが有するものとして)この特徴も含
まれることになる。
　さらに，例 (11)〜(14) のような〈発射後すぐに高速に達する〉という特徴
を「ロケット」に想定しないと「ロケットスタート」の意味が理解できない
実例が相当数あること，また，「ロケットスタート」のこのような使い方に
特に疑問を感じない読者が多いとすれば，「ロケット」の〈発射後すぐに高速
に達する〉という特徴は慣習性が高いことになる。
　以上，「ロケットスタート」という語を例に，その語のある特徴が一般性
の程度はゼロであるが，慣習性は高いという場合もあることを見た。なお，
問題の特徴の一般性がゼロであるのだから，その語が表すカテゴリーにその
特徴を認める根拠はないことになる。
　ここで，「ロケット」に，なぜ〈発射後すぐに高速に達する〉という特徴が

認められるようになったのかについて若干の考察を行う。「ロケット」は発射（スタート）直後はゆっくりと上昇していくが，飛行物の中でも（飛行機等よりも）高速で移動・飛行できるものであることから，その飛行時の「高速」に注目して（目を奪われ），発射直後の移動も高速であるという（誤った）推論が働き，〈発射後すぐに高速に達する〉という思い込みが形成されたのではないだろうか。

3.3 慣習性も一般性も低い場合

　3.3 節では，ある語のある特徴の一般性の程度が低い（その語が表すカテゴリーの成員の一部にのみ認められる）という点では，3.1 節で見た典型的なステレオタイプと同様であるが，3.1 節および 3.2 節で取り上げたステレオタイプとは異なり，慣習性の程度も低いというステレオタイプの周辺的なケースを検討する。まず，以下の例を見てみよう。

(15)　「（前略）彼女の眼鏡は，刑事さんがしているような洒落た眼鏡じゃなかった。<u>まるで教頭先生がするような野暮ったい眼鏡</u>でしたから——」
　　　　　　（東川篤哉『謎解きはディナーのあとで』3，p. 285，小学館文庫）

　この例には，「まるで教頭先生がするような野暮ったい眼鏡」とある。この表現からわかることは，この発言をした小説の登場人物は，「（女性の）教頭先生」には，〈野暮ったい眼鏡をする〉という特徴があると思っているということである。以下で，「（女性の）教頭先生」の〈野暮ったい眼鏡をする〉という特徴の慣習性と一般性の程度について検討する。

　まず，「教頭先生」がこのような特徴を有するということは，登場人物（あくまで作者がこのような人物を作品中に登場させたわけであるが）が，これまである種の眼鏡をかけた（複数の）教頭先生を目にするという経験を通して頭の中に形成したものであると考えられる。一方，この登場人物以外の人（例えば，この作品の読者）で，「（女性の）教頭先生」全般に〈野暮ったい眼鏡をする〉という特徴を認める人は少ないであろう。従って，「（女性の）教頭先生」の〈野暮ったい眼鏡をする〉という特徴は慣習性が低いことなる。

　次に，一般性の程度について検討すると，「（女性の）教頭先生」の中で，〈野暮ったい眼鏡をする〉という特徴を有する人は実際には少ないであろう。

百科事典的意味の射程 | 131

さらに，校長先生あるいは一般の教諭と比べて，「教頭先生」は〈野暮ったい眼鏡をする〉という特徴を有する人の比率が高いということも言えないと思われる。従って，〈野暮ったい眼鏡をする〉という特徴は，「（女性の）教頭先生」の一部にのみ当てはまる，一般性の低い特徴であることになる。さらに言えば，小説の登場人物が「（女性の）教頭先生」には〈野暮ったい眼鏡をする〉という特徴があると考えることは，登場人物以外の多くの人が，十分な根拠がないと見なすことである。

　以上のように，「（女性の）教頭先生」の〈野暮ったい眼鏡をする〉という特徴は，慣習性も一般性も低い特徴であることになる。次に，以下の例を見てみよう。

(16)　「最近の生徒は，ああいう二つのタイプに別かれていくようですな。
　　　ひどく現実的なのと，ひどく子供っぽい正義派とに」
　　　「そして残りの大部分は，羊のように無気力な大勢順応型の“おとな子
　　　供”で……」
　　　　　　　　　（小峰元『アルキメデスは手を汚さない』，p. 368，講談社文庫）

　まず，この例の「羊のように無気力」という表現からわかることは，この小説の登場人物の1人は「羊」に〈無気力〉という特徴を認めているということである。さらに，この登場人物は，「最近の生徒（高校生）の一部」は，〈無気力〉であるという点で「羊」に似ていると思っているということである。

　さて，「羊」について（他の多くの動物よりも）〈おとなしい〉という特徴は，（すべての「羊」が有する特徴とは言えなくとも）多くの「羊」に当てはまる（ある程度の一般性を有する）ことであり，また，日本語話者の間で広く共有されている（慣習性が高い）と思われる。つまりは，〈おとなしい〉という特徴は，「羊」の典型例が有する特徴である[18]。

　一方，（〈おとなしい〉からさらに進んで）〈無気力〉であるという特徴は，この登場人物（あるいは少数の人）のみが認める特徴であり，慣習性が低いと考えられ，典型的なステレオタイプとは異なるものである。さらに言えば，

18　『講談社　類語辞典』には，「羊」について「毛や肉を利用するために飼われる，縮れた毛が全身に密生する，性質のおとなしい動物」(p. 33／下線は引用者)とある。

「羊」に〈無気力〉という特徴を認めない人が多く，そのような人は，この特徴を認めることに対して十分な根拠のないことであると見なすわけである。

次に，「羊」の〈無気力〉という特徴の一般性の程度について確認すると，〈おとなしい〉という特徴と比べて，〈無気力〉という特徴が認められる「羊」は少なく，一般性が低いと考えて問題ないであろう。

以上，「（女性の）教頭先生」の〈野暮ったい眼鏡をする〉という特徴，「羊」の〈無気力〉という特徴について検討し，慣習性も一般性も低いということを示した。

ここで，このような場合に慣習性が低いとはどういうことであるかについて，若干の考察を行う。例 (15) と (16) からわかることは，だれかがある語（等の表現）をある意味で（ある特徴を有するものとして）使用した場合に，聞き手・読み手が，その語に対してその意味は認めがたい，また，その語にその意味を認める十分な根拠はないと判断するということである。さらに言えば，第 2 節で述べたように，ある語の百科事典的意味には個人差があるが，その個人差が顕在化したと言っていいであろう。以上のように，ある語の意味を理解する際に，慣習性の低い特徴を想定しなければならない場合もあるわけだが，この種の特徴も，その語の百科事典的意味に含まれるが，（他の特徴と比べて）相対的に重要度が劣る（周辺に位置付けられる）と考えられる。

3.4 まとめ

以上，第 3 節では，ある語が表すカテゴリーの一般性の程度が完全ではない意味を有する下位カテゴリーのうち，特にステレオタイプに注目し，ステレオタイプが有する特徴も，その語の百科事典的意味に含まれることを示した。まず，ある語のある特徴が慣習性は高いが一般性は低いという性質を有する典型的なステレオタイプを示したうえで，一般性の程度がゼロであるという場合もあることを明らかにした。さらに，ステレオタイプの周辺的な事例として慣習性が低い（個人差の顕在化）という性質を持つものもあることを示し，ある語の慣習性の低い特徴も，その語の百科事典的意味に含まれるが，相対的に重要度が劣ると考えた。

4. おわりに

以上，本章では，語（等の言語表現）の多様な意味を射程に収め，記述す

るにあたり百科事典的意味観に立つことの妥当性の一端を，具体例の分析を通して示した。特に，第2節では，百科事典的意味に含まれるものとして，語の意味の慣習性の程度，語の指示対象の特徴，語の意味の基盤となるフレーム，語の一般性の程度が完全でない意味を取り上げた。第3節では，語の百科事典的意味に含まれる，ステレオタイプが有する特徴に注目し，ある語のある特徴が慣習性は高いが一般性は低いという性質を有する典型的なステレオタイプに加え，一般性の程度がゼロであるという場合もあること，さらに，ある特徴の慣習性が低いというステレオタイプの周辺に位置付けられる事例もあることを示した。なお，ある語の慣習性の低い特徴も，その語の百科事典的意味に含まれるが，相対的に重要度が劣る（周辺に位置付けられる）と考えた。

付記

本章は，以下の2つの講演の内容の一部に加筆・修正を施したものである。
「百科事典的意味と比喩」，メタファー研究会・夏の陣 2017, 2017 年 6 月 4 日，於名古屋大学
「言語理解における百科事典的意味の重要性」，兵庫教育大学言語表現学会，2017 年 9 月 30 日，於兵庫教育大学
それぞれの機会に有益なコメント等をしてくださった方々に感謝申し上げる。

参照文献

Cienki, Alan（2007）Frames, idealized cognitive models, and domains. In: Dirk Geeraerts and Hubert Cuyckens（eds.）*The Oxford handbook of cognitive linguistics*, 170–187. Oxford University Press.

Croft, William and D. Alan Cruse（2004）*Cognitive linguistics*. Cambridge University Press.

Evans, Vyvyan（2007）*A glossary of cognitive linguistics*. Edinburgh University Press.

Evans, Vyvyan and Melanie Green（2006）*Cognitive linguistics: An introduction.* Edinburgh University Press.

Fillmore, Charles J.（1982）Frame semantics. In: The linguistics society of Korea（eds.）*Linguistics in the morning calm*, 111–137. Hanshin Publishing.

Fillmore, Charles J.（2003）Topics in lexical semantics. *Form and meaning in language*, 201–260. CSLI Publications.［In: Roger, W. Cole（ed.）（1977）*Current issues in linguistic theory*. Indiana University Press.］

Fillmore, Charles J. and Beryl T. Atkins（1992）Toward a frame-based lexicon: The semantics of RISK and its neighbors. In: Adrienne Lehrer and Eva Feder Kittay (eds.) *Frames, fields, and contrasts: New essays in semantic and lexical organization*, 75–102. Lawrence Erlbaum Associates.

Geeraerts, Dirk（2010）*Theories of lexical semantics*. Oxford University Press.

Haiman, John（1980）Dictionaries and encyclopedias. *Lingua* 50: 329–357.

Ježek, Elisabetta（2016）*The Lexicon: An introduction*. Oxford University Press.

北原保雄（編）（2010）『明鏡国語辞典』（第二版）大修館書店.

国広哲弥（1982）『意味論の方法』大修館書店.

Lakoff, George（1987）*Women, fire, and dangerous things: What categories reveal about the mind.* The University of Chicago Press.

Langacker, Ronald W.（1987）*Foundations of cognitive grammar Vol. 1.* Stanford University Press.

Langacker, Ronald W.（2008）*Cognitive grammar: A basic introduction.* Oxford University Press.

松本曜（2003）「第 1 章 認知意味論とは何か」松本曜（編）『認知意味論』3–16. 大修館書店.

松村明（編）（2006）『大辞林』（第三版）三省堂.

籾山洋介（2002）『認知意味論のしくみ』研究社.

籾山洋介（2010a）「百科事典的意味とメタファー」上野善道（監修）『日本語研究の 12 章』253–265. 明治書院.

籾山洋介（2010b）『認知言語学入門』研究社.

籾山洋介（2010c）「百科事典的意味観」『認知言語学論考』9: 1–37. ひつじ書房.

籾山洋介（2014a）「百科事典的意味における一般性が不完全な意味の重要性」『日本認知言語学会論文集』14: 661–666.

籾山洋介（2014b）『日本語研究のための認知言語学』研究社.

籾山洋介（2016）「ステレオタイプの認知意味論」『認知言語学論考』13: 71–105. ひつじ書房.

森雄一（2007）「隠喩・提喩・逆隠喩」楠見孝（編）『メタファー研究の最前線』159–175. ひつじ書房.

鍋島弘治朗（2016）『メタファーと身体性』ひつじ書房.

西村義樹（2002）「換喩と文法現象」西村義樹（編）『認知言語学Ⅰ：事象構造』285–311. 東京大学出版会.

西村義樹・野矢茂樹（2013）『言語学の教室：哲学者と学ぶ認知言語学』中公新書.

西尾実・岩淵悦太郎・水谷静夫（編）『岩波国語辞典』（第七版　新版）岩波書店.

野村益寛（2013a）「フレーム（frame）」辻幸夫（編）『新編　認知言語学キーワード事典』317. 研究社.

野村益寛（2013b）「フレーム意味論（frame semantics）」辻幸夫（編）『新編　認知言語学キーワード事典』318. 研究社.

佐藤信夫（1977）『記号人間』大修館書店.

佐藤信夫（1987）『レトリックの消息』白水社.

佐藤信夫 (1992)『レトリック感覚』講談社学術文庫. [1978, 講談社.]
佐藤信夫 (1993)『レトリックの記号論』講談社学術文庫. [1985, 『レトリックを少々』新潮社.]
柴田武・山田進・加藤安彦・籾山洋介 (編) (2008)『講談社　類語辞典』講談社.
白井聡子 (2015)「言語変種」斎藤純男・田口善久・西村義樹 (編)『明解言語学辞典』73. 三省堂.
山田進 (2017)『意味の探究』くろしお出版.

第3章

現代日本語における名詞「名」の
多義性をめぐって

野田大志

キーワード：名，呼称としての言語記号，多義性，意味拡張，フレーム

1. はじめに

　従来，事物の呼称としての言語記号は，言語学においては主に命名論の枠組みで研究されてきた。その中では主に，命名のメカニズム，命名の結果産出された様々な固有名の表現性や表示性[1]の考察等が行われてきた。一方，個々の呼称としての言語記号の総称である名詞「名」，「名前」，「名称」等の言語形式に関して，その意味構造を詳細に検討した先行研究は管見の限り見当たらない。そこで本章は，これらの中で最も多義的な「名」を取り上げ，語レベルの意味構造を網羅的，体系的に記述する。また「名」の多義性の検討を通じ，呼称としての言語記号に関するフレーム[2]に迫る。

　なお本章で「呼称としての言語記号」というメタ言語を用いるが，「言語記号」について，池上 (1972, 1982, 1994) の規定に従う。池上 (1972: 33) は，言語，モールス信号，交通信号，身振り，花ことば等「われわれの何らかの感覚によって感知可能な単位があり，それがわれわれにある種の情報を伝えてくれる。そのような時，われわれはその単位のことをふつう「記号」と呼んでいる」と規定する。また池上 (1982: 40) は，「記号」を「記号表現」と「記号内容」の「相関体」と規定する。さらに池上 (1994: 14–15) は，代表的な「記号」としての言語は，記号が当然備えているべき二つの側面，「語形」

---

[1]　吉村 (1995: 202) は固有名の「表現性」を「そのもの独自の個性的側面を強調する機能」，「表示性」を「そのものの所属先カテゴリーを明示する機能」と位置づけている。また，森 (2015) は米の品種名の考察を通して，この2つの概念の様相を精緻に示すものである。

[2]　本章は西村 (2008: 80) の「与えられた言語表現の意味の成立に直接関与する百科事典的な（多くの場合コンテクストに依存する）知識のまとまり」というフレームの規定に従う。

（「記号表現」の一種）と「語義」（「記号内容」の一種）を持つと指摘する。

　以下，第2節では「名」の多義性を分析する前提として，呼称としての言語記号の存在意義に関する先行研究を概観する。第3節では「名」の多義構造を明らかにする。第4節では，呼称としての言語記号に関するフレームについて検討する。最後に第5節では，まとめと今後の課題を示す。

2. 呼称としての言語記号の存在意義
2.1 （主に）命名者にとっての位置づけ

　まず森岡（1985）は，事物全般に関して次のように指摘する。

> 名は，人間が認識し発見したものやことがらのリストである。（中略）
> ものやことがらは名をつけられることによって，人間界にその存在を登
> 録することになる。　　　　　　　　　　　　　　　　　（森岡 1985: 27）

次に，寿岳（1990）は，人名に限定して次のように指摘する。

> 指示機能は名前が本来よって来たるものであって，指示をするためにこ
> そ名前はつけられる。一人の人間の存在を肯定するべく名前はつけられ
> る。名前の機能の本命はまさしく指示にある。　　　　（寿岳 1990: 104）

また佐藤（1993）は，人名の存在意義について次のように指摘する。

> 太郎という名前の第一の意味は，その人物が次郎でも三郎でもないとい
> う識別作用にある。　　　　　　　　　　　　　　　　（佐藤 1993: 158）

以上の指摘を踏まえ，呼称としての言語記号の主要な存在意義の一つを以下のように提示する。

（1）　（主に）命名者にとっての位置づけ：事物の呼称としての言語記号
　　　は，人間が，その事物の指示・特定化を行うためのものである。

2.2 （主に）使用者にとっての位置づけ

野村（2005）は，Langacker（1987）の記号観を踏まえ以下の指摘をする。

> 命名とは記号の誕生であり，記号は弾性的な意味・知識のネットワークへアクセスするための節点である（Langacker 1987: 163）。大人が乳児に対して事物の命名をしてやることにより，乳児は記号の体系を築き，それを媒介や足場として意味・知識をまとめあげることにより，記憶・推論・問題解決などの認知的営みをする存在になっていく。
>
> （野村 2005: 31）

また，大月（2008）も Langacker の記号観を踏まえ以下の指摘をする。

> 名前は明晰判明なる認識の端緒であり，Langacker（1987）流の言い方をすれば，名前はネットワークへのアクセス・ポイントと言ってもいいであろう。 （大月 2008: 120）

次に，西村・野矢（2013）では，固有名詞を対象として以下のように指摘する。（引用箇所は，野矢による言及である。）

> …「村上春樹」という名前は，何かある対象を指示する言葉であるというよりも，むしろ村上春樹に関する通念（フレーム）を喚起する働きをもっているものと捉えた方がいいんじゃないか。
>
> （西村・野矢 2013: 166）

以上の指摘を踏まえ，呼称としての言語記号の主要な存在意義の一つを以下のように提示する。

（2） （主に）使用者にとっての位置づけ：事物の呼称としての言語記号
　　　は，人間による，その事物に対する認識の端緒として機能し[3]，呼称と

---

[3]　このことに関連し，佐藤（1993: 216–217）は，固有名詞（特に人名）を「流動する存在を固定化しようとして人がかぶせる記号的ペルソナ」とし，刻々と変容する現象としての人間を，なお同一人物として把握する手がかりのひとつが人間の名前ではないかと論じる。

140 | 野田大志

しての言語記号によって，その事物に関するフレームが喚起される。

3. 名詞「名」の多義構造

本節は「名」に 10 の意味を認め，それらの相互関係を明らかにする[4]。なお「名」の語レベルの意味と，「名」を含む構文[5]との関連[6]についても検討する。

3.1 呼称としての言語記号
3.1.1 意味 1[7]

（3）a. <u>自分の名を名乗る</u>のはマナーとして最低必要です。何処の誰かわからない電話は相手に不快感を与えます。

　　　　（NLT[8]:http://www.jinjikaiketsu.com/blog/faq05/2010/10/post-10.html）

　　 b. 内藤の話によれば，<u>名を野口一夫といい</u>，フライ級の元ボクサーで，現在では金子ジムの中心的なトレーナーになっているとのことだった。　　　　　　　　　　　　　　　（沢木耕太郎『一瞬の夏』）

　　 c. 長年，世界の七つの海をわたりあるいた<u>おとうさんは</u>，いまはもう家にかえって休みたいといい，八つめの港をわが家にたとえて，<u>そのときに生まれた女の子に八津という名をつけた</u>。

　　　　　　　　　　　　　　　　　　　　　　（壺井栄『二十四の瞳』）

以上において共通する意味特徴を踏まえ，意味 1 を次のように記述する。

---

[4]　本章では瀬戸（2007），籾山（未公刊）等を踏まえ，意味拡張の動機づけとしての 3 種の比喩の関与という観点から，語レベルの多義の実相を適切に捉える。

[5]　本章では「構文」について，Langacker（2008）の構文観を踏まえ，「意味と形式との結び付きが慣習化したゲシュタルト的な複合体」と定義し，あらゆるレベルの複合表現（合成語，句，節，文等）に適用できる概念であると位置づける。

[6]　本章は，多義語のある意味 <M> に特定の複数の構文で使用されるという用法上の制約がある場合，その複数の構文的意味全てに共通して貢献するのが <M> であると位置づける。

[7]　以下の実例で，考察対象に実線の下線を，考察対象の関連箇所には破線の下線を施す。

[8]　以下，出典 URL の前に「NLT」と付した実例は，筑波ウェブコーパスの検索ツールである NINJAL-LWP for TWC（http://nlt.tsukuba.lagoinst.info/）を用いて抽出したものである。

現代日本語における名詞「名」の多義性をめぐって ｜ 141

意味1：〈ある個人Xに対して，他の人々Yと異なる存在として位置づけるために[9]特定の人（々）Zから与えられた，個人Xの呼称としての言語記号〉

意味1は，〈呼称としての言語記号〉が(3b)のように「姓名」の場合，(3c)のように「姓名」の「名」の場合，「鈴木という名の男から電話があった。」のように「姓」の場合がある。いずれも意味1の典型的な事例としてはそれらが個人Xの本名である。但し周辺例として(4)の法名，その他偽名，ニックネーム，俳号，雅号，芸名，源氏名等のケースもある[10]。

（4）　のちに「道薫」と名を変え秀吉のお伽衆として茶の湯の道に生きる。

（NLT：http://bunkazai.hustle.ne.jp/murasige.html）

　またX，Y，Zの内，Yは，X以外の全ての人々である。Zは，(3c)の「おとうさん」のように，Xの（両）親をはじめとして，Xと関係の深い人（々）である。（但し，(4)のようにZがX自身である場合もある。）

3.1.2　意味2

（5）a.　青洲はどの犬にも猫にも拾われてくるとすぐに不思議な名をつけた。　　　　　　　　　　　　　　　　（有吉佐和子『華岡青洲の妻』）

　　b.　橋にはそれぞれ「もみじ橋」，「あじさい橋」，「ひばり橋」と風雅な名を与えられている。

（NLT：http://natsuzora.com/may/town/tanashioda.html）

　　c.　兵庫県南部地震と呼ばれたこの地震は，その後被害の全貌が明らかになるにつれ「阪神・淡路大震災」という名へと変わる。

（http://www.lib.kobe-u.ac.jp/directory/eqb/book/7–120–3/eqb071.html）

　以上において共通する意味特徴を踏まえ，意味2を次のように記述する。

9　〈Yと異なる存在として位置づける〉ことは，命名者にとっても命名者以外の使用者にとっても〈呼称としての言語記号〉使用の目的となる。（意味2・意味3でも同様である。）

10　関連表現として，名を構成要素とする（「名」の意味1が部分的に貢献する）「あだ名」，「四股名」，「通り名」，「仮の名」，「またの名」等の複合語や句が挙げられる。

意味 2：〈ある単一の事物 X に対して，X と同一のカテゴリー[11] に属する他の事物 Y と異なる存在として位置づけるために特定の人（々）Z から与えられた，事物 X の呼称としての言語記号〉

意味 2 では X は (5a) の「犬」等の，人以外の生物（主に人の管理下にある動物），(5b) の「橋」等の無生物，(5c) の「震災」等の現象，その他，場所，組織，団体等である。Y は，X と同一のカテゴリーに属する，X 以外の全ての事物である。(X がある一匹の犬なら Y は X 以外の犬であり，X がある橋なら Y は X 以外の橋である。) Z は，(5a) の「青洲」のような X の管理者，創設者，発見者等，X と関係の深い人（々）である。但し，特定できないケースも相当数存在する。(例えば「富士山という名の由来は諸説ある。」の場合，「富士山」の命名者は特定できない。)

　ところで，意味 2 は意味 1 からメタファー[12] によって拡張していると位置づけられる[13]。両者から抽出できるスキーマは以下の通りである。

　　スキーマ A：〈ある単一（唯一）の存在 X に対して，X と同一のカテゴリーに属する他の複数の存在 Y と異なる存在として位置づけるために特定の人（々）Z から与えられた，存在 X の呼称としての言語記号〉

なお，ここでの，Z の X に対する〈他の複数の存在 Y と異なる存在として位置づける〉という営みが，前節 (1) に示した「指示・特定化」である。

---

[11]　本章では籾山 (2010a: 18) を踏まえ，「さまざまなモノやコトを，必要に応じて何らかの観点から整理・分類する（＝まとめるべきものはまとめ，区別すべきものは区別する）」営みである「カテゴリー化」の結果作り出されたまとまりを「カテゴリー」と呼ぶ。

[12]　本章はメタファーについて，籾山 (2009: 25) の「2 つの事物・概念の何らかの類似性に基づいて，本来は一方の事物・概念を表す形式を用いて，他方の事物・概念を表すという比喩」という定義に従う。メタファーとスキーマとの関連については，籾山 (2001: 36–44) における見解に従う。拡張関係が生じるのは話し手が基本義と拡張義の間に何らかの類似性を認めるからで，類似性を認めるということは基本義と拡張義の間に共通性があることを示し，その共通性が 2 つの意味に対するスキーマを構成しているという見解である。

[13]　意味 1 と意味 2 とは近接的であるが，(3a) のような [名を名乗る] という構文の構成要素となるのは，通常，意味 1 の場合のみである。

現代日本語における名詞「名」の多義性をめぐって ｜ 143

3.1.3 意味3

（6）a. 犬種名にも，最初の頃には「シェットランド・コリー」という名が
使われていましたが，これはコリー・クラブからの反発を受け，
「シェットランド・シープドッグ」に改名しました。

（http://allabout.co.jp/gm/gc/68869/）

b. バチスタという名の手術は拡張型心筋症で心機能が低下した場合に施
工される難しい手術ですが，医龍という人気コミックでも取り上げら
れたせいでしょうか，結構この手術は名が知られるようになりまし
た。

（http://www.med.osaka-u.ac.jp/pub/anes/www/html/masui-kouza/
tubuyaki/2008–05.html）

c. もっとも感情的に怒る女性は昔もいて，そういう状態は「ヒステ
リー」という名で表されていた。

（http://www.naoru.com/ikujisutoresu.htm）

以上において共通する意味特徴を踏まえ，意味3を次のように記述する。

　　意味3：〈ある複数の成員によって構成される事物Xに対して，Xと同
　　一のカテゴリーに属する他の事物Yと異なる存在として位置づけるた
　　めに特定の人（々）Zから与えられた，事物Xの呼称としての言語記号〉

意味3でXは，複数の成員（例えば（6a）の生物，（6b）の行為，（6c）の状態
等）から成る事物（集合体）である。意味1・2と異なり，Xの指示対象は単
一ではない。（例えば（6a）で，「シェットランド・コリー」という「名」を
持つ犬は複数存在する。）また，YはXと同一のカテゴリーに属する異なる
事物である。（例えば（6a）で，Yはシェットランド・コリー以外のあらゆる
犬種である。）Zの位置づけは意味2と同様である。

　ところで，意味3は意味2からメタファーによって拡張していると位置
づけられる。両者から抽出できるスキーマは以下の通りである。

　　スキーマB：〈ある（個人以外の）事物Xに対して，Xと同一のカテゴ
　　リーに属する他の複数の事物Yと異なる存在として位置づけるために

特定の人（々）Zから与えられた，事物Xの呼称としての言語記号〉

なお，ここでの，ZのXに対する〈他の複数の事物Yと異なる存在として位置づける〉という営みも，前節（1）に示した「指示・特定化」である。

3.1.4　意味1〜3全てに共通するスキーマ

スキーマAとBのさらに上位のスキーマは，以下の通りである。

スキーマC：〈ある存在[14]Xの指示・特定化のために与えられた，存在Xの呼称としての言語記号〉

3.2　呼称の指示対象と実体との不一致

3.2.1　意味4

（7）a.　摂政は，天皇の名でその国事に関する行為を行う。
　　　　　（NLT：http://www.gyojuku.com/dokugaku/kouza06kenpou2.html）

　　b.　この事件では，人気作曲家が，知り合いの音楽家に，曲のイメージを記載した指示書を渡して作曲を依頼し，その音楽家がゴーストライターとして作曲した楽曲を自己の名で発表していたことが報道されました。（http://www.innovations-i.com/column/bon-gout3/2.html）

　　c.　実際には日本の関東軍が仕切っていたが，行政上の行為は溥儀の名で行われていた。
　　　　（NLT：http://www.geocities.co.jp/SilkRoad-Oasis/8551/jibunsi/tabidati.html）

以上において共通する意味特徴を踏まえ，意味4を次のように記述する。

意味4：〈何らかの目的で，ある個人Xを異なる人（々）Yによる行為の主体であると見做す際に用いられる，個人Xの呼称としての言語記号〉

---

[14]　（命名の対象となる）〈存在〉の位置づけは，野村（2014: 6）の次の規定に従う。「…名前をつけることで，それが表す内容を単位として支え，容易に表現，理解，記憶，想起することが可能となる。逆に言うと，容易に表現，理解，記憶，想起する必要のある物事―すなわち，生きていく上で有用で，価値のあるものに私たちは名前をつけると考えられる。」

意味4でXは（7a）の「天皇」，（7c）の「溥儀」等の個人，Yは（7a）の「摂政」，（7c）の「関東軍」等X以外の人（々）である。〈何らかの目的〉は多様で，（7a）はYによるXの立場の尊重，（7b）は才能あるYの力で名声を得ようというXの目論み，（7c）はYのXに対する傀儡としての扱いである。

なお意味4は（意味1～3と異なり）特定の構文[15]において使用されるという用法上の制約がある。例えば，（7a）～（7c）の［AがBの名で＋動詞句[16]］，［AがBの名によって＋動詞句］，［AがBの名において＋動詞句］，［Bの名での＋名詞句][17]，［Bの名による＋名詞句］，［Bの名における＋名詞句］等の構文，及びこれらの構文の変異形[18]が挙げられる。（Bが固有名詞の場合，「の」ではなく「という」が用いられるケースもある。）いずれも，Aは行為主体を表す名詞（句）であり，Bは個人を表す固有名詞，人称代名詞，あるいは身分や肩書を表す名詞である。

ところで，意味4は意味1からメタファーによって拡張していると位置づけられる。意味4と意味1から抽出できるスキーマは以下の通りである。

　　　スキーマD：〈個人Xの呼称としての言語記号〉

なお意味1では〈個人Xの指示・特定化〉の目的で〈個人Xの呼称としての言語記号〉が用いられるのに対し，意味4では〈個人Xを，異なる人（々）Yによる行為の主体であると見做す〉目的で〈個人Xの呼称としての言語記号〉が用いられる。

3.2.2　意味5

（8）a.　百数十万人もの命を奪ったといわれる十三年にわたる<u>経済制裁</u>は，

---

[15]　以下，構文を［　］で括って示す。

[16]　本章では，西村（2015: 50）における「句」，「動詞句」，「名詞句」の定義に従う。

[17]　この構文の具現事例として例えば「天皇の名での国事行為」が挙げられる。

[18]　ある構文の「変異形」とは，例えば基本的な構文のある助詞を異なる助詞に変えた形式，基本構文に何らかの付加詞を加えた形式等を指す。なお，「名」に「で」が後続する場合にはXが何らかの行為遂行に利用される存在であるという側面が，「によって」が後続する場合にはXが行為遂行の主体と見做される側面が，「において」が後続する場合には実質的な行為主体がXの影響下で行為を遂行する側面がそれぞれ焦点化されると考えられる。

国連の名で行われた。だが，主導権は米国の手にあった。

(NLT：http://www.mdsweb.jp/doc/812/0812_08a.html)

b. 「たくさんの遺跡が目前でブルドーザーやパワーシャベルの爪痕も
　むなしく破壊される現状を目の当たりにしたとき，全身が震え，血
　がすべて抜けてしまった状態になった。(中略)黙認ではなくて，
　公認の形で遺跡が破壊されていったことは，遺憾の極みであった」。
　この序文は「調査員一同」の名で吉岡氏が作成した。

(http://www.nara-np.co.jp/special/takamatu/vol_01b_04.html)

c. 法人会員　法人又は団体の名において，本会の事業に参加する者。

(NLT：http://www.japansocietyofdesign.com/outline/rules.html)

以上において共通する意味特徴を踏まえ，意味5を次のように記述する。

　意味5：〈何らかの目的で，ある集団・組織Xを異なる人(々)・集団・
　組織Yによる行為の主体であると見做す際に用いられる，集団・組織
　Xの呼称としての言語記号〉

意味5でXは(8a)の「国連」，(8b)の「調査員一同」等，集団・組織で，Yは
(8a)の「米国」，(8b)の「吉岡氏」等，X以外の人(々)，集団，組織である。
　なお，意味5は意味4と，Xが〈集団・組織〉か〈個人〉かという相違はあ
るが，〈何らかの目的〉の多様性，及び，用法上の制約(使用される構文のバ
リエーション)という点では共通している。
　ところで，意味5は意味2からメタファーによって拡張していると位置
づけられる。意味5と意味2から抽出できるスキーマは以下の通りである。

　スキーマE：〈単一の存在(集団・組織)の呼称としての言語記号〉

また，両者の相違点，すなわち〈呼称としての言語記号〉の使用目的の相違に
関しては，意味1と4との関係と並行的である。

3.2.3　意味6

(9)a. 過保護は保護という名で子どもを支配し，子ども自身に必要以上の

自尊心（プライド）を育て，安易に挫折する弱い子どもを育てます。

(NLT：http://www.ss-cl.com/original6.html)

b.　が，上官から強制され，不可避的な局面に逐いやられて，或いは自
分が死ぬか敵が死ぬかの局面に立たされて，果たして正当防衛の名
の下に相手を殺し得るか。　　　　　　　　　（福永武彦『草の花』）

c.　一つは憲法 9 条改悪の旗振りと，教育基本法改悪の先導役としての
教育現場への強引な介入。二つ目はオリンピックの名を借りた大型
開発。三つ目は海外視察。

(NLT：http://www.yuiyuidori.net/iryou-fukusi/kumiaiho/044/044_01.
html)

以上において共通する意味特徴を踏まえ，意味 6 を次のように記述する。

意味 6：〈真の目的を隠して他者に対する何らかの行為を行う際に用い
られる，名目あるいは口実となる事柄 X の呼称としての言語記号〉

意味 6 では X は (9a) の「保護」，(9c) の「オリンピック」等，名目・口実
となる事柄である。また，〈真の目的〉は (9a) では「支配」，(9b) では主体的
な殺人，(9c) では（実際はオリンピックとは無関係な）「大型開発」である。

さて，意味 6 では意味 4・5 と同一の構文が用いられる他，(9b) の［A が
B の名の下に＋動詞句］，［A が B の名の下で＋動詞句］，［A が B の名を借
りて＋動詞句］，［B の名の下の＋名詞句］，(9c) の［B の名を借りた＋名詞
句］等 [19] の構文も用いられる。なお意味 4・5 では，「名」自体の意味に評価
性は伴わない。一方意味 6 では〈真の目的を隠して〉という前提に基づき，通
常否定的な評価性を伴う。よって，前述の構文において名詞（句）B は通常
肯定的な評価性を有し，［動詞句］及び［名詞句］は否定的な評価性を有する。

ところで，意味 6 は意味 3 からメタファーによって拡張していると位置
づけられる。意味 6 と意味 3 から抽出できるスキーマは以下の通りである。

---

[19]　「名」に「の下に」が後続する場合には〈名目あるいは口実〉の影響下での行為遂行とい
う側面が，「の下で」が後続する場合には〈名目あるいは口実〉を手段とした行為遂行とい
う側面が，「を借りた（借りて）」が後続する場合には行為遂行における〈名目あるいは口実〉
の設定という営みの意図性が，それぞれ焦点化されると考えられる。

スキーマF:〈ある複数の成員によって構成される存在(事柄)の呼称としての言語記号〉

また,両者の相違点,すなわち〈呼称としての言語記号〉の使用目的の相違に関しては,意味1と4との関係と並行的である。

3.2.4　意味4〜6に共通するスキーマ

まず,意味4と意味5との間から以下のスキーマが抽出できる。

スキーマG:〈何らかの目的で,存在Xを異なる人(々)Yによる行為の主体であると見做す際に用いられる,存在Xの呼称としての言語記号〉

またスキーマGと意味6から,さらに上位のスキーマHが抽出できる。

スキーマH:〈名目と実体の不一致を生じさせるという目的において用いられる,その名目の呼称としての言語記号〉

3.3　言語記号の構成要素の焦点化

3.3.1　意味7

(10) a.　田山夢都子─その名の通り私の人生は,都会を夢みる田舎もの,というイメージ通りのものとなる。　　　　　(湊かなえ『望郷』)

　　 b.　炊飯器は,その名に反して,米を炊くだけではなく,いろいろな食べ物を調理するのにも便利です。
　　　　　(http:www.lifehacker.jp/2015/06/150627_ricecooker_cooks.html)

　　 c.　また生徒の人気ランキングでは高い順位のカフェ丼はその名に似合わずカツ丼などのガッツリ系です。
　　　　　(https://u17.shingaku.mynavi.jp/article/1730/)

以上において共通する意味特徴を踏まえ,意味7を次のように記述する。

意味7:〈ある事物Xの呼称としての言語記号を構成する意味特徴〉

意味7では，Xに，呼称としての言語記号が有する何らかの〈意味特徴〉に合致する評価が与えられる場合，(10a)の[その名の通り]，[その名の如く]，[その名にたがわぬ]，[その名に偽りなし]，[その名に似合う]，[その名にふさわしい]等の構文が用いられる。一方，合致する評価が与えられない場合，(10b)の[その名に反して]，[その名に似合わず]，[その名に似合わない]，[その名にふさわしくない]，[その名に背く]等の構文が用いられる。いずれの構文も，[その]だけでなく[Xという]という構成要素も用いられる。

　なお，合致するケースとしないケースが存在する事実は，大月 (2008) の指摘する命名の性質に起因すると思われる。大月 (2008: 130) は，「名前は，対象の本質を表しているのではなく，命名者が本質と看做しているものを表しているに過ぎず，事実の一側面を表現するものである」と指摘する。また，大月 (2008: 133) は，「そもそも名前で対象の特性すべてを表しきるのは一般に無理であるので，際立った特徴 (より厳密には，際立った特徴と信じる・看做すところのもの) によって命名するのである」とも指摘する。

　さて，意味7の〈意味特徴〉は，(10b) の〈飯を炊くために用いる器具〉のように，Xの呼称としての言語記号における字義を根拠として見出される場合が典型的である。一方 (10c) の〈カフェで提供される丼物のような (または実際にカフェで提供される)，お洒落で，健康的な具材が使われており，比較的少量といった特徴を有する丼物〉のように，事物Xの百科事典的意味の一部 (一般性の程度が完全ではない意味) [20] を表す場合もある。

　ところで，意味7は意味1〜3から[21]メトニミー[22]によって拡張していると

---

[20]　「一般性の程度が完全ではない意味」は籾山 (2010b: 9) によれば「ある語が表すカテゴリーの成員の一部にのみ該当する意味」である。意味7では通常，籾山 (2010b: 25) の「理想例」，すなわち「(ある言語共同体において) あるカテゴリーの中で，(何らかの観点から見て) 理想的な (一群の) 成員 (下位カテゴリー)」が関与すると考えられる。

[21]　このことに関連して，(10a) ではXは意味1同様，個人である。また (10b) や (10c) ではXは意味3同様，複数の成員によって構成される事物である。その他，次の実例はXが意味2同様，単一の事物である。「…その名の如く広く厳かな法悦の道場であったところから広厳寺と名付けられたとされている。」(NLT：http://www.kogonji.jp/enkaku/enkaku.html)

[22]　本章ではメトニミーについて，籾山 (2009: 30) の「2つの事物の外界における隣接性，さらに広く2つの事物・概念の思考内，概念上の関連性に基づいて，本来は一方の事物・概念を表す形式を用いて，他方の事物・概念を表す比喩」という定義に従う。なお，メトニミーとフレームとの関係については，第4節において具体的に論じる。

位置づけられる。つまり意味 7 の〈意味特徴〉は，意味 1 ～ 3 の〈呼称としての言語記号〉を構成する要素であり，両者から部分と全体の関係が見出せる。

3.3.2　意味 8

(11) a.　1961 年のシーズン，あと一歩で巨人にリーグ優勝をさらわれた中日監督の濃人渉（のうにん・わたる）は翌 62 年も 3 位に終わると，監督を更迭され，球団技術顧問という名ばかりの閑職に追いやられた。
（http://www.sankei.com/premium/news/150813/prm1508130011-n1..html）

b.　春は名のみの風の冷たさと歌にありますが，お彼岸過ぎまでは風も冷たく，木々の芽ぶきはもう少し先のようです。
（NLT：http://www.eonet.ne.jp/~jinnouji/page9/houwa08/page212.html）

c.　旦那は旦那で一つの会社を経営していて，喫茶福井には半年に 1 度来るか来ないか，という状態であった。一応はマスターという事になっているが，限り無く名だけの存在であり，常連の間でも旦那さんを見た，という人は殆どいなかったくらいである。
（NLT：http://homepage2.nifty.com/urajijou/story/39a.html）

以上において共通する意味特徴を踏まえ，意味 8 を次のように記述する。

　　意味 8：〈ある事物 X の呼称としての言語記号により示されるカテゴリーの（極めて周辺的な）成員であるという意味特徴のみと結び付いた，（その言語記号を構成する）形式〉

意味 8 では，(11a) の［名ばかり］[23]，(11b) の［名のみ］，(11c) の［名だけ］等の構文が用いられる。いずれも，ある事物 X を指す「形式」は存在しつ

---

[23]　「X とは名ばかり（の Y）／名ばかりの X」という形式におけるカテゴリー化の様相を，國 (2014: 116–117) は次のように規定する。「〈話し手が〉〈すでにカテゴリー X の成員としてカテゴリー化されている話題の対象を〉〈X の典型例・理想例と比較し〉〈それらが持つ X に属するための条件を話題の対象が満たしていないと判断し〉〈X の典型例・理想例から成る X の下位カテゴリーの外側である X の境界線に近い内側（Y が明示される場合は X と Y の共通部分）に〉〈再カテゴリー化する〉」

つ，その形式に本来対応するはずの意味（特徴）を実質的に有さない（呼称としての言語記号が形骸化している）状況を表す[24]。つまり，Xにある呼称としての言語記号が一応与えられているが，実際にはXは，その言語記号によって表されるカテゴリーの極めて周辺的な事例（そのカテゴリーに含めることが極めて困難な成員）であるという状況が表される。

なお，意味8は意味3からメトニミーによって拡張していると位置づけられる。意味8は〈呼称としての言語記号〉の内の，（極めて部分的な意味特徴しか結び付いていない）〈形式〉面が特に焦点化[25]される。一方意味3は〈意味〉と〈形式〉の相関体としての〈呼称としての言語記号〉である。つまり，両者に部分と全体の関係が見出せる[26]。

3.3.3 意味7と意味8の位置づけ

意味7で主に〈意味（特徴）〉的側面が焦点化され，意味8では主に〈形式〉的側面が焦点化されることから，言語記号の使用において，状況により形式が注目される場合と意味が注目される場合があるということが示唆される。

このことに関連すると思われるのが，国広（2005: 43）における多義語「読む」に関する考察である。国広はまず，「大声で教科書を読む」のような場合の「読む」の基本義を〈文字を音声化すると同時に意味を汲み取る〉と規定する。そして「音声化と意味解釈を同時におこなう作業は，状況に応じて音声と解釈のあいだの重点の配分はさまざまに変わりうるものと考える」と指摘する。音声化に重点が置かれた事例として「門前の小僧習わぬ経を読む」，「この字は何と読むのだろう。」を挙げる。一方意味解釈に重点が置かれた事例として「小説を読む」を挙げる。「読む」のこのような多義の様相は，本節で検討した「名」の多義の様相と並行的であろう。

---

[24] (11b)であれば，［名のみ］構文により，暦の上では「春」と表現される季節（時期）であるにも関わらず，本来「春」が有する〈温暖である〉という特徴が感じられず，風が冷たく感じられる（冬のように気温が低い）という状況を表す。また(11c)であれば，［名だけ］構文により，「旦那」が「マスター」という肩書を持つものの，マスターとしての本来的，実質的な役割をほぼ果たしていないという状況を表す。

[25] 「形ばかり」及び「形だけ」という言語形式は，意味8の類義表現と位置づけられよう。

[26] なお，意味3と意味8は，〈事物X〉の指示対象が複数存在するという共通点がある。

3.4　ある事物の際立った特性

　本章 (2) において，呼称としての言語記号には「呼称としての言語記号によって，その事物に関するフレームが喚起される」という存在意義があることを，先行研究を踏まえて指摘した。ここで喚起されるフレームは極めて多様な要素から構成されるものと考えられるが[27]，「名」の意味拡張に関与するのは「ある事物の際立った特性」という要素であろう。

3.4.1　意味 9

(12) a.　そう関ヶ原の戦いの西軍の実質的な総大将の石田三成だ。<u>日本戦史にその名を残す歴史的罪人</u>。豊臣家を滅亡に導いた張本人。戦下手の頭でっかちの官僚。人の心の機微が分からない無能な男。<u>様々な酷評がこの人には浴びせられる</u>。

　　　　（NLT：http://www.asahi-net.or.jp/~gr3t-tkhs/profile/column/ishida.html）

　　 b.　<u>土佐十景の一つとされる双名島</u>ですが，<u>手軽な釣りスポットとしても名が通っています</u>。

　　　　（NLT：http://www.mantentosa.com/fishing/jiiso/index.html）

　　 c.　<u>「ドイツの学問を世界最高の水準まで引き上げた恩人」</u>と評価する者もいれば，<u>「ドイツの大学と学問の権威を地に落とした極悪人」</u>という評価もある。彼の没後，<u>彼の名が歴史から消えた</u>のは，多くの大学人が彼のことを思い出したくなかったからであろう。

　　　　（NLT：http://www.shidaikyo.or.jp/riihe/research/arcadia/0352.html）

　以上において共通する意味特徴を踏まえ，意味 9 を次のように記述する。

　　意味 9：〈ある呼称としての言語記号が与えられた事物 X の何らかの際立った特性に対する，相当数の人々の認識〉

意味 9 では，(12a) の［名を残す］，(12b) の［名が通る］，(13c) の［名が消える］の他，［名を広める］，［名が広まる］，［名が広がる］，［名を轟かせる］，［名を刻む］，［名を留める］，［名が知られる］，［名が知れ渡る］，［名が流れ

---

[27]　「名」に関与するフレームの詳細は，本章第 4 節で具体的に論じる。

現代日本語における名詞「名」の多義性をめぐって | 153

る］，［名を流す］，［名を馳せる］，［名が残る］等の構文が用いられる。

　なお，意味9の〈何らかの際立った特性〉に対し肯定的評価，否定的評価のいずれがなされるかは，通常は文脈から判断できる。(12a)では石田三成の行動，思考，感情に関する特性に否定的評価が，(12b)では双名島の手軽に釣りができるスポットであるという特性に肯定的評価がなされる。

　ところで，意味9ではある事物に与えられた〈呼称としての言語記号〉が，相当数の人々がその事物の〈何らかの際立った特性〉を〈認識〉する上での端緒（アクセス・ポイント）として機能する。よって，意味9は意味1〜3から[28]メトニミーにより拡張していると位置づけられる。〈（事物の何らかの特性への認識の端緒となる）呼称としての言語記号〉（意味1〜3）と，〈（呼称としての言語記号を端緒とした）事物の何らかの際立った特性に対する相当数の人々の認識〉の概念上の関連性に基づく拡張である。

3.4.2　意味 10

(13) a. 　学校では，成績はよいほうだったと思います。地元でも，名のある中学，高校へ入りました。学業の面では，あまり苦労はしませんでした。　　　　　　　　　　（NLT：http://www.thefuture.co.jp/career/023.html）

　　 b. 　病の帝は，病床から書家としても名を成していた道真に書の奥義を後世に伝授せよとの勅命を下します。

　　　　　　　　　　　　　（NLT：http://www.kokuhoworld.com/bb41.html）

　　 c. 　本来ならば一国会かけても十分な審議をしなければならない本法案に対して，参考人質問を含めてわずか二日の審議で議了採決を行うこと自体，無責任であり，良識の府であるべき参議院の名を汚すものと指摘せざるを得ません。

　　　　　　　（国会[29]：140- 参 - 文教委員会 -15 号 平成 09 年 06 月 03 日）

---

[28] このことに関連して，(12a)，(12c) の X は意味1と同様，個人である。(12b) の X は意味2と同様，単一の事物である。また，次の例の X は意味3と同様，複数の成員によって構成される事物である。「このホテルの空調設備（エアコン）フィンに結露した水からカビが発生し，その菌がビル内を漂ったため，この惨事が起こったとされています。その後，この菌はレジオネラ菌と判明し，「シックビル症候群」の名を全世界的に広める大きなきっかけとなります。」(NLT：http://www.100nen-ryokka.com/utility_effect/index.html）

[29] 国会会議録検索システム（http://kokkai.ndl.go.jp/）によって抽出したものである。

154 | 野田大志

以上において共通する意味特徴を踏まえ，意味 10 を次のように記述する。

意味 10：〈ある事物 X の何らかの際立った特性に対する，相当数の人々の肯定的評価〉

意味 10 では，(13a) の［名のある］，［名がある］，［名を誇る］等の肯定的評価の存在を表す構文，(13b) の［名を成す］，［名を挙げる］，［名を得る］，［名を遂げる］等の肯定的評価の成立を表す構文，(13c) の［名を汚す］，［名を辱める］，［名を落とす］，［名を貶める］等の肯定的評価の下落を表す構文，［名を保つ］のように肯定的評価の維持を表す構文，［名に恥じない］のように肯定的評価に見合うことを表す構文，［名に甘んじる］のように現状の肯定的評価をそれ以上向上させようとしない姿勢を表す構文等が用いられる。

ところで，意味 9 で「名」という形式自体は X に対する評価的意味を有さないのに対し，意味 10 は〈相当数の人々の肯定的評価〉(X の何らかの際立った特性[30] は優れたものである，という認識) を有する。これに関連し，意味 9 の〈X の際立った特性に対する相当数の人々の認識〉と意味 10 の〈X の際立った特性に対する相当数の人々の肯定的評価〉は類種関係にある。よって，意味 10 は意味 9 からシネクドキー[31] によって拡張していると位置づけられる。なお意味 9 から 10 へは〈中立的評価〉から〈肯定的評価〉へ拡張しており，意味 10 は国広 (2006: 18) の提案する「プラス値派生義」の一種であると考えられる。

なお，意味 1 〜 9 に比べ，意味 10 では〈呼称としての言語記号〉という意味特徴が背景化し，〈相当数の人々の認識の一種である肯定的評価〉という意味特徴が焦点化される。よって，意味 10 については呼称としての言語記号に関するフレームが直接的には関与しないと考えられる。

---

30 〈際立った特性〉は，例えば (13a) であれば中学，高校の実績や知名度，(13b) であれば書道の腕前 (実力)，(13c) であれば所属する国会議員の見識である。

31 本章ではシネクドキーについて，籾山 (2009: 28) の「本来はより一般的な意味を持つ形式を用いて，より特殊な意味を表す，あるいは逆に，本来はより特殊な意味を持つ形式を用いて，より一般的な意味を表すという比喩」という定義に従う。

3.5　名詞「名」の多義構造

以下に名詞「名」の多義構造を図示する[32]。なお，籾山（未公刊：第3章第2節）は「ある言語のある語の複数の意味の中で，母語話者（の大半）にとって，最も基本的な意味であると直観的に感じられる意味」を「プロトタイプ的意味」と呼び，「用法上の制約がない，あるいは（相対的に）少ない意味と対応する」と指摘する。この規定に従うと，意味1〜意味3はいずれもプロトタイプ的意味として位置づけられよう。

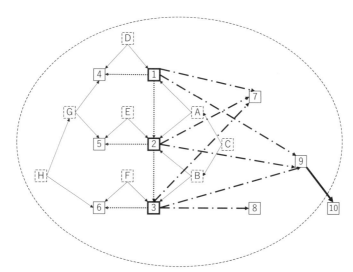

図：名詞「名」の多義構造

4.　呼称としての言語記号に関するフレーム

本節では「名」の複数の意味，及びそれぞれの意味において用いられる構文に関与する，呼称としての言語記号に関するフレームの諸々の特性（フレームの構成要素間の関係），及びそれらが主に関与する対象（範囲）を提示

---

[32]　点線の矢印はメタファー，長鎖線の矢印はメトニミー，太い実践の矢印はシネクドキー，細い実線の矢印はスキーマと複数の意味，あるいはスキーマ同士を結ぶリンクを表す。破線の楕円は，呼称としての言語記号に関するフレームを表す。なお本章では籾山（未公刊：第8章）に基づき，放射状ネットワークモデル，スキーマティック・ネットワークモデル，フレームに基づくモデルを統合した「統合モデル」の枠組みで「名」の多義構造を示す。

する。すなわち，個々の意味の基盤としての関与，メトニミーの基盤としての関与，構文的意味の形成の基盤としての関与という，三つのレベルのフレームの関与を以下に示す。なおメトニミーとフレームの関係については，西村 (2008: 82) を踏まえ，メトニミーを「ある言語表現の複数の用法が，単一の共有フレームを喚起しつつ，そのフレーム内の互いに異なる局面ないし段階を焦点化する現象」と位置づける。そして前節で論じたメトニミーに基づく拡張のケースについては，フレーム内での焦点化の様相を以下に具体的に示す。

【フレームの主な構成要素】：「命名の対象となる存在（X）」，「Xと同一のカテゴリーに属する存在（Y）」，「呼称としての言語記号（N）」，「Nの構成要素である意味（M）」，「Nの構成要素である形式（F）」，「命名者（Z）」，「Nの使用者（P）」

【フレームの諸々の特性及び関与する主な対象（範囲）】

・Nは，Xを指示・特定化するために，ZからXに付与され，（Zを含む）Pによって使用される。⇒意味1〜6（及びスキーマA〜H）

・PはNを，名目と実体の不一致を生じさせるという目的で用いる場合がある。⇒意味4〜6，及び意味4〜6において用いられる諸々の構文（及びスキーマG，スキーマH）

・NはMとFから構成される。⇒意味1〜3から意味7へのメトニミー，意味3から意味8へのメトニミー

・Xに，Mに合致する評価が与えられる場合がある。⇒意味7における[その名の通り]，[その名の如く]，[その名にたがわぬ]等の構文

・Xに，Mに合致する評価が与えられない場合がある。⇒意味7における[その名に反して]，[その名に似合わず]，[その名に背く]等の構文

・Nが形骸化し，Nに本来対応するはずのMを実質的に有さないようなXが存在する場合がある。⇒意味8における諸々の構文

・Nによって（Xに関するフレームの一側面としての）Xの何らかの際立った特徴が喚起されることにより，Pがその特徴を認識する場合がある。（すなわち，PがNを端緒として，Xの際立った特徴を認識する場合がある。）⇒意味1〜3から意味9へのメトニミー

5. おわりに

　以上，本章では現代日本語における「名」の語レベルの多義性の全体像を示した。加えて，「名」の意味構造の考察を通して呼称としての言語記号に関するフレームの一端を明らかにした。

　なお本章では，「名」を含む諸々の構文を，「名」の意味の区分に際する（言語事実に基づく）基準の1つとして扱った。今後，それらの構文の意味構造，特に，語レベルの意味と構文的意味との有機的な連携の仕組みについて検討する必要がある。また，本章で取り上げた構文以外にも，「名有りて実なし」，「名を捨てて実を取る」，「人は一代名は末代」等の慣用表現，[Xの名を欲しいままにする]構文，[Xという名のY]構文等，「名」を構成要素とする複合表現は多数存在する。本章での分析を基盤としつつ，形態素「名」の，複合表現への意味的貢献の特性について検討する必要もある。また，本章では名詞「名」の多義構造に関与する範囲で，呼称としての言語記号に関するフレームの検討を行った。今後，前述のような諸々の複合表現，あるいは「名前」，「名称」等の「名」の類義語をはじめとした関連表現の意味構造についても考察を進めることで，このフレームの諸々の特性をさらに精緻に記述できるであろう。特に，本章では呼称としての言語記号に関するフレームを包括的に捉えたが，命名に関するフレーム，命名者に関するフレーム等，呼称としての言語記号に関するフレームの下位分類の検討，また，より上位の「言語記号に関するフレーム」との相互関係の検討も必要である。

　以上を踏まえ，命名論あるいは哲学的議論をはじめとした，呼称としての言語記号に関する隣接諸分野の知見も参照しながら，カテゴリー化において重要な役割を果たす「命名」のメカニズムや，命名の結果産物としての「呼称としての言語記号」の意味的特性に多角的に接近していきたい。

付記

　本章は，成蹊大学アジア太平洋研究センター共同研究プロジェクト「認知言語学の新領域開拓研究」（成蹊大学，2015年12月20日）での発表，及び第171回現代日本語学研究会（名古屋大学，2017年12月23日）での発表に基づいています。それぞれの機会にコメントをいただいた参加者の方々に，感謝申し上げます。

参照文献

池上嘉彦(1972)「言語記号と非言語記号」『月刊言語』1 (5): 33–41.

池上嘉彦(1982)「記号における「慣習」と「革新」：記号論と詩学」『月刊言語』11 (4): 40–47.

池上嘉彦(1994)「第一章　ことばの意味と意味作用」池上嘉彦・山中桂一・唐須教光『文化記号論：ことばのコードと文化のコード』13–56. 講談社.

寿岳章子(1990)『日本人の名前〔新装版〕』大修館書店.

国広哲弥(2005)「語の意味をめぐって」澤田治美(編)『語・文と文法カテゴリーの意味』ひつじ意味論講座第 1 巻，1–22. ひつじ書房.

国広哲弥(2006)『日本語の多義動詞　理想の国語辞典 II』大修館書店.

Langacker, Ronald W.(1987) *Foundations of cognitive grammar*, Vol.1. Stanford University Press.

Langacker, Ronald W.(2008) *Cognitive grammar: A basic introduction*. Oxford University Press.

閔ソラ(2014)「カテゴリーの周辺例を明示する表現に関する考察」『日本語文法学会第 15 回大会発表予稿集』111–118. 日本語文法学会.

籾山洋介(2001)「多義語の複数の意味を統括するモデルと比喩」『認知言語学論考』1: 29–58. ひつじ書房.

籾山洋介(2009)『日本語表現で学ぶ入門からの認知言語学』研究社.

籾山洋介(2010a)『認知言語学入門』研究社.

籾山洋介(2010b)「百科事典的意味観」『認知言語学論考』9: 1–38. ひつじ書房.

籾山洋介(近刊)『多義語の研究』(仮題)大修館書店.

森雄一(2015)「命名論における表示性と表現性：米の品種名を題材に」『成蹊國文』48: 160–172. 成蹊大学文学部日本文学科.

森岡健二(1985)「第一部　名と名づけ」森岡健二・山口仲美『命名の言語学：ネーミングの諸相』1–112. 東海大学出版会.

西村義樹(2008)「換喩の認知言語学」森雄一・西村義樹・山田進・米山三明(編)『ことばのダイナミズム』71–88. くろしお出版.

西村義樹(2015)「句」斎藤純男・田口善久・西村義樹(編)『明解言語学辞典』50. 三省堂.

西村義樹・野矢茂樹(2013)『言語学の教室：哲学者と学ぶ認知言語学』中公新書.

野村益寛(2005)「命名の認知プロセス」『月刊言語』34 (3): 30–36.

野村益寛(2014)『ファンダメンタル認知言語学』ひつじ書房.

大月実(2008)「命名と名前：命名論の新たな地平」『認知言語学論考』7: 117–167. ひつじ書房.

佐藤信夫(1993)『レトリックの記号論』講談社.

瀬戸賢一(2007)「メタファーと多義語の記述」楠見孝(編)『メタファー研究の最前線』31–61. ひつじ書房.

吉村公宏(1995)『認知意味論の方法：経験と動機の言語学』人文書院.

第 3 部

構文論の新展開

第 1 章

英語の接続詞 when
——「本質」さえ分かっていれば使いこなせるのか——
平沢慎也

キーワード：when，意味，使用，言語知識の単位，解釈と産出

1. はじめに

　私は，何故だか分からないが，英語母語話者が使うような英語を使えるようになりたくて仕方がない。英語研究はその個人的な目標のためにやっている。これとほとんど必然的に連動して，私が立てる研究上の問いの多くは「英語表現 X を英語母語話者が使っているように使えるようになるためには，何を知っていなければいけないのか」という形をとる。

　何年か前に私は自分の when の使い方が下手であることに気がついた。自分で書いた英文や喋った英文に含まれている when は概ね日本語の「とき」に引きずられている。英米の文学作品や映画などを見ていて when が出てくると，その状況は自分が when を使おうと思わない状況であることも多い。だから，次の問いを立てた。when を母語話者が使っているように使えるようになるためには，何を知っていなければいけないのか。本章は，まず第一に，この問いに（部分的にではあるが）答えを出すための章である。

　第二に，この問いに答える試みをしながら，何を「when の〈意味〉」と呼んだらよいのかという問題を提起したい。ここで言う〈意味〉は言語学の術語，専門用語としての〈意味〉である。もちろん，用語の問題は究極的には分析者（言語学者）の好み，選択の問題である（本多 2014: 37–38, 平沢 2017: 32–34）。だが好みの問題だからといって何をどのように定義してもよいというわけではない。〈意味〉ほど重要な概念を定義する際には，分析者の思う言語学の目標に密着しそれと連動するものとして定義する必要がある [1]。

---

[1] 〈意味〉を重要な概念だと見なしている点で既に私の主観が入っていることは認める。

162 | 平沢慎也

以下，第 2 節では when 以外の事例を用いつつ 2 つの意味観を比較し，私が一方をもう一方よりも好む理由を述べる。第 3 節では when のいくつかの用法について記述を提示する。ここでは出来る限り〈意味〉という術語を用いず，「意味観中立的」であるよう努める。第 4 節では，私の意味観からすると何を when の〈意味〉とするべきかを論じる。第 5 節は結語にあてる。

2. 何を〈意味〉と呼ぶか
2.1 意味観 A と意味観 B

本節では，私の意味観を，それとは極端に異なる意味観との対比を通じて提示したい。ある意味観を持つ分析者は，ある語彙項目の〈意味〉とは何かという問いに対し，その項目が使われている文を見て文意を正しく推測・理解するのに必要十分な知識のことだと答える[2]。これを意味観 A と呼ぼう。意味観 A では (1) の 2 つの over の〈意味〉は同じであるということになる。

(1) a.　The picture is **over** the mantel.　　　　　（Tyler and Evans 2003: 65）
　　　　（絵はマントルピースの上にかかっている。）

　　b.　Sam walked **over** the {bridge / railroad trestle / pedestrian walkway}.

　　　　　　　　　　　　　　　　　　　（Tyler and Evans 2003: 72, 73）

　　　　（サムは {橋／トレッスル式鉄道橋／歩行者用通路} を歩いて渡った。）

Tyler and Evans（2003）によれば，over は (1a) にあるように「TR が LM よりも高い位置にあり，かつ TR と LM が潜在的影響関係にある」という〈意味〉を表す[3]。例文 (1b) 全体からは「渡って向こう側へ」のような情報が読み取れるが，これは bridge などが「渡って向こう側へ」行くためのものであるという常識から読み取れる情報であるから，over 自体に「渡って向こう

---

[2]　これは，私の読解では，Tyler and Evans（2003）の意味観に含まれているものと思われる。特にそれが読み取りやすいのは pp. 42–45 の「別義基準」(methodology for determining distinct senses) である。

[3]　認知言語学では，前置詞によって位置づけられるものを TR（トラジェクター），位置づけの参照物として機能するものを LM（ランドマーク）と呼んでいる。(1a) では the picture が TR に，the mantel が LM に対応する。

英語の接続詞 when | 163

側へ」のような〈意味〉があると考えるのは余剰的だと言う[4]。

　これに対し私は，ある母語話者が他の母語話者たちと同じように（あるいは非母語話者が母語話者と同じように）ある語彙項目を使えるようになるために知っておくべき情報のことを，その語彙項目の〈意味〉と捉える（平沢 2019）。これを意味観 B と呼ぼう。意味観 B では (1) の2つの over には別の〈意味〉が関わっていることになる。ある話者が over に (1a) のような「上」を表す使い方があることを知っているとしよう。そしてこの話者は (1b) のような用例に触れたことがないとしよう。この話者は「橋を渡った」という内容を表すのに「上」の over を使って I walked over the bridge. と言うだろうか。確かに言うかもしれない。Tyler and Evans (2003) の言うように，聞き手が橋というものの性質を知っていれば，常識的に考えて「渡って向こう側へ行ったのだろう」と推測してもらえるからだ。しかし，それなら，I walked on the bridge とも言ってしまうかもしれない。on からもそのような推測は十分可能だからだ。さて，実際の英語ではどうかと言うと，on は使わず，over を使う。これは英語話者が「over を使えば（on と違って）渡って向こう側へという内容を伝達することができる」ということを知っていることの証拠だ。だから意味観 B では，(1a) の over の〈意味〉に加え，(1b) の over の〈意味〉も覚える必要があることになる[5]。

　ある語彙項目を「使えるようになる」ためには，その項目をどのような文脈で，他のどのような項目と一緒に使うと，どのような内容が伝達できるのかを知っていなければならない（Taylor 2003a, 2006）。つまり，語彙項目よ

---

[4] 同様の議論が動詞 run にも成り立つ。Gries (2006) は，Tyler and Evans (2003) の意味観の一部を説明するための思考実験として，run を取り上げている。run は The water is running. のように「流れる」という内容を表すことができる。このときの run の〈意味〉は，Tyler and Evans (2003) の基準からすると，He's running in the park. の run の〈意味〉と同じだということになる。なぜなら，液体にとっては「流れる」が一番普通の移動の仕方であるという一般常識に照らして考えれば，The water is running. は「水が流れている」という状況を描いた文なのだろうと推論できるからである。確かに，英語の授業で「流れる」の run をまだ習っていない日本語母語話者の中学生に，The water is running. の文意を推測してもらったら，正しく答えられるかもしれない。

[5] 脚注4の run についても同様のことが言える。移動用法の run を知っていて，液体主語の run の例に触れたことのない話者が，水が流れていることを英語で表現したいときに，「そうだ，run を使おう」と思うはずがない。使えるようになるための知識を〈意味〉と呼ぶなら，「走る」の〈意味〉も「流れる」の〈意味〉も覚える必要があると言える。

164 | 平沢慎也

りももっと大きなもの（言い回し）を単位として記憶し，アクセスできるようにならなければならない。そして本章の意味観からすれば，そのようにより大きな単位にアクセスできることこそ，その項目の〈意味〉を知っているということなのである（Sinclair 2004: Ch 2）[6]。前置詞 on を例にとろう。

(2) a. Doc, that's a risk you're gonna have to take. Your life depends **on** it!
(映画 *Back to the Future*)
（ドク，危険でも逃げちゃダメなんだ。ドクの命がかかってるんだから！）

b. [...] there was so little money just then that Fanny and the boys had been reduced to living **on** one meal a day [...] （Paul Auster, *4 3 2 1*）
（[…] 当時あまりにも金がなく，ファニーと子どもたちの暮らしは一日一食の生活にまで切り詰められていた […]）

　文意を理解することだけを目標にする意味観では，(2a) の on と (2b) の on は間違いなく同じ〈意味〉—前置詞 on の依存義—を担っていることになる。しかしこれを知っているだけで depend on NP や live on NP といった言い回しを覚えていなかったら，依存が関係している文脈で手当たり次第に on を使うことになり，次のような誤った文を産出してしまうことになる。

(3) *The family was **on** the father.
（意図した文意：その家族は父親に依存していた。）

　英語母語話者は depend on NP や live on NP といった具体的な言い回しを覚えており，その言い回しの1つ1つを知識の単位として利用しているのである。話者が depend/live on NP と言うのに使っている on の知識は「depend/live on NP と言える」という知識であり，この知識を持っていることが depend/live on NP における on の〈意味〉を知っているということだ。
　他にも例を見よう。以下の (4) と (4') の happen，(5) と (5') の start doing ...,

---

6　この発想は，語や概念を，その語や概念が用いられる典型的な物語（およびその物語を構成する百科事典的知識）へのアクセス・ポイントとして捉える発想と，表裏一体をなす（Langacker 2008: 39, 野矢 2011: 第 23 章, Taylor 2016）。

英語の接続詞 when | 165

(6) と (6') の one of NP をそれぞれ比較してほしい。意味観 A からするとそれぞれの太字部分は「同じ〈意味〉だ」と言いたくなるのではないだろうか。

（４） That it **happened** in a bank was incidental.

(Andrew Kaufman, *The Tiny Wife*)

（この事件が銀行で起こったということも別に必然ではなかった。）

(4') a.　I'm, uh ... I'm very sorry, ma'am, about what **happened**.

(*Columbo*, Episode 48, Sex and the Married Detective)

（その…本当に，お気の毒です。）

　　 b.　I regret very much what has **happened** to you.

(*Star Trek: Voyager*, Season 2, Episode 23, The Thaw)

（こんなことになってしまって，本当にお気の毒です。）

（５） Johnston suddenly turned around and **started** talk**ing** to someone else [...]

(Paul Auster, *Leviathan*)

（ジョンストンが不意に向こうを向いて別の人間と話しはじめた［…］）

(柴田元幸 (訳)『リヴァイアサン』)

(5') a.　**Start** mov**ing** your hands instead of chattering away!

（ぺちゃくちゃ喋ってないで，ちょっとは手を動かせ！）

　　 b.　And you're setting an example for him, so quit messing around and **start** act**ing** like a responsible adult.　　(映画 *School of Rock*)

（お前らはあの子にとって見本になってるんだ。だから，だらしない生活はもうやめて，ちょっとは責任ある大人らしく振る舞ったらどうなんだ。）

（６） There's a prize behind **one of** the three doors.

（この 3 つのドアのうちの 1 つは，裏に景品が隠されています。）

(6') a.　Do you really think Bridget would steal? I mean, there's a lot of bad things that you don't know about. I mean, there's a list as long as your arm. But stealing, it isn't **one of** them.

(*8 Simple Rules*, Season 1, Episode 2, Wall of Shame)

（ブリジットが盗みなんか働くと本気で思ってるの？ そりゃあ，パパが知らない悪事は色々あるわよ。数えていったら日が暮れるでしょうね。でも，盗みは…盗みはしないわよ。）

b. Mrs. Columbo, she's a remarkable woman. She has lots of interests. But cooking isn't **one of** them. (*Columbo*, Episode 42, Murder under Glass)
（うちのかみさんは，あいつは素晴らしい人でしてね。いろんなことに興味がある。しかし料理には関心がないんです。）

確かに，聞いて文意が分かるかどうかという観点で言えば，(4)，(5)，(6)の文意が分かる人は(4')，(5')，(6')の文意も分かるだろう。しかし，自分で言えるかという観点に立つと話は変わる。(4)，(5)，(6)でhappen, start doing ..., one of NP を使える人であれば自動的に(4')，(5')，(6')でも happen, start doing ..., one of NP を使えるということにはならない。実際，日本語の「起こる，起きる」，「…し始める，…し出す」，「NPの(うちの)1つ」は(4)，(5)，(6)では自然であるが，(4')，(5')，(6')の場面で「起こったこと，起きたこと」，「…し始めろ，…し出せ」，「NPの1つではない」とは普通言わない。また，日本語を母語とする英語学習者の多くは，happen, start doing ..., one of NP を(4)，(5)，(6)のような場面では使おうと思えるはずだが，おそらく(4')，(5')，(6')のような場面では使おうと発想できない。(4')，(5')，(6')の太字部分は，滝沢(2016)の「平易な語で構成されていて意味はよく分かるが，自分ではなかなか書けそうにない表現」，「書けそうで書けない表現」にあたると言ってよいだろう。

(4')，(5')，(6')のような場面で happen, start doing ..., one of NP を使えるようになるためには，既に起こった出来事を what (has) happened と言うことがよくあるという知識，start doing ... は命令文でもよく用いられるという知識[7]，one of NP を利用した特定の語り方のパターンが存在するという知識[8]にアクセスできるようにならなければならない。意味観Bでは，こうした知識にアクセスできる人のみが，(4')，(5')，(6')における happen, start

---

[7] 例(5')は start (doing...) が命令文で頻繁に用いられることを指摘するために挙げた例文だが，start acting like... 「ちょっとは…らしく振る舞う」もまたよくある言い回しである。

[8] 「ある人間Xがある性質Pを持っていない」ということを言いたいとしよう。それをいきなり言うのではなく，まずいったんは「人間Xは性質Pと何らかの点で似ていると見なせる性質をたくさん持っている」ということを認めておく（例(6')の there's a list as long as your arm と She has lots of interests）。そのうえで，「しかしその性質群のなかに含まれていそうなPが，実は含まれていない」ということを P isn't one of them と表現する。この語り方全体が1つのパターンになっているのである。

doing ...,   one of NP の〈意味〉を知っている人だということになる。母語話者はそこまで豊かな知識を持っているのか，「happen は『起こる』という内容を表す」程度の抽象的知識しか持てないのではないだろうか，と思われるかもしれないが，そもそもそのような抽象的な知識は (4) のような用例にも (4') のような用例にも触れてその経験から引き出されたものだということを忘れてはいけない (Taylor 2003b)。

2.2　分析者にとっての意味観と，分析者にとっての言語学の目標

　極端に異なる 2 つの意味観のうちどちらを採用するかは，第 1 節で述べたように，分析者にとっての言語学の目標と連動した，好みの問題である[9]。私が意味観 B を好むのは，「母語話者の言語使用を可能にしている知識が何なのかを知りたい」という私の目標 (Cf. 西村 2015: 176) に，意味観 B は密接に関わり，意味観 A の〈意味〉はほとんど関わってこないからである。Taylor (2012) が本一冊を費やして論じているように，人間は母語に触れながら，母語の頻度分布を頭のなかに記録し，知識として持つようになる。そして母語話者はその頻度分布の知識を言語産出の場面だけでなく言語理解の場面でも参照している。だからこそ，文解釈の際にコロケーションの知識を利用して語の曖昧性を解消することが可能なのである (Kishner and Gibbs 1996, Hoey 2005: Ch 5)。ある種の人工的な文を読む際に「袋小路文」現象が起こるのも，頻度知識を参照しているからである (Taylor 2012: Ch 7)。また，英語母語話者が解釈しようとしている文に，英語学習者は好んで用いるけれども実際の英語としては低頻度であるようなフレーズが含まれている場合，脳

---

[9]　言語学・言語哲学の文脈に照らして読み替えれば意味観 B は使用基盤モデル (Langacker 1988, Bybee 2010, Taylor 2012)，意味排除論 (酒井 2017: 314–315)，文脈原理 (酒井 2017: 318–319) と密接に関わるものであるから，これとの対立相手として持ち出すべきは辞書＋文法書モデル (Taylor 2012: 19–43)，意味の水源地モデル (野矢 2012: 242 の批判を参照)，合成[構成性]原理 (酒井 2017: 316–317) であると思われるかもしれない (たとえば，國廣 1982: 12–22 とそれに対する酒井 2017: 321 の反論を参照)。しかし，辞書＋文法書モデルと意味の水源地モデル，合成原理は話者が語を使うときに利用している知識がどのようなものであるかに関心を持っている点では，意味観 B や使用基盤モデル，意味排除論と最低限の接点を有している。一方，意味観 A は既に発話されたフレーズや文ありきでそれを解釈するのにどのようなことを知っていなければならないかという問題に終始している点で，意味観 B と最低限の接点すら持たず，したがって「極端に異なる意味観」として最高のステータスを持つ。

の情報処理に負荷がかかり，解釈に時間がかかるということが実験により示されているが（Millar 2011），これも母語話者が言語理解において頻度分布を参照しているために生じる現象である。このように，意味観 A の〈意味〉が活躍しそうな言語理解においても，実際に話者が使っているのは意味観 B の〈意味〉なのだ[10]。

3. when のいくつかの用法

3.1 when の内容コメント用法

それでは実際に when の用法を観察してみよう。第 3 節では，when の中でも特に頻度が高く定着している一方で中学・高校であまり教えられていないような用法いくつか取り上げて記述を提示する

まず，「内容コメント用法」を見る。接続詞 when は，誰かの発話内容についてコメントする際に用いることができる。

（7）a. He was right **when** he said there were a lot of people in his office. Anybody could have taken that box. （*Columbo*, Episode 8, Short Fuse）
（彼の言う通り，確かにオフィスには人がたくさんいたよ。誰だって箱を盗める状況だった。）

b. Also, and this will interest you, you were wrong **when** you told me she has no experience with men. （Paul Auster, *Invisible*）
（それと，ちょっと面白い話がありましてですね，この前「セシルは男性経験ゼロだ」とおっしゃっていましたけど，そうでもないようですよ。）

（7a）の話し手は，he の指示対象である人物が過去に行った発話行為（he said there were a lot of people in his office）について，その発言内容が正しかったとコメントしている。（7b）の話し手は，聞き手が過去に行った発話行為（you told me she has no experience with men）について，その発言内容が間違っていたとコメントしている。

---

[10] 外国語学習でも同じだろう。「読んだら分かるが自分では使いこなせない」と思っていた英語表現も，使いこなせるようになった後は全く違った分かり方をするものだ。

英語の接続詞 when ｜ 169

　主節のパターンとしては，（7）のように，［人間主語＋be 動詞＋形容詞］というパターンもあれば，（8）のように［人間主語＋動詞句］（ただし動詞句は「正しいことを言う」か「間違ったことを言う」の意味を表すもの）というパターンもある[11]。

（8）a.　[...] I told you the truth **when** I said that nothing happened between me and Kes.　　　（*Star Trek: Voyager*, Season 2, Episode 7, Parturition）
　　　（さっきの話は本当だからな。僕とケスの間には何もないって話。）

　　b.　You lied to me **when** you said you loved me.　　　（Swan 2016: 507）
　　　（口では「愛してる」とか言っておいて，あれは嘘だったのね。）

　発言内容が正しいか間違っているかだけでなく，発言内容がどういう意味なのかについてコメントするのにも，when が用いられる。

（9）a.　**When** she says the play was "interesting," she means（that）it wasn't very good.　　　（http://www.learnersdictionary.com/definition/meanly）
　　　（彼女の言葉でいう，その劇が「面白かった」というのは，あまり良くなかったということなんですよ。）

　　b.　What did that man mean **when** he said that you can't "dance"?
　　　　（*Star Trek: Voyager*, Season 2, Episode 19, Lifesigns）
　　　（さっきの男の人があなたのことを「踊る」ことができない人って言っていましたが，どういう意味ですか？）

　　c.　Victoria:　Yes, he and Gerry were close.
　　　　Columbo:　Aha. **When** you say "close," ma'am ...

11　以下のような believe someone$_i$ when they$_j$ say ... 「〈人〉の…という発言を，正しいものとして信じる」も，類似したパターンと考えてよいだろう。

　（ⅰ）First time in 19 years I actually believe a guy **when** he says he didn't know she was a hooker.　　　（映画 *I Am Sam*）
　　　（俺，警察 19 年やってて，男が「え，あの女が売春婦だったなんて知りませんでした」って言うのを本気で信じたのは，今日が初めてだよ。）

なぜなら，believe someone は believe that someone is telling the truth とほぼ同義だからである。なお，「〈人〉をまともな人物であるとして信頼・信用する」と言いたいときは believe in someone と言う。

Victoria:　I mean very close.

(*Columbo*, Episode 63, Butterfly in Shades of Grey)

（ヴィクトリア：ええ，テッドとジェリーは仲良しでしたよ。

コロンボ：　　　なるほど。その「仲良し」というのは…

ヴィクトリア：「大の仲良し」ってことです。）

　(9a)の話し手は，she の指示対象である人物が行う発話行為 (she says the play was "interesting") について，その発言内容の真意は it wasn't very good ということだとコメントしている。(9b)では，「コメント」部分が疑問文になっている。he の指示対象である人物が行った発話行為 (he said that you can't "dance") について，その内容の真意をコメントするよう聞き手に求めているのである。(9c)の聞き手は，when を含む文の話し手（コロンボ）の従属節を聞いただけで，「発言内容の真意を質問する(9b)タイプの when の用法だ」と見抜き，コロンボが疑問文を言い終わるよりも前に返答を始めている。このタイプの when の用法が定着していることの現れであると考えられる。

　なお，「when の内容コメント用法」のうち(8)，(9)のパターンは，次節で見る「when の行為解説用法」の事例でもある。

3.2　when の行為解説用法

　英語では，ある行為を別のある行為と実質的に同等と見なせるということを指摘するために—ある行為をそのようにして「解説」するために—when を使うことができる（國廣 1976: 211, Declerck 1996: 219）。これを when の行為解説用法と呼ぼう。この場合，「when 節で表現されている行為は，実質的に主節の行為と等しい」というのが大体の文意となる。(10a)は，自分の妻 Becky を Danny と Joey が狙っていると知り，2 人を殺そうと思っている Jesse が，Danny の話の長さと Joey のだらしなさを改めて目の当たりにして，心の中でつぶやくセリフである。(10b)はアメリカのトランプ大統領の「ツイート」である。

(10) a.　Look at these two weasels. One can't shut up, and the other one needs a bib. I'll be doing mankind a favor **when** I kill them.

(*Full House*, Season 4, Episode 11, Secret Admirer)

英語の接続詞 when | 171

（この裏切りコンビときたら，何なんだよ。片方は喋り出したら止まんねえし，もう片方はよだれかけがないと飯も食えねえってか。こりゃあ殺すのも世のため人のためってもんだな。）

b. North Korea disrespected the wishes of China & its highly respected President **when** it launched, though unsuccessfully, a missile today. Bad!（https://twitter.com/realdonaldtrump/status/858100088253669376）
（北朝鮮の今日のミサイル発射は，失敗に終わったものの，中国とその名高い国家主席の願いを踏みにじる行為だ。けしからん！）

（10a）は，kill them という（自分が行う予定の）行為が do mankind a favor に等しいということを述べる文である。（10b）でトランプ大統領が言わんとしているのは，北朝鮮が行った launch a missile という行為が disrespect the wishes of China & its highly respected President に等しいということである。

先に見た例（8），（9）も行為解説用法として捉え直すことができる。たとえば（8b）の You lied to me **when** you said you loved me. では，聞き手が話し手に対して愛を伝える行為が，話し手に嘘をつく行為と同等のものであるとされている。（9a）の **When** she says the play was "interesting," she means (that) it wasn't very good. では，劇を「面白い」と表現する行為が，実は「あまり良くない」という意味を伝達する行為に等しいのだという見方が提示されている。

3.3　when の代表発言用法

人は時に，自分が属している特定の集団の構成員全員が自分と同じ気持ちであるはずだと思い，その全員を代表してその気持ちを述べることがある。その発言内容を導くのに when を使うことができる。

（11）a. And I'm sure I speak for the entire crew **when** I say: Thank you.
（*Star Trek: Voyager*, Season 4, Episode 8, Year of Hell, Part I）
（船員の全員を代表して言わせてもらうわ。ありがとう。）

b. But I'm sure I speak for chefs everywhere **when** I say: I wish it was *you* dead in there. （*Columbo*, Episode 42, Murder under Glass）
しかし，きっと世界中のシェフが私と同じようにこう思っているん

じゃないかしらねえ。あそこで死んでいるのがあんただったらよかったのに，と。

　この用法は内容コメント用法とも行為解説用法とも似ている。たとえば(11a)では，話し手は「ありがとう」という発言内容に関して「他の人たちも皆そう思っているはずだ」とコメントしていると同時に，感謝を述べる行為が他の全員の気持ちを代弁する行為に等しいはずだと述べている。

　しかし，内容コメント用法や行為解説用法とは文意の焦点が違う。新情報として提示され焦点となるのは，内容コメント用法では主節で提示されるコメントであり，行為解説用法では主節の行為に等しいという見方であるが，代表発言用法では従属節（when節）内の say の被伝達部である。(11a)，(11b)で say の内容に入る前にポーズが置かれている（本章ではこれをコロンで表現している）のはこれの反映と見なせる[12]。

3.4 「is when 定義文」

　when は，X is when ... という形式で X の定義を述べるのに用いられることがある。これを中山 (2008, 2010) にならって「is when 定義文」と呼ぶ。

(12)　Stress is **when** pressure exceeds your ability to cope.　　　（中山 2008: 5）
　　　（ストレスとは，プレッシャーが自分の対処能力の限界を越えてのしかかっている状態のことである。）

　(13a)（myopia という名詞の定義）のように英英辞典の定義のなかで用いられている場合や，(13b)や(13c)のように同格の構造が関わっている場合など，is が表示されないケースもある。

(13) a.　**when** someone does not think about the future, especially about the possible results of a particular action—used in order to show disapproval　　　（http://www.ldoceonline.com/dictionary/myopia）

---

[12]　これは次の例に関しても言える。ただし Excuse me when I say の定着の度合いは低い。
　　(i) Excuse me **when** I say: Ha-ha.　　（*Full House*, Season 8, Episode 18, We Got the Beat）
　　（申し訳ないけど言わせてもらうね。ハハハ！）

（未来について，特に，ある行動の結果としてどのようなことが起こり得るかということについて，考えていない状態のこと—非難を示すのに用いられる。）

b. Secession. Maybe you've heard of it. **When** a state declares independence from the rest of the country.

（Paul Auster, *Man in the Dark*）

（脱退^{シセッション}よ。聞いたことあるかしら。州が国から独立を宣言するってこと。） （柴田元幸（訳）『闇の中の男』）

この用法は，行為解説用法と関係していると思われる。その証拠に，Evans and Evans（1957）は（14a）と同義の書き換えとして（14b）を示している。

(14) a. intoxication is **when** you've had too much to drink

（Evans and Evans 1957: 552）

b. a man is intoxicated **when** he has had too much to drink （*ibid.*）
（酔っている状態とは飲みすぎてしまった状態のことだ）

（14b）は飲みすぎた結果状態と酔っている状態を等式で結んでいるので when の行為解説用法に近い例だと言える。この書き換えは行為解説用法と is when 定義文に多少の関連があることを示唆するデータである[13]。

なお，以下の（15）のように，X is when ... の when 以降が定義ではなく具体例になっているケースもある[14]。この場合，その具体例は聞き手・読み手にとって身近に感じられる状況を表す。

---

[13] Evans and Evans（1957）は「is when 定義文」は子供じみて聞こえるので避けるべきであり，（14a）は（14b）のように書き換えるべきであると述べている。ひょっとすると Evans and Evans は，is when 定義文の when を行為解説用法の when と全く同じものと捉えており，解説のコピュラ文（Intoxication is...）が「解説」だからと言って行為「解説」の when 節を続けてもいいだろうと考える発想が安易で子供じみていると感じていたのかもしれない。しかし少なくとも現在の英語においては，（13）のように英英辞典の定義や文学作品に用いられているので，ごく普通の用法として定着していると言うべきだろう。

[14] このタイプを「定義」文と呼ばない Sumiyoshi（2008）のような研究が存在するのももっともである。Sumiyoshi（2008）は，「A is when... 構文」に「定義する」（define）という機能と「例示する」（instantiate）という機能があるという言い方をしている。

(15) a. Frustration is **when** you can't find the car keys. （中山 2008）

（フラストレーションとは，車の鍵が見つからないときに感じるあ
の感情のことだ。）

b. Happiness is **when** you are missing someone badly and suddenly you
receive a text from them.

（https://me.me/t/missing-someone-badly?s=new）

（幸せというのは，会えなくて寂しいと思っていた相手から急に携
帯メールが来たときの，あの気持ちのことだ。）

　話し手・書き手が X をどのようなものと捉えているかを，聞き手・読み
手の共感を巻き込んで分からせようとする。これが (15) タイプの「is when
定義文」の機能である [15]。この機能は「共感喚起 when 構文」にも見られる。

3.5　SNS における「共感喚起 when 構文」

　次にツイッターなどの SNS で定着している when の用法を見てみよう。
When you ... というように本来従属節であるはずの when 節を独立させて，
おおよそ The feel I have now is that feel you have **when** you ...「私がいま抱い
ているこの感じは，あなたが…するときに感じるあの感じです」にあたる内
容を表す。これを本章では「共感喚起 when 構文」と呼ぶ。

(16) a. **When** you try going to sleep early but ur brain's like "nope"

（https://twitter.com/jackson_lyon23/status/620483390836355072）

（せっかく早めに寝ようとしたのに脳みそが「イヤだよーん」って
言ってるときの，あの気分になってる。）

b. **When** you start working out after a long break and you realise how unfit
you've become [16]

---

[15]　(12), (13) タイプと (15) タイプのどちらともとれる中間的な事例もある。

　　(i) Love is **when** you are as concerned about someone else's situation as you are about your
　　own. （Mitch Albom, *Tuesdays with Morrie*）

　　（愛は，自分のことと同じようにほかの人の立場を気にかけるものなんだ。）

　　（別宮貞徳 (訳)『モリー先生との火曜日』）

[16]　このツイートには別の人から "Story of my life..."「いつもの私のことじゃないか…」

英語の接続詞 when | 175

（https://twitter.com/KatherineNoel23/status/892088517555359744）
（すごく久しぶりに運動を始めて，身体がめっちゃ鈍ってることに
気付いたときの，あの感じになっちゃってる。）

　この構文の目的は究極的には自分自身の気分を表現することにある。し
かし，when 節内の主語に立てるのは私（I）ではなく読者のあなた（you）であ
る。これは，読者が when 節の場面に仮想的に身を置く（その場面を疑似体
験する）ように仕向けることで，共感を喚起するためであると考えられる [17]。
さらに，when 節に対応する主節を表示しないのも，読者に能動的に頭を使
わせ，その過程で自分への共感をより強くさせるためと思われる。この構文
は，自分がどういう気分であるか（伝達内容）だけでなく，その内容をどの
ように伝達するか（伝達方法）にも関心を持っている構文であると言える。
　共感喚起 when 構文の類似表現と見なしてよい表現に TFW がある（e.g.,
TFW you smoke the day's first cigarette. その日最初のタバコを吸ったときの
あの感じだよ，今）。これは that feel when からのイニシャリズムで，元を
たどると概略 TFW ...< That feel when ...< The feel I have now is that feel when
you ...< The feel I have now is that feel you have when you ... のようになろう。
TFW が共感の喚起と関わっているということに関しては Urban Dictionary
も "Followed by some feel you should be able to relate to."（TFW のあとには，
共感することができるはずの感覚が来る）と述べている [18]。

3.6　「語りの when 節」

　本章で取り上げる when の用法の中で最も先行研究が豊富なのがこの「語
りの when 節」と呼ばれる用法である（Green 1976, Bolinger 1977, 山岡 1988,
Declerck 1996, 山岡 2012: 第 4 章, 澤田 2014: 423–427, Bache 2016）。本章で
は特に目立った特徴を紹介するにとどめておく。

という返信がついており，共感の喚起に成功していることが分かる。

[17]　you の共感喚起については Quirk, Greenbaum, Leech and Svartvik（1985: 354），真野（2010:
178–180）を参照。

[18]　このオンライン辞書は，良い記述であれば読者によって UP ボタンがクリックされ，
悪い記述であれば DOWN ボタンがクリックされる。2017 年 8 月 10 日 16: 17 現在，UP が
4086 で DOWN が 775 なので，かなりの程度信頼できる記述だと言えるだろう。

「語りの when 節」は統語的にも意味的にもまるで主節であるかのように振る舞う。英語の語順と日本語訳に注意されたい。

(17) a.　I was about to go out **when** it started to rain.　　　（山岡 1988: 172）[19]
　　　（さあ出かけようというまさにそのタイミングで雨が降り出した。）

　　 b.　He was washing the dishes **when** in came the dog.　　（Green 1976: 392）
　　　（彼が皿洗いをしていると，そこへさっきの犬が入ってきた。）

　　 c.　There's this guy walking down Piccadilly, **when** suddenly—woomph!
　　　　　　　　　　　　　　　　　　　　　　　　　　　　　　（Bache 2016: 277）
　　　（ある男がピカデリー街を歩いてたら，突然「ボン！」って。）

　倒置文（in came the dog）や間投詞（woomph）の使用は「主節現象」と呼ばれる統語現象である。通常の時間指定の when 節が従属節であることと対照的である。また，意味的にも（と言っても統語的特性と関係しているが），主節が背景・場面を設定する役目を果たし，when 節が語りの焦点の役目を担っている（当該の人物に意外な出来事が降りかかったことをありありと描き出している）。通常の時間指定の when 節であれば，when 節の側が背景・場面設定の役目を果たすはずのところである。

4.　意味観 A と意味観 B，そして when

　以上の 6 つの用法で when を使えるようになるためには，when について何を知っている必要があるだろうか。これを文意理解に必要な知識と対比させて考えたい。

　文意を理解するだけなら，when の最も基本的・中心的な意味である〈同時性〉の意味[20]さえ知っていれば十分かもしれない。少なくとも共感喚起 when 構文以外の 5 つの用法はそうだろう。「…と言った<u>とき</u>，彼は正しかった」，「ミサイルを発射した<u>とき</u>，願いを踏みにじった」，「次のように言う<u>とき</u>，私はみんなを代表していることになるだろう」，「酔っている状態とは，飲み

---

[19]　この文は前後の文脈がなければ，純粋な時間指定の when 節が用いられていると解釈して「雨が降り出したとき，ちょうど出かけようとしていた」と読むことも可能である。

[20]　正確には何と何がどのような意味で「同時」なのかという問題については，古賀(1998)が認知文法の道具立てを使いながら細かく丁寧に論じている。

すぎてしまった<u>とき</u>だ」。どれも（日本語としては不自然だが）内容は十分理解できる。「突然『ボン！』ってなった<u>とき</u>，ある男が歩いてた」は語りの流れに合わないが，嘘は何一つ言っておらず，前後の文脈があれば正しい解釈に修正して読むことも容易だ[21]。結局，意味観 A に基づいて言えば，when の〈意味〉を知っているとは「とき」と結びつけることができるというただそれだけのことになる。

　しかし，when を第 3 節のように使えるようになるためには，第 3 節のような用法の実例に出会い，その経験から学習し，覚えなければならない。参照する知識の単位は，when 単体という小さな単位ではなく，when をどのような場面でどのような単語と組み合わせて使うことができるかという大きな単位でなければならない。意味観 B では，そのような知識を持っていてはじめて when の〈意味〉を知っていると言える。

　次のような反論もあるかもしれない。第 3 節の when の用法には，純粋な時間指定の when 節と同じ文法的特性が見られることもある。だから，そこまで細かなことをいちいち覚えている必要はないのだ。このような反論である。たとえば，Declerck（1996）によれば内容コメント用法では（純粋な時間指定の場合と同じで）未来の副詞節の when 節内で will を使うことは（原則として）できない。(18a) と (18b) を比較されたい。

(18) a. I will leave **when** they {arrive / *will arrive}. 　　（Declerck 1996: 186）
　　（彼らが到着したら僕は出ます。）

　　b. Mr. Morris will be mistaken **when** he {claims / *will claim} that ...

　　　　　　　　　　　　　　　　　　　　　　　　　　　　　　　（*ibid.*）

　　（モリス氏がこれからする「…」という主張は間違っている）

　また，行為解説の用法では，生起が確実である事象には when を用い，そうでない場合には if を使うという使い分けがなされる。

---

[21]　私が以前 10 年以上働いていた学習塾では，熱心な高校 3 年生が「先生，ひょっとして，$S_1V_1$when S_2V_2 って，『S_1V_1 していると，そのとき，S_2V_2 という出来事が起こった』っていう意味になったりしますか？　だって，見てくださいこの英文。ふつうに訳すとちょっとおかしいんですよ」と質問に来るということが毎年のように発生していた。この用法を知識として知っていなくても，文脈があれば文意の理解は可能であることの証拠だ。

(19) a. North Korea disrespected ... **when** it launched ... (Cf. (10b))

b. **If** you understand how aspect works in Russian, you are understanding
one of the most difficult parts of the language. (友澤 2004: 86)
(ロシア語のアスペクトの仕組みが理解できたとしたら，ロシア語
のなかでも特別難しい部分を理解できたことになる。)

　(19b)は(19a)と同様に行為解説を行っているが，when ではなく if が用い
られている。ロシア語のアスペクト体系を誰でも必ず理解するとは言えない
からである。この使い分けは以下の when と if の使い分けと平行的である。

(20) a. Oh, boy, am I hungover today. I'll be glad {**when** / ***if**} the day's over.
(*Columbo*, Episode 38, Fade in to the Murder)
(まったく，今日は二日酔いでしてね。早く今日の仕事が終わって
ほしいもんです。)

b. [...] that's the name I'll use to sign my work: Isaac Ferguson. **If** I ever
manage to get published, of course.
Don't be so modest. ***When*** you manage to get published.
(Paul Auster, *4 3 2 1*)
([…] 僕の小説，その作家名で出すことにします。アイザック・
ファーガソンにします。もちろん，僕に出版のチャンスがもらえた
りしたらの話ですけど。
　「もらえたりしたら」なんて控えめな言い方するなよ。「もらった
後は」でいいんだよ。)

　だから行為解説の when についての個別知識などなくても行為解説の
when を使いこなすことはできるのではないか，というわけだ。
　このような反論は，まだ意味観 A の呪縛から抜け出せていない。(18)の
未来の will の有無についての議論は，「when を使うことができる」という
ことを知っていれば，その when 内に will を使うかどうかはわざわざ内容
コメント用法のために覚えておく必要のないことだ，と言っているにすぎ
ない。そもそも内容コメントの目的で when が使えると確信できる話者は，
この用法に既に触れて，用法を覚えている話者だけである。実際，日本語

では内容コメントの場面で「とき」は使わない。(19)の接続詞をifにするか when にするかという議論は，行為解説をするのに if も when も使うことができると知っている話者であれば，行為解説用法のためにわざわざ if と when の使い分けを覚える必要がない，と言っているにすぎない。そもそも行為解説を if/when で達成できると確信できる話者は，そのような if/when に触れて覚えた話者だけである。「if/when で言おう」と思った時点でもう既に英語の慣習に則っているのである。実際，日本語では「…とき」で行為解説を行うことは非常に稀であり，「…とき」は選択肢としてまず頭にのぼらない。実例に触れて覚えていなかったらそもそも when が選択肢として浮かばないというのは，おそらく第 3 節の全ての用法にあてはまるだろう。

5. 結語

本章で扱った用法に限らず when … の多くの用法は，読んだり聞いたりする分には，「…とき」とだけ覚えておけば比較的分かった気になれてしまう。しかし，その用法を自分で使えるようになることを目指すと，途端に「このような場面でこのような単語と一緒に when を使うとこのような内容が伝達できる」という個別知識が必要になる。意味観 B によれば，その知識を持っていることこそが when の〈意味〉を知っているということだ。

意味観 A では〈意味〉の数は少なくて済む。人によっては，その少数の〈意味〉を〈本質〉と呼びたくなるだろう。一方，意味観 B の〈意味〉は膨大だ。その多くを枝葉末節と見なして切り捨てたい論者もあろう。それでも私は意味観 B をとる。意味観 A が間違っていると言いたいのではない。あくまでも何を理論言語学の目標と考えるかの違いだ。どのような知識を参照しているから今あるような言語使用がなされているのかを解き明かすことを目標とすれば，意味観 B を選択することになるというだけである。

私と同じ目標のもと意味の〈本質〉主義を採ることは不可能だと考える。もしも少数の〈本質〉的な知識に突き動かされて実際の言語使用がなされ，コロケーション選好や頻度分布などが発生しているというのなら，そこでいう〈本質〉とは松永 (2005) の意味での〈本質〉なのであって，背後にある膨大な個別知識とともにしか語れないものであろう。

[…] 本質とは何か。本質とその発現としての現象とを対にして考える

発想では，本質はいつも隠れている。では，その隠れているものをどう規定するか。それは，現われている事柄，現象から出発して，その現象を支配しているものである，というふうに提示することにしかならない。すると，本質はそれとして特定して示せない。本質とは，それがつなぐはずであったものども，すなわちそれが説明するはずの諸現象に依拠してしか語れない，諸現象に言及することなしには輪郭を与え得ないのである。

(松永 2005: 82)

参照文献

Bache, Carl (2016) Narrative *when* in English. *English Language and Linguistics* 20 (2): 273–294.

Bolinger, Dwight (1977) Another glance at main clause phenomena. *Language* 53 (3): 511–519.

Bybee, Joan (2010) *Language, usage and cognition*. Cambridge University Press.

Declerck Renaat (1996) A functional typology of English *when*-clauses. *Functions of Language* 3 (2): 185–234.

Evans, Bergen and Cornelia Evans (1957) *A dictionary of contemporary American usage*. Random house.

Green, Georgia M. (1976) Main clause phenomena in subordinate clauses. *Language* 52 (2): 382–397.

Gries, Stefan Th. (2006) Corpus-based methods and cognitive semantics: The many senses of to *run*. In: Stefan Th. Gries and Anatol Stefanowitsch (eds.) *Corpora in cognitive linguistics: Corpus-based approaches to syntax and lexis*, 57–99. Mouton de Gruyter.

平沢慎也 (2017)「「[NP by which]構文を使いこなすために必要なもの：理解と記憶のメンタル・コーパス」『東京大学言語学論集』38: 25–49.

平沢慎也 (2019)『前置詞 by の意味を知っているとは何を知っていることなのか：多義論から多使用論へ』くろしお出版.

Hoey, Michael (2005) *Lexical priming: A new theory of words and language*. Routledge.

本多啓 (2014)「プロトタイプカテゴリーとしての英語中間構文再考」『神戸外大論叢』64 (1): 15–44.

Kishner, Jeffrey and Raymond Gibbs (1996) How "just" gets its meanings: Polysemy and context in psychological semantics. *Language and Speech* 39: 19–36.

古賀恵介 (1998)「when の意味論」『福岡大学人文論叢』30 (3): 1639–1966.

國廣哲彌 (訳) (1976)『意味と英語動詞』大修館書店.［Leech, Geoffrey (1971) *Meaning and the English verb*. Longman.］

國廣哲彌 (1982)『意味論の方法』大修館書店.

Langacker, Ronald (1988) A usage-based model. In: Brygida Rudzka-Ostyn (ed.) *Topics in cognitive linguistics,* 127–161. Benjamins.

Langacker, Ronald（2008）*Cognitive grammar: A basic introduction.* Oxford University Press.

真野泰（2010）『英語のしくみと訳しかた』研究社.

松永澄夫（2005）『音の経験・言葉の力　第 I 部：言葉の力』東信堂.

Millar, Neil（2011）The processing of malformed formulaic language. *Applied Linguistics* 32（2）: 129–148.

中山仁（2008）「Longman Dictionary of Contemporary English（4th ed.）における when 定義についての語用論的考察」『福島県立医科大学看護学部紀要』10: 1–8.

中山仁（2010）「「例外的」NP is when / where 節および NP is if 節の用法と意味」『福島県立医科大学看護学部紀要』12: 1–9.

西村義樹（2015）「認知言語学」斎藤純男・田口善久・西村義樹（編）『明解言語学辞典』176. 三省堂.

野矢茂樹（2011）『語りえぬものを語る』講談社.

野矢茂樹（2012）『心と他者』中央公論新社.

Quirk, Randolph, Sidney Greenbaum, Geoffrey Leech and Jan Svartvik（1985）*A comprehensive grammar of the English language.* Longman.

酒井智宏（2017）「言語哲学」畠山雄二（編）『最新理論言語学用語事典』296–335. 朝倉書店.

澤田治美（2014）『現代意味解釈講義』開拓社.

Sinclair, John（2004）*Trust the text: Language, corpus and discourse.* Routledge.

Sumiyoshi, Makoto（2008）"A Grammar of "A is when ... construction"". *Setsunan Journal of English Education* 2: 13–31.

Swan, Michael（2016）*Practical English usage.* Fourth edition. Oxford University Press.

滝沢直宏（2016）「英語語法文法と英語表現の接点：「書けそうで書けない英語」への着目」『英語教育』65（9）: 17–19.

Taylor, John R.（2003a）Polysemy's paradoxes. *Language Sciences* 25: 637–655.

Taylor, John R.（2003b）Meaning and context. In: Hubert Cuyckens, Thomas Berg, René Dirven and Klaus-Uwe Panther（eds.）*Motivation in language: Studies in honor of Günter Radden*, 27–48. Benjamins.

Taylor, John R.（2006）Polysemy and the lexicon. In: Gitte Kristiansen, Michel Achard, René Dirven and Francisco Ruiz de Mendoza Ibáñez（eds.）*Cognitive linguistics: Current applications and future perspectives*, 51–80. Mouton de Gruyter.

Taylor, John R.（2012）*The mental corpus: How language is represented in the mind.* Oxford University Press.

Taylor, John R.（2016）Lexical semantics. In: Barbara Dancygier（ed.）*The Cambridge handbook of cognitive linguistics*, 229–245. Cambridge University Press.

友澤宏隆（2004）「行為解説の進行形の認知的分析」『言語文化』41: 81–94.

Tyler, Andrea and Vyvyan Evans（2003）*The semantics of English prepositions: Spatial scenes, embodied meaning and cognition.* Cambridge University Press.

山岡實 (1988)「S$_1$ when S$_2$ 構文の解釈方法と表現をめぐって：談話分析の観点から」『相愛大学研究論集』4: 121–142.

山岡實 (2012)『文学と言語学のはざまで：日英語物語の言語表現分析』開拓社.

| 183

第 2 章

打撃・接触を表す身体部位所有者
上昇構文における前置詞の選択
—— hit を中心に——
野中大輔

キーワード：身体部位所有者上昇構文，前置詞，コーパス，働きかけの方向，使用基盤モデル

1. はじめに

　英語には，日本語の「ジョンがビルの頭をなぐった」に相当する表現として以下の2つが存在する。

(1) a.　John hit Bill's head.

　　 b.　John hit Bill on the head.

　このうち，(1b) のように身体部位の所有者を直接目的語として，身体部位を前置詞句として表現する構文は，身体部位所有者上昇構文 (body-part possessor ascension construction) と呼ばれている (Levin 1993, 影山 2011)[1]。身体部位所有者上昇構文に現れる動詞についてはすでに研究があるものの，前置詞については十分に研究がなされていない。本章では，事例研究としてこの構文でもっともよく取り上げられる動詞 hit を選び，共起する前置詞 on と in がどのように使い分けられているかを分析する。

2. 身体部位所有者上昇構文の特徴
2.1 目的語および前置詞句に現れる名詞句

　冒頭に挙げた (1a) と (1b) の意味は完全に同一というわけではない。あくまで特定の部位に行為を行ったことを表すにすぎない (1a) に対し，(1b) は

---

[1]　この構文の名前は，(1a) のように所有格で表される身体部位所有者が目的語位置へ「上昇」することで (1b) の構文が派生されるという分析に由来する。本章ではこのような理論的立場は取らないが，Levin (1993) や影山 (2011) に従いこの名称を用いることとする。

行為の結果，身体部位所有者全体に影響があることを意味し，場合によっては心理的な意味での影響を暗示するのである (Wierzbicka 1988, Massam 1989, 池上 1995)。

　上記のような意味を反映し，目的語および前置詞句内に生起する名詞句には制約が見られる。まず，目的語には有生物が用いられ，無生物を用いる例は多くの場合不自然だと判断される。心理的な影響を読み込めるのは有生物のみ (典型的には人間) だからである [2]。

(2)a.　John kissed Mary on the forehead.

　　 b.　*John kissed the Bible on the cover.　　　　（Wierzbicka 1988: 198）

　また，前置詞句内に生起する名詞句は所有者の一部と見なされるものであり，一般的には身体部位を表す名詞が用いられる。所有者全体への影響を想起するには，接触部位は所有者の一部を構成する必要があるためである。鞄のようないわゆる譲渡可能な所有物へ働きかける場合，身体部位所有者上昇構文は許容されない [3]。

(3)a.　John struck Bill's bag.

　　 b.　*John struck Bill on the bag.　　　　　　　（池上 1995: 93）

---

[2]　Massam(1989) が指摘する通り，目的語が無生物でも容認される場合がある。実例を見る限り，行為の結果，指示対象が本来の機能を発揮できなくなるような場合などに用いられるようである (飛行機のエンジンや翼など)。また，目的語が無生物のイディオムとして hit the nail on the head(核心を突いた指摘をする，図星を指す) がある。

　(i) Pickering's own aircraft was hit twice in the starboard mainplane by return fire.　　（BNC）

　(ii) The moment she said it she knew she had hit the nail on the head.　　（BNC）

[3]　場合によっては衣服への働きかけについてもある程度許容されることがある。このような傾向は，後述の Type II 動詞に顕著である。hit については，hit someone in the pocket (家計や財政を直撃する) というイディオムがある (hit one's pocket でも表現できる)。

　(i) They seized him by {the throat / the beard / the collar /? the jacket}.

　　　　　　　　　（Quirk, Greenbaum, Leech and Svartvik 1985: 272）

　(ii) SPORTS organisations were hit in the pocket yesterday when satellite channel Sportscast collapsed.　　（BNC）

2.2　動詞

　身体部位所有者上昇構文にはどのような動詞でも用いられるわけではない。よく知られているように，この構文に現れる動詞は，対象への「接触」(contact)を意味の一部に含んでいなければならない (Fillmore 1970, Levin 1993)。たとえば，hit, strike, slap は対象への接触を含意する (接触の仕方も指定する) 動詞であるため生起可能であるが，break, bend, shatter のように対象にどのように働きかけるかを特定せず，直接の接触がない場合にも使用可能な動詞は生起不可である。

（4）a.　I {hit/struck/slapped} his leg.

　　 b.　I {hit/struck/slapped} him on the leg.　　　　　（Fillmore 1970: 126）

（5）a.　I {broke/bent/shattered} his leg.

　　 b.　*I {broke/bent/shattered} him on the leg.　　　　　　　　（ibid.）

　Kougo (2003: 370) は，Levin (1993) や Jackendoff (1990) を参考に，この構文に現れる動詞を以下のように大きく 3 タイプに分類した。

（6）　Type I verbs:

　　 a.　verbs of impact: hit, kick; bite, shoot, swat; knife, spank; dig, poke, ...

　　 b.　verbs of pure contact: caress, kiss, nudge, pat, pinch, prod, touch, ...

　　 c.　verbs of cutting: clip, cut, hack, hew, saw, scrape, slash, snip

　　 d.　verbs of attachment: attach, adhere, stick

（7）　Type II verbs:

　　 a.　have, hold, grasp; catch, grab, seize; hang

　　 b.　pull; take, drag

（8）　Type III verbs:

　　 a.　look　 b.　stare　 c.　gaze

　Type I 動詞は，どれも物理的接触を中核的な意味としている。単なる接触を表すものから，接触の結果として状態変化を引き起こすことを含意するものまで，その中には多様性が見られる。Type II 動詞では，単なる接触だけでなく，つかんだり握ったりする行為が関わる。Type III は視覚に関する動

詞である。視線やまなざしは対象への比喩的な接触として捉えることができるため，身体部位所有者上昇構文に生起可能であるとされる。

2.3　前置詞

　動詞のタイプによって身体部位所有者上昇構文に用いられる前置詞にも違いが見られる。Kougo(2003)は，Type I 動詞は on(e.g. John kissed her on the cheek.)，Type II 動詞は by(e.g. Harry grasped him by the arm.)とともに用いるのが典型的であると指摘する。Type I と Type II では上記以外にも，接触の仕方や接触位置に応じて様々な前置詞が現れる。

（9）a.　He hit her {in the eyes / between the eyes / under the chin / above the eye / behind the left ear}.

　　b.　Uncle Vernon seized Harry {by/near/ $^?$around} the waist and threw him into the wall.　　　　　　　　　　　　　　　　　　（Kougo 2003: 372）

　一方，Type III 動詞は in のみが用いられる。

（10）　Bill looked me {in/*on/*by/*into} the eye.　　　　　　　　（ibid.: 371）

　それでは，複数の前置詞が使用可能な場合，前置詞はどのように選択されているのだろうか。以下では，議論の範囲を打撃・接触を表す Type I 動詞に限定し，共起する前置詞をより詳しく見ていくことにする。

3.　動詞と前置詞の共起に関わる問題

　Type I 動詞と用いられる前置詞のうち，on と in については分布が異なることが知られている。Jackendoff(1990)によると，hit のように動詞が接触に加えて衝撃(impact)を表す場合は，on と in の両方が使えるのに対して，純粋な接触(pure contact)を表す touch などの動詞は，in ではなく on と共起するとのことである。一方，Hirasawa(2011)は shoot や stab など身体内部に影響を及ぼすような行為を表す動詞は on ではなく in とともに用いることを報告している。

打撃・接触を表す身体部位所有者上昇構文における前置詞の選択 | 187

(11) Bill touched Harry {on/*in} the nose. (Jackendoff 1990: 110)

(12) She shot him {*on/in} the forehead. (Hirasawa 2011: 33)

　on と in の両方と共起する動詞 hit, kick, strike などは，単純接触を表す動詞と身体内部への影響を表す動詞の中間に位置するとまとめることができるだろう（野中 2014）。

　では，hit のように on と in のどちらとも用いられる場合，その 2 つはどのように使い分けられているのだろうか。この点について，原川（2014）は次の 2 つの基準を提示している。まず，働きかける部位の違いである。原川は，head や nose では on が，stomach, face, back では in が一般的であるとしている。ただし，その他の身体部位については明らかにされていない[4]。

　もう 1 つの基準として，hit が表す働きかけが表面接触的であれば on，身体内部に及ぶならば in が用いられると原川は述べている。つまり，例文 (11, 12) で見た動詞と前置詞の一般化を hit の場合にも当てはめて考えている。原川は，以下の実例について，「『ポコンと頭をたたかれた』というのではなく，寄ってたかって蹴られ，なぐられた」(pp. 74–75) 状況なので，on ではなく in を用いているのだと述べている[5]。

(13) Those six agents had kicked her and hit her in the head, she said. They also misled her, she said, making her believe Yoo had confessed to spying.

　このような観察は有益であるが，挙げられている例も限定的であり，また 2 つの基準の関係についても明らかではない。本章では，身体部位所有者上昇構文の中でも取り上げられることが多い動詞 hit を事例として選び，BNC の実例をもとに前置詞の使い分けを詳しく観察することにする。

---

[4]　小西 (1974: 584) も，hit がこの構文に現れる際，働きかける部位によって on の代わりに in が用いられることを指摘している (e.g. He hit the man on the head. / The brick hit John in the face.)。

[5]　同様の説明はほかの文献にも見られる。小西 (1974: 1291) は，strike が on ではなく in と用いられるのは，対象物にめり込むことが感じられる場合であると述べている。同じように，Hirasawa (2011) は動詞 bite における on と in の選択について，身体表面に接するだけか身体内部に食い込むかで使い分けられているとしている。

(i) Jane bit Sam {on/in} the arm. (Hirasawa 2011: 33)

4. コーパス調査

4.1 調査方法

BNC は 1 億語規模の均衡コーパスである。書きことばと話しことばの両方を含む現代イギリス英語から構成されている。各語には品詞タグが付けられており，品詞を指定した検索が可能である。BNC のアクセスにはいくつかの方法があるが，本研究では Brigham Young University の Mark Davies が運営する BYU-BNC を利用した（Davies 2004–）。

用例の収集方法は Boas（2003）の結果構文（e.g. John stabbed him to death.）の研究を参考にした。Boas は先行研究をもとに結果句（e.g. to death）を選定し，その左側 5 語以内に動詞が現れる例を検索して，結果構文の用例を集めている。本章でもそれに従い，まず［on/in + the + 名詞］という語句の左側 5 語以内に動詞 hit が現れる例を検索した[6]。hit の品詞を動詞に指定し，異なる活用形も合わせて調べられるようにレンマ（lemma）単位で検索した。この方法によって得られた例から身体部位所有者上昇構文とみなされないものを手作業で取り除き[7]，その後前置詞の補部に現れる名詞をそれぞれ集計した。

4.2 調査結果と先行研究の検討

上記の手順により，hit を用いた身体部位所有者上昇構文が 394 例見つかった。そのうち，前置詞句に on を用いるのは 186 例，in を用いるのは 208 例であった。前置詞補部の名詞のトークン頻度およびタイプ頻度は表 1 の通りである（名詞が等位接続詞で並列されている場合があるため，補部名詞のトークン頻度は構文の用例数を上回っている）。

---

[6]　身体部位所有者上昇構文では，前置詞句に現れる名詞句には基本的に定冠詞 the が用いられる。the の代わりに所有格代名詞を使うと，口語的だとみなされたり，非慣習的になったりすることが指摘されている（小西 1974: 584, Quirk, Greenbaum, Leech and Svartvik 1985: 271）。そのため，本章では前置詞の補部に［the + 名詞］がくる例に限定して調査した。

[7]　この構文に該当しないものとしては ... he hit his head on the door-frame ... などの例がある。構文の抽出方法については，基本的に野中（2014）と同じだが，用例数の集計において一部基準が異なっている。今回は同一と思われる例が 2 度カウントされていると考えられるものは重複分を取り除いた。また，... the cold hit Harriet like a slap in the face ... のような例では，in the face は hit よりも slap との結びつきが強いと考えられるため，今回の集計結果からは除外した。また，野中（2014）で一部構造を読み誤っている例があったため，訂正して集計した。そのため，野中（2014）とは構文の用例数が異なっている。

表1　前置詞補部名詞の生起頻度

	on	in
トークン頻度	194	214
タイプ頻度	40	36

　それぞれの前置詞の補部に現れる名詞を上位から示すと，表2，3のようになる。比較しやすいように，表2，3にはそれぞれの名詞がもう一方の前置詞補部に現れる場合の生起回数も載せている。たとえば，head であれば，on the head が 104 例，in the head が 18 例見つかったことを示している。なお，the back of the head のような場合，補部名詞は back_head と記載し，back とは別に数えた。名詞の完全なリストは付録を参照のこと[8]。この結果から，たしかに身体部位によって on/in のどちらと共起するかには傾向があることが確認できる。特に，on the head や in the face などの組み合わせは，かなりの程度慣習化していると言ってよいだろう。

表2　on の補部に現れやすい名詞

順位	名詞	on	in	合計
1	head	104	18	122
2	shoulder	8	1	9
3	back_head	6	1	7
3	face	6	52	58
5	back_neck	5	0	5
5	knee	5	1	6
5	neck	5	2	7

表3　in の補部に現れやすい名詞

順位	名詞	in	on	合計
1	face	52	6	58
2	chest	22	2	24
3	stomach	21	0	21
4	back	19	4	23
5	head	18	104	122
6	eye	13	0	13
7	mouth	12	0	12

　それでは，head に対して in が使われる場合のように，それぞれの名詞にとって主要な前置詞以外が選ばれている場合，原川 (2014) の示した2つ目の基準で説明できるのか，例を見ていこう[9]。銃弾が発射される例では，基本

---

[8]　adam's apple（実例では小文字で用いられていた）や tear duct のように，身体部位を表す複合的な表現については，その形のまま集計している。

[9]　第4節以降の例文は，断りがない限りは，BNC からの引用である。文の構造が複雑な場合，構文の該当箇所に下線を引き，分析の際に参考になる箇所は斜体にした。また，（　）で例文が描写している事態を説明している。

的に in が用いられている。

(14) ... *the bullet* hit him in the chest and his body seemed to disintegrate and fly in all directions, ...（銃弾が彼の胸に当たる）

(15) *One bullet* struck Navid Sadiq in the temple. *Another* hit Mr Ali in the stomach.（銃弾が Ali 氏の腹に当たる）

(16) Staff Sergeant Peter Bristo (29), an army photographer, was hit in the head by *sniper fire* ...（狙撃者が発砲し，銃弾が Peter Bristo の頭に命中する）

このように明らかに身体内部へ影響がある場合に in が使用されるという事実は，原川 (2014) の説に一定の妥当性があることを示している[10]。

しかし，銃弾以外の例に目を向けると，この基準では説明できないことも多い。たとえば，on を用いる (17, 18) と in を用いる (19, 20) の例の間に，働きかけが表面接触か身体内部に及ぶほどかといった違いがあるとは思えない（むしろ on を用いる例のほうが衝撃が強いとさえ感じられる）。

(17) A post-mortem examination at the time showed she'd been hit on the head with a blunt instrument.（彼女の頭を鈍器でなぐる）

(18) He hit Oliver hard on the shoulders with the stick. He was raising it for a second hit ...（Oliver の肩を棒で強打する）

(19) Her three friends had already run off. As soon as Maura's schoolbag had hit Margaret in the head, they had made their escape, frightened in case Maura decided on a repeat performance on one of them!（Maura のスクールバッグが Margaret の頭にぶつかる）

(20) ... he was hit in the back by the door itself slamming shut.（ドアが勢いよく閉まって彼の背中にぶつかる）

また，原川の 2 つ目の基準だけでは，なぜ on と in で補部に現れやすい名

---

[10] ただし，銃弾を使用している場面であっても on が用いられる例も存在するため，この基準が絶対というわけではない。

(i) A grapeshot, the next moment, hit another man on the shoulder, ...　　　　　　(BNC)

詞が異なるのかについても説明できないように思われる。たとえば，head は on の補部に現れやすい名詞であるが，それは head が表面接触的な行為を受けやすく，内部に至るような衝撃を受けにくい部位だからである，などと説明することは難しいのではないだろうか。

5. 働きかけの方向

なぜ on/in の補部の分布が表2，3のようになるのか，表面接触と内部への影響という要因だけでは on/in の使い分けを説明しきれないとしたら，ほかにどのような要因が働いているのか。以下では，on と in の使い分けを決める重要な要因として働きかけの方向を提案する。

表2，表3をもう一度見てみよう。on を用いる場合は，頭という，身体を上から見たときに見える部位と共起しやすく，in を用いる場合は顔，胸，腹，背中といった身体の正面や背面に相当する部位と共起しやすいと考えることができる。これは，働きかけの方向の違いを反映していると言えるのではないだろうか。つまり，on のときは下方向（鉛直方向）への働きかけ，in のときは横方向（水平方向）への働きかけである（図1）。

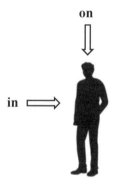

図1　働きかけの方向

補部に現れる第1位の名詞の生起数が on と in で大きく異なることにも注目したい。on の場合，補部名詞第1位の head は on を用いる例の半数以上（53.6%）を占め，生起数が極めて多い。一方，in の補部を見ると，face は52例あり in の補部全体の27.1%を占めるものの，ほかにも chest, stomach, back などある程度生起数の高い名詞が複数存在する。このような

非対称性は，人間の身体の構造を反映した結果だと考えれば，自然に受け入れることができる。横方向からの働きかけはたいていどの身体部位でも受けうる一方で，上からの働きかけを受ける部位は限られており，通常の姿勢であれば頭部であることが多い。したがって，in の場合と異なり，on の補部名詞の生起数に大きな偏りが見られることも，働きかけの方向に違いがあるという見方を支持するものであると考えられる。

　以下，実際に例を見ながら働きかけの方向を確認する。(21–24) は on を用いる例である[11]。

(21)　Then he saw *a stone fall*, glance off a crag and hit Corti on the head. (石が落ちてきて Corti の頭に当たる)

(22)　He hit Oliver hard on the shoulders *with the stick*. He was *raising it* for a second hit ... (=18)

(23)　A post-mortem examination at the time showed she'd been hit on the head *with a blunt instrument*. (=17)

(24)　... a lump of thawing snow *fell* from a tree under which we were passing and hit me on the face. (解けた雪が落ちて私の顔に当たる)

　もっとも働きかけの方向を確認しやすいのが，(21) のように上から落ちてきた物が頭に当たる場合であり，こうした例ではもっぱら on が用いられる。(22) では棒を振り上げているので，下方向へ叩きつけていることがうかがえる。(23) のように鈍器などの道具を用いる場合も (横方向へ相手にぶつけることも可能ではあるが) 上から振り下ろすことが多いように思われる。face は in とともに用いられやすい名詞であるが，(24) で on が用いられているのは，衝撃度の違いというよりむしろ下方向への働きかけという要因が働いているからだと考えることができるだろう。

　続いて，in を用いる例を見てみよう。

---

[11]　on を用いる例の中には，注 2 で述べた hit the nail on the head というイディオムが 17 件見つかった。もともとの意味である釘を打つ行為が，上から下へ打ち付けるのが一般的であることを考えれば，このイディオムも下方向への働きかけという観察を支持していると考えられる。

打撃・接触を表す身体部位所有者上昇構文における前置詞の選択 | 193

(25) The man heard or sensed him [=Maxim] at the last moment and turned *with his hands coming up to a fighting stance* but Maxim feinted through them and hit him low in the stomach. ((戦闘体勢を取っている) 彼の下腹をなぐる)

(26) She picked up *a heavy leather glove* and hit him in the face *with it*. (手袋を手に取って彼の顔をたたく)

(27) ... he was hit in the back by *the door itself slamming shut*. (=20)

(28) All I can remember is an object hitting me in the head as *it came through the window and glass shattering everywhere*. (飛んできた物体が窓ガラスを突き破り私の頭にぶつかる)

　face, stomach, eye などは，寝ているなど特別な姿勢を取っているのでない限り，基本的には横方向からの働きかけを受ける部位であると言える。したがって，(25) のように腹をなぐられる相手が戦闘体勢を取っていた場合はもちろんであるが，(26) のように姿勢が明示されなくても，手袋で顔をたたく場合は，横方向に働きかけることが一般的だろう。(27) はドアがぶつかる例だが，通常の姿勢であればドアは横方向からぶつかるものである。head は on の補部に現れることが多いが，(28) のように in と共起することもある。(28) では窓を割って入ってきた物体が頭に当たっているが，一般的に窓が設置される向きを考えれば横方向の働きかけだと考えられる。

　コーパス中の用例の場合，前後の文脈から働きかけの方向が読み取れないこともある。そこで，働きかけの方向が重要な要因の1つであることを検証するため，インフォーマント調査も行った。まず，「ジョンがボールを投げ，そのボールがビルの頭に当たった」という状況のうち，(i) ボールが上からビルに当たる場合と (ii) ボールが横方向でビルに当たる場合を示した図を用意した (図2)。この図をインフォーマントに見せ，(i) と (ii) を描写するのに適切な文 (作例) を (29a) と (29b) から選んでもらった。

(29) John threw a ball.
　　a. It hit Bill on the head.
　　b. It hit Bill in the head.

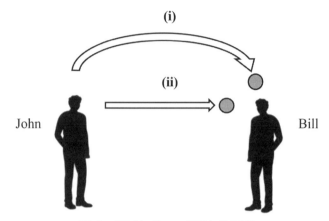

図 2　投げたボールが当たる場面

　すると，インフォーマントは (i) に対しては (29a)，(ii) に対しては (29b) が適切であると答えた。(i) と (ii) で身体内部への影響が大きく異なるとは考えづらく，下方向か横方向かという働きかけの違いこそが (29a) と (29b) の選択を決定づけていると言える[12]。

　以上のように，コーパスのデータやインフォーマント調査から，働きかけの方向が前置詞 on と in を使い分ける上で重要な要因であると判断できる。ただし，それでは説明できない例があることも付け加えておく。

(30)　A stunt co-ordinator showed me how to do a fake punch. But I accidentally hit Jason full on the jaw so hard that I knocked him over.（（意図せず）Jason のあごを力いっぱいなぐり突き飛ばしてしまう）

(31)　When Dr Henry approached him, Dr Williams hit him on the side of the head and sent his glasses flying.（彼の側頭部をなぐり眼鏡が飛ぶ）

　(30) では，なぐった結果を knock over という表現で描写していることから，横方向へ働きかけがあったことが予想されるが，実際に使用されている

---

[12] 4名（イギリス英語話者2名，アメリカ英語話者2名）のインフォーマントのうち1名が，(ii) を描写するのに (29b) 以外に It hit Bill on the side of the head. とも言える可能性があり，場合によってはそちらを発話することもありえると話していた。in the head と on the side of the head が同じような意味になるというのは，興味深い指摘に思われる。

前置詞は on である。また，(31) も横方向の働きかけとして解釈される例である[13]。したがって，働きかけの方向が on/in の選択を決める唯一の要因であるとまでは言えない。実際のところ，(a) 身体部位ごとに結びつきやすい前置詞があるという慣習性，(b) 銃弾の例に見るような身体内部への衝撃の度合い，(c) 下方向か横方向かという働きかけの方向，といった相互に排他的でない複数の要因が複雑に絡み合って前置詞が選択されているのが実情だと思われる[14]。

on/in の使い分けに働きかけの方向が関わっているとすると，それが動詞 hit を用いた場合に特有のことなのか，ほかの on/in 両方と共起する動詞 (e.g. strike, kick) にも当てはまることなのかという疑問が湧く。そこで，簡易的な調査として，on/in the head および on/in the face という語句の左側 5 語以内に strike と kick が続く例を BNC で検索し，身体部位所有者上昇構文に該当する例を集めた。結果は表 4 の通りである。

表 4　strike と kick

	on the head	in the head	on the face	in the face
strike	23	0	4	17
kick	4	18	0	19

strike については，hit のときと同様に on の補部に head，in の補部に face が現れることが多く，実際に例を見ても，on のときに鈍器で頭を攻撃する例 (32)，in のときに拳でなぐる例 (33) などが見られ，hit の場合と似た使い分けがあることが推測される。一方，kick のときには (34, 35) のように head でも face でも in を用いる傾向にある。これは，kick という行為が基本的に横方向からの働きかけだからではないだろうか[15]。

---

[13]　Lindstromberg (2010: 2) は on the side of が全体で 1 つの前置詞のように働くことを指摘している。そのため，(31) については，on と in の使い分けとは別に考えたほうがよいかもしれない。on the side of については，注 12 も参照のこと。

[14]　on を用いても必ずしも下方向への働きかけを表しているとは限らないが，over を用いる場合は下方向の働きかけを表していると言える。

(i) A Chelmsford motorist was hit over the head with a golf club, ...　　　　　　(BNC)

over の場合，対象へ接触するまでの軌道も意味に含まれている (Dewell 1994)。

[15]　以下の例では kick が on と共起しているが，この場合は「踏みつける」に近い意味で使われているように思われる。そうであれば，下方向の働きかけが表現されていると言っ

(32) As she was kneeling to get some tools out of a cupboard he struck her on the head *with a hammer* ... （ハンマーで彼女の頭をたたく）

(33) This poor young girl was struck repeatedly in the face *by the attacker's fist*, ... （拳で女の子の頭を何度もなぐる）

(34) You remember old George? Got killed when that horse kicked him in the head. （馬が彼の頭を蹴る）

(35) She kicked him in the face with her boot-heel, and he got a grip on her knee. （彼の顔をブーツのかかとで蹴る）

strike, kick については限定的な調査であったが, 働きかけの方向による on/in の使い分けは hit 以外の動詞にも当てはまる可能性が高いと考えられそうである。

6. 使用基盤モデルの観点から

第3節では, touch のように表面接触を表す際には on, shoot のように身体内部への影響を表す際には in が用いられることを見た。しかし, hit では働きかけの方向という要因も関わってくる。touch/shoot で見た一般化が hit では部分的にしか成り立たないという事実をどのように分析するべきだろうか。本節では, Langacker の提唱する認知文法, とりわけその柱の一つである使用基盤モデルの観点からこの問いを考えることとしたい。

6.1 スキーマの段階性

認知文法の使用基盤モデル (usage-based model) では, 実際の言語使用（使用事象 usage event）に繰り返し現れるものがスキーマ (schema) という一種のテンプレートの形で抽出され, それが言語知識として蓄えられると考える (Langacker 2000, 2008)。このようなスキーマ抽出で重要なことは, スキーマには段階性があるということである。身体部位所有者上昇構文でいうと, スキーマ性 (schematicity) と慣習性 (conventionality) に応じ表5のようなスキーマを想定することができる（表5は Langacker (2008: 21) をもとに作成）。

てよいだろう。

(i) She said he then *jumped on his victim*. Then Musto joined in, kicking him on the head. （BNC）

表5　身体部位所有者上昇構文のスキーマ性と慣習性

	schematicity	conventionality
(A) V X in the N	wholly schematic	conventional
(B) kick X in the shin	partially instantiated	conventional
(C) kick my pet giraffe in the shin	fully specific	novel

　スキーマ（A）は，V，X，Nのどのスロットにも特定の語が指定されておらず，スキーマ性が高い（ここでいうVは打撃を表す動詞，Xは有生物名詞，Nは身体部位名詞であり，スキーマ（A）でもある程度具体性が認められる）。一方，スキーマ（B）はVスロットとNスロットが埋まっており，(A)が部分的に具体化されている。そして，（C）ではXを含めたすべてのスロットが指定されており，具体性の高い表現である（ただし，主語やVの時制などは指定されていないため，実際の言語使用の一部を切り取ったものであることがわかる）。言語習得においては，（C）のような具体的な事例に多数触れることにより，（B），さらには（A）といった具合に，ボトムアップにスキーマが得られることが想定される。

　ここで，（A）のような抽象度の高い上位スキーマのみならず，スロットが部分的に埋まった（B）のような下位スキーマにも慣習性を認めていることに注意されたい。（B）のレベルのスキーマ (e.g. hit X in the back, kick X in the shin, poke X in the eye) は英語ではよく用いられるフレーズに該当し，これ自体が慣習的な言語単位となっているのである (Langacker 2008: 21)。スキーマ（A）が抽出されても依然として（B）のような下位スキーマも言語知識として蓄えられており，言語産出上はむしろ（B）の役割が大きい（必ずしも（A）を経由することが必須ではなく，（B）に直接アクセスして表現が認可される）と考えるのが使用基盤モデルの特徴である。

6.2　下位スキーマの重要性

　事例はスキーマを具体化したものではあるが，スキーマさえあればその事例の特徴を厳密に予測できる，というわけではない。たとえば，printerは [V-er] というスキーマの事例であるが，その意味は単に "something that prints" というよりは，特定のコンピュータ周辺機器を表す（活版印刷機などは通常思い浮かべない）。propeller に至っては，"something that propels" で捉

え切れないことは明らかである（Langacker 2000）。このように慣習的単位として定着した事例には，そのスキーマに見られなかった要素が含まれているのが普通である。Taylor（2012）は，上位スキーマからは予測できない特異な制約や共起語の偏りが様々な表現に見られることを豊富な実例をもって示している。

それを踏まえて，再び身体部位所有者上昇構文を見てみよう。[shoot X in the N] と [hit X in the N]（表5の（A）と（B）の中間段階として想定できるスキーマ）には次の例に見るようにたしかに共通性があり，ともにスキーマ（A）の事例であると言える [16]。

(36) He shot him in the chest, he went down on the ground.（（銃で）彼の胸を撃つ）

(37) ... the bullet hit him in the chest and his body seemed to disintegrate and fly in all directions ...（銃弾が彼の胸に当たる）

一方で，propeller が [V-er] スキーマから完全には予測できない面があるのと同様，[hit X in the N] にはスキーマ（A）にはなかった横方向の働きかけ（face や chest との結びつきが強いというような偏りを含む）という要素を含むと考えることが可能である。同様に，[V X on the N] というスキーマには見られなかった下方向の働きかけという要素が [hit X on the N] に含まれていてもよいということになる。

ここで，[V X on the N] や [V X in the N] よりもさらに上位のスキーマ [V X P the N] を想定することは可能である。しかし，そのような抽象度の高いスキーマだけを想定するのでは，今回 hit で見たような働きかけの方向といった要因は見逃されてしまうだろう。また，言語使用時にそのような抽象的な単位から言語表現を組み立てているわけではないと考えられる。使用基盤モデルでは，このような特異性や共起語の偏りが見られる慣習的な言語単位の集積こそが言語知識の根幹をなすと考えるのである（Langacker 2000: 3）。

---

[16] ただし，shoot の場合は銃を撃つ人間を主語としているのに対して，hit の場合 bullet や shot を主語とするものが多いという違いがあり（例文（14–16）も参照のこと），ここでも下位スキーマに異なる特徴が見られる。

6.3 前置詞研究との関連

　今回示したように，上位スキーマには見られなかった働きかけの方向という要素が [hit X on the N] や [hit X in the N] に働いているとすると，on や in がこの構文においてどのような意味上の貢献をしているのか指摘するのは容易ではないと言える[17]。もちろん，今回観察した [hit X on the N] や [hit X in the N] と似た用法の on，in を見つけることはできる。たとえば，次のような例が該当するだろう。

(38)　Cold water drops fell on his head from the leafy roof of the tunnel.（水滴が彼の頭に落ちてくる）

(39)　I threw my wine in his face and grabbed the two bullets.（ワインを彼の顔に浴びせかける）

　その意味で，[hit X on the N] や [hit X in the N] における on や in が孤立した用法というわけではなく，on や in の意味ネットワークの一部に位置づけることは可能だと思われる。しかし，第 3 節で見た通り，touch や shoot については働きかける身体部位や働きかけの方向が on と in の使い分けに影響を与えることはないことを踏まえれば，[V X P the N] のような上位スキーマと前置詞の意味の単純な足し算で事足りる，というわけにはいかない。繰り返しになるが，[hit X on the N] や [hit X in the N] が慣習的な単位であり，言語知識として蓄えられていると考えることが重要である[18]。

---

[17]　on/in 以外の前置詞を用いる場合も事情は同じである。平沢 (2019) は，身体部位所有者上昇構文で by が用いられる事例を中心的に取り上げ，前置詞の意味的貢献の仕方に，単に前置詞スロットに個々の前置詞を入れただけでは見いだせないような複雑さが見られることを指摘している。このような点を考えるにあたって，Taylor (2006) の指摘が参考になる。Taylor は，all over を含む表現に all と over の足し算では捉えられないような事例が多数あることを示しているが，all over（およびそれを含む written all over one's face など）が丸ごと覚える単位であることが重要であり，それぞれにおいて over の数ある意味のうちどれに該当するか言い当てることは重要ではないと論じている。

[18]　touch/shoot/hit は，on/in との共起に関しては異なる振る舞いを見せるが，BNC を観察するとこの 3 つの動詞のいずれとも共起する前置詞も見つかる。

(i)　Blindly he moved his fingers to touch her between the thighs.

(ii)　I shot him between the eyes and then I was off, down the smallest streets, ...

(iii)　A piercing bolt of blue fire hit Rohmer between the shoulder blades, flinging him across the

7. まとめ

本章では BNC の用例をもとに，hit を用いた身体部位所有者上昇構文の前置詞 on と in の使い分けを調査し，on と in の選択を決める重要な要因として働きかけの方向の違いがあること，[hit X on the N] や [hit X in the N]（あるいはさらに具体的な [hit X on the head] や [hit X in the face] など）が慣習的な単位となっていることを主張した。身体部位所有者上昇構文などの項構造構文は，これまで動詞タイプを中心に研究される傾向があった。しかし，項構造構文の実態に迫るには，今回の事例研究のように前置詞句や生起環境などの観察を通してきめ細かく記述することが重要だろう。

付記

本章は，2013 年度英語コーパス学会東支部研究発表会における口頭発表「身体部位所有者上昇構文における前置詞の役割：hit を中心に」（2014 年 3 月 8 日）および成蹊大学アジア太平洋研究センター・研究プロジェクト「認知言語学の新領域開拓研究」2015 年度第 4 回研究会における口頭発表「英語の身体部位所有者上昇構文における前置詞の選択」（2016 年 3 月 26 日）の内容を発展させたものである。本章脱稿後に柏野健次「Question Box 37: He hit me on the head. と He hit me in the head.」（『英語教育』66 (11), 78–79, 2018）を参照する機会を得た。「on では上からの動きを，in は横からの動きを表す傾向があります」(p. 78) とあり，本章の見解と合致する（さらにさかのぼると柏野健次『英語語法レファレンス』(三省堂, 2010) でも同様の記述があることが確認できた）。ただし，働きかけの方向に関する記述はその一文のみであり，それに関連した例を挙げたり分析を提示したりはしていない。本章はそれを実際のデータで示したと言える。本研究は科学研究費補助金 #15J11687 の成果の一部である。

参照文献

Boas, Hans C. (2003) *A constructional approach to resultatives*. CSLI Publications.

Davies, Mark (2004–) BYU-BNC: The British National Corpus. http://corpus.byu.edu/bnc.

Dewell, Robert (1994) *Over* again: Image-schema transformations in semantic analysis. *Cognitive Linguistics* 5: 351–380.

Fillmore, Charles J. (1970) The grammar of hitting and breaking. In: Roderick A. Jacobs and

---

office in a shower of sparks. (BNC)

接触・打撃動詞のデフォルトの前置詞 on と in の使用には制約が見られるのに対して，between のような前置詞は身体部位所有者上昇構文で用いられる頻度が低い一方で，動詞との共起制限が見られないようである。そのため，[hit X between the N-s] は慣習的な言語単位となっていないと思われる（この点に関しては野中 (2014) も参照されたい）。

Peter S. Rosenbaum (eds.) *Readings in English transformational grammar*, 120–133. Ginn.

原川博善 (2014)「Question Box 58：hit O on the head と hit O in the head」『英語教育』62 (12), 74–75.

Hirasawa, Shinya (2011) On the joint sense of the English preposition *by. Tokyo University linguistic papers* 31: 31–52.

平沢慎也 (2019)『前置詞 by の意味を知っているとは何を知っていることなのか：多義論から多使用論へ』くろしお出版.

池上嘉彦 (1995)『〈英文法〉を考える：〈文法〉と〈コミュニケーション〉の間』筑摩書房.

Jackendoff, Ray (1990) *Semantic structures*. The MIT Press.

影山太郎 (編) (2011)『日英対照 名詞の意味と構文』大修館書店.

小西友七 (1974)『英語前置詞活用辞典』大修館書店.

Kougo, Tomomi (2003) External possession constructions in English: A dynamic view. In: Shuji Chiba et al. (eds.) *Empirical and theoretical investigations into language: A Festschrift for Masaru Kajita*, 369–385. Kaitakusha.

Langacker, Ronald W. (2000) A dynamic usage-based model. In: Michael Barlow and Suzanne Kemmer (eds.) *Usage-based models of language*, 1–63. CSLI Publications.

Langacker, Ronald W. (2008) *Cognitive grammar: A basic introduction*. Oxford University Press.

Levin, Beth (1993) *English verb classes and alternations*. The University of Chicago Press.

Lindstromberg, Stromberg (2010) *English prepositions explained*. John Benjamins.

Massam, Diane (1989) Part/whole constructions in English. *WCCFL* 8: 236–246.

野中大輔 (2014)「項構造構文における前置詞：身体部位所有者上昇構文を例として」『東京大学言語学論集』35: 217–232.

Quirk, Randolph, Sidney Greenbaum, Geoffrey Leech and Jan Svartvik (1985) *A comprehensive grammar of the English language*. Longman.

Taylor, John R. (2006) Polysemy and the lexicon. In: Gitte Kristiansen, Michel Achard, René Dirven and Francisco J. Ruiz de Mendoza Ibáñez (eds.) *Cognitive linguistics: Current applications and future perspectives*, 51–80. Mouton de Gruyter.

Taylor, John. R. (2012) *The mental corpus: How language is represented in the mind*. Oxford University Press.

Wierzbicka, Anna (1988) *The semantics of grammar*. John Benjamins.

付録（第4節で示した on/in の補部名詞の完全なリスト）

順位	on の補部に現れる名詞	生起数
1	head	104
2	shoulder	8
3	back_head, face	6
5	back_neck, knee, neck	5
8	back, leg, nose	4
11	arm, helmet, jaw, side_head	3
15	body, chest, foot, pad, point_jaw	2
20	ankle, back_leg, boot, brain, bridge_nose, chin, ear, flank, glove, inside_thigh, knuckle, nut, pin, right, side_chest, side_face, skull, temple_helmet, thigh, torso, wrist	1
	合計	194

順位	in の補部に現れる名詞	生起数
1	face	52
2	chest	22
3	stomach	21
4	back	19
5	head	18
6	eye	13
7	mouth［口を怪我した人の発話 mouf（1例）を含む］	12
8	leg	9
9	arm, pocket	4
11	body, ear, gut, wing	3
15	engine, heart, mainplane, middle, neck, nose, side_head	2
22	adam's apple, ankle, back_head, hand, knee, middle_back, rear, rib, shoulder, side, spine, tear duct, throat, tip_bobber	1
	合計	214

第 3 章

日本語における使役移動事象の言語化
——開始時使役 KICK 場面を中心に——

古賀裕章

キーワード：使役移動，経路主要部表示型言語
経路主要部外表示型言語，ダイクシス，主語一致の原則

1. はじめに

　本章の目的は，ビデオクリップを使った実験的データに基づき，日本語における使役移動事象の言語化を考察することにある。後に詳述するように，日本語における自律移動事象と使役移動事象の言語化を比較すると，特定の意味要素の表現頻度や表現パターンに大きな違いが認められる。このような移動事象のタイプに応じた表現の差異を生み出す通言語的及び言語個別的要因を浮き彫りにすると同時に，他言語との比較を通して日本語における使役移動事象の言語化の特徴を明らかにすることをねらいとする。

　以下，第 2 節では移動にかかわる意味要素と，Talmy (1985, 1991, 2000) によって提案された移動表現の類型を紹介する。第 3 節ではデータについて解説し，第 4 節でそのデータに基づき，使役移動事象のうち特に開始時使役の KICK の場面に焦点を絞って，日本語におけるその言語化を詳細に分析する。第 5 節では結論を述べる。

2. 移動にかかわる意味要素と移動表現の類型論

　まずは例文を参照しながら，Talmy (1985) にしたがって移動にかかわる意味要素を定義する。

（ 1 ）a.　太郎が部屋に走って入ってきた。
　　　b.　太郎がボールを部屋の中に蹴り入れた。

　空間において位置を変化させる移動物を図 (figure)，図の位置や移動を規

定するための参照点・基準点となるものを地（ground）と呼ぶ。(1a) の「太郎」，(1b) の「ボール」が図にあたり，(1a-b) の「部屋」が地にあたる。移動において図がたどる軌跡を経路（path）という。(1a) では「入る」，(1b) では「入れる」という動詞によって INTO という経路が表現されている[1]。また動詞以外にも，(1a) の助詞／後置詞「に」は TO，(1b) の複合後置詞「の中に」は INTO という経路を表示する。このように，経路情報が複数の異なる形態統語的要素に分散して現れることはあるものの（Sinha and Kuteva 1995），「部屋の中に歩いた」のような様態を主動詞，経路を後置詞によって表示する表現が成立しないことから，少なくとも日本語においては主動詞によって経路が表現されるのが支配的なパターンと言える[2]。

　(1a) にみられる動詞「くる」は話者を基準とした移動の方向性，すなわち「話者の方向へ」という直示情報を表す。Talmy の枠組みでは直示も経路の一種とされるが，本章では経路とは区別することにする[3]。

　最後に，図の移動に付随する，またはその移動を引き起こす事象が存在する[4]。(1a) の動詞「走る」が表す様態，及び (1b) の動詞「蹴る」が表す使役手段がそれにあたる。

　ここで，移動事象とその表現との区別を明確にしておく必要があるだろう。まず，図が自らの意志によって移動する事象を自律移動事象（self-motion event）[5]，外的な力が加えられることによって図が位置を変化させる，または

---

[1]　経路概念は，英語の大文字で表記する。INTO（TO IN）という経路は，より正確には TO という経路局面と IN という位置関係を含む（松本 1997）。Talmy（2000）は前者を vector，後者を conformation と呼んで区別するが，ここではこの区別はそれほど重要ではないため，まとめて「経路」とする。

[2]　後に見るように，使役移動事象の言語化においてもこの表現パターンが支配的であると簡単には言えない。

[3]　Talmy（2000）の事象統合の類型において，直示を経路の一種とする最も深刻な問題は，ネワール語のように直示を主要部で，経路を副詞や後置詞といった主要部外要素で表示する言語が存在する事実である（松瀬 2017：例文 (7)，(8) を参照）。ドム語の主体移動表現についても同様の問題が生じる（千田 2017）。

[4]　Talmy（2000）はこれを共事象（co-event）と呼ぶ。ここで言う「使役手段」は Talmy が共事象の一種とする「原因（cause）」に概ね相当すると考えて良い。

[5]　"The pencil rolled off the table"（Talmy 2000: 26）という文によって表現されるような，明確な原因や外的な働きかけが特定されない状況で図（モノ）が移動する事象（Talmy の non-agentive motion）も便宜上，自律移動事象に含める。つまり，ここで言う自律移動事象

そのように仕向けられる事象を使役移動事象 (caused-motion event) とする。一方，(1a) のように図を主語にした表現を主体移動表現，(1b) のように図を目的語とした表現を客体移動表現として区別する (cf. 松本 2017a)。使役移動事象が客体移動として表現されるとは限らないため，この区別は重要である。例えば (1a) の移動は花子が部屋の中から太郎を呼んだことが原因で，または呼ぶという手段で引き起こされた移動である場合もある。この場合，事象としては使役移動事象であるが，表現としては主体移動表現となる[6]。つまり，事象のどの部分に注目するかに応じて表現が変わりうるため ((1a) の場合であれば，動作主 (使役主) から図への使役的働きかけが捨象される)，両者の間にずれが生じるわけである。

　最後に，Talmy (1991, 2000) が提示した移動表現の類型を確認しよう。Talmy は前述の移動にかかわる意味要素のうち，特に経路に注目し，この情報が文のどの形態統語的要素によって表現されるかに応じて，言語を大きく 2 つのタイプに分類した。(1a-b) の日本語が例示するように，経路を主に主動詞で表現する言語は動詞枠付け言語 (verb-framed language) と呼ばれ，ロマンス諸語やセム諸語はこのクラスに属する。一方，不変化詞や動詞接辞に代表される，動詞に付随する要素である「衛星」(「動詞語幹と姉妹関係にある構成素のうち名詞句補語と側置詞句補語を除いたもの」(Talmy 2000: 102)) によって主に経路を表示する言語は付随要素枠付け言語 (satellite-framed language) と呼ばれ，ゲルマン諸語やスラブ諸語はこれに属するとされる。例えば (2) のように，英語では主体移動表現と客体移動表現の両方において，経路 OUT が不変化詞 out によって表現されている。

（2）a.　John ran <u>out</u> of the room.　　　　　　　　　　　（主体移動）
　　　b.　John kicked the ball <u>out</u> of the room.　　　　　　（客体移動）

　しかし，Talmy が付随要素枠付け言語に分類する多くの言語で，衛星の定義から外れる前置詞や後置詞といった側置詞や，フィン・ウゴル諸語にとり

(self-motion) は，Talmy の self-agentive motion と non-agentive motion の両方を含む。

[6]　数は少ないものの，「歩を進める」，「足を運ぶ」や take a step forward, drag oneself to といったような，事象としては自律移動であるが，表現としては客体移動である場合もある。

わけ多く観察される格標識（これらはいずれも名詞関連要素である）によって経路が頻繁に表現される。例えば英語においても，（1a）に対応する *Taro ran into the room* や（1b）に対応する *Taro kicked the ball into the room* では前置詞によって経路が表示されている。このことから，経路が表現される位置が主要部なのかそれ以外なのかを分類の指針とする立場もある（Matsumoto 2003, 松本 2017a）。また，紙面の関係上ここでは立ち入らないが，「枠付け」という概念についても問題があるため（詳しくは松本（2017a）参照），本章では松本（2017a）にしたがい，経路主要部表示型言語と経路主要部外表示型言語という用語を採用する。

3.　データについて

　本章で使用するデータは，国立国語研究所のプロジェクト「空間移動表現の類型論と日本語：ダイクシスに焦点を当てた通言語的実験研究」のために作成されたビデオクリップに基づく[7]。プロジェクトでは同一の刺激を使用して，約 20 の言語の母語話者からデータの収集を行った。日本語の被験者は 22 人である。

　古賀（2016）では，同プロジェクトのデータ（A 実験）のうち，3 つの様態（WALK, RUN, SKIP）と 3 つの経路（TO, INTO, UP）と 3 つの直示（TOWARD SPEAKER, AWAY FROM SPEAKER, NEUTRAL；以下，それぞれを Twd S, Awyfrm S, Neut と略す）[8]を各々 1 つ組み合わせた自律移動事象を映した 27 個のビデオクリップの口述描写を書き起こし，コーディングしたデータに基づき，日本語と英語における自律移動事象の言語化の特徴を，他言語との比較を通して明らかにすることを試みた。本章ではこれに続き，使役移動事象の分析を行う。

　プロジェクトで考察を行った使役手段は，開始時使役の KICK，随伴運搬使役の CARRY，操作使役の PUT，言語行為による使役の CALL の 4 つである。このうち，KICK については TO，INTO，UP の 3 つの経路と Twd S, Awyfrm S，Neut の 3 つの直示を組み合わせた 9 つのビデオクリップがある。その他の 3 つの使役手段については，3 つの直示と経路 INTO のみを考察対

---

[7]　プロジェクトの概要，目的等については以下のページを参照。
https://www.ninjal.ac.jp/research/project/pubpro/deixis/
[8]　経路概念同様，様態概念，使役手段概念，直示概念も英語の大文字で表記する。また，直示概念はスペースの都合上，略語を使用する。

象としている（各々3クリップで計9クリップ）。本章では紙面の制約により，18個の使役移動事象クリップのうち，特にKICKの9場面のみに焦点を絞って議論を行う。日本語における使役移動事象の言語化の全容については別稿に譲ることとする（cf. 古賀（近刊））。

　被験者は映像には現れないカメラを自分と同一視するよう指示されている。したがって，カメラの方向への図の移動がTwd S，カメラから離れる移動がAwyfrm S，カメラの前方を横切るような，近づくことも遠ざかることもないような移動がNeutという直示場面となる。経路TOでは，開けた平面で人がボールを蹴って移動させる（転がす）場面，INTOでは公園の休憩所の中にボールを蹴って移動させる（転がす）場面，UPでは石垣の上にボールを蹴って移動させる場面が描かれている。例えば，カメラの前にいる友人がカメラから離れた位置にある自転車の方に向かって，ボールを蹴って移動させる場面（KICK+TO+Awyfrm S）を「友人が自転車の方にボールを蹴った」，友人がボールを蹴って石垣の上に移動させるのを横から見ている場面（KICK+UP+Neut）を「友人が石垣の上にボールを蹴り上げた」というように被験者は描写した。

4.　日本語の使役移動事象の言語化にみられる特徴

4.1　自律移動事象と使役移動事象の言語化の間の差異

　古賀（2016）が指摘する通り，日本語の自律移動事象の言語化にみられる1つの顕著な特徴は，その直示情報の表現頻度の高さにある。プロジェクトで調査した19言語中[9]，日本語の1クリップあたりの平均直示指定回数は，日本手話（1.56），クプサビニィ語（1.42），ネワール語（1.26）に次いで第4位の1.15であり，19言語の平均である0.79を大きく上回る[10]。

---

[9]　日本語（古賀裕章・吉成祐子），日本手話（今里典子），英語（秋田喜美・松本曜・眞野美穂），ドイツ語（高橋亮介），ロシア語（Anna Bordilovskaya），フランス語（守田貴弘），イタリア語（吉成祐子），ハンガリー語（江口清子），クプサビニィ語（河内一博），シダーマ語（河内一博），スワヒリ語（Monica Kahumburu），中国語（小嶋美由紀），タイ語（髙橋清子），ネワール語（松瀬育子），タガログ語（長屋尚典），モンゴル語（バドマ），ユピック語（田村幸誠），イロカノ語（山本恭裕），バスク語（石塚政行）の19言語。なお，イロカノ語とバスク語は，実際にはこのプロジェクト終了後に付け足された。

[10]　値が1を超えている理由は，「こっちに走ってきた」のような多重指定が見られるためである。指定回数に対して，指定率は1クリップあたり1回以上言及された割合を指

一方，KICK, PUT, CARRY, CALL のすべてを含む使役移動事象（経路がINTO のもののみ）の言語化においては，18 言語[11] の平均直示指定回数 0.60 をわずかに上回る 0.62 と 7 位にとどまる。この値自体は他言語のそれと比較してそれほど低いものではないが，日本語の自律移動事象の描写における指定回数と比較すると，かなり低くなっていることがわかる。自律移動事象の描写において非常に高い直示の表現頻度を誇っていたクブサビニィ語やネワール語は，使役移動事象の表現においても同様に，それぞれ 0.96（2 位），0.93（3 位）とかなり高い直示の指定頻度を保っている[12]。

使役手段の種類別に直示の言及率を見てみると，日本語の使役移動事象の言語化において直示指定率が比較的低い理由が見えてくる。図 1 から明らかなように，KICK と PUT の場面における直示の指定率の低さが，使役移動事象全体の描写における直示表現率を大きく引き下げている。

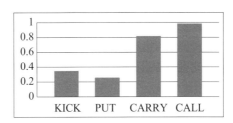

図 1　日本語の場面別直示指定率（INTO の場面）[13]

し，最大値が 1 である。

[11] 註 9 の 19 言語から，データの上がっていないユピック語を除いた 18 言語。

[12] 自律移動事象と使役移動事象の描写を比較すると，どの言語でも直示の表現頻度が前者において高い。これには複数の理由が考えられるが，松本（2017b: 271）が指摘する通り，直示はヒトの移動と深く結びついているという事実が大きいと考えられる。KICK 場面において，モノである図（ボール）を主語とした主体移動として表現されていた例が 23 例存在するが（e.g.「友達が蹴ったボールが石垣を超えた」），このうち動詞によって直示が表示されていた例は 14 例（60.9%）にとどまることも，この分析を支持する。

[13] 本章では KICK に焦点を絞るため深くは立ち入らないが，CARRY の場面（椅子を休憩所に運び入れる映像）で直示表現が頻繁なのは，「持っていく/くる」という疑似客体移動表現（「持つ」や「抱える」といったそれ自体で着点句を取ることのできない動詞（e.g.「椅子を休憩所に持つ」，「椅子を休憩所に抱える」）に直示動詞「いく」，「くる」が後続する形式）が非常に多く用いられるためである（松本 2017b 参照）。また，CALL の場面（呼ぶことによって休憩所の中に移動させる映像）で直示がほぼ必ず表現されているのは，「呼ばれたマリアが休憩所に入ってきた」のように，主体移動として表現されていることに起因する。これは註

PUTの場面（鞄の中に本を入れる映像）で直示の指定率が低い1つの理由は，松本（2017b: 272）が指摘するように，移動が動作主（使役主）の身辺に限定されているがゆえに，話者の領域の外から内へ（またはその逆）というような直示の区別が意味を持ちにくいためと考えられる。操作使役のこのような性質から予測されるように，PUTの場面ではどの言語でも直示表現が少ない。平均直示指定回数が2位のクプサビニィ語と4位のネワール語でも，この傾向は顕著に観察される[14]。

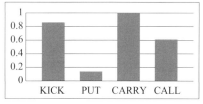
図2　クプサビニィ語の直示指定率

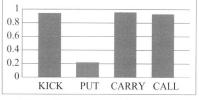
図3　ネワール語の直示指定率

したがって，日本語の使役移動事象の言語化において直示の表現頻度が低い理由を理解するには，クプサビニィ語やネワール語とは異なり（図2, 3を参照），KICKの場面に直示表現が少ない理由を探る必要がある。

また，直示表現の低頻度と関連する，自律移動と使役移動の描写における相違点として，主動詞で表される情報が挙げられる。自律移動事象の場合，図4のように直示が90%以上の確率で主動詞の位置に現れる。一方，図5にみられるように，使役移動KICK場面の場合には直示が主動詞で表される割合はわずか8.1%であり，使役手段が表現される割合が半数（50%）にのぼる（Mは様態，Mnsは使役手段，Pは経路，Dは直示を表す）[15]。これは換言すれば，主動詞以外の位置で経路を表現する，経路主要部外表示型言語の特徴を深めていると言える。これはなぜだろうか。

12で述べたように，ヒトの移動がかかわっていることが1つの理由である。詳しくは古賀（近刊）を参照。

[14] タイ語は例外であり，PUTの場面でも直示動詞を使って比較的頻繁に直示を表現する（INTO場面において，0.53の言及率（動詞以外の表現も含む）を示す）。

[15] ［等位節＋等位節］のパターンでは，後ろの節の主要部をカウントした。

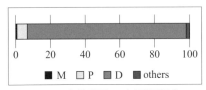
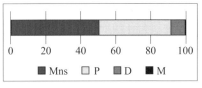

図4　自律移動の主要部概念　　図5　使役移動 (KICK) の主要部概念

　さらに，日本語の自律移動事象と使役移動事象とでは，その表現に使用される構文が大きく異なる。図6が示す通り，自律移動事象の表現においては，［副動詞（動詞のテ形，連用形）＋主動詞］（e.g.「スキップしてくる」や「駆けあがる」）という表現パターンが86.4%使用されている。ところが，図7のように使役移動事象KICK場面の描写においては，このパターン（e.g.「蹴り上げる」，「蹴って入れる」）は30.8%に減少し，主動詞のみのパターン（33.8%）を下回る。（［従属節＋主節］は「蹴って休憩所に入れる」のようなMnsとPを表す動詞が隣接していない例，［関係節＋主節］は「蹴ったボールが塀を超えた」のような主体移動の例，［等位節＋等位節］は「ボールを蹴って，ボールが休憩所に入っていった」のような主体移動を指す（註15参照）。補助動詞を含むパターンについては後に詳しく議論する。

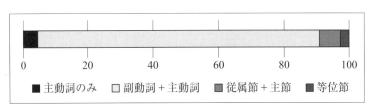

図6　日本語の自律移動事象の表現パターン

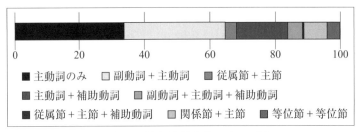

図7　日本語の使役移動事象の表現パターン

以下 4.2 節以降で，日本語の自律移動事象と使役移動事象の言語化に以上の差異をもたらす要因を探りながら，日本語の使役移動事象の表現の特徴を浮き彫りにしていく。

4.2　意味要素の表現頻度を決定づける言語個別的要因

古賀 (2016) は，日本語の自律移動事象の表現と英語を始めたとした他言語のそれとの比較に基づき，意味要素の表現頻度を決定づける言語個別的要因として，1) 他と競合することなく当該の意味要素を表現することができる形態統語スロットの有無 (cf. 古賀 2017)，2) 当該の意味要素に対する注目の一貫性，3) 多重指定を可能にする形態統語要素の存在を挙げる。例えば日本語では，様態，経路，直示の 3 つの意味要素を表現したい場合，「走って入っていった」や「駆け込んできた」のように副動詞構文を使って各情報を異なる動詞スロットで表現できるため，他の要素と競合することなく直示を表現することが可能である。一方，英語では主動詞のスロットをめぐって様態と直示が競合するため ([run vs. come] into the pavilion)，両者を単一の節で表現することが困難となる[16]。このため，直示の表現頻度が低くなるのである。

実際，自律移動の描写における平均直示指定回数で上位に位置する言語は，他の要素と競合なく直示を表現する形態統語手段を有する。例えばネワール語 (3 位) は，日本語と同様，直示専用の動詞スロット (主動詞) を持つ (松瀬 2017)。クプサビニィ語 (2 位) には動詞接尾辞のスロットが 2 つあり，そのうちの 1 つは直示専用のスロットである。これと類似して，ドイツ語 (8 位) は動詞接頭辞 (前綴り) のスロットが 2 つあり，このうちの 1 つで他の要素と競合なく直示を表現することができる。また，ドイツ語の場合には，Awyfrm S を表す動詞 gehen が歩行による移動という様態の情報を併せ持っているため，様態が WALK であり直示が Awyfrm S (または Neut) である場合には，主動詞のスロットにおいても競合が解消される (古賀 2017)。

ところが，当該の意味要素を表現するための専用スロットの存在が，その要素の高い表現頻度に繋がらない言語も存在する。例えば，中国語はタイ語と同様に動詞連続構文を有するため，様態，経路，直示を異なる動詞スロッ

---

[16]　英語でも現在分詞構文を使い come running into the pavilion と表現できるが，この表現パターンは様態を主動詞ではなく動詞の従属形で表しており，典型的な経路主要部外表示型言語のパターンから外れる。実際，この表現パターンはデータにほとんど見られない。

トで表現できるが，タイ語（1.10で5位）とは異なり，平均直示指定回数が0.67と平均の0.79にも及ばず，順位も12位にとどまる。この理由は，直示の中の区別のうち，Twd S以外の情報，つまりAwyfrm SとNeutについてはあまり注目しないという事実に求められる（詳細は小嶋（本巻）を参照）[17]。これに対して，日本語を含めた上位に位置する言語では一様に，3つの直示の区別すべてに一貫した注意を向けて言及している。

最後に，「こっちに走ってきた」のような直示の多重指定がその言及頻度に影響を与えることから，直示情報を表示する形態統語的手段の数が重要となることがわかる。ハンガリー語は，英語（0.44で15位）と同じく直示専用のスロットを持たないが，動詞語幹（様態と競合），接頭辞（経路と競合），格標示された1人称代名詞，後置詞句といった直示を表現する手段を豊富に有するため，平均直示指定回数は0.78と比較的高い。一方，ロシア語やタガログ語は直示動詞を持たず，直示を表現するのに側置詞句に依存する以外にない。このため，直示の表現頻度は低くならざるを得ない（ロシア語は0.36で17位，タガログ語は0.34で18位）。

自律移動事象の言語化において，意味要素の表現頻度を決定づけるとされるこれら3つの要因を，使役移動事象KICK場面の表現の分析に適用し，その特徴を掘り下げてみよう。

4.3　主語一致の原則

まずは1つ目の要因である，当該の意味要素を他との競合なく表現することが可能な形態統語スロットの有無について検討する。

経路主要部表示型言語は，主動詞で経路を表す。使役移動事象は本質的に他動的事象であるため，他動詞文で表現される傾向が強い。客体移動表現においても経路主要部表示型のパターンを取るためには，経路を語彙化した

17　この傾向は副動詞構文を有するモンゴル語にも観察される。モンゴル語の平均直示指定回数は19言語の平均（0.79）を上回る0.89（7位）であるものの，日本語の1.15には遠く及ばない。これは，モンゴル語ではAwyfrm SとNeutの場面においては直示指定率がそれぞれ0.59，0.47と比較的低くなっており，代わりに経路が主動詞を占める割合が日本語よりも高いことに起因する。動詞連続構文を有するタイ語と中国語，副動詞構文を有する日本語とモンゴル語にみられるこのような直示の表現頻度における違いは，主体性（subjectivity）の度合いの違いによって生じると考えられる（Langacker 1985, Uehara 2006, 古賀 2016）。

他動詞が必要となる。実際，日本語には「上がる / 上げる」，「下がる / 下げる」，「降りる / 降ろす」，「落ちる / 落とす」，「帰る / 帰す」，「戻る / 戻す」，「入る / 入れる」，「出る / 出す」，「抜ける / 抜く」など自他の対応を示す経路動詞がかなり多く存在する。

　使役手段は通常，他者への働きかけを表すため他動詞で表現される。このため，主要部表示型言語において使役手段と経路の両方を客体移動表現で表示したい場合，(3)のようにそれぞれの動詞の主語が共有されるパターンとなる。

（3）a.　友達は休憩所の中にボールを蹴って入れた。　　　　　　　　　(8–36)[18]
　　　b. ＊友達は休憩所の中にボールを蹴って入った。
　　　c.　友人がボールを石垣の上に蹴り上げた。　　　　　　　　　　　(12–38)
　　　d. ＊友人がボールを石垣の上に蹴り上がった。

　つまり，「副動詞＋主動詞」(テ形を使った複雑述語(3a)と連用形を使った複合動詞(3c))という表現パターンには，「主語一致の原則」という項の共有に関する制約が存在する(松本 1998)。これにより，(3b, d)に例示される，前項動詞の目的語が後項動詞の主語になるような，主語が切り替わる項の共有パターン(switch-subject)は許容されない(Bradshaw 1993)。この制約は，副動詞構文を有する経路主要部表示型言語に広く見られる。

　注意が必要なのは，前項動詞と後項動詞の主語が一致すれば良いというだけではなく，(4–5)が示す通り図の有生性に制約がある点である。

（4）a.　友達が休憩所の中にマリアを呼び入れた。
　　　b.　友達が休憩所の中にマリアを呼んで入らせた。
（5）a.　友達は休憩所の中にボールを蹴って入れた。　　　　　　　　(＝(3a))
　　　b. ＊友達は休憩所の中にボールを蹴って入らせた。

　(4b)と(5b)の比較から明らかなように，日本語では図が有生物である場

18　括弧の中に記した番号は，被験者とビデオクリップの番号に該当する。この番号が付いていない例文は作例である。

合には，形態的使役動詞（「入らせた」）を使って主語を一致させた文が成立するが，図が無生物である場合には成立しない。

　ここで直示に目を向けてみよう。主要部表示型言語において客体移動表現で直示を表現したい場合には，経路の場合同様，「いく」，「くる」に対応する，直示を語彙化した他動詞が必要となる。日本語には「やる」，「よこす」という直示情報を含んだ他動詞が存在する[19]。KICK 場面における図は無生物のボールであるため，動詞で直示情報を表現するためには，（6）のように（「行かせる」，「来させる」のような形態的使役述語ではなく）これらの語彙的使役動詞を使用する以外にない。

（ 6 ）a.　私の隣にいた友人がボールを蹴って自転車のところに<u>やった</u>。

（02–32）

　　　b.　友人がこちらにボールを蹴って<u>よこしました</u>。　　　（05–31）

　ところが，「いく」に対応する「やる」及び「くる」に対応する「よこす」という語彙的使役直示動詞が使用されているのは，わずかにこの（6a–b）のそれぞれ 1 例のみである（全 198 例中 2 例）。つまり，「やる」，「よこす」は著しく生産性を欠いており，これは実質，客体移動表現において直示情報を提示する動詞スロットを失っているに等しい[20, 21]。自律移動事象の場合とは異なり，使役移動事象 KICK 場面の描写において，図 1 で確認したように直

---

[19]　松本（1997: 170）は，「行く」，「来る」に対応する使役移動動詞は存在しないとする。また，松本（2017b: 259）は，方言差があるという理由で「よこす」を使役的直示動詞として扱うのに慎重である。しかし，「ボールを（投げて）こっちにやった」や「ボールを（投げて）向こうによこした」が不自然であることから，やはり直示情報を有すると判断する。

[20]　「やる」は「追いやる」，「押しやる」など，稀に複合動詞の後項として使用されることはあるが生産的ではない。一方，「よこす」は複合動詞の後項として生起することはないが，「送ってよこす」，「投げてよこす」などのようにテ形動詞と複雑述語を比較的生産的に形成することができる。しかし，現代日本語書き言葉均衡コーパスの書籍サブコーパスを使った松本（2017b）の調査では，取り出した 159 例の「投げる」のうち，「よこす」と共起している例は 1 例もなかったという（私信）。また，現代日本語書き言葉均衡コーパス全体を見てみると，「投げてよこす」は 27 例あるものの，「投げる」が使用された例が全体で6739 例あるため，「投げる」と「よこす」が共起する頻度はわずかに約 0.4% である。

[21]　三宅知宏氏（私信）の指摘するように，これは「やる」，「よこす」が補助動詞としての用法を発達させていないと言い換えても良いかもしれない。

示情報の表現頻度が低い理由，及び図5で確認したように主要部で直示が表現される割合が1割にも満たない理由はこの事実に求められる[22]。

客体移動表現（KICK 場面）において動詞で直示を表現する生産的手段を失った日本語では，後置詞句の使用（e.g.「こっち/向こうに」）に依存せざるを得ない。しかし図8が示すように，話者の方向への移動を表す Twd S は頻繁に言及されているものの，それ以外の直示情報に対する後置詞句による言及はかなり稀である。この傾向は日本語に限ったことではなく，直示専用スロットを持たない言語には共通に見られる（古賀 2016）。この理由はTalmy (2000)が主張するように，文の成立に必須の要素ではない側置詞句によって表現される情報は前景化されており，前景化された情報を処理するのには認知的な負荷がかかるため，とりわけ重要な情報でない限り省略される傾向を反映したものである。つまり，Twd S は話者に直接的な影響を及ぼしうる重要な情報であるため，認知的コストを払ってでも表現されるものの，Awyfrm S と Neut はコストを払ってまで表現する情報に値しないと捉えられていると言えるだろう。

一方で，主動詞や閉じたクラスの要素で表される情報は背景化されており，処理にコストがあまりかからないため，容易に表現可能であるとされる。これを反映し，図9に見られるように，主動詞を直示専用スロットとして持つ主体移動表現による自律移動事象の描写においては，使役移動事象の場合とは対照的に，日本語はすべての種類の直示に一貫した注意を向けている。

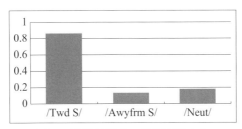

図8　使役移動直示場面別指定率

---

[22] (6a, b)以外で KICK 場面において主要部で直示が表されている例は，すべて「行く」，「来る」を含む主体移動表現が使用されている例である。註12を参照。

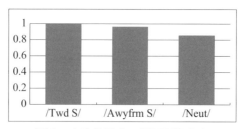

図9　自律移動直示場面別指定率

使役移動事象の表現における直示情報の言及について，ネワール語は日本語と対照的である。日本語とは異なり，ネワール語には非常に生産的な語彙的使役直示動詞が存在し，(7)のようにこれを使って KICK の場面においても客体移動表現を使用して頻繁に直示を表現する（松瀬 2017）。

(7) pāsā:　　ba:l　satal-e　　du-ne　　thwānā　hala (17–34)
    友達.ERG　ボール　休憩所-LOC　中に-LOC　蹴る.CM　よこす.NFD
    （友達がボールを休憩所の中に蹴ってよこした。）

(8) wa　pāsā:　　pa:khā　puika　ba:l　thwānā　chwala (11–36)
    その　友達.ERG　壁　　向こうに　ボール　蹴る.CM　やる.NFD
    （その友達はボールを蹴って壁の向こうにやった。）

つまり，ネワール語には客体移動表現においても生産的な直示専用の動詞スロット（主動詞）が存在し，図10と図11が示すように，このスロットを活用してすべての直示的区別に一貫して言及しているわけである。

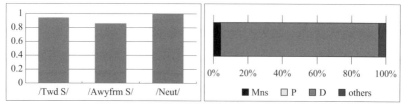

図10　ネワール KICK 直示別指定率　　図11　ネワール KICK 主要部概念

興味深いことに，副動詞構文を有する経路主要部表示型言語であるモンゴ

ル語は，日本語とは異なり（9）のように図が無生物であっても，経路動詞や直示動詞の形態的使役形を使って主語を一致させた客体移動表現が問題なく成立する（（5b）参照）。

（9）　isgülü-ged　　Gar-Ga-Gad　　　yab-ul-jei　　　　（松本 2017c: 351）
　　　蹴る -CONV　　出る -CAUS-CONV　　行く -CAUS-PAST

　　　（（ボールを）蹴って外にやった。）

（10）　Taro　bömbög-i　　buluda-gad　　ire-gül-jei.
　　　太郎　ボール -ACC　　投げる -CONV　　来る -CAUS-PAST

　　　（太郎はボールを投げてよこした。）　　　　　　　　（包聯群氏私信）

　これはつまり日本語とは異なり，モンゴル語の客体移動表現には直示専用のスロットが存在すると言える。しかし，このように専用スロットを有するにもかかわらず，経路が INTO である KICK 場面の描写におけるモンゴル語の直示表現は，このプロジェクトのデータには何と 1 例も見られなかった[23]。

　これらの言語に共通する特徴は，主語一致の原則により，経路や直示を表示するのに主体移動表現と客体移動表現とで異なる要素が使用される点にある[24]。例えば日本語では，経路 INTO を表すのに（1a）のように主体移動表現の場合には「入る」が使用されるのに対し，客体移動表現の場合には（1b）のように「入れる」という異なる形式の動詞が必要とされる。この特徴に基づき，松本（2017c）はこれらの言語を特化要素言語と呼ぶ。

　一方，中国語やタイ語のような動詞連続言語の多くでは，表現タイプに

---

[23]　これは方言差によるものかもしれない。本プロジェクトのモンゴル語被験者はホルチン方言の話者である。（10）にある「来る」の形態的使役形に当たる動詞（ire-gül）は KICK 場面には 1 例も見られないものの，経路が UP の場面では，（9）にみられる「行く」の形態的使役形（yab-ul；到着を含意しない非終結的移動を表す直示動詞）が 1 例，TO の場面では 14 例使用されている。ところが，TO 場面にみられる 14 例のうち 5 例が Twd S の場面で使われており，直示方向が矛盾する。これはもしかすると，「図が使役者から離れる」（away from the causer）を表そうとしたものかもしれない（松本曜氏私信）。この点については方言差などを考慮して更なる考察を要するが，それは別稿に譲る。

[24]　註 3 で指摘した通り，ネワール語では経路は共通要素である副詞や後置詞で表現される。一方，主要部を占める直示動詞は主体移動表現か客体移動表現かに応じて異なる形式の動詞が要求され，共事象（様態及び使役手段）を表す副動詞と主語を共有する（例（7–8）を参照）。よって，経路に関しては共通要素言語，直示に関しては特化要素言語と分裂を示す。

218 | 古賀裕章

かかわらず，経路や直示を表示するのに同じ要素が使用される（高橋 2017,
Lamarre 2017）。(11)，(12) はタイ語の例である。

(11) wiN3 khUn3 ban1day1 maa1   (6–22)
　　　走る　　上がる　　階段　　　　来る
　　　((友達が) 階段を走って上がってきた。)

(12) phUan3 te?2luuk3 bOOn1 khUn3 maa1   (9–37)
　　　友達　　　蹴る　　　　ボール　上がる　来る
　　　(友達がボールを蹴り上げてよこした。)

　(11) の主体移動表現では，様態，経路，直示を表す動詞がすべて，非明
示的な項 (「友達」) を主語に取る。これに対して (12) の客体移動表現では，
使役手段を表す動詞の目的語 (「ボール」) が，経路 (UP) と直示 (Twd S) を表
す動詞の主語になっている。このように，客体移動表現において第一動詞の
目的語を後続する動詞の主語に切り替える項の共有パターン (switch subject)
を許容する言語は，表現タイプにかかわらず経路と直示の表現に同一の要素
を使用する (Bradshaw 1993)。つまり，これらの言語の経路や直示を表す動
詞は，英語の前置詞やロシア語の接頭辞のように他動性について中立的であ
り，主語を選択する能力を欠いている。この特徴に基づき，松本 (2017c) は
これらの言語を共通要素言語と呼び，主体移動表現と客体移動表現におい
て経路 (と直示) を表現するのに，同一の要素を用いるか別の要素を用いる
かに応じて，特化要素言語 (日本語，モンゴル語など) vs. 共通要素言語 (英
語，ドイツ語，タイ語など) という新たな類型を提案する。

　動詞連続構文を有する共通要素言語には，客体移動表現においても直示専
用の動詞スロットが存在する。しかし，言語によってはこのスロットが直示
情報の表示に頻繁に活用されないこともある。自律移動事象の描写におい
てタイ語は直示を頻繁に表現するものの，中国語は Twd S 以外の直示的区
別には比較的無関心であるため，直示全般の表現頻度が低いことは前述し
たとおりである (4.2 節参照)。使役移動事象の言語化 (KICK, PUT, CARRY,
CALL のすべて場面) についても同じ傾向が見られ，タイ語の 1 クリップ
あたりの直示平均指定頻度は 0.93 と 5 位であるのに対し，中国語は平均の
0.60 にも及ばず 0.51 (9 位) にとどまっている。

4.4 逆行構文による直示情報の指定

ここまで，日本語の客体移動表現においては，他の意味要素と競合なく直示を表現する生産的な動詞スロットを欠いており，これと関連し，とりわけ際立った Twd S 以外の直示的方向には言及しない傾向が強いことを確認した。直示専用スロットの欠如から，自律移動の場合とは異なり，使役移動の描写においては直示の多重指定が減少することが予測される。図 12 と図 13 は，それぞれ自律移動と使役移動（KICK 場面）の描写における直示の多重指定率を示したものである。

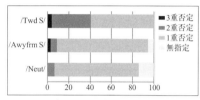
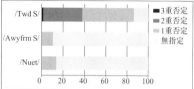

図 12　自律移動直示多重指定　　図 13　使役移動直示多重指定

図 13 からわかる通り，使役移動事象の描写における Awyfrm S と Neut については予測通り多重指定が皆無になっている。ところが，Twd S の場面では自律移動の場合とほぼ同じ程度の二重指定が見られる。これはなぜだろうか。

これは，Twd S を表示する生産的な語彙的使役移動動詞の欠如を補うべく，後置詞句以外に (13) のような逆行構文が使用されていることに起因する。図 7 における [主動詞＋補助動詞] (15.7%：(13a))，[副動詞＋主動詞＋補助動詞] (4.5%：(13b))，及び [従属節＋主節＋補助動詞] (0.5%：「ボールを蹴って休憩所の中に入れてきた」(9-36)) は，この逆行構文に相当する[25]。

(13) a.　友達がボールをこちらに蹴ってきた。　　　　　　　　　(3-31)
　　 b.　友達が自分のいるところにボールを蹴り上げてきた。　　(3-37)

(13) の逆行形式「(て)くる」は，動詞句の表す行為・事態が話者に向

---

[25]　(13a) において，目的語である「ボール」は「蹴る」の項であり（「ボールを蹴った」）「くる」の項ではない（「*ボールをきた」）。つまり，逆行形式の「(て)くる」は項構造に貢献しない補助動詞であり，主動詞は「蹴る」の方である。よって，表現パターンは [(副動詞＋) 主動詞＋補助動詞] となる。

けて行われたことを表す標識であり，移動を表す動詞ではない（Shibatani 2003, 古賀 2008, 澤田 2009）。(13) の「くる」がボールの移動を表しているのだとすると，タイ語や中国語と同じように，前項動詞の主語と後続する動詞の主語が切り替わる項共有パターンが許容されることになる。しかし前節で議論した通り，日本語の複合動詞やテ形を使った複雑述語には，主語一致の原則が存在するためこれは考えにくい。むしろ，この「くる」は，動詞句もしくは節（(13a) であれば「友達がボールを蹴る」という事態）を意味上の主語に取る項共有パターン（verbal subject）を示す補助動詞と分析するのが妥当である（Bradshaw 1993, Koga 2010）[26]。

　逆行形式は主動詞の表す行為・事態が話者に向けられていることを表すため，原則的には Twd S の場面でのみ使用される[27]。よって，Twd S に限定して見てみると，66 例中 37 例においてこの形式が使用されており（56.1%），この 37 例のうち 20 例において，(13) が例示するように直示を表示する後置詞句と使用されて二重指定がなされている。つまり，日本語は客体移動表現において直示移動を表す専用スロットを持たないものの，Twd S の場面においては後置詞句の他に逆行構文を使用して直示情報を表現する手段を有する。これにより，例えば英語のような言語よりも日本語は直示を表する形態統語手段を多く持つため，二重指定を含めた直示の言及率が高くなる。

　「(て) くる」を使った逆行構文に対応する順行構文には，「いく」を使うことができず動詞は無標の形となる（註 26 参照）。このため「自転車の所にボールを蹴った」などの例は，直示を表示しているとみなされていない。しかし，「(て) くる」を含む逆行構文との対比において，少なくともこの構文を使用した話者にとっては無標の動詞が直示（Awyfrm S）を表していると考えることも可能だろう。もしそうだとすれば，日本語の KICK 場面における直示表現頻度はより高くなることになる。

---

[26]　対応する「いく」を使った表現が存在しないこと（「* ボールを向こうに蹴って行った」），及び移動をその意味に含まない動詞（「無視してきた」）や矛盾する方向を表す動詞（「手を離してきた」）と共起するという事実もこの分析の妥当性を支持する。詳しくは Koga (2010) を参照。

[27]　Neut の場面でも 3 例使用されている（よって総数は 40）。

4.5　経路の表示と表現パターンについて

　この節では，KICK 場面の描写における経路の表現を種類別に考察し，その表現に使用される構文について議論する。

　松本（2017c）は，主体移動表現と客体移動表現を比較した場合，多くの言語で後者の方が経路を主要部で表示しにくくなる傾向を指摘する。この理由の１つは，先に述べたように経路を語彙化した使役移動動詞の欠如である。例えば，経路主要部表示型言語とされるイタリア語やフランス語には，日本語の「入れる」に対応するような INTO を語彙化した汎用的な他動詞が存在しない（吉成 2017，守田・石橋 2017）。したがって，両言語の客体移動表現（KICK 場面）においては，経路が INTO の場合には使役手段が主動詞で，経路が前置詞で表現されるパターンが大半を占める。つまり，KICK 場面の描写における両言語の表現パターンは，英語やドイツ語と同様の経路を主要部の外で表示するパターンとなる。

　客体移動表現において経路を主要部で表示するのが困難になるもう１つの理由は，松本（2017c）が指摘する通り，たとえ当該言語に経路を語彙化した使役移動動詞が存在したとしても，その動詞の意味が特定のタイプの使役手段に制限されるという事実である。例えば，中国語には「挙（jǔ）」という経路 UP を表す動詞があるが，これは「挙手（jǔ shǒu）」（'手を挙げる'）のように身体部位を上方向に移動させる継続使役のみを表現するため，開始時使役のKICK の場面では使用できない（Lamarre 2017）。同じように，イタリア語の*sollevare*'上げる'も継続使役しか表現できず，KICK 場面では使用できない（吉成 2017）。

　以下，客体移動表現において経路を主要部で表示することを困難にするこれら２つの要因が，日本語の KICK 場面の描写にどのような影響を及ぼすかを考察する。

　まずは経路のうち INTO と UP を検討しよう。先述した通り，日本語には他の言語と比較して，比較的広い範囲の経路を語彙化した自動詞と他動詞の対が存在する（松本 1997）。INTO については「入る」に対応する「入れる」，UP については「上がる」に対応する「上げる」という使役移動動詞が存在し，客体移動表現に使用される。しかし主体移動表現と比較して，客体移動表現では経路を表示するのに動詞が使用される割合が低い。

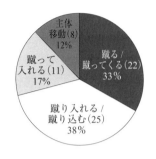

図 14　INTO 場面の動詞形態　　図 15　UP 場面の動詞形態

　図 14 と 15 からわかる通り，動詞によって経路が表示されていない，つまり (14) のような経路主要部外表示型のパターンが，INTO と UP の場面のどちらにおいても 33% も見られる。

(14) a.　友達が休憩所の中にボールを蹴った。　　　　　　（INTO；7–36）
　　 b.　友達が石垣の上にボールを蹴ってきた。　　　　　　（UP；7–37）[28]

　図 14 と 15 の比較から，「入れる」と「上げる」の興味深い相違点が浮かび上がってくる。図 15 に見られるように，UP の場面では「蹴り上げる」という複合動詞の形式で「上げる」が使用されている割合が 56.1% に及ぶ。一方，INTO の場面においては，「蹴り入れる」という複合動詞の形式で「入れる」が使用されている例は 37.9% にとどまり，代わりにテ形を使った「蹴って入れる[29]」という形式で使われている例が 16.7% 存在する。換言すれば，UP の場面ではテ形を使った「蹴って上げる」という例が 1 例もない。これは，「上げる」という動詞が単独もしくはテ形の使役手段動詞に後続する場合には，通常継続使役しか表さないことに起因する（松本 1997,

---

[28]　逆行形式「てくる」は，先の議論で述べた通り移動を表さないため，図 14, 15 では (14b) のような例も「蹴る」，つまり動詞単独に含める。註 25 も参照。

[29]　この中には「蹴って休憩所に入れた」(図 7 の [従属節＋主節] 及び [従属節＋主節＋補助動詞]) のような使役手段と経路を表す動詞が隣接していないものも含む。

Matsumoto to appear)[30]。

　興味深いのは，UPを語彙化した使役移動動詞の使用が特定の使役手段の描写に概ね制限されるものの，イタリア語などとは異なり，複合動詞の後項として使用した場合には開始時使役を表現することが可能となる点である。このため，複合動詞の形式が多く使われることになり，これによりイタリア語などよりも経路を主要部で表示するパターンの割合が 41.4% と，図 5 で確認したように比較的高くなるわけである（経路が INTO の場合，イタリア語ではすべての例で使役手段 KICK が主動詞の位置を占める）。

　次に経路 TO に話を移そう。図 16 から明らかなように，TO 場面の表現パターンを見ると，動詞単独のパターンが 80% 以上にのぼる。つまり，経路主要部外表示型の特徴をさらに強めていることになる。これはなぜだろうか。

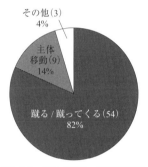

図 16　TO 場面の動詞形態

　通言語的な傾向として，デフォルトの経路と言える TO は主要部以外の要素で表現されることが多い[31]。経路主要部表示型言語である日本語も例外ではない。図 17 から明らかなように，自律移動事象の描写においては 89.8%，使役移動事象の描写においてはさらに多く，実に 97.4% の比率で TO が後置詞によって表現されている。

30　「凧をあげる」のような例でも，動作主が凧に付いた糸で凧を操作することから，継続使役と考えられる。

31　松本 (2018) では，TOWARD，FROM，TO（境界越え (boundary crossing) を含まない経路局面）や，ALONG，AROUND（場所的な性質を持つ経路）は，経路主要部表示型とされる複数の言語においても，主要部以外の要素で表現される傾向があることを，実験的データ（C 実験）に基づいて指摘している。

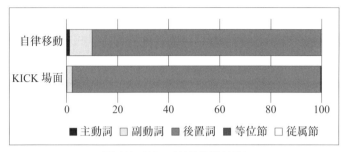

図 17　TO の表現位置比率

　つまり，自律移動事象の描写において経路が TO の場面では，経路が動詞では表されず，「走ってくる」や「スキップしていく」のように様態動詞に直示動詞が主要部として後続するパターン（［副動詞＋主動詞］）が大半を占める。Talmy (2000) の枠組みにおいては直示も経路の一種とされるため，この表現パターンも主要部表示型とみなされる。ところが上述の通り，日本語には直示を語彙化した生産的な使役移動動詞が存在しないため，図 16 に見られるように KICK 場面の客体移動表現においてはおのずと使役手段を表す動詞が主要部となり（「蹴る」単独），経路主要部外表示型のパターンとなるわけである。(15) はこの点を例示する。

(15) a.　友達が自転車の方にボールを蹴った。　　　　　(TO：13–33)
　　 b.　友達がこっちへボールを蹴った。　　　　　　 (TO：9–31)

　自律移動事象の言語化において経路 TO が動詞で表示されているのは 10% 弱であり，「近づく」が 8 例，「寄る」が 17 例（「近寄る」が 7 例，「歩み寄る」が 2 例，「駆け寄る」が 8 例），「向かう」が 5 例使用されている。これらの自動詞に対応する他動詞が存在するかを見てみると，「近づく」には「近づける」，「寄る」には「寄せる」という他動詞が用意されている。しかし，「上げる」の場合と同様に，これらの動詞を単独で使用した場合，継続使役（操作使役）を表すものと解釈されるのが通常である（松本 2017b，e.g.「? ボールを蹴って自転車に近づけた」）。また「上げる」とは異なり，これらの動詞は「蹴る」を前項動詞として複合動詞を形成しない（「* 蹴り近

づける」，「?蹴り寄せる」[32]）。

さらに，「向かう」と形態的対応を示す「向ける」は移動を表さず，「物がある方向を向くようにする」（『明鏡国語辞典』）といった意味を表す。つまり，「向かう」に対応する移動の意味を持った他動詞は存在しない[33]。このような事情により，経路が TO の KICK 場面においては大半の場合，使役手段が主動詞，経路が後置詞で表現され，結果として経路主要部外表示型の表現パターンとなっている。これが図 7 と図 8 の比較で確認したように，使役移動事象の言語化においては自律移動事象の場合とは異なり，［副動詞（動詞のテ形，連用形）＋主動詞］という表現パターン（e.g.「蹴り入れる」）が 30.8% にも激減し，主動詞のみの表現パターン（e.g.「蹴った」）が 33.8% に跳ね上がる原因の 1 つとなっていると考えられる。註 25, 28 で述べたように，逆行形式の補助動詞「てくる」は移動を表さないため，［主動詞＋補助動詞］（15.7%；e.g.「蹴ってくる」）及び［副動詞＋主動詞＋補助動詞］（4.5%；e.g.「蹴り入れてくる」）はそれぞれ［主動詞のみ］と［副動詞＋主動詞］というパターンに含まれることになる。よって実際には，［主動詞のみ］が 49.5% と約半数に，［副動詞＋主動詞］が 35.3% となり，主要部外表示型のパターンが優位になる。

5. 結語

本章では，日本語の自律移動事象と使役移動事象の言語化に観察される特定の意味要素の表現頻度，及び表現パターンの相違を出発点として，それを生み出す類型論的，言語個別的要因を明らかにした。このような事象タイプに応じた表現頻度や表現パターンの変異は，全ての言語に観察されるわけではない。例えば英語では，自律移動事象と使役移動事象のいずれの表現においても，直示の平均指定回数は 0.4 前後であり（cf. 日本語における図 4 と 5 の違い），表現パターンも 90% 以上が主動詞のみのパターンであり大差がない（cf. 日本語における図 6 と 7 の違い）。

日本語と英語のこのような相違の源泉がどこにあるのかを考えると，やは

---

[32]　約 1 億 500 万語を収蔵する『現代日本語書き言葉均衡コーパス』には，「蹴り近づける」，「蹴り寄せる」は 1 例も見つからない。

[33]　「兵／使者を（さし）向ける」といった表現は可能だろうが，図が人間の場合にしか使用できない。

り経路をどの形態統語要素で表現するかに基づく類型に行き当たる。英語のような経路主要部外表示型言語の場合，接辞や不変化詞，側置詞といった他動性に関して中立的な要素が，移動事象及び表現のタイプの違いにかかわらず，主要部の外で経路の表示を担うため (つまり共通要素言語)，共事象 (様態及び使役手段) が主要部で表現されるパターンが安定している。一方で，(一貫した) 経路主要部表示型言語の場合には，主語を選択し他動性を決定づける主動詞の位置で経路を表現しなければならないため，事象タイプに応じて異なる形式の，自他の対を成す経路動詞を必要とする (つまり特化要素言語)。ここにおいて，主要部表示型言語内の多様性が生じる。なぜならば，客体移動表現に必要な，経路を語彙化した他動詞をどの程度広範囲に有するかが言語によって異なるからである。

　日本語はフランス語やイタリア語と比べて，経路情報を表す自他の対が多く存在する。また，副動詞構文が存在するため，動詞のスロットをめぐって使役手段と経路が競合することがない。さらに，多くの使役的経路動詞が単独で使われた際には継続使役の解釈に限定される傾向があるものの，複合動詞の後項として使用された場合には開始時使役を表現できる。したがって，使役移動事象の言語化において，フランス語やイタリア語よりも日本語は有利に主要部表示型の表現パターンを維持することが可能なわけである[34]。

　しかし，日本語は「行く」，「来る」に対応する生産的な使役的直示動詞を持たない。これが直示を表示する形態統語的手段の減少に繋がるため，使役移動事象の描写においては—たとえ逆行構文によってその穴を埋めようとも—直示の表現頻度が低くなる。また，経路が TO の場合にはこれを動詞で表現することが困難であるため後置詞のみで表示されることとなり，[副動詞＋主動詞]という構文が使用されず，使役手段動詞が主動詞を占めて主動詞のみの表現パターンとなる。このような理由で，使役移動事象の言語化においては，日本語も例外ではなく，多くの経路主要部表示型言語は経路主要部外表示型言語の特徴を深めていくことになるのである。

　最後に，本研究は KICK という単一の使役手段，及び TO，INTO，UP という3つの経路のみを対象とした比較的小規模な研究である。同じ開始時使役でも THROW や PUSH などを含めたり，経路についても FROM，OUT

---

[34]　使役移動事象の描写において，モンゴル語は日本語よりもさらに経路を動詞で表示する傾向 (つまり経路主要部表示型のパターンを取る傾向) が強い。

（OF），DOWN といった今回対象としたものと逆の局面や方向を表す経路を含めるなど，より広範囲な調査に基づき，本章の結果は検証されるべきであるが，それについては今後の研究を俟つこととする。

付記

本研究は，平成 27 〜 30 年度科学研究費補助金研究「移動表現による言語類型：実験的統一課題による通言語的研究」（課題番号：15H03206；研究代表：松本曜）の一環である。草稿を読み，貴重なコメントをくださった小嶋美由紀氏，長屋尚典氏，西村義樹氏，長谷川明香氏に感謝を申し上げる。本章に残るいかなる誤りも著者の責任である。

略語一覧

ACC: (accusative): 対格，CAUS (causative): 使役，CM (concatenation marker): 接続形，CONV (converb): 副動詞，ERG (ergative): 能格，LOC (locative): 所格
NFD (non-future disjunct): 離接形非未来，PAST (past): 過去

参照文献

Bradshaw, Joel（1993）Subject relationships within serial verb constructions in Numbami and Jabêm. *Oceanic Linguistics* 32（1）: 133–161.

千田俊太郎（2017）「ドム語の移動表現」松本曜（編）『移動表現の類型論』159–187. くろしお出版.

江口清子（2017）「ハンガリー語の移動表現」松本曜（編）『移動表現の類型論』39–64. くろしお出版.

古賀裕章（2008）「「てくる」のヴォイスに関連する機能」森雄一・西村義樹・山田進・米山三明（編）『ことばのダイナミズム』241–257. くろしお出版.

Koga, Hiroaki（2010）The inverse and related voice constructions in Japanese: From a functional-typological perspective. Unpublished Ph. D dissertation, The University of Tokyo.

古賀裕章（2016）「自律移動表現の日英比較：類型論的視点から」藤田耕司・西村義樹（編）『日英対照　文法と語彙への統合的アプローチ：生成文法・認知言語学と日本語学』219–245. 開拓社.

古賀裕章（2017）「日英独露語の自律移動表現：対訳コーパスを用いた比較研究」松本曜（編）『移動表現の類型論』303–336. くろしお出版.

古賀裕章（近刊）「日本語は使役移動事象をどう表現するのか：使役手段の違いに応じた表現パターンの変異」『東京大学言語学論集』41.

Lamarre, Christine（2017）「中国語の移動表現」松本曜（編）『移動表現の類型論』95–128. くろしお出版.

Langacker, Ronald（1985）Observation and speculations on subjectivity. In: John Haiman（ed.）*Iconicity in syntax*, 109–150. John Benjamins.

松本曜（1997）「空間移動の言語表現とその拡張」中右実（編）『日英語比較選書 6 空間と移動の表現』125–230. 研究社出版.

松本曜（1998）「日本語の語彙的複合語における動詞の組み合わせ」『言語研究』114: 37–83.

Matsumoto, Yo（2003）Typologies of lexicalization patterns and event integration: Clarifications and reformulations. In: Shuji Chiba et al.（eds.）*Empirical and theoretical investigations into language: A Festschrift for Masaru Kajita*, 403–418. Kaitakusha.

松本曜（2017a）「移動表現の類型に関する課題」松本曜（編）『移動表現の類型論』1–24. くろしお出版.

松本曜（2017b）「日本語における移動事象表現のタイプと経路の表現」松本曜（編）『移動表現の類型論』247–273. くろしお出版.

松本曜（2017c）「移動表現の性質とその類型」松本曜（編）『移動表現の類型論』337–353. くろしお出版.

松本曜（2018）「課題と仮説」第157回日本言語学会ワークショップ『移動経路の種類とそのコード化：通言語的ビデオ実験による移動表現の類型論再構』京都大学吉田キャンパス.

Matsumoto, Yo（To appear）Neutral and specialized path coding: Toward a new typology of path expressions and languages. In: Yo Masumoto and Kazuhiro Kawachi（eds.）*Broader perspectives on motion event descriptions*. John Benjamins.

松瀬育子（2017）「ネワール語の移動表現」松本曜（編）『移動表現の類型論』65–94. くろしお出版.

守田貴弘・石橋美由紀（2017）「日本語とフランス語の移動表現：話し言葉と書き言葉のテクストからの考察」松本曜（編）『移動表現の類型論』275–302. くろしお出版.

澤田淳（2009）「移動動詞「来る」の文法化と方向づけ機能：「場所ダイクシス」から「心理ダイクシス」へ」『語用論研究』11: 1–20.

Shibatani, Masayoshi（2003）Directional verbs in Japanese. In: Erin Shay and Uwe Seibert（eds.）*Motion, direction, and location in languages: In honor of Zygmunt Frazyngier*, 259–286. John Benjamins.

Sinha, Chris and Tania Kuteva（1995）Distributed spatial semantics. *Nordic Journal of Linguistics* 18: 167–199.

高橋清子（2017）「タイ語の移動表現」松本曜（編）『移動表現の類型論』129–158. くろしお出版.

Talmy, Leonard（1985）Lexicalization patterns: Semantic structure in lexical forms. In: Timothy Shopen（ed.）*Language typology and syntactic description, Vol. 3: Grammatical categories and the lexicon*, 57–149. Cambridge University Press.

Talmy, Leonard（1991）Path to realization: A typology of event conflation. *BLS* 17: 480–519.

Talmy, Leonard（2000）*Toward a Cognitive Semantics, Vol. II: Typology and process in concept structuring.* The MIT Press.

Uehara, Satoshi（2006）Toward a typology of linguistic subjectivity: A cognitive and cross-linguistic approach to grammaticalized deixis. In: Athanasiadou Angeliki, Costas Canakis, and Bert Cornillie (eds.) *Subjectification: Various paths to subjectivity*, 75-117. Mouton De Gruyter.

吉成祐子 (2017)「イタリア語の移動表現」松本曜 (編)『移動表現の類型論』189–211. くろしお出版.

| 231

第 4 章

英語における中間構文を埋め込んだ
虚構使役表現について

本多　啓

キーワード：虚構使役，中間構文，主体変化表現，主観的変化表現

1.　はじめに

　本章は次のような使役動詞 make を含む文を取り上げて検討する。

（1）a.　This book is so complicated that it **makes** Tolstoy's *War and Peace*
　　　read like a Marvel comic book.　　　　　　　　　　（Web）[1]
　　　（この本はたいへん複雑な筋立ての物語で，これを読んだ後ではト
　　　ルストイの『戦争と平和』がマーヴェル・コミックのように感じら
　　　れるほどだ）

　　b.　Bad reviews **make** good ones **more credible**.　　　　　（Web）[2]
　　　（しようもないコメントを見た後では，よいコメントがより一層信
　　　頼できるように思えるようになる）

　これらは英語の母語話者に自然に受け入れられる文であり，一見普通の使
役表現に見えるかもしれない。しかし精査すると，これらの文の奇妙な特徴
が浮かび上がってくる。

　（1a）は *Deathfear and Dreamscape* という 2011 年に刊行された本の推薦文
に現れる文である。この文において『戦争と平和』には現実世界においては
何も生じていない。すなわち『戦争と平和』の本文に変更が加えられて読み

---

[1]　http://www.amazon.com/Deathfear-Dreamscape-Frank-R-Freemon/dp/1449715540 / https://
books.google.co.jp/books?id=9TX5fOtgJXsC&pg=PA311

[2]　http://www.yelp.com/topic/chicago-help-vile-slander

易くなったというようなことは生じていない。つまり客観的には，あるいは現実世界においては，結果事象としての目的語の変化が成立していない。またそもそも「この本」の刊行は『戦争と平和』の発表よりはるかに後である。したがって「この本」が現実世界において『戦争と平和』に影響を及ぼすということは時系列上ありえない。つまりこの例の場合，現実世界では原因事象も成立していない。にも関わらずこの例においては "it" すなわち「この本」と『戦争と平和』がそれぞれ使役動詞 make の使役主と被使役主の項になっている。そしてこの文は「この本」が『戦争と平和』に対して何らかの意味での変化を引き起こしたことを意味していると解釈される文である。

　（1b）も同様の特性を持っている。この文においては「よいコメント」に文言などの変化が生じているわけではない。もちろん「しようもないコメント」が何かをするわけでもない。つまり結果事象も原因事象も現実世界においては成立していない。にも関わらずこの例においては「しようもないコメント」と「よいコメント」がそれぞれ使役動詞 make の使役主と被使役主の項になっている。そしてこの文は「しようもないコメント」が「よいコメント」に対して何らかの意味での変化を引き起こしたことを意味していると解釈される文である。

　つまり（1）においては現実世界で変化が生じていないものが使役動詞の被使役主項としてあたかも変化が起こっているかのように表現されている。また現実には原因事象が成立していないにも関わらず，その変化が使役主としての主語によって引き起こされているかのように表現されているわけである。

　これらの文の特異性は（1a）を次の例と比較することでより明確になる。

（ 2 ）　The author **made** this textbook **read** like a novel.
　　　　（著者はこの教科書を，読んだ感じが小説みたいになるようにした）

　こちらの例においては目的語である書籍が補文に述べられた性質を帯びるようになるという過程が現実世界に存在している。すなわち結果事象が現実世界において成立している。これは make の主語である著者が，この書籍がそのような性質を帯びるように本文を執筆ないし変更しているためである。すなわち原因事象も現実世界に存在している。主語が現実に目的語に影響を与え，その結果目的語に現実の変化が生じているわけである。

英語における中間構文を埋め込んだ虚構使役表現について ｜ 233

　このように現実世界では結果事象が成立していないにもかかわらず使役動詞が用いられている表現を，以下，虚構性を持つ使役表現ということで「虚構使役表現」(fictive causative expression) と呼ぶことにする。ここでいう虚構性とは「結果事象が現実世界で生じていない」という意味である。本章は認知意味論の立場からこの虚構使役表現の成立の動機づけを明らかにすることを目指す。

　なお (1a) は read による中間構文 (3) を埋め込んだ使役文である。本章では特にこのような中間構文を含むものを中心に取り上げる。

（ 3 ）　Tolstoy's *War and Peace* reads like a Marvel comic book.
　　　　（トルストイの『戦争と平和』は読んだ感じがマーヴェル・コミックのようだ）

　本章の目標は具体的には以下のとおりである。

（ 4 ）a.　現象の存在の指摘
　　　 b.　そのような奇妙な使役表現が可能になる仕組みの解明
　　　 c.　主体変化表現との関係の解明

　(4a) に関しては，まずこのように現実世界に結果事象が存在しないにもかかわらず使役表現が使われる現象が存在することを指摘することが本章の目標の第一となる。これは (1) の提示によって半ば達成したことになるが，第 2 節でさらに類例を提示する。
　(4b) に関しては，このような使役表現が成立する動機づけを認知意味論の立場から考える。第 3 節で「概念世界の中での（当事者にとっての）変化」という本章の立場を提示する。ここで目指すのはこの種の表現の成立の動機づけの解明・提案であって，この種の表現にかかる可能性のある制約を網羅することではない。したがって第 3 節で提示する議論はその動機づけに当てはまる表現であれば必ず虚構使役表現が成立するという予測をするものではない [3]。

---

[3]　本章では基本的な立場として，言語を多重制約充足的な性質を持つと考えている。す

第4節で論じる (4c) に関しては，使役表現以外で同様の仕組みが関わっていると考えられる事例を検討する。具体的には主体変化表現を取り上げる。

第5節で本章のまとめを提示する。

2. 虚構使役表現の具体例

以下に虚構使役表現の具体的な事例を提示する。これは網羅的なリストを目指すものではなく，これまで筆者の目に留まったものを整理して示すものである。

意味的な観点から見ると，虚構使役表現には概念化の主体の関わり方によって少なくとも「比較型」「因果錯誤型」「分析型」が存在する。

「比較型」とは (5) ～ (6) のようなものである。たとえば (5) においては make の目的語である被使役主は現実世界において何の影響も変化も被っていない。つまり現実世界において結果事象が成立していない。また make の主語である使役主は書籍であり，行為をする能力を持たない。つまり何かに対して働きかけを行う能力を持たないものである。したがって原因事象も現実には存在しない。

つまりこれらの例の場合，現実世界における因果関係が全く存在しない。ただあるのは話者ないし概念化の主体による使役主と被使役主の比較である。特に (6d) では話者による比較が存在することが by comparison という形で明示されている。そこでこのタイプを「比較型」と呼ぶわけである。

（5） *make NP VP*

 a. This book is so complicated that it **makes** Tolstoy's *War and Peace* **read** like a Marvel comic book.

  （この本はたいへん複雑な筋立ての物語で，これを読んだ後ではトルストイの『戦争と平和』がマーヴェル・コミックのように感じられるほどだ）   （＝ (1a)）

 b. Langacker's *Foundations of Cognitive Grammar* is so complicated that it **makes** Lakoff's *Women, Fire, and Dangerous Things* **read** like a

---

なわち，ある表現が成立する認知的な動機づけが充たされている場合であっても，それとは独立の様々な要因（使われる語の語彙的な特性から発話状況にいたる諸要因）に由来する諸制約によって，表現が不適格となる場合があることを認めている。

children's book.

（ラネカーの『認知文法の基盤』はやたらややこしくて，あれを読んだ後ではレイコフの『認知意味論』が子ども向けの本のように思えてくる）

（6） *make NP AP*

a. Bad reviews **make** good ones **more credible**.

（しようもないコメントを見た後では，よいコメントがより一層信頼できるように思えるようになる）　　　　　　　　　　　（= (1b)）

b. Bad times **make** good ones **better**.　　　　　　　　(Twitter)[4]

（よくない時があるといい時がより一層よくなる）

c. Bad days **make** good ones **better**.　　　　　　　　　　(Web)[5]

（ロクでもない日があることでいい日がもっとよくなるのだ）

d. Comparing the survey afterwards Peter could see what we had done wrong, we had been too far down the bedding plane the whole time. These things happen, one to chalk up to experience but I doubt I would have done any better. Of all the caving trips I have done to date this one gave me the most bruises, injuries and general discomfort in the shortest possible time for the least reward; but we were philosophical about it, the bad trips **make** the good ones even **better** *by comparison*, and we still gained valuable experience and knowledge. Thank you to all concerned, good humour and a positive attitude made a difficult trip vaguely enjoyable in a masochistic sort of way.　　　　　　(Web)[6]

（よくない旅もあったからこそ，それと比べることでよい旅がさらによいものになるのだ）

なお，次の例はここで言う虚構使役表現には該当しない。

---

[4]　Brody Dearinger @BrodyDearinger 2015 年 5 月 26 日 8 : 32

[5]　http://goldmourn.livejournal.com/1755917.html / http://fontsinuse.com/uses/7826/bad-days-make-good-ones-better

[6]　http://www.wcms.org.uk/cgi-bin/wcmsnewsletter.pl?issueref=NOW067

（7）a. Good news **makes** a good day **better** :)　　　　　　　　　（Twitter）[7]

（よい知らせがあるとよい一日がさらによくなる）

　　b. In an hour I'm meeting you for lunch. It's only been a couple of days since we were last together, but I am excited to see you again. <u>Being with you **makes** a good day **better**</u> and helps save me from a bad one.

（Web）[8]

（あなたと一緒にいると，もともと楽しい一日がもっと楽しくなる）

これらが虚構使役表現に該当しないことについて，次のペアで考える。

（8）a. Bad days **make** good ones **better**.　　　　　（虚構使役表現；＝（6c））

（ロクでもない日があることでいい日がもっとよくなる）

　　b. Good news **makes** a good day **better** :)　　（通常の使役表現；＝（7a））

（よい知らせがあるとよい一日がさらによくなる）

　（8a）においては "bad days" と "good ones (= good days)" はそれぞれ独立に存在するものである。したがって "bad days" があろうがなかろうが，"good days" がどういう日であるか（何が起こった日であるか）に変化はない。それにも関わらず "good days" が "bad days" によって変化を被ったかのように表現されているのが（8a）である。これは虚構使役表現の例である。

　それに対して（8b）では "good news" が伝えられることによって話し手にとってその日の構成がそれ以前とは異なるものになる。つまり "good news" によって "a good day" が現実世界における変化を被っていることになる。そのため，これは通常の使役表現に含まれるものとなるわけである。

　「因果錯誤型」は（9）〜（11）のようなものである。これらの例において使役主は行為または作用の主体である。ただしその行為や作用は現実世界において被使役主に及ぶことはない。したがってそれによる現実世界での被使役主の変化は存在しないはずである。そして実際，現実世界での結果事象すなわち被使役主の変化は存在しない。つまり，これらの例では現実世界におけ

---

[7]　bails @BaileyEbben 2015 年 10 月 1 日 6: 29

[8]　https://loveletterdaily.com/2013/10/08/a-good-day-better/

る因果関係は存在しない。

しかしながらこの場合，被使役主に変化が生じたと認識した話者が，その原因を使役主の行為・作用であると誤解しているわけである。これは現実には存在しない因果関係を認識することによるので，このタイプを「因果錯誤型」と呼ぶ[9]。

たとえば(9)の場合，自動車の車体を洗車してワックスがけをするという行為は車の機械系には影響を与えない。したがってこの行為は運転のしやすさには影響を与えないはずである[10]。この行為によって実際に変化しているのは自動車それ自体というよりは運転者である話者の気分である。しかしながら話者はここで自動車の変化という現実世界においては成立していない変化を想定しているわけである。

(10)では飲酒，アルコールの作用，抱擁が関わっているが，これらは現実世界において make のそれぞれの目的語に影響を与えるわけではない。これらによって実際に変化しているのは飲酒や抱擁を行った人物の気分である。しかしながら話者はここで make の目的語の変化という現実世界においては成立していない変化を想定しているわけである。

(9)　*make NP VP*

Washing and polishing your car **makes** it **drive** better.

（車を洗車してワックスがけをすると運転のし心地がよくなる）

(10)　*make NP AP*

a.　I drink to **make** other people **more interesting**.

（人をもっと面白くするために飲むんだ）

（一般に Hemingway の言葉と思われている言葉）

b.　Alcohol can **make** bad things **better** but it can also **make** good things **better**.　　　　　　　　　　　　　　（Twitter）[11]

（アルコールはロクでもないことをマシにしてくれるが，それだけ

---

[9]　実は比較型も因果錯誤によるのでこの名称は本当は適切でない。

[10]　洗車が運転のしやすさに影響を与えるとしてもそれはフロントガラスがきれいになるということくらいである。そしてワックスがけが影響を持つとは考えにくい。

[11]　Friday Racket @fridayracket 2016 年 6 月 4 日 14 : 39

でなく，良いこともより良くしてくれるんだ）

c. Hugs solve everything and **make** good things **Better**　　　　(Twitter) [12]
（ハグは悪いことをすべて解決してくれるし，良いことはもっと良くしてくれます）

(11)　*make NP more fun*

a. However, if you are planning on seeing the movie next weekend you might want to buy the book and give it a quick read if you have time. I think this would **make** the movie even **more fun** to watch.　　(Web) [13]
（それをやればこの映画はもっと見て楽しいものになる）

b. Pick out a favorite holiday movie to enjoy as a family. You could make popcorn and wear festive pajamas to **make** the movie even **more fun**.
（クリスマスの過ごし方についてのアドバイス）　　　　　　(Web) [14]
（ポップコーンを作ってクリスマス用のパジャマを着て過ごせば映画がもっと楽しくなるのでお勧めです）

　「分析型」は (12)〜(14) のようなものである。これらにおいては make の主語である使役主は構成要素ないし属性であり，比較型と同様，行為をする能力，何かに対して働きかけを行う能力は持たないものである。だが，その使役主が存在することによって被使役主はそれが存在しない場合とは異なる性質を帯びるというふうに概念化されている。その限りにおいて被使役主は使役主によって変化を被ったと概念化されているということができる。つまりこれらの場合，現実世界における因果関係があると言えばあると言うことができる。したがって厳密にいえばこのタイプの使役は虚構ではない。ただ，この因果関係は被使役主に対する話者の分析の結果として発見されるものであり，その分析の結果認定された原因項が make の主語として使役主になっている。このタイプを「分析型」と呼ぶ。

---

[12]　Caitlin Louise @iKalnder 2016 年 4 月 19 日 0: 51

[13]　https://www.amazon.com/gp/customer-reviews/R25PX28FQBCT78/ASIN=1447202112

[14]　http://www.hodgepodgemoments.com/2015/12/christmas-list-family-night.html

（12）　*make NP VP*

I like Pinker's new book. Its highly literary style **makes** it **read** like a novel.[15]

（ピンカーの新刊，いいですね。文体がとても文学的で，小説みたいな雰囲気です）

（13）　*make NP NP*

（about a book）Its comprehensive nature **makes** it **a must read** for all those interested in language and linguistics.

（本書は分野の全体を包括的に扱っており，言語と言語学に関心のある人すべてにとっての必読書といえる）

（14）　*make NP AP*

a.　（about a book）Though the language is slightly difficult but beautiful words **make** the book even **more worth** reading.　　　　　　　（Web）[16]

（言葉遣いの美しさが本書の価値をさらに高めている）

b.　（about a book）And the hero isn't bad either, while the supporting characters **make** the book even **more worth** reading and re-reading and re-reading.　　　　　　　　　　　　　　　　　　（Web）[17]

（主役を脇で支える登場人物たちがこの本の価値をさらに高め，一読，再読，再再読に値するものにしている）

　次の例は make を含むものではないが，以上の例と同様に解釈されるものである。

（15）　Does English have any special merits that **set** it **apart** from other languages?

（Web）[18]

（英語に英語ならではの他の言語にはない特別な長所というようなものはあるのだろうか）

---

[15]　Pinker 氏の本の文体が本当に文学的かどうかは本章の趣旨には関係しない。

[16]　http://www.talkofweb.com/6-amazing-books-that-will-change-your-life/

[17]　http://www.goodreads.com/review/show/103116075

[18]　https://aeon.co/conversations/does-english-have-any-special-merits-that-set-it-apart-from-other-languages

以上をまとめると以下のようになる。

(16) a. 比較型
　　　　—現実世界において被使役主には使役主による影響ないし変化が無い。
　　　　—現実世界において使役主から被使役主への働きかけが無い。
　　　　—現実世界における因果関係が無い。
　　　　—使役主は話者による使役主と被使役主の比較の契機となっている。

　　 b. 因果錯誤型
　　　　—現実世界において被使役主には使役主による影響ないし変化が無い。
　　　　—現実世界において使役主による行為ないし作用はある。
　　　　—現実世界における因果関係は無い。
　　　　—使役主の行為・作用が被使役主に変化をもたらしたと話者が誤解している。

　　 c. 分析型
　　　　—使役主が被使役主の構成要素ないし属性として存在することが被使役主に影響を与えている。
　　　　—現実世界において使役主から被使役主への働きかけは無い。
　　　　—現実世界における影響関係は，あると言えばあると言える。
　　　　—使役主は話者による被使役主に対する分析によって原因と認定されている。

　これら以外のタイプの虚構使役表現も存在する可能性があるが，少なくとも以上のタイプがあることは指摘できる。

　本章はこれらのうち，(5) のタイプ，すなわち「比較型」の make NP VP 型で，その中でも特に中間構文を含むものを中心に取り上げて検討する。

　なお，紙幅の都合により先行研究の検討は割愛するが (Fellbaum and Zribi-Hertz 1989, 西村 1998, 2015, 久野・高見 2007, 2014, 高見 2011, 西村・長谷川 2016)，管見の限りでは虚構使役表現の虚構性を明示的に指摘した研究はないようである。

3. 虚構使役表現の動機づけ：概念世界の中での（当事者にとっての）変化

本節では (17) に基づく検討を試みる。

(17) **異なる対象に同じ捉え方**を適用して捉えることが，**異なる対象に同じ言語表現**を適用することが可能になる仕組みの一つである。

(Cf. Honda 1994, 本多 2003, 2013, 2016a, b)

ここで注目するのは話者の概念世界の変化である。(1a) の場合，以下のようになる。

(1a) ... it makes *War and Peace* read like a Marvel comic book.
（この本を読んだ後ではトルストイの『戦争と平和』がマーヴェル・コミックのように感じられるほどだ）

この例において「この本」を読む前の話者の概念世界を観察者の立場から記述すると次のようになる。当初の話者の概念世界においては『戦争と平和』とマーヴェル・コミックは両極端と言えるほどかけ離れたものとして位置づけられていたと推測される。

(18)

| コミック | 『戦争と平和』 |

一方「この本」を読んだ後の話者の概念世界を観察者の立場から記述すると次のようになる。

(19)

| コミック | 『戦争と平和』 | | この本 |

「この本」を知ることにより，話者は「この本」を『戦争と平和』と比較しながら自分の概念世界に位置づけることになる。その際，話者の当初の概

念世界のあり方のままでは「この本」は適切に位置づけられないという状況が発生する。そこで話者の概念世界が全体として変容を被る，すなわち拡張するという事態が発生すると考えられる。

話者の概念世界のこのような変容は，話者自身にとっての見え方を再現する形で記述すると次のようになる。

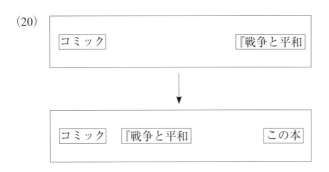

話者の概念世界の変容は観察者の観点からは「拡張」と見えるものであるが，当事者の観点からは「拡張」としては経験されないものと考えられる。というよりそもそも，当事者の観点からは「概念世界全体の変容」として経験されるわけでもないと考えられる。この変容は概念世界それ自体の変化なので，当事者の観点からは概念化のプロセスそのものの変化として subjectively construe されるものであって，概念化の対象として objectively construe されるものではないからである[19]。話者自身にとっては，話者の概念世界の変容は「概念世界の変容」として経験されるのではなく，『戦争と平和』の変化として経験されると考えられる。

つまりこういうことである。現実世界においては『戦争と平和』に対して「この本」は何の影響も与えていない。しかし「この本」の影響を受けて話者自身（の概念世界）が変化している。そして変化した話者の目には，「この本」が原因となって『戦争と平和』に変化が起こったと受け止められる。

まとめると次のようになる。

---

[19] これについては本多（2016b）を参照されたい。

(21) a. 現実世界においては「この本」は『戦争と平和』に何の影響も与えていない。ただ，「この本」が原因となって話者自身（の概念世界）が変化している。

b. 話者の概念世界においては「この本」によって『戦争と平和』の位置づけが変化している。つまり話者自身の目には「この本」が原因となって『戦争と平和』に変化が起こったというふうに見える。

一方，現実世界において因果関係が存在する通常の使役の例では次のようになる。

（2） The author **made** this textbook **read** like a novel.
（著者はこの教科書を，読んだ感じが小説みたいになるようにした）

(22) a. 現実世界において「著者」が「この教科書」に影響を与えている。「著者」が原因となって「この教科書」が小説のように読めるようになっている。（そうなるように「著者」が「この教科書」を書いている。）

b. 話者の概念世界においては「著者」によって「この教科書」の状態が成立している。つまり話者自身の目には「著者」が原因となって「この教科書」の状態が成立したというふうに見える。

(21)と(22)を比べると，「この本」の場合と「著者」の場合とで，現実世界で目的語に変化があるかどうかは異なる。しかし話者の概念世界においては，どちらの場合も目的語の変化が存在すると捉えられる。どちらの場合にも同じように使役表現が使用できるようになるのはこのためであると考えられる。

これが比較型虚構使役表現の成立の動機づけについての(17)に基づく説明である。これは Langacker (2008) の段階における主体化の考え方を適用したものと位置づけることができる（本多 2016a, b）。

(17)の基盤には言語の意味についての認知意味論の立場に基づく次のような考え方がある。

(23) 認知意味論の立場：
　　　言語表現の意味は，事物が客観的にどうであるかだけによって決まる
　　　のではなく，話者がその事物をどのように捉えているかが関わって決
　　　まるものである。

　なお，本章冒頭で述べたように本節の議論は虚構使役表現の成立の動機づ
けを提示したものである。本章では基本的な立場として，言語を多重制約充
足的な性質を持つと考えている。その見方では言語表現の容認性はさまざま
な制約に影響されることになるが，虚構使役表現に対するそのような制約を
網羅することを本章は意図していない。したがって本章の議論は，ここで提
示した動機づけが充たされれば虚構使役表現が必ず容認可能になるという予
測をするものではない。

4. 主体変化表現（主観的変化表現）

4.1 現象と本章の立場

　虚構使役表現と同様の仕組みによって可能になっている表現として主体変
化表現（subjective change expressions; Sweetser 1996）がある。主体変化表現
とはたとえば次のようなものである。

(24) a. The students get younger every year.
　　　　（年ごとに学生が若くなっていく）

　　 b. Chekhov gets more comprehensible as you get older.
　　　　（年を重ねるごとにチェホフが分かるようになってくる）

　　 c. Shakespeare just gets better every time I read him.
　　　　（シェイクスピアは読むたびに魅力が増す）　　　（Sweetser 1996: 76）

　Sweetser はこれらを図と地の反転によると考えているが，ここではそれと
は異なる，(17) に基づく説明を提示する [20]。

　(24a) は教員による実感を込めた発言としてであれば学生の入学年齢が変

---

[20] Sweetser (1996) のアプローチに対する批判が本多 (2005: 108–113, 274–277) にあ
り，本章もこの見解に従う。Sweetser の議論の問題点を一言でまとめれば，「概念化の主体
の視点と分析者の視点を混同した結果，後者を前者に投影している」となる (本多 2015)。

化せずにずっと一定の場合でも使うことができる。その場合，教員が年齢を重ねていくにつれて同じ20歳の学生が教員の目には年々若くなっていくように見えるという文になる。つまりこの場合，現実世界において在学する学生の年齢に変化が無くても，学生を主語とした変化表現が使用可能になるわけである。

　これは次のようにまとめることができる。

(25) a.　現実世界においては主語は変化していない。むしろ変化しているのは話者自身である。
　　 b.　話者自身の目には，主語が変化しているふうに見える。

　一方(26)のような通常の変化表現の場合には(27)のようになる。

(26)　　They got hungry after looking at all the exhibits.　　　（Google Books）
　　　（展示を見終わるとおなかがすいてきた）
(27) a.　現実世界においては主語が変化している。
　　 b.　話者自身の目には，主語が変化しているふうに見える。

　(25)と(27)に見るように，主体変化表現と通常の変化表現とでは現実世界において変化があるかないかに違いがある。しかし主体変化表現の場合には，話者自身が変化しているために，話者自身の目には主語が変化しているように見える。また通常の変化表現においても，話者自身の目には主語が変化しているように見える。事態に対する話者による捉え方がどちらの場合でも同じようになされているために同じ言語形式がどちらの場合でも使えるようになると考えられるわけである。

　虚構使役表現においては現実世界において目的語の変化が存在していないわけであるが，話者（の概念世界）の変化により，話者自身の目には，通常の使役表現の場合と同様に目的語が変化しているように見えるのであり，それが通常の使役表現の場合と同様に使役表現を使うことができる動機づけとなっていると考えられるのであった。それと同様に主体変化表現においても，現実世界においては主語の変化が存在していないわけであるが，話者の変化により，話者自身の目には，通常の変化表現の場合と同様に主語が変化

246 | 本多 啓

しているように見えるのであり，それが通常の変化表現の場合と同様に変化表現を使うことができる動機づけとなっていると考えられるわけである。

4.2 中間構文および虚構使役表現との関連

中間構文を含む比較型虚構使役表現は主体変化表現に対応する使役表現と位置づけることができる。その前提となる事実として，中間構文が主体変化表現として使用可能であることを挙げておく。次の (28) は (24) に対応する，主体変化表現として使われた中間構文である。

(28) a. *Othello* **reads better** as time passes / each time I read it.
   （『オセロ』は時を経るごとに／読むたびごとにより素晴らしくなる）

   b. The car will **drive better and better** as you get used to (driving) it.[21]
   （この車は（運転に）慣れるにつれてどんどん乗り心地が良くなる）

ここで *read better* を含む中間構文について，次の 2 つの文を比較することで検討しておく。

(29) a. This manuscript is **reading better** every day.

   (Fagan 1988: 182, 1992: 53)

   （この原稿は日に日に良くなってきている）

   b. *Othello* **reads better** as time passes / each time I read it.　　(= (28a))

21　ちなみにこれらとはタイプを異にする変化表現にも中間構文が現れることがある。たとえば次の (i) のような場合である。
 (i) The story **reads better and better** as you go through the pages.
 （この物語は読み進めていくにつれてどんどん良くなっていく）
これは直接には (ii) に対応する中間構文であり，この (ii) は Sweetser (1997: 120) の挙げる (iii) と同種の変化表現である。
 (ii) The story **gets better and better** as you go through the pages.
 （この物語は読み進めていくにつれてどんどん良くなっていく）
 (iii) The paint **gets gradually darker** as you move along the wall.
 （壁に沿って行くとだんだん塗装が暗い色になっていく）
いずれも同一個体の異なる部分の違いを変化表現によって記述した文である。ただ，これらは話者の移動による見え方の変化を記述した文であって話者の変化による見え方の変化を記述したものではないので，「主体」変化表現という呼称は厳密には妥当ではない。

（『オセロ』は時を経るごとに／読むたびごとにより素晴らしくなる）

　(29a) は著者が改訂を続けることによって原稿が読み易くなってきているという文である（Fagan 1992: 54）。つまりこの場合，主語に現実世界における変化が起こっている。それに対して主体変化表現である (29b) では主語には現実世界における変化は起こっていない。実際に変化しているのは話者である。ただ，変化する話者にとっては *Othello* が以前とは違って見えるということである。

　(29) のどちらの場合においても，話者にとっては主語が変化しているように捉えられる。そのため，どちらの場合も同じように変化表現（比較表現）が使えるというわけである。

　以上を踏まえて中間構文，虚構使役表現，主体変化表現の関係をまとめると，大まかに言って，以下に示す対応関係が成立することになる。

(30) a.　This textbook **reads** like a novel.
　　　　（この教科書は読んだ感じが小説みたいだ）

　　 b.　The author **made** this textbook **read** like a novel.　　　　(= (2))
　　　　（著者はこの教科書を，読んだ感じが小説みたいになるようにした）

(31) a.　*Othello* **reads better** as time passes / each time I read it.　(= (28))
　　　　（『オセロ』は時を経るごとに／読むたびごとにより素晴らしくなる）

　　 b.　This book is so complicated that it **makes** Tolstoy's *War and Peace* **read** like a Marvel comic book.　　　　(= (1a))
　　　　（この本はたいへん複雑な筋立ての物語で，これを読んだ後ではトルストイの『戦争と平和』がマーヴェル・コミックのように感じられるほどだ）

(32)

	話者に変化なし	話者に変化あり
単純表現	(30a) 通常の中間構文	(31a) 主体変化表現
使役表現	(30b) 通常の中間構文の使役文	(31b) 虚構使役表現

5.　結語
　本章では虚構使役表現について考察してきた。

（1）a. This book is so complicated that it **makes** Tolstoy's *War and Peace* **read** like a Marvel comic book.

（この本はたいへん複雑な筋立ての物語で，これを読んだ後ではトルストイの『戦争と平和』がマーヴェル・コミックのように感じられるほどだ）

b. Bad reviews **make** good ones **more credible**.

（しようもないコメントを見た後では，よいコメントがより一層信頼できるように思えるようになる）

　虚構使役表現においては現実世界で make の目的語に変化は生じない。それにも関わらず主語が目的語に変化をもたらしたかのように，使役表現が用いられている。これは本章の見解では，話者の概念世界において主語が目的語に変化をもたらしていると捉えられている，すなわち概念世界で目的語に変化が生じていることによる。

　そして，概念世界で変化が生じているのは虚構使役表現の場合だけではない。通常の因果関係の表現，すなわち目的語の変化が現実世界において生じている場合の使役表現であっても，話者の概念世界で目的語の変化が成立している。

（2）　The author **made** this textbook **read** like a novel.

（著者はこの教科書を，読んだ感じが小説みたいになるようにした）

　虚構使役表現と通常の使役表現と，どちらの場合にも話者の概念世界においては目的語の変化が生じている。このことがどちらの場合にも同じように使役表現が使用できる動機づけとなっている。これが本章の見解である。

　まとめると次のようになる。

（33）a.　虚構使役表現

　　　　　— 現実世界においては make の目的語に主語による変化は生じない。

　　　　　— にも関わらず主語による変化が目的語に生じていると捉えられる。

　　　　　— 現実に変化しているのは概念化の主体である話者である。

　　　　　— 概念化の主体である話者（の概念世界）の変化に伴って，概念世

界において目的語が主語によって変化していると概念化される。

b. 通常の使役表現
— 現実世界において make の目的語に主語による変化が生じる。
— 実際，主語による変化が目的語に生じていると捉えられる。
— 現実に主語によって目的語が変化している。
— 現実世界に存在する目的語の変化に伴って，話者の概念世界において目的語が主語によって変化していると概念化される。

　通常の使役表現と虚構使役表現とはおそらく連続している。というのは，make の主語と目的語を結ぶ因果関係は現実世界において「強い」から「弱い」そして「ゼロ」にいたるまで連続的であると考えられ，虚構使役はその「ゼロ」の端点にあるものと位置づけることが可能だからである。そのため，虚構使役表現を可能にしているのはこのような連続性であるという立場も考えられるかもしれない。しかしながら，連続性に基づく議論は「現実世界における因果関係がゼロの場合でも使役表現が使えるのはなぜなのか」という問題に結局は答えていない。「微少」と「ゼロ」の大きな違いを無視することはできない。
　本章では，虚構使役表現を可能にしているのはこのような連続性ではないと考える。現実世界における因果関係の強さがどの程度のものであるかに関わらず，「概念世界において目的語が主語によって変化している」が通底しており，それが使役表現の使用の動機づけとなっている，というのが本章の見解である。これは Langacker (2008) の段階における主体化の考え方を適用したものと位置づけることができる。
　本章の見解の基盤には言語の意味に関する次のような立場がある。

(34) a. **異なる対象**に**同じ捉え方**を適用して捉えることが，異なる対象に**同じ言語表現**を適用することが可能になる仕組みの一つである。

(= (17))

b. 認知意味論の立場：
言語表現の意味は，事物が客観的にどうであるかだけによって決まるのではなく，話者がその事物をどのように捉えているかが関わっ

て決まるものである。 $(= (23))$ [22]

付記

例文の判断について Mark Campana 氏と Matthew Theado 氏にお世話になりました。またコメントをくださった対照研究セミナーのメンバーの皆様および西村義樹氏，長谷川明香氏にあわせて謝意を表します。なお，本研究は文部科学省科学研究費補助金新学術領域研究（領域番号 4903, 課題番号 17H06379）の助成を受けています。

参照文献

Fagan, Sarah M. B.（1988）The English middle. *Linguistic Inquiry* 19（2）: 181–203.

Fagan, Sarah M. B.（1992）*The Syntax and semantics of middle constructions: A study with special reference to German.* Cambridge University Press.

Fellbaum, Christiane and Anne Zribi-Hertz（1989）*The middle construction in French and English: A comparative study of its syntax and semantics.* Indiana University Linguistics Club Publications.

藤田耕司・西村義樹（編）（2016）『日英対照　文法と語彙への統合的アプローチ：生成文法・認知言語学と日本語学』開拓社.

Honda, Akira（1994）*Linguistic manifestations of spatial perception.* Doctoral dissertation, the University of Tokyo. Available at http://ci.nii.ac.jp/naid/500000135964

本多啓（2003）「認知言語学の基本的な考え方」辻幸夫（編）『認知言語学への招待』63–125. 大修館書店.

本多啓（2005）『アフォーダンスの認知意味論：生態心理学から見た文法現象』東京大学出版会.

本多啓（2013）『知覚と行為の認知言語学：「私」は自分の外にある』開拓社.

本多啓（2015）「方法論としての視点：話者の視点と分析者の視点」日本フランス語学会 2015 年談話会「さまざまな視点からみた「視点」」における口頭発表（2015 年 7 月 18 日 早稲田大学）.『フランス語学研究』50: 157–158.

本多啓（2016a）「間主観性状態表現：認知意味論からの考察」藤田・西村（編）（2016）, 254–273.

本多啓（2016b）「Subjectification を三項関係から見直す」中村芳久・上原聡（編）『ラネカーの（間）主観性とその展開』91–120. 開拓社.

久野暲・高見健一（2007）『英語の構文とその意味：生成文法と機能的構文論』開拓社.

久野暲・高見健一（2014）『謎解きの英文法　使役』くろしお出版.

---

[22] 蛇足になるが，この考え方は「ある意味論研究が認知意味論によっているかどうかは，どのような道具立てを採用するかとは別の問題である」という立場を含む。すなわち本章の立場は，「プロトタイプ」「家族的類似」「メンタルスペース」等々といった道具立てを用いて分析すればその分析はそれだけでただちに認知意味論的な分析になる（あるいはそのような道具立てを使わなければ認知意味論的な分析にならない）と考える立場とは異なる。

Langacker, Ronald W.（2008）*Cognitive grammar: A basic introduction*. Oxford University Press.

西村義樹（1998）「行為者と使役構文」中右実・西村義樹（共著）『構文と事象構造』107–203. 研究社出版.

西村義樹（2015）「文法と意味：認知言語学の視点」認知言語学フォーラム 2015（2015年7月4日，北海道大学）における講演.

西村義樹・長谷川明香（2016）「語彙，文法，好まれる言い回し」藤田・西村（編）（2016），282–307.

Sweetser, Eve E.（1996）Changes in figures and changes in grounds: A note on change predicates, mental spaces and scalar norms.『認知科学』3（3）: 75–86. Available from https://www.jstage.jst.go.jp/article/jcss/3/3/3_3_3_75/_article/-char/ja［小原京子（訳）（2000）「図の変化と地の変化：変化述語，メンタル・スペース，尺度の基準に関する一考察」坂原茂（編）『認知言語学の発展』193–211. ひつじ書房.］

Sweetser, Eve E.（1997）Role and individual interpretations of change predicates. In: Jan Nuyts and Eric Pederson（eds.）*Language and conceptualization*, 116–136. Cambridge University Press.

高見健一（2011）『受身と使役：その意味規則を探る』開拓社.

第5章

主要部内在型関係節構文の談話的基盤

野村益寛

キーワード：主要部内在型関係節，継ぎ足し戦略，談話，複文

1. はじめに

　日本語には主要部の占める位置によって次の2種類の関係節があるとされてきた（黒田 1976）。

（1）a.　［皿の上にあった］りんごをくすねた。
　　　b.　［りんごが皿の上にあった］のをくすねた。

　［　］で示された従属節が，（1a）では主要部「りんご」を修飾する通常の関係節なのに対して，（1b）では主節動詞「くすねた」の意味上の目的語「りんご」が従属節の内にあるため「主要部内在型関係節」（internally-headed relative clauses）と呼ばれる。本章では，主要部内在型関係節と主節が合わさった文を「主要部内在型関係節構文」と呼ぶことにする。主要部内在型関係節構文については生成文法による統語論的研究のほか，意味・語用論的研究も近年さかんになされてきている（cf. 坪本 2014, 野村 2016）。
　認知文法では，文法が言語使用から立ち上がるとする使用依拠モデルが採られる（Langacker 2000）。このアプローチは，文法の基盤を談話に求める P. Hopper, S. Thompson, J. DuBois らの機能主義言語学と親和的である。こうした研究を背景に，本章は日本語の主要部内在型関係節構文がどのような談話的基盤を有するかを考えることを目的とする。以下，第2節では，関係節の類型論を文処理の観点から動機づけることを目指した J.A. Hawkins の枠組み（Hawkins 1990, 1994, 2004, 2014）を概観し，主要部内在型関係節がどのように分析され得るかをみる。第3節では，文産出の観点から D. Biber

らによって提唱された「継ぎ足し戦略」について概観した後，主要部内在型
関係節構文が継ぎ足し戦略を談話的基盤としてもつとする仮説を提出し，こ
の構文の諸々の構文的特徴がそれによって統一的に説明できることをみる。
第4節は結論で，本章の分析がもつ理論的含意についてまとめる。

2. 文処理からみた主要部内在型関係節

Hawkins は，個別言語の文法を生得的な普遍文法が個人が生まれ落ちた先
の言語環境の中で発現していくとみる生成文法の考え方に対して，文法は言
語運用における選好が慣習化していったものであるとする「言語運用—文法
対応仮説」（Performance-Grammar Correspondence Hypothesis; Hawkins 2004:
3）を提出している。ここでの「言語運用における選好」は，コーパスにお
ける頻度や文処理のしやすさによって測られることになる。この仮説の立場
から，Hawkins（1990; 2004: Ch 7, 2014: 146–153）では関係節が考察されてい
る。下表は，WALS Online（http://wals.info/）に基づいて，主要部先行型関係
節（NRel）と主要部後行型関係節（RelN）をもつ言語の数を VO 言語，OV 言
語別にまとめたものである。

表1 基本語順と，関係節と主要部の線的順序の相関関係

	主要部先行型関係節（NRel）	主要部後行型関係節（RelN）
VO 言語	415（例：英語）	5（例：中国語）
OV 言語	113（例：ペルシャ語）	132（例：日本語）

VO 言語では，中国語などを例外として，関係節が主要部に後続する場
合が圧倒的に選好されるのに対して，OV 言語では，関係節が主要部に後
続する場合と先行する場合の両方が大きな偏りなく存在することがわかる。
Hawkins（1990）はこの分布の偏りを文処理に関する次の2つの原則から説
明する[1]。

・Early Immediate Constituents（EIC）: The human parser prefers to
maximize the left-to-right IC-to-word ratios of the phrasal nodes that it

---

[1] Hawkins（2004: 205–210, 2014: 42, 146–150）では，EIC と MA はそれぞれ Minimize Domains
（MiD）と Maximize Online Processing（MaOP）と名前を変えているが，関係節の分布の偏り
に対する説明の大要は変っていない。

constructs. (p. 233)

・Minimal Attachment Linear Order Principle（MA）: The human parser prefers linear orderings that invite correct minimal attachments of words and ICs to nodes on-line. (p. 252)

簡単に言うと，EIC は「できるだけ短いスパンで統語構造を認識せよ」，MA は「統語構造の未付与や誤付与は避けよ」ということである。

　主要部先行型関係節と主要部後行型関係節がこれら 2 つの原則を同時に満たせるかどうかに関して VO 言語と OV 言語の間には相違があり，そのことが表 1 の分布の偏りにつながると Hawkins は論じる。最初に，VO 言語について考えてみよう。VO 言語が主要部先行型関係節および主要部後行型関係節をもつときには，次のような構造をとる（同上，p. 254）。

（2）a.　VO & NRel（主要部先行型関係節）

$_{S1}$[...$_{VP1}$[patted $_{NP1}$[deer $_{S'}$[that pushed the giraffe]]]]

　　　　　　1　　　　2　　　　　　　　　　　　　　　　（2/2 = 100%）[2]

　　b.　VO & RelN（主要部後行型関係節）

$_{S1}$[...$_{VP1}$[patted $_{NP1}$[$_{S'}$[the giraffe pushed that] deer]]]

　　　　　1　　　　　2　　　3　　　4　　　5　　　6　　　（2/6 = 33%）

　これら 2 つの可能性のうち，(a) の主要部先行型関係節は EIC と MA の両方を最適に満たすのに対して，(b) の主要部後行型関係節は EIC と MA のいずれをも最適には満たさない。まず，(a) についてみてみよう。動詞 patted はパーサー（parser）に対して VP を構築するよう合図する。VP 構造を構築する上で最初の 2 語（patted と deer）だけ処理した段階で VP_1 の 2 つの直接構成素（V と NP_1）が認識されるため，EIC は最適に満たされる。また，S' が正しく NP_1 に付与されるため，MA も満たされる。これに対して，(b) では，VP_1 の直接構成素を認識するのに patted から deer まで 6 語のスパンを要するため，EIC は最適には満たされない。また，the giraffe が最初は

───────────────

[2]　ここでは，Hawkins (2004: 32, 2014: 12) の方の EIC の定義に基づき，〈直接構成素の数÷それを認識するのに必要な語数〉の値が高いほど EIC が満たされると考えることにする。以下も同様。

patted の直接目的語として VP_1 に誤って付与される可能性があることから MA も満たされない。

　一方，OV 言語が主要部先行型関係節および主要部後行型関係節をもつときには，次のような構造をとる（同上，pp. 254–5）。

（3）a.　OV & NRel（主要部先行型関係節）

$_{S1}$[…$_{VP1}$[$_{NP1}$ [deer $_{S'}$[that the giraffe pushed]] patted]]

　　　　　　1　　　2　3　　4　　　5　　　　6　　　　　　（2/6 = 33%）

　　b.　OV & ReIN（主要部後行型関係節）

$_{S1}$[…$_{VP1}$[$_{NP1}$[$_{S'}$[the giraffe pushed that] deer] patted]]

　　　　　　　　　　　　　　　　　　1　　2　　　　　　（2/2 = 100%）

　これら 2 つの可能性は，EIC か MA のどちらか片方しか満たさない。まず，(a) についてみてみよう。VP_1 の 2 つの直接構成素（V と NP_1）を認識するのに deer から patted まで 6 語も要するため，EIC は最適には満たされない。他方，S' が正しく NP_1 に付与されるので，MA は最適に満たされる。一方，(b) はこれとは逆の結果となる。すなわち，VP_1 の直接構成素 V と NP_1 を認識するのに 2 語のスパンしか要しないため，EIC は最適に満たされるのに対し，the giraffe pushed が誤って S_1 に付与される可能性があり，MA は最適には満たされない[3]。以上をまとめると，次表のようになる。

表 2　Hawkins による関係節の類型論的選好の説明

		EIC	MA
VO 言語	NRel	✓	✓
	ReIN	*	*
OV 言語	NRel	*	✓
	ReIN	✓	*

　このことから，VO 言語においては，EIC と MA をともに満たす主要部先行型関係節が圧倒的に選好されるのに対して，OV 言語においては，主要部

───────────────

[3]　SOV 言語で S が省略されないのであれば，the giraffe pushed は主節に付与されないことになるが，Hawkins は VP を構成する O と V のみを考えて，S を考慮に入れていないので，the giraffe pushed が主節に付与される可能性があると考えているようである。

先行型関係節と主要部後行型関係節は 2 つの文処理原則に関して一長一短があるため，どちらか一方の関係節が選好されるということはなく，両者が同程度に観察されるという表 1 の分布が説明されることになる。

　Hawkins は，興味深いことに，このような OV 言語における一長一短を解決すべく登場するのが主要部内在型関係節であると主張する（Hawkins 1990: 256, 2014: 152）。もし，Hawkins の言うように，OV 言語の主要部内在型関係節が文処理の 2 つの原則 EIC と MA を本当に満たすのであれば，主要部内在型関係節が OV 言語にのみ観察されるとする Keenan（1985: 163）の一般化が動機づけられることになる。先の (2)，(3) にならって OV 言語における主要部内在型関係節の構造を表示すると次のようになる。

（4）　$_{S1}$[...$_{VP1}$[$_{NP1}$[$_{S'}$[the giraffe **deer** pushed that]] patted]]

　　　　　　　　　　　　　　　　　　　　1　　　2　　　　　　　　　　　　(2/2)

　この構造において，VP_1 の直接構成素（V と NP_1）を認識するのに，補文標識 that と patted の 2 語しか要しないことから EIC は最適に満たされる。これに対して，（主節の主語が明示されないときは）S' は S_1 に誤って付与される可能性があり，MA は最適には満たされないと言える[4]。

　さらに，(4) においてパーサーが認識すべき NP_1 が S' ではなく，内在主要部であるとしよう。そうすると，(4) は下のように修正され，EIC も最適に満たされるとは言えなくなる。

（4）'　$_{S1}$[...$_{VP1}$[$_{NP1}$[$_{S'}$[the giraffe **deer** pushed that]] patted]]

　　　　　　　　　　　　　1　　　2　　　3　　　4　　　　　　　　　　(2/4)

　しかし，実際には，(4)' のような処理を仮定することには無理がある。

---

[4]　Hawkins（2014: 152）は，本章の分析とは異なり，Mesa Grande Diegueño 語の主要部内在型関係節について，文処理上，誤付与も未付与もなく，MaOP（=MA）を満たすとしている。その一方で，Hawkins（2014: 155）は，主要部終端（head-final）言語における補文末の補文標識について，MiD（=EIC）には好都合だが，MaOP（=MA）には不都合であると述べている。多くの言語において主要部内在型関係節が補文と同じ構造をとることを考えると，主要部内在型関係節において MaOP が満たされるとする見解は成り立たないと思われる。

文末に生じる主節動詞を処理するまで主要部は決定されないのが普通だからである。例えば，次のペアにおいて主要部が(a)では「警察」，(b)では「犯人」であることは文末の主節動詞を処理するまでは定まらない。さらに，文末の主節動詞を処理した後でも主要部がどの名詞句なのかについて決定できないことも起こり得る（cf. (19b)）。

（5）a.　［**警察**が犯人を追いかける］のを先導した。

　　 b.　［警察が**犯人**を追いかける］のをかくまった。

　以上のことから，主要部内在型関係節は，文処理の2つの原則に関して，よくても EIC を満たすだけであり，Hawkins が言うような「解決策」になっているとは言い難い。では，このように指示追跡（reference tracking）に関して極めて非効率的であるにもかかわらず，主要部内在型関係節をもつ言語が少なからずあるのはなぜだろうか[5]？

3.　「継ぎ足し戦略」からみた主要部内在型関係節

　前節でみた Hawkins の関係節の分析は，EIC と MA の定義中の parser という用語からうかがえるように，主に聞き手の観点からのものと言える。本節では，話し手の観点から主要部内在型関係節の成り立ちについて考察し，この構文を「継ぎ足し戦略」の産物とする分析を提示する。

3.1　継ぎ足し戦略

　書き言葉と違って，話し言葉においては，聞き手を待たせて文をじっくり推敲するというわけにはいかず，自分の話す番になったら，とりあえず言葉を紡がなければならない。この制約は言語使用の面にさまざまに現れる。その一つが「継ぎ足し戦略」(the add-on strategy) と呼ばれ，バイバーらによって "the process of constructing conversational turns from a linear sequence of short finite clause-like segments" (Biber, Conrad and Leech 2002: 455) と定義

---

[5]　WALS Online によれば，データベースとなった 824 言語中，主要部内在型関係節は 24 言語において支配的なパタンとして用いられ，さらに 35 言語においてなんらかの仕方で用いられている。

主要部内在型関係節構文の談話的基盤 | 259

されている[6]。例として，話し手が飼い犬について語っている次の発話をみて
みよう。

（6） The trouble is ｜ if you're the only one in the house ｜ he follows you ｜ and
you're looking for him ｜ so you can't find him. ｜ I thought ｜ I wonder ｜
where the hell he's gone ｜ I mean ｜ he was immediately behind me.

（Biber, Johansson, Leech, Conrad and Finegan 1999: 1068）

　この発話は，統語的な埋め込みが関与していると分析できなくもないが，
実際には，繰り返しや中断などを含むことから，継ぎ足し戦略によって，思
いつくがまま，短い節のかたまりをどんどん紡いでいったものとして分析さ
れるべきであろう（縦棒で囲まれた部分が先に引用した「継ぎ足し戦略」の
定義の中の clause-like segments を表す）。継ぎ足し戦略を用いることは，時
間に急かされる話し手の言語産出を容易にするのみならず，聞き手の言語処
理も容易にすると言える。この継ぎ足し戦略の 1 つの現れが，下例のような
「統語的融合」（syntactic blend/amalgam）である。

（7） About a hundred, two hundred years ago we had ninety-five per cent of
people – i – in this country **were employed** in farming. 　（ibid., p. 1065）

（8） King: Do you like being other people?
Depp: Yeah, I do. I do, because I'm fascinated with people. I mean, I'm
fascinated... I ... I ... I like to watch people. And that's the one, sort
of, thing, you know, as an actor, in terms of job necessity — is the ...
is the ability to be able to watch people, to observe.

（*CNN English Express*, 2012 年 4 月号，p. 93）

　例えば，（7）では，we had と節を始めて ninety-five per cent of people in
this country を直接目的語として発した後，これを主語として扱い，were
employed と述語を続けている。このような統語的融合の例をバイバーらは

---

[6] 「継ぎ足し戦略」と類似した概念として，「句節をつぎつぎと継ぎ足して構成され
る」と規定され，和文の構文原理とされた「連接構文」（小松 2003: 247–248）がある。近藤
（2000: 412–420），福島（2008）も参照。

260 | 野村益寛

「言語運用上のエラー」(Biber et al. 1999: 1064–1065) とみなしているが，統語的融合の中には次の例のようにかなり慣習化したものもある (Lambrecht 1988)。

（9）a.　There is somebody wants to see you.

　　b.　Well, I have a friend of mine called me.

3.2　統語的融合としての主要部内在型関係節構文

本節では次の仮説を提案する。

（10）　仮説：主要部内在型関係節構文は，継ぎ足し戦略が慣習化してできた統語的融合構文である。

すなわち，話し手は，(11a) のように単節を用いて事態を描写し始めたのだが，そこに出て来る指示対象（りんご）に言及しようとして，出だしと合わない形で節を継ぎ足していった結果が，(11b) の主要部内在型関係節構文だというわけである（野村 2017）[7]。この継ぎ足しは，原理的には，(11c) や (11d) のようにさらに続けることができる。

（11）a.　りんごが皿の上にあった。

　　b.　りんごが皿の上にあった｜のをくすねた。

　　c.　りんごが皿の上にあった｜のをくすねた｜のを隠しておいた。

　　d.　りんごが皿の上にあった｜のをくすねた｜のを隠しておいた｜のがいつのまにかなくなっていた。

主要部内在型関係節が「継ぎ足し戦略」という話しことばの原理を反映したものであることは，この構文が現代日本語では一般に話し言葉において多くみられるとされる（近藤 2000: 82）ことからも支持される。さらに，この構文は話し言葉に特徴的な破格的な使われ方をすることがある。

---

[7]　Lehmann (1986: 666) は関係節を主要部内在型／主要部外在型，接合型 (adjoined)／埋め込み型 (embedded) の 2 つのパラメータによって 4 種類に分類している。主要部内在型関係節を継ぎ足し戦略の産物とみることは，その起源を接合型としてみることに近い。

(12) 吉川はご存じのように，関ヶ原合戦の際，[毛利軍がだーっと出てきた]のを当時の武将・吉川広家が「徳川軍を攻めるな」といって徳川軍の真上に陣を構えて毛利軍を止め，その存続に尽力したという歴史があります。　　　　　　　　（半藤一利『幕末史』新潮文庫，p. 197）

　この文は「毛利軍がだーっと出てきたのを当時の武将・吉川広家が止め（た）」のようにすると，「毛利軍」を主要部とする主要部内在型関係節の例となるはずだが，「止め（た）」の前に主要部「毛利軍を」を繰り返しており，後でみる「主要部重複型関係節」となっている。
　同じ著者の別の本からもう一つ例を引く。これは，先行研究で「格の一致現象」を示さない例として議論されてきた類いのものである。

(13) 一説によると，[今でいう不正献金を犬養がもらっていたのがけしからん，と指摘した]のを犬養さんが「それなら話せばわかるじゃないか」と答えた，それを問答無用として撃ったという説もありまして，必ずしも彼らが「何も聞かない，とにかく殺すのだ」と実行したのではない，そういう説もあることを付け加えておきます。
　　　　　　　　（半藤利一『昭和史 1926–1945』平凡社，pp. 98–99）

　「答える」という動詞は「〜に答える」のように助詞ニをとるので，(13)の下線部は「のに」になってもよかったはずである。
　それでは，なぜ(12), (13)のような破格とみえる例文が観察されるのだろうか？ ここで注目したいのは，これらの例文は著者のおこなった講義を基にしており，話し言葉の性格を有するということである。こうした文も，話し言葉に課せられる時間的制約の下，とりあえず節を継ぎ足していったが故と考えることができる。すなわち，(13)のような「格の不一致」の例は，最初から主要部内在型関係節構文を用いようと計画して発話したのではなく，主節動詞として何を用いるか未決定の段階で節を継ぎ足したため，従属節がとる格助詞として最も頻繁に用いられるヲ格がデフォルトとして出現したものと解釈される。このように，格の不一致はヲないしガ格を含むのが普通で，「*[りんごが皿の上にある]のに，周囲に誰もいないのを確認してから，くすねた」のように，ヲ格が生じるべきところにニ格が生じるという

ようなタイプの格の不一致はまずないはずである。(12)のような主要部重複型関係節も，最初から主要部内在型関係節構文を用いようと計画して発話したのではなく，「毛利軍がだーっと出てきた」の後に節をつなげ，主節動詞「止める」に至ったが，内在主要部と主節動詞までが隔たっているために，話し手が「止める」の目的語が既にでてきたことを忘れたか，あるいは聞き手の理解に配慮して「毛利軍を」を付け足したものと解釈できる。

　ところで，主要部重複型関係節のように内在主要部が単純に繰り返されるのではなく，代名詞の形で繰り返されることがある。

(14)　[お金を財布に入れておいた]のが，それがいつの間にかなくなった。

(坪本 1995: 82)

　こうした場合は，主要部重複型関係節のように「主要部」が何であったかを失念したというよりは，主要部内在型関係節という構文を用いたということが意識されておらず，文法的にはなくてもよい代名詞を用いたものと解釈できる。次の実例では，主要部内在型関係節の後，主節動詞「結びつける」までの距離が長いため，「こうした図式」を「それ」で受けたものと思われる。

(15)　というより，[もともとこうした図式で考えていた]のを，『存在と時間』執筆の段階でにわかにそれを現存在の時間性の問題に結びつけようと思い立ったのではあるまいか。

(木田元『わたしの哲学入門』講談社学術文庫，p. 184)

　さて，仮説(10)は，主要部内在型関係節の以下のような構文的諸特徴も説明することができる。第1に，典型的な従属節が「前提」を表す (Harris and Campbell 1995: 304) のに対して，主要部内在型関係節は「断定」を表す。

(16)　[君が探していたペンが机の下に落ちていた]のを拾っておいてあげたよ。

(17)　[?][机の下に落ちていた]君が探していたペンを拾っておいてあげたよ。

(野村 2017: 6)

この場面において，聞き手が探していたペンが机の下にあったという情報は，話し手が聞き手にはじめて知らせるもの，すなわち「断定」である。このような場合，主要部内在型関係節を用いた方が主要部外在型関係節を用いるよりも自然だろう。このことは，主要部内在型関係節が前提ではなく，断定を表すことを示す。主要部内在型関係節が断定を表すことは，次の「うそテスト」(Erteschik-Shir and Lappin 1979) の結果からもわかる。

(18) A: ［君が探していたペンが机の下に落ちていた］のを拾っておいてあげたよ。
　　B1: うそだ！　そんなところに落ちていなかっただろう。
　　B2: うそだ！　拾ってないだろ。

「うそだ！」は前提ではなく，断定された情報にかかわるものなので，B2だけでなく，B1も可能だということは，主要部内在型関係節構文は主節のみならず，従属節も断定されていることを示す。私たちが「ペンが机の下に落ちている」のように単節を発話する場合は，断定を表すと解釈されるので，主要部内在型関係節が継ぎ足し戦略の産物であるならば，それが断定を表すのはごく自然なことと言える。

　第2に，上と関連するが，日本語の主要部内在型関係節は非制限用法を表すとされる (Kuroda 1992: 156 [1975–76: 94], 1999: 427)。そのため，内在主要部は定名詞句でも不定名詞句でもよく，固有名詞さえとることができる（例：［太郎が向こうから走ってきた］のにぶつかった）。これも，主要部内在型関係節が最初は単節として発話され，それに主節が追加情報として継ぎ足されたと考えればうなづける。

　第3に，主要部内在型関係節は主節との間に「関連性条件」(Kuroda 1992: 147, 158 [1975–76, 1976–77], 野村 2016) と呼ばれる意味的な結束性が求められる。私たちが談話を構築していく際には，文と文との間に何らかの意味的つながりが必要であり，主要部内在型関係節が継ぎ足し戦略の産物であるならば，そのような意味的つながりが求められるのもうなづける。

　第4に，主要部内在型関係節は，主要部が欠けていたり，曖昧であることを許容する（野村 2001）。

(19) a.　［やかんが沸騰した］のを湯のみに注いだ。

　　 b.　［警官が犯人を連行していた］のをスナイパーが撃ち殺した。

　(a)は，「注ぐ」の意味的目的語が「やかん」ではなく，「お湯」であることから，内在主要部を欠いている。(b)は，主要部が「警官」と「犯人」の2通りに曖昧である。こうした例も，話し手があらかじめ十分計画したのではなく，節を継ぎ足していく中で主要部内在型関係節構文を産出したため，最初の節に内在主要部にあたる名詞句が存在しなかったり，一義的に決定できなくなったりしたものと考えられる。すなわち，主要部内在型関係節では，主要部の選択という意味解釈を話し手が完結させるのではなく，ある程度聞き手に委ねるという方略をとっていると言える。

　第5に，主要部内在型関係節は「単純判断」（thetic judgment）を表す（Nomura 2000: 166–179, 野村 近刊）。このことは，主要部内在型関係節では「二重判断」（categorical judgment）を表すハが用いられないことや，単純判断を用いて報告されやすい事態を表わせることからわかる。

(20)　［りんご{が／＊は}皿の上にあった］のをくすねた。

(21)　［電話が鳴った］のをとった。

　単純判断は「現実の事態の知覚認識に対する直接的反応」（Kuroda 1992: 22）を表すため，単純判断を表す節は，後続する節をあらかじめ視野に入れて入念に準備，推敲して表わされたものではなく，統語的融合を誘発しやすいと言える。先にみた，英語の慣習的に用いられる統語的融合の例(9)でも，単純判断を表す存在文が最初に用いられている点に注意されたい。

　第6に，主要部内在型関係節と主要部外在型関係節の時制解釈の違いを継ぎ足し戦略の観点から説明できる。両者の時制解釈は，次の例のように，「発話時＜従属節事態＜主節事態」という時間関係が成り立つ場合において異なり得る（野村 2013: 25）。

(22) a.　主要部内在型関係節

　　　　［スタッフが{＊明日／前日}前もって食材を運び入れておいた］のをシェフがパーティー当日に会場で調理し，豪勢な料理を招待客にふ

るまう（予定だ）。

b.　主要部外在型関係節
［スタッフが{明日／前日}前もって運び入れておいた]食材をシェフ
がパーティー当日に会場で調理し，豪勢な料理を招待客にふるまう
（予定だ）。

　相対時指示副詞「前日」，絶対時指示副詞「明日」をともに許容する主要
部外在型関係節に対して，主要部内在型関係節は絶対時指示副詞「明日」を
許容しない。これは，主要部内在型関係節が継ぎ足し戦略に基づき，まず独
立節として発せられたと考えると，「*スタッフが明日前もって食材を運び
入れておいた」のように「明日」がタ形と共起しないことから説明される。

4.　結論

　本章では，主要部内在型関係節構文が「継ぎ足し戦略」という談話的基盤
に動機づけられ，それが慣習化した統語的融合構文であるとみる分析を提案
し，それを支持する現象をみてきた[8]。この分析が持つ理論的含意を最後にい
くつかみておきたい。第1が主要部内在型関係節の成り立ちについてであ
る。これについて，Lehmann（1984: 387）が主要部内在型関係節は，相関関
係節構文（correlative construction）において関係節内の主要部名詞句と主節
内で照応する指示代名詞が削除され，それについていた格助詞が関係節に直
接つくことによって生じたという仮説を提案している。相関関係節の例とし
てバンバラ語のものをみてみよう。

(23)　n　ye　　　tyὲ　mìn　ye,　ò　　be　　finì　　　fère.
　　　[I　COMPL　man　REL　saw]　D3　IMPF　cloth: DEF　sell
　　　'The man I saw (, he) sells the cloth'　　　　　（Lehmann 1986: 665）

8　主要部内在型関係節を継ぎ足し戦略の産物とみる本章の考えは，Nomura（2000），野
村（2001）で示した主要部内在型関係節を参照点構文とみる分析と両立する。断定を表すべ
く最初に発せられた節は「参照点」（reference point）となる認知的際立ちを有し，継ぎ足さ
れた節によって注意の焦点の移動が引き起こされ，内在主要部が「目標」（target）と解釈さ
れると言えるからである。

関係節内の関係代名詞 mín と主節内の指示代名詞 ò が相関し，照応関係を結んでいる。そうすると，Lehmann（1984）の仮説に基づく主要部内在型関係節の史的発達は，概略，次のように表わせる。

(24)　［りんごが皿の上にあった］それをくすねた。
　　　→ ［りんごが皿の上にあった］~~それ~~をくすねた。

すなわち，指示代名詞についていた格助詞が，従属節につくようになったのが主要部内在型関係節だというわけである。
　関係節内の主要部に対応する要素を主節において繰り返す点で相関関係節と類似した関係節に，主要部重複型関係節（double-headed relative clause）と呼ばれるものがある。例として Kombai 語（トランス・ニューギニア語族）をみてみよう。

(25) a.　[doü　　adiyano-no]　　　　　　　　doü　　deyalukhe
　　　　　[sago　　give.3PL.NONFUT-CONN]　　sago　　finished.ADJ
　　　　　'The sago that they gave is finished.'

　　　b.　[gana　　　　gu　　fali-kha]　　　　　　　ro
　　　　　[bush.knife　2SG　carry-go.2SG.NONFUT]　　thing
　　　　　'the bush knife that you took away'　　　　　　　　　（Dryer 2013）

　(a) では，従属節内の内在主要部 doü が主節の外在主要部の位置で繰り返されている。(b) では，従属節内の内在主要部 gana の包摂語 ro が主節の外在主要部の位置で繰り返されている。このように，主要部重複型関係節は，主要部内在型関係節と外在型関係節の特徴を合わせ持っている（Dryer 2013）。
　Kaiser（1991: 106, 122）は，日本語の上代語において主要部重複型関係節が通常の主要部内在型関係節よりも数が多く，その後，前者が減り，後者が増えたとの観察から，後者が前者から発達したと推測している。そして，このことは，主要重複型部関係節を相関関係節の一種とみなせば，上でみた Lehmann（1984）の仮説 (24) を支持すると主張する。Kaiser が挙げている日本語の主要部重複型関係節は次のようなものである（同上，p. 107, 105）。

主要部内在型関係節構文の談話的基盤 | 267

(26) a. ［風交り　雨降る夜の　雨交り　雪降る]夜は　すべもなく寒くしあ
れば　　　　　　　　　　　　　　　　　　　　　　（万葉集 892）

b. ［飾馬に乗れる宿老の上達部と思しき]人，聖人の庵に来る。

（今昔物語集　巻十三第五）

（a）では「夜」が単に繰り返されているのに対して，（b）では「宿老」の
包摂語「人」が繰り返されている（cf.（25））。
主要部内在型関係節の発達に関する Kaiser の考えをまとめると次のよう
になる。

(27) 　［りんごが皿の上にあった]りんごをくすねた。
　→［りんごが皿の上にあった]~~りんご~~をくすねた。

しかしながら，日本語の主要部内在型関係節は上代から観察されているた
め（石垣 1955: 25），史的発達過程を文献の上でたどることは不可能であり，
主要部重複型関係節が主要部内在型関係節よりも数が多いからと言って，前
者から後者が生まれたとは必ずしも言えないはずである。両者が独立に発達
した可能性も十分あると思われ，実際，Gavião 語や Jamsay 語など両タイプ
が共存している言語もある。本章は，主要部内在型関係節の談話的基盤を指
摘することにより，Lehmann/Kaiser 説に対する代案を示したことになる。
第 2 が，複文の成り立ちについてである。Heine and Kuteva（2007: Ch 5）
は従属節が生じる方略として「拡張」（S [NP] > S_1 [S_2]）と「統合」（S_1 + S_2 >
S_1 [S_2]）の 2 つを挙げている。「拡張」は「節の参与者を名詞句の参与者のよ
うに扱う」（p. 216）方略であり，「統合」は「2 つの独立した文・事象が 1 つ
の文に融合し，一方が他方の従属節になる」（p. 224）場合である。彼らは，
関係節は指示代名詞から次のように統合によって生じたと考える（p. 226)[9]。

(28) 　There is the car; that（one）I like. > There is the car [that I like].

この枠組みに従えば，主要部内在型関係節は，統合とともに拡張によっ

---

[9]　この分析に対する批判として Deutscher（2009）を参照。

ても分析できると考えられる[10]。例えば，(1b)において，2つの独立した文・事象（「りんごが皿の上にある」「それをくすねた」）が1つの文・高次の事象に融合されているという点では「統合」であるのに対して，節の参与者「りんごが皿の上にある」が名詞句として扱われ，主節動詞「くすねる」の項の位置に現れる点では「拡張」であるとも言える。本章が主要部内在型関係節構文の談話的基盤として主張した「継ぎ足し戦略」は「統合」に近いが，「統合」が独立に存在する二つの文が一つの文に融合するのに対して，継ぎ足し戦略は，二つの文が独立に存在するのではなく，言語運用の上で一つの文にもう一つの文が継ぎ足される点で異なっている。複文の起源として，「継ぎ足し戦略」をどのように位置づけるべきかが今後の課題となる。

第3が関係節の類型論についてである。関係節は主要部の占める位置によって主要部外在型関係節と主要部内在型関係節の2つに大別される。主要部外在型関係節が（関係節内の空所を外在主要部で埋めて解釈する）フィラー・ギャップ構造という処理コストがかかる構造を含むのに対して，主要部内在型関係節は，本章の議論が正しければ，「継ぎ足し」という比較的単純な談話方略によるものであり，両者を同じ「関係節」という名前で括ってよいものかどうかが問われることになる。また，主要部外在型関係節と比較すると，主要部内在型関係節は形と意味のミスマッチを含んだ非論理的なものとみなされがちであったが，主要部内在型関係節が継ぎ足し戦略という談話的基盤をもつ統語的融合だとすると，英語の(9)のような構文と本質的に変らないものと言えることになる。

最後に，主要部内在型関係節の統語構造に関してである。(13)のような「格の不一致」の現象は，主要部内在型関係節が統語的に副詞節であることの証左として挙げられてきた（坪本1991, 三原1994, 黒田1998 [2005: 第9章]も参照）。しかし，主要部内在型関係節が副詞節だから格の不一致が生じるのではなく，格の不一致が継ぎ足し戦略という言語運用のレベルで生じた結果，主要部内在型関係節が副詞節の性格を事後的に帯びるものとみるべきであり，格の一致を示している例（例えば，(1b)）の統語構造までが副詞節

10　Givón (2009: 98–99) は Bambara 語の主要部内在型関係節の通時的発達を「統合」の観点から分析している。

であるとする証拠にはならないと考えられる[11]。同様に，主節において内在主要部と同一指示の代名詞が生じる(14)，(15)のような例も，主要部内在型関係節が副詞節であることの証左とされてきた(cf. 坪本 1995, 黒田 1998 [2005: 204–215])。しかし，これについても，格の不一致の場合と同じく，主要部内在型関係節が統語的に副詞節だから主節に内在主要部と同一指示の代名詞が生じ得るのではなく，言語運用のレベルで内在主要部と同一指示の代名詞が主節に生じた結果，主要部内在型関係節が事後的に副詞性を帯びるものと考えたい。

略語一覧

ADJ: adjective, COMPL: completive, CONN: connective,
D3: demonstrative element of 3rd person deixis, DEF: definite, IMPF: imperfective aspect,
NONFUT: non-future, PL: plural, REL: relative pronoun, SG: singular

参照文献

天野みどり（2011）『日本語構文の意味と類推拡張』笠間書院.

Biber, Douglas, Stig Johansson, Geoffrey Leech, Susan Conrad and Edward Finegan（1999）*Longman grammar of spoken and written English*. Longman.

Biber, Douglas, Susan Conrad and Geoffrey Leech（2002）*Longman student grammar of spoken and written English*. Longman.

Deutscher, Guy（2009）Nominalization and the origin of subordination. In: Talmy Givón and Masayoshi Shibatani（eds.）*Syntactic complexity*, 199–214. John Benjamins.

Dryer, Matthew S.（2013）Order of relative clause and noun. *The WALS* Online, Chapter 90.

Erteschik-Shir, Nomi and Shalom Lappin（1979）Dominance and the functional explanation of island phenomena. *Theoretical Linguistics* 6: 41–86.

福島直恭（2008）『書記言語としての「日本語」の誕生』笠間書院.

Givón, Talmy（2009）*The genesis of syntactic complexity*. John Benjamins.

Harris, Alice C. and Lyle Campbell（1995）*Historical syntax in cross-linguistic perspective*. Cambridge University Press.

Hawkins, John A.（1990）A parsing theory of word order universals. *Linguistic Inquiry* 21: 223–261.

Hawkins, John A.（1994）*A performance theory of order and constituency*. Cambridge University Press.

---

[11] もちろん，「のが」「のを」が逆説の接続詞として慣習化されている場合を否定するものではない。格の不一致を含む主要部内在型関係節の包括的分析として，天野（2011: 4 章）を参照。

Hawkins, John A.（2004）*Efficiency and complexity in grammars*. Oxford University Press.

Hawkins, John A.（2014）*Cross-linguistic variation and efficiency*. Oxford University Press.

Heine, Bernd and Tania Kuteva（2007）*The genesis of grammar: A reconstruction*. Oxford University Press.

石垣謙二（1955）『助詞の歴史的研究』岩波書店.

Kaiser, Stefan（1991）*Circumnominal relative clauses in classical Japanese: An historical study*. Otto Harrassowitz.

Keenan, Edward L.（1985）Relative clauses. In: Timothy Shopen（ed.）*Language typology and syntactic description, Vol. II: Complex constructions*, 141–170. Cambridge University Press.

小松英雄（2003）『仮名文の構文原理　増補版』笠間書院.

近藤泰弘（2000）『日本語記述文法の理論』ひつじ書房.

黒田成幸（1976）「日本語の論理・思考」大野晋・柴田武（編）『岩波講座日本語1　日本語と国語学』139–176. 岩波書店.

Kuroda, Shige-Yuki（1992）*Japanese syntax and semantics: Collected papers*. Kluwer Academic Publishers.

Kuroda, Shige-Yuki（1999）Notes on so-called head-internal relative clauses in Japanese. In: Masatake Muraki and Enoch Iwamoto（eds.）*Linguistics: In search of the human mind*, 414–429. Kaitakusha.

黒田成幸（2005）『日本語からみた生成文法』岩波書店.

Lambrecht, Knud（1988）There was a farmer had a dog: Syntactic amalgams revisited. *BLS* 14: 319–339.

Langacker, Ronald W.（2000）A dynamic usage-based model. In: Michael Barlow and Suzanne Kemmer（eds.）*Usage- based models of language*, 1–63. CSLI.

Lehmann, Christian（1984）*Der Relativsatz: Typologie seiner Strukturen, Theorie seiner Funktionen, Kompendium seiner Grammatik*. Gunter Narr Verlag.

Lehmann, Christian（1986）On the typology of relative clauses. *Linguistics* 24: 663–680.

三原健一（1994）「いわゆる主要部内在型関係節について」『日本語学』13（8）: 80–92.

Nomura, Masuhiro（2000）The internally-headed relative clause construction in Japanese: A cognitive grammar approach. Unpublished doctoral dissertation, University of California at San Diego.

野村益寛（2001）「参照点構文としての主要部内在型関係節構文」山梨正明他（編）『認知言語学論考』1: 229–255. ひつじ書房.

野村益寛（2013）「日本語主要部内在型関係節の時制解釈」『言語研究』143: 1–28.

野村益寛（2016）「事象統合からみた主要部内在型関係節構文：「関連性条件」再考」藤田耕司・西村義樹（編）『日英対照　文法と語彙への統合的アプローチ：生成文法・認知言語学と日本語学』186–211. 開拓社.

野村益寛（2017）「おかしな関係節の話」高見健一・行田勇・大野英樹（編）『〈不思議〉に満ちたことばの世界（下）』2–6. 開拓社.

野村益寛 (近刊)「単純判断としての主要部内在型関係節」児玉一宏・小山哲春 (編)
『認知言語学の最前線：山梨正明教授古希記念論文集』ひつじ書房.
坪本篤朗 (1991)「主要部内在型関係節」安井稔博士古希記念論文集編集委員会 (編)
『現代英語学の歩み』253–262. 開拓社.
坪本篤朗 (1995)「文連結と認知図式：いわゆる主要部内在型関係節とその解釈」『日本
語学』14 (3): 79–91.
坪本篤朗 (2014)「いわゆる主要部内在型関係節の形式と意味と語用論」益岡隆志他
(編)『日本語複文構文の研究』55–84. ひつじ書房.

第 4 部

認知言語学から見た日本語文法

第 1 章

再帰と受身の有標性

長谷川明香・西村義樹

キーワード：主体，自分，事象構造，する的，なる的

1. はじめに

　この第 4 部の第 2 章以降の分析対象は日本語の再帰代用形を含む文と日本語の受身であるが，この 2 つの現象には（通言語的にも）重要な共通点がある。すなわち，いずれも述語動詞の取る項の実現の仕方が有標であるという点である。井川論文で分析される再帰代用形（主として「自分」）を含む文においては，対応する無標の構文では互いに異なる指示対象を持つ主語と目的語が同一の指示対象を持つ。典型的な受身においては，対応する無標の他動詞能動文では主語として表現される agent 項が現れないか付加詞として表現される一方，能動文では目的語として表現される patient 項が主語に格上げされる。再帰代用形を含む文では項の指示対象が 1 つ少ないという点が，典型的な受身では項自体が 1 つ少ないという点が，対応する無標の構文とそれぞれ異なると言える。井川論文は，目的語が「自分」である場合の主語との同一指示性の本質を明らかにすることを目指す。その際，リアリティの度合いという概念が重要な役割を果たすことになる。張論文と田中論文は，日本語の種々の受身が agent を脱焦点化することによって patient を中心にして事態を捉えるとされる受身のプロトタイプとどのような関係にあるかを解明しようとする。

　以下第 2 節と第 3 節では，それぞれ再帰と受身について，認知言語学（とりわけ認知文法）の観点から，次章以降で提示される論点への導入を試みたい。

2. 認知言語学における subjectivity

　話し手が（言語化する目的で）何かを捉えるという営みにはどういう特徴

があるのだろうか。その際，話し手はどのような役割を果たすのだろうか。また，言語化される事象が自己を含むとき，自己の認識の仕方，言及の仕方はどうなっているのであろうか。本節ではこうした問題を考えるために，認知言語学の subjectivity の考え方を紹介し，井川論文への足がかりとしたい。認知言語学の代表的な論者として R. W. Langacker 氏と池上嘉彦氏を取り上げる。

2.1 Langacker の subjectivity

Langacker（1985, 2002, 2006 など）の subjectivity の概念を紹介するにあたって，まず概念化というプロセスを分析するためにどのような枠組みを想定しているかを述べる必要がある[1]。概念化が生じるには，そのプロセスの主体（概念化する側）と客体（概念化される対象）が存在しており，Langacker の言う subjectively construed と objectively construed はこの意味での「主体」と「客体」にそれぞれ対応している。

> As I use them, the terms subjective and objective allude to the **subject** and **object** of conception [...]. An entity is said to be **objectively construed** to the extent that is goes "onstage" as an explicit, focused object of conception. An entity is **subjectively construed** to the extent that it remains "offstage" as an implicit, unselfconscious subject of conception. At issue, then, is the inherent asymmetry between the conceptualiz**er** and what is conceptualiz**ed**, between the tacit conceptualizing presence and the target of conceptualization. The asymmetry is maximal when the subject of conception lacks all self-awareness, being totally absorbed in apprehending the onstage situation, and the object of conception is salient, well-delimited, and apprehended with great acuity. These are of course matters of degree. But whether they are sharply distinct or somewhat blurred, the subject and object roles figure in every conceptualization. In principle, an expression's meaning always

---

[1] subjectivity という用語は日本語の「主観性」にも「主体性」にも対応しており，訳語として両方がそれぞれ別々の研究者によって採用されている（あるいは区別して用いられている）。筆者はどちらの訳語にも一長一短があると考えているため，煩雑にはなるが，場合に応じて，subjectivity，主観（性），主体（性）という用語を用いることとする。

incorporates the conceptualizing presence who apprehends and construes the situation described. （Langacker 2006: 18）

subjectivity の概要は以上のとおりであるが，ある要素が「主体」の側として捉えられるか[2]，「客体」の側として（onstage にあるものとして）捉えられるかを議論する際，特に問題が生じるのは，G（グラウンド[3]）あるいはその要素についてである。G（の要素）が主体の側に属することに異論の余地はないと思われるが，描かれる事態の中に G（の要素）が存在する場合，その要素には客体の側に属する面もあることになり，どのように分析するかが問題となる。以下では，こうした場合に限定して（その中でもさらに G の要素として話し手にできる限り特化して）subjectivity の議論を紹介することにする。

表 1 は，Langacker（1985）をもとに，筆者が本章に関係するところのみ抜き出してまとめたものである（表の (ii)–(iv) は Langacker（1985）の p. 144 にある番号であり，図 (ii) は p. 125 から，図 (iii)–(iv) は p. 143 からとったものである）。(ii)，(iii)，(iv) の順で，話し手の捉えられ方がより objective になるとされる。前段落で述べた本章の関心から言えば，特に注目すべきなのは表の (iii) と (iv) である。

---

[2]　捉える側に立つことを be subjectively construed と，construe の受身の形で表現するのは適切な言い回しでないかもしれない。「主体の側に属する（主体である）」と理解するのがよいと思われるが，be objectively construed と対にして，ある要素の捉えられ方が主観的か客観的かという議論をするため，本章でも便宜上「捉えられる」という言い方を使うことがある。本多（2016）も参照のこと。

[3]　Langacker の創始した認知文法における ground（グラウンド）の定義は次のとおりである。
The term **ground** is used for the speaker and hearer, the speech event in which they participate, and their immediate circumstances（e.g. the time and place of speaking）.　（Langacker 2008: 78）

表1 話し手の捉えられ方の subjectivity の程度

	(ii)	(iii) implicit reference	(iv) explicit mention
図			
例	直示的に用いられる *Tuesday*, grounding element(過去時制を表す接辞 *-ed* など)	(1b), (2b), (3b)	(1a), (2a), (3a)

（ 1 ）a.　I hope not.

　　　b.　Hope not.　　　　　　　　　　　　　　　　　　（Langacker 1985: 138）

（ 2 ）a.　There is snow all around me.

　　　b.　There is snow all around.　　　　　　　　　　　（Langacker 1985: 138）

（ 3 ）　［有名な言語学者たちに囲まれてワクワクしながらの発言］[4]

　　　What a thrill to be in such illustrious company!

　　　a.　Ed Klima is sitting across the table from me!

　　　b.　Ed Klima is sitting across the table!　　　　　　（Langacker 1985: 140）

(1a)は使用域が限定されない一方で，主語を省略した(1b)はくだけた会話でのみ使用されるという点に着目した記述があるが，それに加えて，主語を明示しないことで，聞き手に対して，話し手自身の内的視点から（つまり話し手の身になって）事態を捉えるように促す効果があると述べている（Langacker 1985: 138）。あたり一面が雪である場合に用いられる(2)のペアについては，(2a)が単純に話し手のすぐ近くの物理的な状況を（俯瞰的に）記述するのに対し，(2b)は話し手の視点からの実際の見えを描くとしてい

---

[4]　引用元の記述を踏まえ，状況の説明を追記した。

再帰と受身の有標性 | 279

る (Langacker 1985: 139)。(3) も同様である。テーブルを挟んで Ed Klima と話し手が向かい合って座る状況，および，その位置関係を Ed Klima を主役に話し手を参照点にして語るという点は (3a) と (3b) で同じであるとしながらも，(3b) のほうが話し手がより主観的に捉えられており，話し手の視点から見えた状況を描いているとしている (Langacker 1985: 141)。

　表1の (ii) では，G 内の話し手は，描かれる事態（点線で囲まれた onstage 領域）に属していない一方，(iii) と (iv) では描かれる事態に属している（例えば例文 (1) であれば hope しているのは話し手である）。しかし，(iii) と (iv) にも話し手がその事態をどこから捉えているかという点で違いがある。(iii) の場合，あくまでも概念化の主体としての話し手の視点からその事態を捉えているのに対し，(iv) では，概念化の主体としての話し手は，本来の立ち位置である G から一歩引いて（第三者を捉えるような G' の視点に立って）G およびその中にいる客体としての話し手を捉えていると考える (Langacker 1985: 143–144)。

　もう少し (iii) と (iv) の違いを確認するために，ここで Langacker (1985: 127–129) の取り上げた cross-world identification に触れておきたい。

（4）a.　That's me in the middle of the top row.

　　　b.　In my next movie I play a double-agent. Both the CIA and KGB are trying to kill me.　　　　　　　　　　　　　　　（Langacker 1985: 129）

(4a) は写真を見せながらの発言で，(4b) は話し手が次の映画で演じる役柄についての発言である。これら cross-world identification の例では，概念化の主体としての話し手と，概念化の客体としての話し手は，別々の世界（現実の世界 vs. 写真，映画の中の世界）に位置づけられている。つまり，(4a) においてこの言葉を発している人物と写真に写っている人物は時空間的に異なる存在であり [5]，(4b) の役柄と，現実の世界に生きる演者としての話し手は別の人格であり，かつ，役の上での生死と生身の話し手のそれはふつう一致しない。

─────────────

[5]　それでもなお同じ人物だと認識されるということ自体，非常に興味深い問題ではあるが，本章では立ち入らない。

こうした cross-world identification は，表 1 の (iv) の explicit mention と似た側面がある。例えば(5)の写真の中の位置関係を描写している文では，Ed Klima を位置づける際，参照点としての話し手（写真に写っている）を明示した(5a)のみが自然に響く。

（5） Look at this photograph!
  a. Ed Klima is sitting across the table from me!
  b. *Ed Klima is sitting across the table!　　　　　（Langacker 1985: 141）

(5a)は状況としては cross-world identification の例であるが，explicit mention の(3a)と表面的には同じ形式である。客体としての話し手が，主体としての話し手と物理的に別物であるか否かという点で違いはあるものの，(3a)も自分を客体化していると言える（Langacker 1990: 328–329 も参照）。

2.2　池上の主観的把握

日本の意味論・記号論研究を牽引してきた池上嘉彦の近年の研究においても，「好まれる言い回し (fashions of speaking)」を論じる上で「主観的把握」が欠かせない概念となっている。ここでは池上による好まれる言い回しに関する研究の全体像を紹介することは控え[6]，本章の直接の関心となる，池上の提唱する「主観的把握」について考察することとする。

まず(6)の例から考えてみよう。

（6）　［他に誰もいない部屋の中の様子を誰かに伝えて］
  a. （ここには）誰もいません。
  b. Nobody's here except me.　　　　　　　　　　（池上 2006: 163）

この(6)の日英語のペアは，（I や me，「私」などの）話し手を指す表現の有無が問題となっており，Langacker の挙げた(1)–(3)の英語のペアの類例と考えることができる。池上は，こうした日英語の差異を，主観的把握，客

6　日英語の好まれる言い回しについては，池上本人の研究のほか，Ohori (1992)，本多 (2005, 2013)，野村 (2014: 第 14 章)，西村・長谷川 (2016) などを参照されたい。

観的把握という用語で分析している[7, 8]。

〈主観的把握〉：　話者は問題の事態の中に自らの身を置き，その事態の当事者として体験的に事態把握をする―実際には問題の事態の中に身を置いていない場合であっても，話者は自らがその事態に臨場する当事者であるかのように体験的に事態把握をする。

〈客観的把握〉：　話者は問題の事態の外にあって，傍観者ないし観察者として客観的に事態把握をする―実際には問題の事態の中に身を置いている場合であっても，話者は（自分の分身をその事態の中に残したまま）自らはその事態から抜け出し，事態の外から，傍観者ないし観察者として客観的に（自己の分身を含む）事態を把握する。

(池上 2011: 52)

(6)では当該の場所に話し手がいる状況ではあるが，(6a)と(6b)とで話し手が言語化されるかどうかに違いがある。主観的把握を好む日本語では，事態の中に自らの身を置きながら事態を把握しているとき，自分自身が客体化されて（概念化の客体になって）はいない。言語化するということを視覚の比喩を使って言うならば，見えの中に自分はいないのである。それに対して客観的把握を好む英語では，話し手は自らのいる位置から一歩引いた視点に立つことによって（自己を分裂させることによって）自己を客体化している。（そして，そのことと話し手が me として言語化されることが連動している。）

　さらに，話し手が事態に参与していない場合であっても，同様の事態把握が好まれるという。

（7）a.　関山をも打ち越て，大津の浦になりにけり。　　　　（平家物語）

　　　b.　... they passed on through Sekiyama and came to the Beach of Otsu.
　　　　（A. L. Sadles 訳）　　　　　　　　　　　　　　（池上 2008: 90–91）

---

[7]　池上は「把握」という用語を使うが，これはこれまで「捉える」という言葉で表してきたものと趣旨は同じである。

[8]　言語間だけでなく同一の言語内においても主観的／客観的把握にもとづいた言語表現のペアが観察されることもあるが，池上は日英語を比べると全般的に日本語は主観的，英語は客観的把握を好むと考えている。

(7a) では，登場人物が大津の浦に到着したことをナルを用いて表現し，移動主体が言語化されていないが，その英訳である (7b) では，移動動詞 come が用いられ，その主語も三人称複数で明示されている。日本語では，話し手は登場人物と一体化して事態の中に自らを置くために，移動主体が表現されず，「ある人物が移動した」という言い方ではなく「（ある人物のいる場所が）…に変化した」という言語化の方略をとっている（その人物の「見え」を語っている）。一方の英語では，話し手が傍観者として外から事態を捉えるために，移動主体は言語化され，「その人物が移動した」という言い回しになる。

　なお，ここまで見ると，池上は Langacker と全く同じ考え方をしていると思われるかもしれない。もちろん重なるところも大きいが，池上（2004, 2005a）が Langacker への代案という側面をもっていることもあり，両者の考えを同一視することはできない。

　Langacker の subjectivity は，概念化において欠くことのできない主体と客体を基盤に置き，ある要素が概念化の主体と客体どちらの側に属するかということを問題としたものであるため，「ある言語表現（あるいは，そこに込められた事態の捉え方）が subjective／objective である」という言い方は意味をなさない[9]。一方，池上は，採用している「主観的／客観的把握」という用語にあらわれているように，「具体的な言語表現を題材に，そこに組み込まれた事態把握がより主観的／客観的である」という議論をし，ひいては，どちらの事態把握を好むかという観点から個別言語の傾向性を分析する。なお，池上（Ikegami 2007）には Langacker の subjectivity を，事態把握を論じるためのものだと考えているように受け取ることのできる箇所があり，示唆的である[10]。

[C]ompare the two sentences discussed by Langacker (1990):

---

[9]　Langacker（2006: 18）において以下のように明示的に述べられている。In my usage it makes no sense to talk about the extent to which an expression or its meaning is subjective—we can only talk about the status of a particular element within the overall situation. A given meaning always comprises both subjectively and objectively construed elements.

[10]　ただし，例文（1b）についての Langacker の指摘（「主語を明示しないことで，聞き手に対して，話し手自身の内的視点から（つまり話し手の身になって）事態を捉えるように促す効果がある」（本章 2.1 節より））は，池上の主張する「日本語の好まれる言い回し」の一端に対応しているように思われる。

再帰と受身の有標性 | 283

[(8)] Vanessa is sitting across the table from me.

[(9)] Vanessa is sitting across the table.

According to Langacker, sentence [(8)] will be associated with a situation in which the speaker is talking about a photo which shows the speaker and Vanessa sitting across the table. In other words, the speaker as cognizing subject is maximally distinct from the speaker as cognized object in the photo. Sentence [(9)], on the other hand, will be associated with a situation in which the speaker is sitting at the table and at the same time talking about the location of Vanessa in relation to his/her own position. Here the cognizing subject is part of the situation he/she is cognizing. There is no contrast between the speaker as cognizing subject and the speaker as cognized object, such as the one we find in [(8)]. Langacker characterizes the two situations as instances of 'objective construal' and 'subjective construal' respectively.

(Ikegami 2007: 20，下線は筆者による)

　実は，以上のような池上によるLangackerの解釈[11]，および，池上自身の主観性に関する考え方が，池上の「好まれる言い回し」の議論全体の性格に寄与している可能性が十分にある。しかし，紙幅の都合もあり，ここではこの一点をおさえるにとどめ，主観性の議論をどのように展開することが言語表現の意味を分析し対照する上で有益であるかの検討は，稿を改めて行なうことにしたい。

　以上の議論を踏まえて，2.3 節では，井川論文における自己認識の扱い，さらにそこから示唆される話し手の扱いについて考察してみよう。

2.3　井川論文における自己認識

　井川論文では，自己を指すと考えられる表現に着目し，その形式（有無を

---

[11]　また池上（2004, 2005a）は，Langacker の概念化の枠組みを紹介するに際して，「舞台」と「ステージ」という一見すると同じものを指しそうな用語を出しているが，Langacker とは異なる意味で用いられている箇所が見受けられるので注意が必要である。池上（2004）では，おそらく，「舞台」と「〈オン・ステージ〉領域」はそれぞれ MS（maximal scope）と onstage region（すなわち immediate scope）の訳語として用いている可能性が高い。しかし，池上（2005a）になると，「舞台」と「ステージ」を同じ意味で用いているように見受けられる箇所もある。

含む）に連動した意味の違いが議論されている。例文 (10)–(12) は井川論文から引用したものである（出典や詳細な説明はそちらを参照されたい）。

(10)　（組織を守るために）ジョンは自分を殺したのだ。
　　　（解釈 1)*ジョンは自殺した。
　　　（解釈 2) ジョンは本来の自分らしさを抑えた。(＝井川論文の (7))
(11) a.　John shaved.
　　　（解釈）ジョンは（自分で自分の）生身のジョンのひげを剃った。

[real SELF]

　　b.　John shaved himself.
　　　（解釈 1) ジョンは（自分で自分の）生身のジョンのひげを剃った。

[real SELF]

　　　（解釈 2)a.　ジョンは自分をモデルとした蝋人形のひげを剃った。
　　　　　　b.　ジョンは，タイムマシンで訪れた世界で，何年後かの
　　　　　　　　自分のひげを剃った。[doppelgaenger SELF]

(＝井川論文の (11)–(12))

(12)　John wanted PRO to kiss Mary.
　　　（解釈）ジョンは，分身のジョンではなく，思考をめぐらせているジョン当人がメアリにキスをしたいと考えた。　（＝井川論文の (14))

(10) の「自分」は生身の話者ではなく，話者の特徴，自分らしさといった抽象的なものとして解釈される。(11) のペアでは，himself (oneself) の有無と「分身」（蝋人形や未来の自分）の解釈の可否が連動している。(12) の例も (11) と同様，want の目的語として to 不定詞句の意味上の主語が形式的に表されていないことと，分身の解釈でないことが対応している。
　井川論文は Faltz and Oehrle (1987) を引用し，分身が具現化する状況の例を以下のように挙げている。

(13) a.　写真，絵，彫像のなかのジョン
　　b.　ビデオテープや映画のなかのジョン
　　c.　鏡の中のジョンの像
　　d.　本，演劇，映画の中で演じるジョンの役柄

e. 現在と時空を異にしたジョン：この「分身」と出会うにはタイムトラベルの必要あり

f. 夢，幻影，想像…の中でのジョンのイメージ

(＝井川論文の (13))

例えば (11) における分身は，ひげを剃るという行為を行なう人物と物理的に異なる存在であり，その意味で「他者」に近い扱いをしている。(10)–(12) のような例を出しながら，井川論文ではリアリティの高低と形式の対応関係を見ている。なお，(10) は通常の意味で「分身」とは言えないかもしれないが，物理的な身体ではなくその人の特徴を指しているという点で，井川論文がリアルと考える生身の人間から一歩離れた意味になっていると言えよう。

　ところで，これらの論文で扱われている「分身」とは，Langacker の挙げた cross-world identification と同様の現象を扱っている。井川論文から引用した例 (10)–(13) はすべて話し手以外が事態の参与者であったが，(10')–(13') のように，話し手に変えるとどうなるであろうか (上述の通り，正確には (10) を cross-world identification の例とは考えにくいが，井川論文の主張するようにリアルではなく image ということでまとめられる可能性が十分にあることを考慮し，ここでは併記することにする。)

(10') (組織を守るために) 私は自分を殺したのだ。

(11') a. I shaved.

b. I shaved myself.

(12') I wanted PRO to kiss Mary.

例文 (1) を踏まえると，本来は主語の I「私 (は)」が言語化されている場合とされていない場合との差も考える必要があろうが，ここでは「自分」，ゼロ，myself，PRO にのみ着目をすることにする。以下の Langacker の例文が示唆的である。

(14) a. *I want me to be elected.

b. I want to be elected.

(Langacker 1987: 37)

Langacker(1987: 37)は，例文(14a)には非文の記号があるが，Who do you want to be elected?(誰に当選してほしい？)という疑問文に対する返答であれば，許容度が格段に上がるという補足を加えている[12]。この場合はいわゆる「分身」でないにせよ，話者自身とほかの候補者を同列に扱う(候補者の集合を構成する一員とみなす)プロセスが存在している。自分を他者と同等に扱っているという点で，(14a)のmeを用いた話し手の捉えられ方は，同じ人物でありながら概念化の主体−客体の対立が鮮明になる表1(iv)の類例と考えることができるであろう。

さらに，池上(2005a: 24–25)には主観的把握と客観的把握の対立の例として，広瀬(1997)を引きながら，「髭を剃る」と(11a)のshave oneselfなどを挙げている箇所がある[13]。あくまでも，「日本語においては，〈分裂した自己〉(split self)の明示的な指標と考えられる再帰代名詞の使用は避けられている―従って，そのような使用に反映される〈自己分裂〉(self-spilt)という心理的過程も避けられている」のである(池上2005a: 24)。

以上のように，井川論文で論じられているリアリティの度合いが異なる表現を，認知言語学のsubjectivityをめぐる議論との関連から検討する余地も十分あるように思われる[14]。

3. 認知文法から見た日本語の受身

張論文と田中論文で扱われている日本語の受身は長年にわたってさまざまな立場から研究されてきた。この節では，認知文法の観点に立つ本章の筆者が妥当であると考える日本語の受身の分析の概略を(国語学と日本語学における分析と比較しつつ)提示することによって，張論文と田中論文への導入を試みる。

以下で概観する日本語の受身の分析の特徴は，日本語と他言語(ここでは英語)に共通する受身のプロトタイプを措定し，異なる言語間の差異をその

---

[12] Langacker(1985: 145)も参照。

[13] 日本語の「自分」についてもその近くで言及している(池上2005a: 24–25)。

[14] subjectivityは，次節で扱う日本語の受身の分析において重要な役割を果たす「共感度(empathy)」と明らかに密接に結びついている(Langacker 1985: 145, 1990: 365, 池上2005a: 5, Ikegami 2005b: 152などを参照)。また，筆者の見るところでは，井川論文のリアリティは，認知文法のgrounding, singling out, grouping, fictivity, virtualityと深く関わっている。

プロトタイプからの慣習化された拡張の方向性と程度における違いとして捉える点にある。

　西村・長谷川 (2016) で述べたように，日本語と英語の受身がいずれも同じく「受身 (passive)」と呼ばれるのは両者に共通する以下のようなプロトタイプが想定できるからであると思われる：主語の指示対象が (明示されないか付加詞で表される) 他者の (対応する他動詞述語の能動文と共通する動詞が表す) 行為の直接の対象になる (ことによって何らかの変化を被る)，という捉え方を表し，その形式は対応する能動文に比べて有標である。受身の形式面での有標性は，agent[15] を主役[16] にして「する」的に捉えられ (その結果，agent と patient[17] をそれぞれ主語と目的語の指示対象とする，真理条件的に等価な他動詞述語の能動文[18] を用いて表現され) やすい事態を (agent を差し置いて) patient を主役にして「なる」的に捉え直すという，意味の有標性を反映していると考えることができる[19]。

　ここで，日本語と英語に共通する受身のプロトタイプが表す「なる」的な捉え方についてもう少し詳しく考察しておきたい。一般に，記述の対象となる事態を「なる」的に捉える文とは，その事態を変化 (X に生じること)

---

[15]　厳密には，agent もプロトタイプを中心とするカテゴリーであると考えられる (例えば，Nishimura (1993)，西村 (1998) を参照)。

[16]　認知文法の trajector に相当する。

[17]　本章では，patient を agent による行為の対象という意味で用いる。したがって，例えば Suddenly the door opened の the door の指示対象の意味役割は theme (注 20 参照) であって，patient ではない。

[18]　総称 (e.g. Beavers build dams. vs. Dams are built by beavers.)，否定や数量詞のスコープ (e.g. Many arrows didn't hit the target. vs. The target wasn't hit by many arrows.) などが関わる場合を除く。

[19]　認知文法では，このように，受身が対応する他動詞述語の能動文と真理条件的に等価であっても，前者は後者とは意味が異なると考える点が重要である。これに類する英語の受身の分析に Bolinger (1975, 1977: 9–10)，池上 (1981: 213–237)，Langacker (1982)，中右 (1994: 第 24 章)，Pinker (2013 [1989]) などがある。これらの分析に基づいて英語の受身のプロトタイプが担う意味を簡潔に提示した Nishimura (1992: 2.2) も参照されたい。「する」的および「なる」的は池上 (1981) の用語。ただし，池上 (1981) が「なる」的な捉え方を表すと考えているのは英語の受身 (池上 (1981) の用語法では「受動態」) であって，日本語の受身 (池上 1981: 181ff.) ではない。日本語の受身のプロトタイプも同じく「なる」的な捉え方を表す，というのが本節の主張である。

としてカテゴリー化する文のことであり，記述の対象となる事態を行為（X
が行うこと）としてカテゴリー化する—「する」的な捉え方を表す—文と対
立する。「なる」的な捉え方では変化の主体（theme[20]）が，「する」的な捉え
方では行為の主体（agent）が，それぞれ主役[21]であるから，前者の捉え方は
theme 中心であり，後者の捉え方は agent 中心であると言うことができる。
受身のプロトタイプが表す「なる」的な—theme 中心の—捉え方の特殊性
は，その theme が patient である点にある。この点について，受身のプロト
タイプをいわゆる非対格（unaccusative）自動詞を述語とする文と比較するこ
とによって考えてみたい。

　（15）は筆者が受身のプロトタイプと考えるものの例であるが，これと非対
格自動詞を述語とする文の例（16）との意味上の共通点と相違点は何であろう
か[22]。

（15）　This book was published in 1987.

（16）　This book came out in 1987.

（15）と（16）の共通点は，ある本に生じた（一般読者にとって入手可能にな
るという）変化を意味の焦点とする—事態を「なる」的に捉えている—こ
とである。一方，（15）でのみ（This book was published in 1987 by Stanford
University Press のように）agent を明示することができることからもわかる
とおり，現実には存在する agent を度外視して事態をいわば純粋に「なる」

---

[20]　この意味役割の定義は論者によって異なるので注意が必要である。本節では，述
語動詞が（位置または状態の）変化を表す場合の変化の主体を theme と呼ぶ。池上（1981）
の「なる」的な捉え方とは，動的な（dynamic）事態に関するかぎりは，そのような事態に
対するこの意味での theme を主役とする捉え方のことであると思われる。本章では，さら
に，X に変化が生じることと X に何かが起こることは等価であると考える。英語の What
happened to X? という問いに対応する日本語の自然な表現の１つが「X はどうなったの？」
であることを参照されたい。

[21]　認知文法では，文の主語の名詞句はその文の表す事態の捉え方における主役を指示
対象とすると考えている。Langacker（2008: 11.2.2, 11.2.3）も参照されたい。

[22]　ここでは，（15）と（16）が客観的には同じ事態を記述している場合について考える。
池上（1981: 221–225）も参照されたい。

的に捉える[23]（16）とは異なり，（15）は，同じ事態をagent（この場合には出版社）なくしては生じえないものとして提示した[24]上で，そのagentを差し置いて[25]patientを主役にして，すなわち，出版社の行為としてではなく，本に生じた変化として，捉えていると考えられる。一般に，非対格自動詞を述語とする文が表すのが無標の（いわば素直な）「なる」的な捉え方であるのに対して，受身のプロトタイプの意味には有標の（いわばひねった）「なる」的な捉え方が組み込まれていると言える。

　以上で概略を示した受身のプロトタイプの意味は英語の受身の意味としてPinker（2013 [1989]: 3.3.4.4, 4.4.4）が提案した

　　X is in the circumstance characterized by Y's acting on it.[26]

と同趣旨である。この提案の基になっている「主語の指示対象が述語動詞の表す行為によって影響を受けていなければならない[27]」という，Bolinger（1975, 1977: 9–10）が指摘した英語の受身の成立条件は，上記の受身のプロ

---

[23]　このような捉え方は認知文法ではabsolute construal（Langacker 1991: 9.2.2）と呼ばれる。記述の対象が変化の場合には，その変化を因果連関から切り離して捉える―（16）の場合には，現実には存在する出版社から本への働きかけを度外視し，本に生じる（世に出るという）変化のみをプロファイル（profile）する―ことを指す。

[24]　認知文法の用語で言えば，agentとpatientの相互作用全体がプロファイルされているということ。

[25]　Shibatani（1985）が諸言語の受身のプロトタイプ的機能として提案したagent defocusingに相当する。

[26]　X, Yはそれぞれ受身の主語の指示対象と対応する能動文の主語の指示対象。要するに，Yの働きかけの対象になる―agentが働きかけた結果patientになる―という変化がXに生じるということ。

[27]　対応する原文（Bolinger 1977: 10）は "The speaker has to be thinking of a patient that is somehow affected by the action"。その直前の "[a passive sentence with a prepositional verb] had to represent something DONE to something" も同趣旨。これらは，直接的には（直接目的語ではなく）前置詞句を伴う動詞の受身（e.g. The bridge has been walked under by generations of lovers. *The bridge was walked under by the dog.）に対する意味的な制約として提案されたものであるが，その少し後で "A little investigation shows that simple verbs are subject to the same restriction" と述べられていることからもわかるとおり，直接目的語を取る動詞の受身（e.g. The pages were turned by George. *The corner was turned by George.）にも適用されると考えられている。

タイプの意味の一部を制約の形で述べたものに他ならない。Bolinger 自身が述べているように、受身の主語の指示対象 X が（対応する能動文と共通する）動詞の表す行為によって影響を受ける（be affected）ことは、X がその動詞の表す行為の対象（すなわち patient）になること、および、その行為によって X に何らかの変化が生じることと等価である。

　さらに、Bolinger（1975, 1977: 9–10）と Pinker（2013 [1989]: 3.3.4.4, 4.4.4）を精読すればわかるとおり、受身が焦点化する（主語の指示対象に生じる）変化は物理的なものに限定されない。例えば、

(17)　The moon was reached for the first time in 1969.

が焦点化するのは、アポロ 11 号が月に到達することによって月に生じた（人類未踏の地ではなくなるという）人類にとっての意味づけにおける変化であると考えられる[28]。これは、例えば(18)の意味の焦点が、

(18)　The pages were turned by George.

ページを人がめくることによってページに生じる位置変化にあるのと類比的である[29]。(19)の受身は（自動詞と前置詞の結びつきがpatient を意味に含む他動詞として再分析されている点で）プロトタイプからは外れるが、

(19)　This bed was slept in by George Washington.

あるベッドでジョージ・ワシントンが寝たことによってそのベッドに生じた特別な価値の獲得という変化を焦点化していると考えてよいであろう。これは、同じ臨時的な句動詞を用いた

(20)　This bed has been slept in.

---

[28]　それに対して、Tokyo Station was reached by Joe around noon がきわめて不自然なのは、人が駅に到着したことによってその駅に変化が生じるとは想像しがたいからである。

[29]　それに対して、The corner was turned by George が普通は容認されないのは、人が角を曲がったことによってその角に変化が生じるとは想像しがたいからである。

が，誰かがあるベッドで寝たことによってそのベッドに生じた（シーツが乱れるなどの）状態変化を意味の焦点とする[30]のと類比的である。英語の受身 (17)，(19)，日本語の受身 (21)，(22) などを主語の指示対象の属性を叙述する（または主語の指示対象を特徴づける）機能をもつ，別種の受身とする分析もあるが，本章の観点からは，その際の「属性」や「特徴」は他者の行為（の対象となること）の結果として生じる（あるいは認識される[31]）ものであることが重要である。

(21)　この論文はチョムスキーに数回引用された。
(22)　この雑誌は 10 代の若者によく読まれている。

　受身の成立要因を指して，日本語を対象とした研究では「受影性」[32] が，英語を対象とした研究では（すぐ上でも触れたように）affectedness が，それぞれよく用いられるが，この 2 つの用語は適用範囲が完全には重ならないことに注意が必要である。受身の主語の指示対象が動詞の表す行為によって影響を受ける —— agent による働きかけの対象になる —— ことを指す点は両者に共通しているものの，affectedness は主語の指示対象が有生でなくても問題なく適用される（例えば (20) の主語の指示対象はそこで行われた「寝る」という行為によって affect されたと言われる）のに対して，「受影性」は（影響を受けたことを感じうる）有生の存在（とりわけ人間）に限定して用いられる傾向がある。「受影性」をこのように限定して用いる傾向と伝統的な国語学におけるいわゆる「非情[33] の受身非固有説」とは密接に関係していると思われるが，原田 (1974)，小杉 (1979)，奥津 (1983) などが指摘するように，この

---

[30]　日本語の「このベッドは寝た形跡がある」に対応する。

[31]　Pinker (2013 [1989]: 109) に挙げられた例の 1 つ This bridge has been flown under は，飛行機がある橋の下をくぐったことによってその橋が並外れた高さという特性をもつことが認識されることを表す。すなわち，プロトタイプから外れたこの受身の場合にも，主語の指示対象（橋）に他者（飛行機）の行為を原因として（話し手の認識における）変化が生じたことが焦点化されていると言える。田中論文の 3.4 節および第 4 節の議論も参照されたい。

[32]　尾上 (2003) と川村 (2012) では「被影響」と呼ばれている。

[33]　ここでは，「非情」を言語学における inanimate(ness) と等価と考えて差し支えない。ただし，日本語では植物は，通常，有情 (animate) ではなく，非情に分類される。

説は成立しえないと筆者は考えている[34]。直訳的に対応する英語表現では問題なく受身に分類される以下のような文（の下線部）[35]を（主語の指示対象が非情物であるという理由で）日本語の受身ではない（少なくとも非情の受身ではない）[36]とする立場もある。

(23)　人の家居のなごりなくうち捨てられて　　　　　　　　　（源氏物語）
(24)　衣の裾，裳などは，御簾の外にみな押し出されたれば　　　（枕草子）
(25)　おほきなる木の風に吹き倒されて　　　　　　　　　　　　（枕草子）
(26)　<u>月は霧に隔てられて</u>，木の下も暗くなまめきたり。　　（源氏物語）

しかし，これらの文の表す意味（と筆者が考えるもの）は，間違いなく，本章で提示した受身のプロトタイプの表す意味を具現化したものであるから，これらを受身の例と見なすべきでない理由はまったくない。
　「非情の受身非固有説」の根拠の1つとして，以下のような受身の例が（外国語からの翻訳の影響によって導入されたものであって）本来の日本語にはなかったことが挙げられることがある。

(27)　法隆寺は聖徳太子によって建てられた。
(28)　答案用紙が試験監督によって配布された。

非情物がpatientで有情者（典型的には人間）がagentの場合にagentを（ニでマークして）明示する受身の実例が外国語の影響を受ける以前の日本語ではきわめて稀であったことは事実であると思われる。しかし，これで「非情の受身非固有説」の妥当性が示されたと考えるのは誤りである。(23)や(24)

---

[34]　詳しくは張論文を参照されたい。

[35]　用例はいずれも小田 (2015) から。

[36]　尾上 (2003) と川村 (2012) は (25) と (26) を「発生状況描写」という（受身とは別種の）用法の例と見なすものと思われる。(23) と (24) は，彼らも受身とする可能性はあるが，その場合でも，（影響を受けたのは，主語の指示対象ではなく，表現されていない有情者—潜在的受影者—であると考えて）「非情の受身」の例とは見なさないため，これらの文は彼らにとって「非情受身非固有説」への反例にはならない。詳しくは張論文を参照されたい。

のような有情者 agent を表示しない非情の受身と (25) や (26) のような非情物 agent を表示する非情の受身は中古和文にも「ふつうに存在」(小田 2015: 98) したからである。(27) や (28) のような受身がその時代にほとんど見られないのは，非情物 patient を主役とする有標の構文を用いながら有情者 agent を表示することが当時の日本語で現在よりも強力に作用していた「共感度階層 (empathy hierarchy) 制約」に対する意図的違反 [37] に該当したからであると考えられる。有情者 agent と非情物 patient の相互作用を表現する際に，無標の能動文ではなく有標の受身を用いながら，有情者 agent を明示する慣習が当時の日本語にはほとんどなかったのであろう。換言すれば，有情者 agent と非情物 patient をともに明示する場合には，ほぼ常に，前者を主語，後者を目的語とする他動詞述語の能動文を用いなければならなかったと考えられる。現代の日本語では，(27) や (28) のような受身は (使用場面は限られるものの) 十分容認される表現であるから，上記の共感度階層の作用は弱化していることになる [38]。

ニヨッテ受身と呼ばれる (27) や (28) のような受身と agent をニで表示する受身―ニ受身―の機能の差に注目して，前者を降格受動文，後者を昇格受動文とする分析が益岡 (1982) 以来日本語学では半ば定着しているようであるが，おそらく Kuroda (1979) に端を発するこの分類には，少なくとも筆者の立場から見ると，問題があると言わざるをえない [39]。昇格受動文の「昇格」とは非 agent (典型的には patient) 項の昇格 (文法的には主語になること)，降格受動文の「降格」とは agent 項の降格 (文法的には主語でなくニヨッテで

---

[37] 久野 (1978: 第 2 章) の「表層構造の視点ハイアラーキー」(p. 169) に対する「意図的違反」(p. 171) に相当する。「意図的違反」とは，有標の構文を用いて (表層構造の視点ハイアラーキーのような) 談話法規則に違反すること。この場合の共感度階層制約とは，具体的には，受身のニ格名詞句の指示対象が主語の指示対象よりも共感度階層において上位であってはならない，というものである。

[38] とはいえ，共感度階層制約は現代の日本語でも (例えば英語に比べると) かなり強力に作用していると思われる。「あのお家は田中君のお父さんが建てたんだよ」が日常会話でごく普通に用いられうる表現であるのに対して，「あのお家は田中君のお父さんによって建てられたんだよ」がそうではないことを参照されたい。金水 (1991) によると，agent をニヨッテで表示する (27) や (28) のような受身が初めて用いられたのは 19 世紀にオランダ語の受身が直訳された時であったという。

[39] 同じく Kuroda (1979) に端を発する，日本語の受身の分析をめぐる黒田久野論争については田中 (2017) を参照されたい。

マークされる付加詞になること)をそれぞれ意味するのであるが，本章で提示した受身のプロトタイプはもちろん，日本語（と英語）の受身の大多数において昇格と降格は同時に起こっており，そもそも両者は本質的に表裏一体である[40]と考えるべきであろう。すでに見たように，受身のプロトタイプは agent と patient の相互作用という事態を記述の対象とし，そのような事態に対して，（対応する，他動詞を述語とする能動文の表す）無標の「する」的な― agent が主役の―捉え方ではなく，有標の「なる」的な― patient が主役の―捉え方を適用するものであった。その際，対応する能動文を基準とするならば，受身においては，agent の（主役から脇役[41]への）降格と patient の（準主役[42]から主役への）昇格は必然的に同時に生じている。そして，この特徴づけは，直接受身に関するかぎり，ニ受身にもニヨッテ受身にも等しく当てはまる。談話機能上，agent の降格と patient の昇格のいずれかが主であることはもちろんありうるが，ニ受身においては常に後者，ニヨッテ受身においては常に前者がそれぞれ主要な機能であると考えるべき理由はない[43]。

　最後に，筆者の考える間接受身の位置づけについてごく簡単に触れておき

---

[40] ドイツ語などの非人称受動（英語に直訳すると It became danced yesterday となる Es wurde gestern getanzt など）においては，（対応する能動文には patient 項がないので）agent の降格のみが起こっていると考えられる。

[41] 認知文法の用語では，profile には入っているが trajector でも landmark でもないこと。

[42] 認知文法の用語では，profile された事態の中の secondary figure としての landmark。

[43] Kuroda (1979) がニ受身にのみ affectivity（黒田 (1985) の訳では「作用性」という特性が認定できると主張したことの影響かと思われるが，益岡 (1982) は agent を表示する場合にニではなくニヨッテを用いる受身の中には「今回の調査の結果，原因が解明された」のように他動性（益岡 (1982) によると，「動作主が或る出来事を誘発すること」）があまり感じられないため，「今回の調査の結果，原因が明らかになった」のような自動詞を用いた表現に近似するものもあるとしている。しかし，これは単純な思い違いであろう。先に論じた (15) と (16) の場合と同じように，両者には「原因」に生じたことを意味の焦点とするという共通点は確かにあるものの，後者とは異なり前者では，表現されていなくても（ニヨッテを用いて表示されうる）agent の存在が含意されている。すなわち，本章の用語では，後者の原因が単純な theme であるのに対して，前者の原因は patient としての theme であり，その点では agent をニ格名詞句で表現する直接受身と変わりはない。そもそも「解明される」の基になっている「解明する」は目的語の指示対象の（明らかになるという）状態変化を含意する使役動詞であるから，他動性は高いと言わなければならない。「原因が解明された」は，原因が明らかになることを agent が誘発する，という事態全体を profile しながら，patient である原因に生じた変化を焦点化しているのである。

たい。(29)や(30)のような間接受身は受身のプロトタイプからのある方向への自然な拡張であると考えられる。

(29)　太郎は花子に泣かれた。
(30)　太郎は花子に日記を読まれた。

直接受身と間接受身は，ラレが後接する動詞が，対応する能動文で用いられた場合に，受身の主語を目的語として取るか否かで対立している。それにもかかわらず，直接受身と間接受身は以下のような捉え方を共通に表していると考えることが可能である：X(主語の指示対象)がY(ニ格名詞句の指示対象)の(動詞句[44]が表す)行為によって影響を受ける[45]。直接受身の主語の指示対象は，対応する能動文においても，(目的語として表現されて)動詞が表す行為の対象(patient)として捉えられているのに対して，間接受身の主語の指示対象は，この構文の主語として表現されることによって(ニ格名詞句の指示する agent に対して)いわば臨時に patient として捉えられているのである[46]。換言すれば，間接受身に生じる動詞句の意味は，この構文の表す捉え方に合わせて，主語の指示対象への働きかけを含むように拡張されていると考えられる[47]。

---

[44] 「動詞句」としたのは，(30)のような間接受身の場合，主語の指示対象に影響を与えるのは「日記を読む」という動詞句の表す行為であるため。

[45] 言うまでもなく，「影響を受ける」は agent の行為の対象(patient)になる，という意味で用いられている。

[46] もう少し正確に言えば，大多数の間接受身の主語の指示対象は動詞句の表す行為によって(通例ネガティヴな)心的影響を受ける存在であるから，patient/theme であると同時に experiencer でもある。

[47] 英語の結果構文にも類似の拡張が見られることは興味深い。日本語の受身と英語の結果構文のこのような類似性については，Nishimura(2003: 3.3)を参照されたい。
　　　　Bill painted the door green.
　　　　Bill shouted himself hoarse.
　　　　Bill drank himself to death.

付記

　筆者 2 人のそれぞれの発表（成蹊 CAPS プロジェクト「認知言語学の新領域開拓研究」研究会 2016 年 11 月 19 日，2017 年 9 月 11 日）についてコメントをくださった皆さまにお礼申し上げる。また，田中太一氏（東京大学大学院博士課程）には，本章執筆のいくつもの段階で，貴重なコメントをいただくことができた。

参照文献

Bolinger, Dwight (1975) On the passive in English. *The First LACUS Forum*, 57–80.

Bolinger, Dwight (1977) *Meaning and form*. Longman Higher Education.

Faltz, Leonard M. and Richard T. Oehrle (1987) Multi-dimensional compositional functions and referential relations. *West Coast Conference on Formal Linguistics* 6: 63–75.

広瀬幸生 (1997)「人を表すことばと照応」広瀬幸生・加賀信広『指示と照応と否定』2–89. 研究社出版.

原田信一 (1974)「中古語受身文についての一考察」『季刊　文学・語学』74: 44–52.

本多啓 (2005)『アフォーダンスの認知意味論：生態心理学からみた文法現象』東京大学出版会.

本多啓 (2013)『知覚と行為の認知言語学：「私」は自分の外にある』開拓社.

本多啓 (2016)「Subjectification を三項関係から見直す」中村芳久・上原聡（編）『ラネカーの（間）主観性とその展開』91–120. 開拓社.

池上嘉彦 (1981)『「する」と「なる」の言語学：言語と文化のタイポロジーへの試論』大修館書店.

池上嘉彦 (2004)「言語における〈主観性〉と〈主観性〉の言語的指標 (1)」『認知言語学論考』3: 1–49. ひつじ書房.

池上嘉彦 (2005a)「言語における〈主観性〉と〈主観性〉の言語的指標 (2)」『認知言語学論考』4: 1–60. ひつじ書房.

Ikegami, Yoshihiko (2005b) Indices of a 'subjectivity-prominent' language: Between cognitive linguistics and linguistic typology. *Annual Review of Cognitive Linguistics* 3: 132–164. John Benjamins.

池上嘉彦 (2006)『英語の感覚・日本語の感覚』NHK 出版.

Ikegami, Yoshikiko (2007) Subjectivity, ego-orientation and subject-object merger: A cognitive account of the zero-encoding of the grammatical subject in Japanese. In:Yoshihiko Ikegami,Viktoria Eschbach-Szabo and Andre Wlodarczyk (eds.) *Japanese linguistics: European chapter*, 15–29. くろしお出版.

池上嘉彦 (2008)「『「する」と「なる」の言語学』を振り返って」『国文学　解釈と鑑賞』73 (1): 88–92. 至文堂.

池上嘉彦 (2011)「日本語の主観性・主体性」澤田治美（編）『ひつじ意味論講座 5　主観性と主体性』49–67. ひつじ書房.

川村大 (2012)『ラル形述語文の研究』くろしお出版.

金水敏 (1991)「受動文の歴史についての一考察」『国語学』164: 1–14.

小杉商一 (1979)「非情の受身について」田辺博士古稀記念国学論集編集委員会 (編)『田邊博士古稀記念　国語助詞助動詞論叢』473–488. 桜楓社.

久野暲 (1978)『談話の文法』大修館書店.

Kuroda, S.-Y. (1979) On Japanese passives. In: George Bedell, Eichi Kobayashi and Masatake Muraki (eds.) *Explorations in linguistics: Papers in honor of Kazuko Inoue*, 305–347. Kenkyusha.

Langacker, Ronald W. (1982) Space grammar, analysability, and the English passive. *Language* 58 (1): 22–80.

Langacker, Ronald W. (1985) Observations and speculations on subjectivity. In: John Haiman (ed.) *Iconicity in syntax: Proceedings of a symposium on iconicity in syntax*, 109–150. John Benjamins.

Langacker, Ronald W. (1987) *Foundations of cognitive grammar*, vol. 1: *Theoretical prerequisites.* Stanford University Press.

Langacker, Ronald W. (1990) *Concept, image, and symbol.* Mouton de Gruyter.

Langacaker, Ronald W. (1991) *Foundations of cognitive grammar*, vol. 2: *Descriptive application.* Stanford University Press.

Langacker, Ronald W. (2002) Deixis and subjectivity. In: Frank Brisard (ed.) *Grounding: The epistemic footing of deixis and reference*, 1–28. Mouton de Gruyter.

Langacker, Ronald W. (2006) Subjectification, grammaticization, and conceptual archetypes. In: Angeliki Athanasiadou, Costas Canakis, and Bert Cornillie (eds.) *Subjectification: Various paths to subjectivity*, 18–40. Mouton de Gruyter.

Langacker, Ronald W. (2008) *Cognitive grammar: A basic introduction.* Oxford University Press.

益岡隆志 (1982)「日本語受動文の意味分析」『言語研究』82: 48–64.

中右実 (1994)『認知意味論の原理』大修館書店.

Nishimura, Yoshiki (1992) Remarks on the autonomy issue (1).『外国語科研究紀要　英語教室論文集』40 (3): 78–101.

Nishimura, Yoshiki (1993) Agentivity in cognitive grammar. In: Richard A. Geiger and Brygida Rudzka-Ostyn (eds.) *Conceptualizations and mental processing in language*, 487–530. Mouton de Gruyter.

西村義樹 (1998)「行為者と使役構文」中右実・西村義樹『構文と事象構造』107–203. 研究社出版.

Nishimura, Yoshiki (2003) Conceptual overlap in metonymy. In: Masatomo Ukaji, Masayuki Ike-uchi and Yoshiki Nishimura (eds.) *Current issues in English linguistics*, 165–190. Kaitakusha.

西村義樹・長谷川明香 (2016)「語彙，文法，好まれる言い回し：認知文法の視点」藤田耕司・西村義樹 (編)『日英対照　文法と語彙への統合的アプローチ：生成文法・認知言語学と日本語学』282–307: 開拓社.

野村益寛 (2014)『ファンダメンタル認知言語学』ひつじ書房.

小田勝 (2015)『実例詳解 古典文法総覧』和泉書院.

Ohori, Toshio (1992) Poetics of language and culture: Yoshihiko Ikegami's semiotic investigations. *Scripta Semiotica* 1: 77–90.

奥津敬一郎 (1983)「何故受身か？：＜視点＞からのケース・スタディ」『国語学』132: 65–80.

尾上圭介 (2003)「ラレル文の多義性と主語」『言語』32 (4): 34–41. 大修館書店.

Pinker, Steven (2013 [1989]) *Learnability and cognition: The acquisition of argument structure*. The MIT Press.

Shibatani, Masayoshi (1985) Passives and related constructions: A prototype analysis. *Language* 61 (4): 821–848.

田中太一 (2017)「日本語受身文をめぐる黒田久野論争について」『東京大学言語学論集』38: 271–285.

第2章

再帰代用形「自分」と Image SELF
──言語におけるリアリティをめぐって──
井川壽子

キーワード：自分，分身，属性読み，リアリティ，実体的存在

1. はじめに

　本章では，主として，日本語の再帰代用形「自分」のありようについて観察しながら，言語におけるリアリティ（定延 2006 参照）の問題を考えてみたい。リアリティをことばでただちに定義するのは容易ではないが，たとえば，「いま・ここ」という時空間に実際に具体的に存在する対象について語っているのか，それとも概念的な意味合いでその存在について語っているのか，そして，そのような区別があるとすれば，人間言語はそれに対応しているのかを考えることは意義のあることであろう。木村（2014）は，現代中国語において，実体的存在への言及と概念的存在への言及という意味機能上の対立が構造上の対立として具現化するという事実を明らかにしている。本章では，日本語の再帰代用形に関しても，同様のことがいえる可能性はないだろうかという観点から，日本語再帰形のひとつである「自分」の照応現象をみていきたい。「自分」に関しては，先行詞の長距離束縛や主語指向性の有無，また，話者指示性（logophoricity），共感度（empathy），強調（emphasis）などの面から議論した論考は数多く存在するが，本章の試みは，それらとは異なった側面からの考察を目指したものである。

　以下，第2節では，本章で考察の対象とする「自分」の意味的な制約の一端を観察し，第3節では，Faltz and Oehrle（1987）が提唱した「分身」（doppelgaenger）の概念と，2つの別個の表示レベル，すなわち，identificational level，および iconic level における同一性という考え方を導入する。第4節では，定延（2006），定延・程（2011）が主張している言語におけるリアリティ，あるいは，リアルさの程度について，また，木村（2014）が説いてい

る概念的存在，および，実体的存在の区別と言語形式との対応について考えてみたい。第5節では，鄭・黒川（2012）をとりあげ，「人がある」という形式の存在文のうち，鄭らが歴史的属性用法と位置づけているタイプのものについて論じる。「人がある」存在文の多くは，時代が下るにしたがって「人がいる」という形に交替してきたといわれているが（金水2006などを参照），鄭らは，歴史的属性用法の解釈において，普通名詞のみならず，人称名詞や固有名詞までもが主語名詞句として「ある」の形をとることを示している。第6節では，「人がある」存在文の議論を含め，これまで見てきたアプローチを参考にしながら，「自分」をどのように位置づければ，本章の目指すところに近づけるかについて，ひとつの可能性を提示する。第7節において，まとめと今後の課題を記す。

2. 再帰代用形「自分」の指示対象，および，「自分」の抽象化制約

　英語では，再帰形と呼ばれるものが以下の（1）の文のように，-selfという，ほぼ一通りの形で現れるのに対し，日本語の再帰代用表現は，（2）でみるように，さまざまな形式が存在することが知られている。

（1）　John loves himself.
（2）a.　ジョンは彼自身を愛している。
　　　b.　ジョンは自分を愛している。
　　　c.　ジョンは自分自身を愛している。
　　　d.　ジョンはおのれを愛している。
　　　e.　ジョンはみずからを愛している。
　　　f.　ジョンは自己を愛している。

　ほかにも，日本語には，「自戒」「自賛」などにみられるような，「自-」という再帰を表す拘束形態素が存在する。また，「彼は [e] 悪いとは思っているんだ。」における，発音されない[e]のように，補文中にゼロ形の再帰形の存在を仮定することも可能である。加えて，「当人」「本人」というような再帰表現も観察される。このような再帰を表す照応代用形には，当然，固有の役割があり，機能の分業化がなされていると考えられる。本来，そのそれぞれの用法について議論をするべきであるが，ここでは，「自分」に注目

再帰代用形「自分」と Image SELF ｜ 301

し，「自分」のもつ特徴的な用法について，考察を試みる。次の例をみてみよう。

（3）　ジョンは鏡の中に3人の自分／＊自分自身を見た。（Aikawa 1993: 44）

　三面鏡に自分の姿を映して発話する場合，「鏡の中に3人の自分を見た。」という文は適格だが，「鏡の中に3人の自分自身を見た。」は普通容認されない。注目すべきは，鏡に映っているのはジョンの二次元の像であって，生身のジョン自身ではないことである。ここで，「自分自身」を「彼自身」に置き換えたとしても，文の不自然さは拭いされない。

　本章では，ゼロ形を含めた照応形式が指示対象として何を指しているのか（たとえば，生身の肉体，精神，その人の像など），また，現実世界以外の局面における指示を許容するとすれば，そこには，どのような形式と意味の対応があり，代用形が担う指標の意味とはいったい何かというような問題を，言語における「リアリティ」をキーワードとして，考えてみたい。

　まず，「自分」が他動詞の目的語位置に現れる [NP₁ NP₂ V] の構造の文を観察する。「自分」が単文において，他動詞の直接目的語位置にあるとき，不思議な制約があることはよく知られている。従来より，（4）のような文は不適格な文として扱われてきた。（Akatsuka 1972, Takezawa 1989[1]，竹沢 1991, 三浦 2003, 2004 などを参照。）

（4）　田中は自分を ＊殴った／ ＊刺した。

　関西方言では，（4）の環境においても，往々にして「を」の脱落現象を伴い，「自分殴って，どないすんねん。」というような表現で，再帰用法を適格と判断する話者も多いようだが，（4）は，（5）と比べると，明らかに，容認性は落ちる。

（5）　田中は自分を軽蔑した。

---

[1]　Takezawa (1989) は，影響性（affectedness），あるいは，他動性（transitivity）の観点からというべきか，以下のような制約を提案している。

　i) *Zibun* cannot be governed by V [+change].

302 | 井川壽子

　動詞の性質に着目すれば，（4）では，物理的接触を表す動詞が使われているのに対し，（5）では，非物理的な，抽象的な意味を表す動詞が使われている。Ikawa (1999)，井川 (2011) では，当該の構文に対して，以下のような記述的な制約を提案した。（本章では「お互い」についての議論は行わない。）

(6)　「自分」と「お互い」の抽象化制約
　　a.　「自分」と「お互い」は物理的接触をあらわす動詞の補部位置に現れることができない。
　　b.　当該の動詞が具象的・物理的な解釈と抽象的・非物理的解釈との間で曖昧性を示す場合は抽象的・非物理的な解釈のみが許される。

(井川 2011: 277)

　(6b) の制約が働いている例として，次の文をみてみよう。

(7)　（組織を守るために）ジョンは自分を殺したのだ。
　　（解釈1)*ジョンは自殺した。
　　（解釈2）ジョンは本来の自分らしさを抑えた。
(8)　（今回ばかりは）ジョンは自分を生かした。
　　（解釈1)*ジョンは自分の生命を救った。
　　（解釈2）ジョンは自分の持ち味を活用した。

　(7)，(8) の例では，2つある解釈のうち即物的，物理的解釈（解釈1）のほうは成立せず，抽象的な解釈（解釈2）のほうのみが生き残る。(7) で適格なのは，自分本来の意思や性質，欲望などを制したという意味においてであり，(8) で適格なのは，自分本来の性質を大事にして自己実現をはかったという意味においてである。
　さらに，Ikawa (1999)，井川 (2011) では，(6) の制約を (9) のような内包性 (intensionality) の制約として捉えなおしている。ここでいう内包動詞 (intensional verb) とは，記述的に簡略にいえば，目的語としてとる名詞句に特定の指示対象 (referent) の存在を前提としない動詞を指す。英語でいうならば，want, look for, seek, need, imagine 等の動詞が該当する。たとえば，*Jo wants to meet a unicorn.* では，一角獣の存在の前提なくしても文は真になる。

再帰代用形「自分」と Image SELF ｜ 303

　ところが，*Jo met a unicorn* のような．非内包動詞を用いた文においては，真偽の判断には，一角獣の存在が前提とされなければならない（Cann 1993: 266, Moltmann 2008: 240 など参照）。この種の動詞²の性質に関しては，さらに慎重な議論が必要である。しかし，本節では，当該の構文の成立条件としてどのような制約が最適であるかという議論には深入りせず，言語事実のみを確認しておく。

（9）　「自分」と「お互い」の内包性制約
  a.　「自分」と「お互い」は非内包動詞の補部位置に現れることができない
  b.　当該の動詞が内包的な解釈と非内包的解釈の両方を持つ場合には，内包的な解釈のみが許される　　　　　　　　　　（井川 2011: 279）

3.　分身（doppelgaenger）―2 つのレベルにおける同一性―
　ここで，再び，（3）の例について考察しよう。（10）として再掲する。

（10）　ジョンは鏡の中に 3 人の自分／*自分自身を見た。（＝(3)）
　　　　　　　　　　　　　　　　　　　　　　　　　（Aikawa 1993: 44）

　三面鏡に映っているのはジョンの像であって，生身のジョン自身ではない。ジョンが見たのは，ジョンの生身の身体ではなく，「ジョンを投影した何か」である。たとえば，ジョンは自身では溌剌としていると思っていたとしても，そこに映されているジョンの姿は，「くたびれた，自信なげな姿」だったかもしれない。
　（10）の例は，Faltz and Oehrle（1987）の指摘を思い起こさせる。彼らは，英語に関して，興味深い発見をしている。次の例をみてみよう。

（11）　John shaved.
　　　　ジョンはひげを剃った。

---

² McCawley（1993: 415–430）がとりあげている "world-creating" predicates についての記述も参照。

（解釈）ジョンは（自分で自分の）生身のジョンのひげを剃った。

[real SELF]

（12） John shaved himself.

ジョンはひげを剃った。

（解釈 1）ジョンは（自分で自分の）生身のジョンのひげを剃った。

[real SELF]

（解釈 2）a. ジョンは自分をモデルとした蝋人形のひげを剃った。

b. ジョンは，タイムマシンで訪れた世界で，何年後かの自分
のひげを剃った。　　　　　　　　[doppelgaenger SELF]

（Faltz and Oehrle 1987: 64）

　（11）では，ジョンが自分の顔面に生えたひげを剃るという，まさに典型的な再帰の解釈である。ここでは shave を自動詞として使用することによって，述語のとる項がひとつ減らされ，顕在的な代用形の目的語名詞句は存在しない。いわば述語内にゼロ形の再帰形が語彙的に組みこまれ，主語と目的語の同一指示を可能にしている形である。それに対して，（12）では，他動詞の shave が himself という顕在的な目的語をとっている。John と同じ指標をもつものが主語と目的語の 2 つの位置に現れるため，ある意味で，ジョンが 2 つの存在物（two beings）に切り裂か（=split）れている。（12）は，（11）と同じ意味を表すほかに，ジョンが自らの分身のひげを剃ることも表すことができるという。たとえば，ジョンが自分の姿を模した蝋人形のひげを剃る，あるいは，若いジョンがタイムマシンにのって，何年後かのジョンに向き合って，そのジョンのひげを剃ってやるというような状況である。

　Faltz and Oehrle（1987: 64–66）は，再帰関係を構築するにあたって，identificational level と iconic level という 2 つの表示（representation）のレベルを考えた。彼らによれば，identificational level とは，論理式の述語項関係により統語的に 2 つの名詞句に同一指示関係が与えられるレベルである。通常，このレベルで再帰代用形は主語位置にある先行詞と同一指示であることが示される。iconic level とは，ある種の絵画的意味表示（pictorial representation of the actual scene）と考えられ，談話の状況から，話者と聴者が同一次元上にコピーを 2 つ想定して同一性を認可することが可能となる

レベルである。(11) で shave タイプの動詞[3] が自動詞として使われるとき，iconic level においても intransitivity（自動詞性）が求められる，すなわち，このレベルでも項がひとつであることが要求されるのに対し，(12) のように他動詞として himself という顕在的な再帰形の目的語をとる用法では必ずしも iconic level において同一性を要求しないと主張している。(12) の解釈 2 においては，主語の John とは明らかに物理的に異なる個体を shave の目的語としている。彼らは，「分身」(doppelgaenger) としてのジョンが具現する例として，以下のような状況[4] を挙げている。

(13) a.　写真，絵，彫像のなかのジョン

　　 b.　ビデオテープや映画のなかのジョン

　　 c.　鏡の中のジョンの像

　　 d.　本，演劇，映画の中で演じるジョンの役柄

　　 e.　現在と時空を異にしたジョン；この「分身」と出会うにはタイムトラベルの必要あり

　　 f.　夢，幻影，想像…の中でのジョンのイメージ

(Faltz and Oehrle 1987: 65)

---

[3]　Faltz and Oehrie (1987: 67–68) によれば，以下に示すように，behave や perjure という動詞は shave 型の動詞とは異なる振舞を示す。

　 i) a.　John behaved.

　　 b.　John behaved himself.

　　 c.　*John behaved Bill.

　 ii) a.　*John perjured.

　　 b.　John perjured himself.

　　 c.　*John perjured Bill.

i) では a, b ともに適格であり，しかも同義である。ib) の himself において分身解釈は許されない。ii) では自動詞用法の a の文は許されないため，統語的には再帰形の名詞句が要求されていることがわかるが，iib) の himself において分身解釈は許されない。ic) と iic) が不適格であることからわかるように，動詞 shave とは異なり，behave，perjure はいずれも iconic level において自動詞性を示す (intransitive) ことが要求されている。

[4]　Faltz and Oehrie (1987: 65) は，このような状況に関して，問題の議論はすでに Morgan (1969)，Lakoff (1972)，McCawley (1978)，Fauconnier (1985) などに端を発していることを指摘している。

したがって，さきほどの (10) における，鏡の中に映った「自分」は，iconic level における，絵画的意味表示上のジョンの表示である。

また，彼らは，英語では，(11) で挙げた自動詞の場合のほかにも，(14) の不定詞節の主語 PRO のように，音形があらわれない名詞句の場合には，iconic level 上における同一性解釈が阻まれることを指摘している。一般に顕在的再帰代名詞 himself の場合は，どちらの解釈も可能でありうるが，ゼロ形の名詞句 (非顕在的名詞句) には，厳密な同一性 (strict identity) が要求されるというのは興味深い。

(14)　John wanted PRO to kiss Mary[5].
　　　ジョンはメアリにキスをしたいと思った。
　　　(解釈) ジョンは，分身のジョンではなく，思考をめぐらせている
　　　　　　ジョン当人がメアリにキスをしたいと考えた。

以上を鑑みると，Faltz and Oehrle (1987) は，照応の形式 (形態) と意味の対応に関して，きわめて重大な発見をしたことになると思われる。

このことを念頭におきながら，日本語の「自分」の例をみてみよう。すでに見たように，(4) では，「自分を殴った」という物理的な表現は容認されにくいのに対して，以下のタイムトラベルの例では，不思議なことに，「自分」を用いる不自然さがなくなっている。それどころか，この状況では「彼自身」を用いることができない。

(15)　(タイムマシンで，別の世界を訪れて) ジョンは自分／*彼自身を殴った。

この場合，「自分」は Faltz たちのいう絵画的意味表示において別個のコ

5　Langacker (1987: 37) においても，実世界とイメージの世界 (real or imagined contexts) との区別について論じられ，再帰性のとらえ方に問題を投げかける例として，以下の例文が挙げられている。
　i) a. *I want me to be elected.
　　 b.　I want to be elected.
よく知られているように，通常は，ia) の例文は非文法的であるが，Who do you want to be elected? という文の答えとしては，ib) よりも ia) のほうがはるかに容認性が高いという。(14) の論点との関連は西村義樹氏に指摘をいただいた。

再帰代用形「自分」と Image SELF ｜ 307

ピーである。同じ指標を担いながらも，この場合のジョンが殴っているのは，別の世界に生きるもう一人のジョンである。こういう状況であれば，「自分」は物理的接触の動詞の直接目的語になることができる。

　また，知覚構文の補文の中においては，[NP₁ NP₂ V] で，V が物理的接触動詞の場合でも，「自分」を直接目的語にとることが可能である。

(16) a.　太郎は[次郎₁が自分₁を殴る]のをみた。
　　 b.　太郎は[次郎₁が自分₁を刺す]のをみた。　　　　　（井川 2011: 282）

　知覚構文では，現実世界での知識とは区別され，知覚者の網膜に映った像がその人の知覚できる唯一の世界であるため，知覚構文の補文は内包文脈を形成する。この点に関しては，廣瀬（1996, 1997, 2008, 2009）が，「自分」が「−がる」と共起する例について論じていることも興味深い。廣瀬は一連の研究で，「自分」の分身的性質，そして，「客体的自己」について早い時期から指摘している。

(17) a.　ぼくは自分がさびしがっている夢をみた⁶。
　　　　　　　　　　　　　　（廣瀬 1996: 83, 1997: 52, 2009: 162）
　　 b.　ぼくは自分がさびしがっているの／ところをみた。（廣瀬 1997: 52）

　本節の Faltz and Oehrle の枠組でいえばこれらの文が適格であるのは，iconic level の意味表示，すなわち，絵画的世界の文脈において，二つの指標間の同一性が保証されているからということになる。

4.　言語における「リアリティ」および「実体的存在」─定延（2006），定延・程（2011），木村（2014）─

　本節では，言語のしくみにおいて，より「リアリティ」（定延 2006: 202, 定延・程 2011）のある表現とそうとはいえない表現の区別が存在すること，そして，それは，木村（2014）が中国語のデータを通して示した「実体的存

---

⁶ 「−がる」は証拠性マーカー（Aoki 1986 参照）といわれており，「彼はさびしい。」とはいえない。「自分が寂しがっている」も通常は，容認されない。

在」と「概念的存在」の表現上の区別にも通じる考えであることを確認することから議論を始めたい。

定延・程（2011）は，Croft（1990）のアニマシー[7]（animacy，有生性）の階層に依拠しながら，言語に或る種の「リアリティ」が関わっている例として，以下のようなペアを挙げている。定延・程によれば，ここでいうアニマシーとは，「生きている程度」というイメージ上の程度だという。

(18) a.　人がいる。
　　 b. ＊人がある。
(19) a. ＊木がいる。
　　 b.　木がある。

(18)，(19) の文法性の対比で明らかなように，現代日本語においては，一般に，木のように自力で移動しにくいものに対しては「ある」が使われ，人に関しては，「いる」が使われる。とくに若年層にとって，「人がある」は，使われるとしても，かなり有標な用法においてであろう[8]。また，次の(20) では，飛行機は，いわば擬人化され，意志をもって動くものとして捉えられているため，「いる」のほうが自然である。(20a) では，アニマシーが高いために「いる」が使えるということであろう。

(20) a.　　急げば間に合うかも。飛行機はまだ滑走路にいるんでしょ。
　　 b. [??]急げば間に合うかも。飛行機はまだ滑走路にあるんでしょ。

（定延・程 2011: 3）

次の(21)，(22) の例はひじょうに興味深い。(21) では，「いる」が自然で

---

[7]　定延・程（2011）は語彙的な属性に基づく，一般的な「有生性」という用語ではなく「アニマシー」という用語を用いている。

[8]　「人がある」が容認されるタイプの文，たとえば，限量存在文や疑似限量存在文などに関しては，金水（2006）参照。金水は，「授業中に寝ている学生がある／いる。」というタイプの文を部分集合文として限量的存在文と名付けた。本章では，金水（2006）の分類には属さないとされる新用法の「「人がある」存在文」（鄭・黒川 2012）について，第5節でとりあげる。

あり，「ある」は容認し難い[9]のに対し，(22)のように，仮定の話のときは，「ある」も可能になる。

(21) a.　いまここに希望者がいます。
　　 b.　*いまここに希望者があります。
(22) a.　希望者がいれば，あとでまとめて報告してください。
　　 b.　希望者があれば，あとでまとめて報告してください。

（定延・程 2011: 3）

　この現象に関して，定延 (2006: 202) では，以下のように述べている。

　たとえば日本語では「いまここに希望者がいます」とはいっても，「いまここに希望者があります」とは言わないように，現実世界内の人間の有生性（モノがどの程度生きているか）が常に必ず高く位置づけられる一方で，「希望者がいれば／あればまとめて連絡してください」が自然なように，仮定された非現実世界内の人間の有生性は，必ずしも高く位置づけられない。

　我々は，無意識のうちに，（不思議なことだが），仮定の世界において，有生の主語であっても，「生きている度合が高くない」，すなわち，「リアリティが高くない」という扱いをすることがあることがわかる。

　定延 (2006: 202) は，名詞句の有生性に関係しない場合でも，願望ムードや可能ムードでは目的語の指示物のリアルさが下がるとして，主格目的語（nominative object）をとれる例を挙げている。

(23) a.　私はビールを／*が飲む。
　　 b.　私はビールを／が飲みたい。
　　 c.　私はビールを／が飲める。

---

[9]　過去時制やムードが関与する文においては，次の例のように，容認性の高い文も多くみられる。金水 (2006) の限量存在文との関係性についての議論が必要であろうが，ここでは，まず事実の確認にとどめておく。
　 i)「ところで，希望者ありましたか」―「いや，全然」
　 ii) 賛成の人もあれば，反対する人もあるだろう。
　 iii) 私の留守中に誰か訪問客はありましたか。

願望ムードの (23b) や可能ムードの (23c) では，「ビールを」のほかに
「ビールが」も容認できるのに対し，(23a) では，「ビールが」が許されない
というのは興味深い事実である。(23a) とは異なり，(23b) と (23c) には，
生々しい現実としてのリアリティが感じられないということなのであろう。

　木村 (2014) は，現代中国語においては，"男孩子"（男の子）のような裸の
名詞表現は個別・具体の事物を指示する表現としては機能せず，概念的な存
在もしくは知識的な存在にすぎないため，属性表現や総称表現として用いら
れるのに対し，"一个"（ひとりの）や"这"（この）"们"（たち）などを伴って
「外的」に有標化された場合は，リアルな時空間に存在する個別・具体の事
物を指示[10] することができるとしている。同様に，方位詞なども，"外"（そ
と）だけでは，概念的な存在にすぎず，実体的な場所としては機能しない。
"外边"（そとのあたり）という合成方位詞の形になってはじめて，リアルな
空間として機能できるようになる。中国語においては，リアルで実体的な存
在かどうか，あるいは，概念的で属性的な存在かどうかが重要な区別であ
り，それが言語形態として明確に区別される。

　意味機能上の概念である「リアリティ」の度合が，構造的に具現されると
いうことが，日本語においても起こりうると考えることは可能だろうか。す
でに，定延・程 (2011) の例はいくつか見てきたが，さらに，彼らは，以下
のような例も挙げている。

(24)　麗澤大学に井上あり　　　　　　　　　　　　　（定延・程 2011: 3）

　(24) は慣用的な，古風な表現法ではあるものの，「人がいる」ではなく，
「人がある」の形式をとっている。(24) の存在文は，「人の存在」に言及す
るだけではなく，それ以上の意味を含んでいるのではないだろうか。この例
には教えられることが多いので，次節でさらに議論をしたい。

---

[10]　中国語では未知あるいは未確定の存在を問う疑問詞においてさえ，問いの解として
予測される対象の指示特性に応じて，その選択が決定されるという。木村・大西・松江・
木津 (2017) では，疑問詞が対象を個 (individual) として存在指定するのか，属性もしくは内
包の記述の形で範疇 (category) 指定するのか，疑問詞の分化現象があることが論じられてい
る。

再帰代用形「自分」と Image SELF ┃ 311

5. 「人がある」存在文の属性読み

鄭・黒川 (2012) は，前節でとりあげた (24) のような例文を「人がある」
存在文と呼んでいる。鄭・黒川は，この用法を金水 (2006) の存在文の分析
では説明できない新たな用法ととらえ，「歴史的属性用法」と名付けている。
そして，「人がある」存在文の代表例として，「今の私」存在文と「ヤノマ
ミ」存在文を挙げている。

(25) a.　ずっと健康であるからこそ，今の私があります。（「皇潤」の広告）
　　 b.　当時彼女がそばにいたから，今の私がある。
(26)　ヤノマミ，それは人間という意味だ。森に生まれ，森を食べ，森に食
　　　べられ，森の中に彼らはあった。

　　　　　　　　　　　　　　（NHK スペシャル：「ヤノマミ，一万年の歴史」）
　　　　　　　　　　　　　　　　　　　　　　　　　　（鄭・黒川 2012: 6）

鄭・黒川 (2012) は，(25b) の「今の私」の解釈に関して，次のように述べ
ている。

　　要するに，「今の」類は時間設定語ではあるが，指示対象 (私) をある時
　　間領域における断片の固定として提示するものではなく，むしろ，「今
　　の」は，「今の私」を通して，「以前の私」の属性を読み込ませ，その変
　　化した (今の) 属性を前景化する機能を果たしている。例えば，「以前の
　　私」には「弱い，頼りない，…」という属性があったとすれば，「今の
　　私」は「強い，頼りになる，…」という属性へと変化しており，この変
　　化語の属性が前景化して解釈される。このような意味解釈は次の三段階
　　を設けて説明できる。まず第一に「今の私」から「以前の私」が対比・
　　喚起される。第二に，これにより「以前の私」の属性が読み込まれ，
　　さらにそこから，「今の私」の属性が解釈される。第三に，そこで変化
　　して属性が前景化され，そのような属性を帯びた「私」の存在，（つま
　　り，「私」の存在の在り方）が，「今，ここに」ある，となる。

　　　　　　　　　　　　　　　　　　　　　　　（鄭・黒川 2012: 13–14）

しかし，鄭・黒川 (2012) は，「属性の歴史的変化」は，必ずしも変化があ

ること自体を意味する必要がないとしている。歴史的変化を読みこんだ結果，無変化でもよいという。たとえば，「ヤノマミ」存在文の例では，昔の属性と今の属性に変化があるわけではなく，むしろ，えいえいと 1 万年の間，変わらない暮らしぶりをしていることが語られている。歴史的変化を眺めるための時間設定語も明示的に表示されていないが，文脈によって補われるとされている。

　ここで注意すべきは，鄭・黒川たちが新たに提案している「歴史的属性用法」は，Donnellan (1966) の提唱する「属性的用法」(attributive use)[11] とは異なるとはっきり述べられていることである。Donnellan (1966) の「属性的用法」においては，当該名詞句はその記述内容に当てはまる不特定の指示対象を指す解釈がなされるのに対して，「今の私」や「ヤノマミ」タイプの存在文の主語名詞句は特定の人物であるため，Donnellan の分析によるならば，これらは属性的用法でなく，むしろ「指示的用法」(referential use) となるはずだと述べている。

　ここで取り上げた「人がある」存在文は，特定の人の実際の，物理的な存在や所在を報告する文ではなく，多くは「属性導入語」(鄭・黒川 2012: 14) として，「時間設定語」や「場所設定語」(鄭・黒川 2012: 16) を伴うことによって，「その時空間に，特定の主語名詞句がどのようなありようでもって存在するか」という，ステージ性 (Carlson 1977) を読みこんだ属性を読みこんだ文であると考えられる。

　ここで，(24) の文に戻ってみよう。(27) として再掲する。(28) の例は，鄭・黒川 (2012) の例である。

(27)　麗澤大学に井上あり　　　　　　　　　　　　　　　　　　(=(24))

---

[11]　鄭・黒川 (2012: 11) は，西山 (2003) に言及しながら，Donnellan (1966) の確定記述句 (definite description) には属性的用法 (attributive use) と指示的用法 (referential use) の 2 つの用法があるとし，以下の例文を引いている。

　i) Smith's murderer is insane.
　　スミスを殺した人は，精神異常者だ。
　属性的用法：
　　「スミスを殺した人はどこの誰であれ，この記述内容に当てはまる人」という不特定解釈
　指示的用法：
　　「スミスを殺した人 (例えば，ジョンソン)」という特定解釈

(28)　阪大に金水あり　　　　　　　　　　　　　　　　　　　（鄭・黒川 2012: 18）

　（27），（28）に鄭・黒川の分析を適用するならば，「麗澤大学に」，「阪大に」がそれぞれ，場所設定語になり，それが属性導入語として機能し，固有名詞である主語名詞句の歴史的属性用法の解釈を可能にしている。

　鄭・黒川の調査によると，外延を限定する場合の「僕には婚約者がある」のような，いわゆる所有文は属性的用法から指示的用法への移行が起こりやすいために，時代が下るにつれて「いる」が多く使用されるようになってきたが，(28)のような，外延を限定するタイプではない，新たな分類に属する「人がある」存在文は「いる」との交替が不可能であるとしている。先に述べたように若者を中心に，多くの「人がある」型の文が「人がいる」型への交替が進んでいるなかで，これは驚くべきことであろう。(28)では，「阪大に金水いる」とは異なり，豊かな意味[12]が生じ，「阪大が誇る人や阪大の有名人としての金水」（鄭・黒川 2012: 19）という解釈も生じてくると述べている。ここでは，固有名詞の中に「どのような在り方でもって存在するか」という歴史的属性用法の解釈が盛りこまれている。

　属性を読みこむにあたっては，過去，および，現在を眺めるのみならず，まだ見ぬ未来，実在を確認できていない「存在のありよう」をも見越して語ることも可能であろう。「今の私」の解釈は，「未来の私」の場合にも適用できる。

(29) a.　未来の私／彼／田中さんを想像してみよう。
　　 b.　10 年後の私／彼／田中さんに会ってみたいものだ。

　このような例では，特定の，生身の人間がどこそこに存在しているということをいっているのではない。定延 (2006: 201–203) の言葉でいえば，「不確定で非現実なことを仮定して述べる」場合にあたり，現実世界から見れば，「リアルさに欠けている」世界といえる。そういう意味で，木村 (2014: 69) の言葉を借りるならば，「概念的」であり，「実体的存在」ではないといえ

12　鄭・黒川 (2012: 18–19) では，「属性的用法のもっている意味の豊かさ」として，ほかに「金水」が初出導入文のように金水という人（金水と呼ばれる人）と解釈されることも，阪大に所属している人のリストとしての金水と解釈されることもありうるとしている。

る。言語において，どの程度，現実世界とのつながりが生々しいかということが時として言語表現に現れるわけである。

6. Image SELF としての「自分」―リアリティの度合い―

さて，照応形「自分」の議論に戻りたい。本章で何度も確認していることだが，以下の例では，一般に，「自分」がもっとも容認性が高い。

(30)　ジョンは鏡の中に3人の自分／*自分自身を見た。(=(10))

(Aikawa 1993: 44)

既にみたように，「自分」は分身としての用法が際立つ代用形である。Faltz and Oehrle(1987)の枠組で，絵画的意味表示における同一性が関わってくる例として，第2節で(13)の状況が挙げられているが，それに倣って考えてみると，「自分」はまさに，この環境に最も適した代用形であることがわかる。

(31) a.　写真，絵，彫像のなかのジョン
　　 b.　ビデオテープや映画のなかのジョン
　　 c.　鏡の中のジョンの像
　　 d.　本，演劇，映画の中で演じるジョンの役柄
　　 e.　現在と時空を異にしたジョン：この「分身」と出会うにはタイムトラベルの必要あり
　　 f.　夢，幻影，想像…の中でのジョンのイメージ (=(13))
(32) a.　写真，絵，彫像のなかの自分／*自分自身
　　 b.　ビデオテープや映画のなかの自分／*自分自身
　　 c.　鏡の中の自分／*自分自身の像
　　 d.　本，演劇，映画の中で演じる自分／*自分自身の役柄
　　 e.　現在と時空を異にした自分／*自分自身；
　　　　 この「分身」と出会うにはタイムトラベルの必要あり
　　 f.　夢，幻影，想像…の中での自分／*自分自身のイメージ

また，「自分」は，形容詞・形容動詞や連体修飾節に導かれることも多

く，仮定の表現も多くみられる。

(33) a. 弱い／強い自分
　　 b. かわいそうな／冷静な自分
　　 c. 人に陰日向なく接する自分
　　 d. 10 年後の自分
　　 e. 奈落の底に落ちた自分
　　 f. 2 億円の宝くじに当たった自分
　　 g. 知らない土地に行って何語で話しかけられても動じない自分

　これらの例では，「自分自身」が不適格とはいえないかもしれないが，「自分」のほうがふさわしい表現であると感じる話者が多いだろう。書店の自己啓発本コーナーで手に取った本をめくってみると「自分」はことのほか多用されてあり，願望や想像，想定イメージ，仮定の文脈によく合う代用表現であることがわかる。それはなぜなのかを考えるとき，「人がある」存在文の「歴史的属性用法」の分析が参考になるだろうと思われる。「人がいる」という存在文は，物理的な存在である個体を指示する用法であるのに対し，「人がある」存在文は，「属性」に言及する用法である。(33) の例のような「自分」の用法は，直示に基づく指示用法ではなく，鄭・黒川のいう属性的な用法であろうと考えられる。
　次の文は，記憶喪失で出身や職業などがわからなくなったという場合にも使えるだろうが，文脈がなければ，自分の属性の位置づけがわからなくなったという解釈が優勢であろう。

(34)　自分は何者なのかわからなくなった。

　第 2 節で，「自分」は，「殴る」「刺す」のような物理的接触動詞の直接目的語位置には生起しづらい例をみた。その代り，「自分」は「軽蔑する」や「抑制する」のような抽象的な意味で解釈される動詞の目的語になりやすく，また，内包動詞と適合性が高そうであるということにも触れた。
　これらの事実は，単純過去で，「自分」を物理的接触動詞の直接目的語位置においた場合，個体を直示的に指示する「リアリティ」の高い用法として

の解釈が期待されるために容認されにくいことによると考えれば，理解しやすい。そして，「自分」が抽象的な意味で解釈される動詞の目的語になる場合には，多次元的な世界の解釈も含めて，「自分」に属性を読みこんだ解釈が施されるために適格となると考えられるであろう。内包動詞と相性がいいことも，「自分」にリアルな実体の読みを要求しないことと整合する。

　これらのことを考え合わせるとき，以下のことがいえる。「自分」は，多次元的・多面的な世界における「分身」としてコピーをつくる際に用いられる代用形であると考えられるのではないだろうか。一言でいえば，Image SELF としての自分であり，その局面における属性読みの自分である。時として，それは，絵の中に投影されたり，像として模造されたり，小説の中の役柄として結実したりもする。定延（2006）の用語でいえば，まさに，「リアルさ」，あるいは，「リアリティ」が薄いとき，木村（2014）の用語でいえば，「実体的存在」と呼ぶものの感覚が薄いとき，再帰代用形「自分」が生じる。「- 自身」という形態素が加わると，実体的存在感，つまり，リアリティの度合いが高まり，指示対象の解釈が real SELF に傾くと考えるのが一つの仮説である。

7.　おわりに

　以上，本章では，日本語の再帰代用形「自分」の意味的な性質を「リアリティ」の度合いという観点から考察を試みた。

　英語の再帰の形式は，述語動詞の自動詞用法を含めると，非顕在形（ゼロ形）と顕在形（-self 形）に分かれる。非顕在形のほうは常にリアリティの高さを要求し，顕在形のほうは，リアルな解釈とイメージの解釈の両方を受け持つことができる。日本語の再帰の形式は，多様を極めるので，全体図をとらえるには，まだまだ研究が必要である。「自分」と「(-) 自身」系統とを比べると，おそらく，リアリティの度合いに関して，対立の傾向がみられるだろう。「自分」が iconic identity（コピーとしての同一性，いわゆる「分身」解釈）を求めるのに対し，「(-) 自身」はむしろ，実体的存在（actualization）への指向性を示す可能性が高い。しかし，インターネット上にある表現などで実際の使用状況を調査した場合，相補分布を成すというようなレベルの意味において確かな結果は得られないだろうと推測する。

　本章で確認したいことは，少なくとも「自分」は，多次元的な指示照応

（multi-dimensional anaphoric reference）を担い，再帰代用形の選択に関して
は，実世界とイメージの世界，あるいは，内包世界の区別（the real/intensional
world distinctions）が関わっているということである。そして，「自分」は個
体の物理的な存在に言及する読みではなく，概念的・知識的存在を前提とす
る属性読みとして特徴づけられる。「自分」はある局面（ステージ）から存在
のありようを語る形式として位置付けられ，その時点での属性が読みこまれ
ると考えたい。知覚構文と内包性の関係については，本章では十分議論が尽
くせていない。さらなる考察が必要であるが，今後の課題としたい。

付記

　本研究は，津田塾大学特別研究費の補助を受けている。また，本章の準備段階に
おいて，内容の一部は，第4回中日韓朝言語文化比較研究国際シンポジウム（延辺大
学，2015年），ポズナン言語学会（アダムミツキェヴィチ大学，2015年），日本英語学
会第34回大会（金沢大学，2016年）で発表したものである。「自分」の用法に関して
は，田窪行則先生，廣瀬幸生先生，金水敏先生に，リアリティの概念に関しては，定
延利之先生，木村英樹先生，林徹先生に，類型論の観点からは，長屋尚典氏，田村幸
誠氏に，貴重なご助言をいただいた。森雄一先生，西村義樹先生，長谷川明香氏はじ
め，成蹊CAPSプロジェクト第3回研究会（2016年）発表時に，ご参加の皆様に戴い
たコメントにも感謝申し上げる。ご教示くださった部分をまだ十分に反映することが
できていないが，今後の研究の参考にさせていただきたい。学部時代からの恩師，千
葉修司先生には，言語事実について，また，草稿作成段階において，多くのご助言を
賜った。2018年2月に逝去された師，Richard T. Oehrie先生に本研究への導きをいた
だいた感謝とともに，この小論を捧げる。

参照文献

Aikawa, Takako（1993）*Reflexivity in Japanese and LF analysis of zibun binding.*
　　Unpublished doctoral dissertation, The Ohio State University. [Distributed by *MIT*
　　Working Papers in Linguistics.]

Akatsuka, Noriko（1972）*A study of Japanese reflexivization.* Unpublished doctoral
　　dissertation, University of Ilinois.

Aoki, Haruo（1986）Evidentials in Japanese. In: Wallace Chafe and Johanna Nichols
　　（eds.）*Evidentiality: The linguistic coding of epistemology*, 223–238. Abex Publishing
　　Corporation.

Cann, Ronnie（1993）*Formal semantics.* Cambridge University Press.

Carlson, Greg（1977）*Reference to kinds in English.* Unpublished doctoral dissertation,
　　University of Massachusetts, Amherst.

鄭聖汝・黒川尚彦 (2012)「現代日本語における「人がある」存在文の成立条件」『待兼山論叢　日本学篇』46: 1–22.

Croft, William (1990) *Typology and universals.* Cambridge University Press.

Faltz, Leonard M. and Richard T. Oehrle (1987) Multi-dimensional compositional functions and referential relations. *West Coast Conference on Formal Linguistics* 6: 63–75.

Fauconnier, Gilles (1985) *Mental spaces: Aspects of meaning construction in natural language.* The MIT Press.

廣瀬幸生 (1996)「日英語の再帰代名詞の再帰的用法について」『月刊言語』25 (7): 81–92. 大修館書店.

廣瀬幸生 (1997)「人を表すことばと照応」廣瀬幸生・加賀信広『指示と照応と否定』1–89. 研究社出版.

廣瀬幸生 (2008)「話者指示性と視点階層」森雄一・西村義樹・山田進・米山三明（編）『ことばのダイナミズム』261–276. くろしお出版.

廣瀬幸生 (2009)「話者指示性と視点と対比：日英語再帰代名詞の意味拡張のしくみ」坪本篤朗・早瀬尚子・和田尚明（編）『「内」と「外」の言語学』147–173. 開拓社.

Ikawa, Hisako (1999) *Events and anaphoric processes.* Unpublished doctoral dissertation, University of Arizona.

井川壽子 (2011)「知覚の世界と「自分」「お互い」」佐藤響子・井川壽子・鈴木芳枝・古谷孝子・松谷明美・都田青子・守田美子（編）『ことばの事実を見つめて：言語研究の理論と実証』273–284. 開拓社.

木村英樹 (2014)「"指標"の機能：概念，実体および有標化の観点から」『中国語学』261: 64–83.

木村英樹・大西克也・松江崇・木津祐子 (2017)「中国語史における疑問詞の指示特性：〈人〉を解とする疑問詞を中心に」楊凱栄教授還暦記念文集刊行会（編）『中日言語研究論叢』7–53. 朝日出版社.

金水敏 (2006)『日本語存在表現の歴史』ひつじ書房.

Lakoff, George (1972) Linguistics and natural logic. In: Donald Davidson and Gilbert Harman (eds.) *Semantics of natural language*, 545-665. D. Reidel.

Langacker, Ronald W. (1987) *Foundations of cognitive grammar. vol 1: Theoretical prerequisites.* Stanford University Press.

McCawley, James D. (1978) World-creating predicates. *Versus* 19/20: 77–93.

McCawley, James D. (1993) *Everything that linguists have always wanted to know about logic but were ashamed to ask.* The University of Chicago Press.

三浦秀松 (2003)「日本語に再帰構文は存在するか？」日本言語学会第127回口頭発表, 大阪市立大学, 2003年11月23日.

三浦秀松 (2004)「日本語の再帰表現における反局所性について：反換喩性の原理」石黒昭博・山内信幸（編）『言語研究の接点』111–123. 英宝社.

Moltmann, Friederike (2008) Intensional verbs and their intentional objects. *Natural Language Semantics* 16: 239–270.

Morgan, Jerry L.（1969）On the treatment of presupposition in Transformation al grammar. In: Robert I. Binnick, Alice Davison, Georgia M. Green and James L. Morgan（eds.）*Papers from the fifth regional meeting of the Chicago linguistics society*, 167–177. Department of Linguistics, University of Chicago.

西山佑司（2003）『日本語名詞句の意味論と語用論：指示的名詞句と非指示的名詞句』ひつじ書房.

定延利之（2006）「資源としての現実世界」益岡隆志（編）『条件表現の対照』195–215. くろしお出版.

定延利之・程莉（2011）「日本語と中国語の「リアリティ」について」，シンポジウム「（続）文法の在り方を問う」ハンドアウト，第 28 回中日理論言語学研究会，同志社大学大阪サテライト.

Takezawa, Koichi（1989）NP Movement, anaphoric binding and aspectual interpretation. *Paper presented at OSU Workshop on Japanese Syntax and UG.*

竹沢幸一（1991）「受動文，能格文，分離不可能所有構文と「テイル」の解釈」仁田義雄（編）『日本語のヴォイスと他動性』59–81. くろしお出版.

第 3 章

非情の受身の固有性問題
――認知文法の立場から――

張　莉

キーワード：非固有説，影響，視点，状態性，「動作，作用」

1.　はじめに

　日本語の受身には，固有の受身と非固有の受身が存在するとされている。非情物が主語になる受身（非情の受身）に関して，近代[1]以前から日本語に存在するものが固有の受身だと考えるならば，近代以降に西洋語の影響を受けて発達したものが非固有の受身ということになる。

　一方，意味的な観点から，利害[2]を表すかどうかを基準に固有と非固有を分けるならば，主語が有情者である利害を表す受身（有情の受身）が固有の受身で，利害に中立である非情の受身が非固有の受身ということになる。

　非情の受身に関して，「非情の受身非固有説（以下，「非固有説」と略す）」[3]が唱えられているが，「固有」という用語が複数の意味で使われていることから明らかなように，受身文研究史において，「非固有説」の内実も一通りではない。近代以前に存在した非情の受身は，時代区分によって固有・非固有を分類する立場では固有とされるが，意味を基準とする場合，利害を表さないために非固有となる。

　本章では，「非固有説」に関連する研究を整理し，この説が妥当ではないことを主張した上で，認知文法の立場から，日本語の受身の全体像における

---

[1]　日本語史の研究における時代区分は，上代（奈良時代以前），中古（平安時代），中世（鎌倉・室町時代），近世（江戸時代），近代（明治時代から戦前），現代（戦後から現在）という 6 つに分けられる。上代と中古については，日本史や日本文学史ではまとめて古代語としているものも多い（岡崎・森 2016: 10）。

[2]　「利害」に関しては，後述する松下（1930）を参照されたい。

[3]　「非情の受身非固有説」は奥津による命名である（奥津 1983: 66）。

非情の受身の位置づけを明らかにする。第2節では，「非固有説」の研究史を辿り，固有・非固有とされてきた対象の実態を観察し，非情の受身に対する従来の諸見解を整理し，従来の研究における議論の分岐点を明らかにする。第3節では，日本語の受身の成立要因について，筆者の立場を示す。第4節では，非情の受身の意味と形式の特徴を「状態性の表現」と「動作・作用の表現」に分けて考察する[4]。

2. 「非固有説」の研究史

近代以前に存在する非情物を主語とする受身に関して，それを固有の受身と認める研究では，非情の受身は「状態性の表現」と「動作・作用の表現」に分けて論じられている。一方，主に意味的な特徴により，それを非固有の受身とみる研究では，「事実上の有情の受身」や「発生状況描写（受身とは異なる特殊の用法）」と見られている。なお，この二つの観点の相違は，日本語の受身の意味をどのように捉えるかという点において生じている。

近代以降に新たに生じた非情の受身は，いずれの観点からも西洋語の影響によって新たに発達した非固有の受身とされる。

2.1 「非固有説」の起源と思われる研究

「非固有説」の起源として岡田（1900），山田（1908），三矢（1926）[5]，松下（1930）が挙げられることが多い[6]。

岡田（1900: 23, 24）では，文の成分に関する議論において，西洋文法のObject（目的語）を，生物である「対部」と無生物である「補部」に分けている。西洋語では Object が生物か否かに関わらず，それを「主部」にする受身文が作れるが，日本語では生物である「対部」を「主部」にした受身文は作れるが，無生物である「補部」を「主部」にした受身文は作れないと述べている[7]。しかし，このあと見る山田（1908）にもあるように，これは単純な

---

[4]　「状態性の表現」と「動作・作用の表現」は三浦（1973）の用語である。

[5]　三矢による『高等日本文法』の初版は 1908 年だが，ここでは 1926 年刊の増訂改版を参照した。

[6]　三矢（1926）と同趣旨の研究には，橋本（1931）が存在する。

[7]　岡田（1900: 24）は「本が甲に読まる」というのは，甲には本が読める（読み得をれる）の意味であって，受身ではないと指摘している。

事実誤認である。

　山田（1908）は日本語と「西洋語」を比較し，「この橋は工人に造られたり」のような「非情物が文主にして事実上の主の作用が文主に働掛くることを直接にあらはす如き受身の文は國語に存在せず」（山田 1908: 380）という岡田の説と同じ趣旨のことを述べる一方，非情の受身の実例を挙げ，「古来」その実例が少なくないことを示し，岡田の論説を批判している[8,9]。

（1）　御物思ひのほどに所せかりし<u>御ぐし</u>のすこしへがれたるしもいみじうめでたきを。[10]　　　　　　　　　　　（源氏・明石）（山田 1908: 376）

（2）　年へても<u>磯うつ浪</u>にあらはれていははの苔はむすひまもなし。

（新続古今・雑中 115）同上

　これらの非情の受身に関して，「非情物が文主たりとも現に吾人の見る所によれば確に非情物甲が乙なる者の影響をうけてありと吾人が認めたる時には又受身の地位に立てりと思惟しうるによりてこゝに受身の文は成立するなり」（山田 1908: 377, 378）と主張し，非情物が他者あるいは，他者の行為からから影響を受けることを認めている。非情の受身の場合には，有情の受身に関して提示された，主語の有情者が直接にまたは間接に影響を受けることを，自ら意識するという成立要因とは異なり，「かゝる際の受身は決して其の文主が受身を形つくる要点たるにあらずして傍観者が之を状態と見たる時に限らるゝなり」（山田 1908: 378）と述べ，傍観者の立場から観察する「状

8　山田（1908）では，「（一つは文主が有情物なる時…）而して非情物も擬人せられたる者は直にこの種の受身の文の主体となりうるなり」（山田 1908: 380）とあるように，非情物主語であっても，擬人化されている場合は有情の受身とみる。その後の研究である三矢（1926），宮地（1968），小杉（1979），清水（1980），奥津（1983），中島（1988），川村（2012）などでも非情の受身の擬人化の用法を（純正な）非情の受身と見なしていない。本章もこの立場をとる。

9　引用の表記は，基本的に引用元に従っているが，漢字の表記に関しては，読みやすさを考慮し，引用者の判断で一部現代のものに置き換えた。また，例文には統一して句点を付けた。

10　下線は筆者がつけたもので，実線が主語，点線が補語，波線が動詞を表す。(1)はいろいろ思い悩んだため，御ぐし（髪）がはがれ，少なくなる状態を表す。(2)は波が岩に打ち寄せ，苔が生えることができない様子を表す。

態性」[11] を成立要因としている。

　山田（1908: 374–377）では，日本語の受身は「文主の性質によりて生じうべき文の一体なり」とされ，「文主」（受身文の主語）が「精神的」かどうかにより有情の受身と非情の受身に分類されている[12]。さらに，山田は精神的ではない非情の受身の存在を認めている。また，非情の受身は非固有であるという主張を行っているわけではない。

　ここまで見てきたように，山田（1908）は古代語における非情の受身を「状態性」の観点から分析することで，有情の受身と統一的に取り扱うことが可能になると主張している。有情の受身と非情の受身に共通性を見出している点が注目に値する。二種の受身を繋げる「状態性」の内実を明らかにすることが残された課題である。

　三矢（1926）は「受身は有情のもの，特に人或は人に擬し得べき者が消極的に他より動作を被る場合，特に迷惑する場合に用うるを最も普通なる方法」（三矢 1926: 173）とした上で，非情の受身については，「西洋式の受身」を挙げることで，いち早くその非固有性を指摘している。

（3）　スマイルスの自助論は中村敬宇氏によりて翻訳せられたり。

（三矢 1926: 173）

　(3)は「言語の大変動としては許容せらるべけれど，純正なる国語の語脈にあらざる」（三矢 1926: 173）とされる。

　ほかに，非情の受身について，以下のものを挙げている。

（4）　床に懸けられたるは元信の筆なり。　　　（三矢 1926: 175）

（5）　木風に倒さる。　　　　　　　　　　　　（三矢 1926: 174）

（6）　我が金賊に盗まる。　　　　　　　　　　（三矢 1926: 173）

---

[11]　山田の「状態性」は，おおよそ（「する」的に対する）「なる」的な捉え方に対応する。行為の対象に視点を置いて事態を捉えるのが「なる」的である。「する」的，「なる」的に関して，詳しくは池上（1981）および本書所収の長谷川・西村論文を参照のこと。

[12]　山田（1908）では，なにをもって「精神的」とするのか明確には述べられていない。あげられた例から推測するに，主語の指示対象が有情である場合に「精神的」とみなしているようである。

三矢は(4)，(5)に関しては，「純正なる国語」であると述べているものの，詳しい議論は提示されていない。(6)は「金」が主語であるが，「我」が存在するため，「非情の物の受身となるは特別の事なり」とされる。この類の受身文は，益岡(1991)，武田(2014)などで潜在的受影者が想定できる受身[13]として特徴づけられている。

三矢(1926)は有情の受身を最も普通なる受身とするが，非情の受身に関して，「純正なる国語」として非情の受身を固有と認め，近代以降の西洋語の影響により発生した用法は非固有と見ている。

松下(1930)は受身を「被動の主を一人格として取扱ひ其れが或るものゝ動作に由つて利害を被る意を表す被動」(松下 1930: 157)である「利害の被動」と，「利害を被る意味その他特殊の意味の無い被動」(松下 1930: 160)である「単純の被動」にわけて論じ，「単純の被動は日本固有の言ひ方ではない。正統の口語には全く用ゐない。欧文直訳風を混和した文語の口語化にのみ用ゐられる」(松下 1930: 161)と指摘し，以下のように考察している。

（7）　国旗は高く檣上に掲げられた[14]。　　　　　　　　（松下 1930: 160）
（8）　*国旗は水夫に高く檣上へ掲げられた。　　　　　　（松下 1930: 161）
（9）　国旗は水夫に由つて高く檣上に掲げられた。　　　　　　　　同上

松下によると，(7)は「国旗が「掲げ」といふ人の動作を受けたのであるが国旗は利害を感じない。国旗は人格的に考へられてゐない。単に人が国旗を揚げた動作を，国旗を**主体**として考へたのに過ぎない」(松下 1930: 160–161)ため，単純の被動である。(8)は「「水夫が(引用注：「水夫に」の誤りか)」といふ**客語**が有るから国旗は水夫に迷惑又は歓喜を與へられる様に聞えるから可笑しく聞える」(松下 1930: 160)。すなわち，行為者項が文

---

[13]　益岡(1991: 111)は「潜在的受影者」について以下のように説明している。「潜在的受影者」とは，「受影受動文の表面には現れないけれども，その受動文が叙述している事象から何らかの影響を受ける存在のことである…顕在的な受影者は持たないものの，これらの事象から影響を受ける潜在的な受影者が想定されるのである」。また，ここでの「潜在的」は，受影者がガ格で表示されないことを意味する。そのため，「NのX」という形式であっても，Nが潜在的受影者とみなされる。

[14]　松下(1930)は，この類のものとして「家毎に門松が立てられた」「自治制度が布かれ国会が招集された」も挙げているが，詳しくは論じていない。

に現れているため，利害の被動と解釈されるはずであるが，そのような解釈は不自然なのである。水夫が単に行為者であることを表すなら，(9) に見られるように，「水夫に由つて」を用いるのであるが，「「水夫に由つて」は単に掲げられるの方法経路を表すものであって修飾語である…故に単純の被動にはその被動に**客語が無い**」(松下 1930: 161) と指摘されている。日本語の受身について検討すべき論点を提示してはいるものの，単純の被動は日本語固有ではないとしている点は，岡田と同じく事実の誤認であると言わざるをえない。

　(8)，(9) や (3) などの西洋語の影響により近代以降に生じた非情の受身に関しては，岡田 (1900)，山田 (1908)，三矢 (1926) でも論じられており，西洋語の直訳による「非情物主語行為者ニ表示」を非文とみなし，西洋語の影響で発達した「非情物主語行為者ニヨッテ表示」を非固有の受身とみなす点において共通している。すなわち，この 2 種の近代以降の非情の受身の固有性問題に関して見解が一致している[15]。

　これらの研究で扱われる非情の受身の用例を整理すると以下のようになる。

　(1)，(2)，(4)，(5) の類は行為者項が現れず，述語形式が「たり」，「り」などを含み，行為者項が自然現象であり，ニ格で現れる，という特徴を持ち，近代以前から存在しているものである。しかしながら，利害を表さないものを非固有とする観点では，受身文の類型に位置づけることができなくなる[16]。

　また，(6) の類は行為者項が有情者で，ニ格で現れるという特徴を持ち，近代以前に存在しているものであるが，三矢 (1926) では，「非情の物の受身となるは特別の事なり」としている。潜在的受影者解釈の妥当性はこの類に関する問題である。

　(7) は松下による作例だが，「此ノ寺吹キ被倒ヌ (今昔物語・20)」(三浦 1973: 134，下線およびルビは省略) にみられるように，同種のものは近代以

---

[15]　ただし，(8) の類が不自然である理由に関して，岡田 (1900)，三矢 (1926) は議論を提示していない。一方，山田 (1908) は主語の状態を傍観者の立場からいうことが困難であるためと述べているが，松下 (1930) は国旗が利害を感じることができないためと述べている。

[16]　そのうち，(1)，(4) は行為者項が現れず，述語動詞が「(ら) れたり」という形式を持つものが多い。(2)，(5) は行為者項が自然現象などである。なお，松下 (1930) は，「花が風に散らされる」という用例を挙げ，擬人化の用法としている。

前からすでに存在している。この類は行為者項が現れず，述語形式が「たり」，「り」などを含まないという特徴を持つ。利害を表すことを基準とする観点では，(7)の類は非固有とされることになるが，三浦（1973）では「動作・作用の表現」と名づけられ，固有の受身とされている。

　ここまでの議論から，主語の指示対象が利害を被るかどうかを受身の固有性の判断基準に使うことは，受身を理解する上で大きな問題を招くことが明らかになった。

　非情の受身は意味的にも形式的にも多様であるため，これらを区別した上で固有性問題を議論することが大切である。「非固有説」の起源と思われる研究はどれも，西洋語の翻訳により日本語に持ち込まれたものは非固有の受身としている。このことに異論はない。しかし，現に近代以前に存在していたものに関しては(1)，(2)，(4)，(5)の類の存在が言及されていなかったり，(6)の類が特別のものとされたり，(7)の類が近代以前には存在しないとされたりするなど，近代以前の非情の受身に関する見解が一致しておらず，その後の研究で様々な議論が提示されている。

2.2　「非固有説」のその後の展開

　「非固有説」を唱える動機としては，(1)，(2)，(4)，(5)の類の存在に気づいていないこと，気づいていたとしても非情の受身として認めないこと，あるいは(6)の類，(7)の類の存在に気づいていないか，非情の受身として認めないことが挙げられる。

2.2.1　「非固有説」を批判する研究

　近代以前に存在する非情の受身が非固有とされていたことを受け，その存在を指摘した上で，量的にも決して少数とは言えないことを実証する研究が多く見られる。さらに，固有の非情の受身の実態を，意味と形式の両面から観察する研究も少なくない。

　量的な実証研究を行ったものとして，宮地（1968），原田（1974）が挙げられる。宮地は「歴代の文献」[17]に見られる非情の受身の用例を130件ほどあげ，非情の受身が実際には少なくないことを示した。原田は『枕草子』を

17　『古今和歌集』，『源氏物語』，『大鏡』，『和泉流狂言』など合計33の文献である。

対象に用例を収集し，非情の受身が26%に達しているということを示して「非固有説」を批判している。

意味面と形式面および文献の特徴を含めて検討するものとして，三浦(1973)，小杉(1979)，清水(1980)，奥津(1983)が挙げられる。

三浦(1973)は平安末期の資料(『大鏡』，『今昔物語』など)を調査し，非情の受身の比率が12%であることを実証している。さらに，和文では「〜サレテイル」，「〜サレテアル」という「状態性の表現」の場合が多く，「動作・行動の表現」が少ないが，和漢混淆文では「状態性の表現」よりも「動作・作用の表現」が多く見られると述べている[18]。

小杉(1979)は中古の文学作品の用例をあげ，その意味・用法の分析に踏み込んだ分析を提示している。「非情の受身においては，動作・作用を加へるものは，いづれの場合もほとんど問題にされてをらず，従って誰がしたかといふ動作性は極めて稀薄になり，その結果としてある状態性の方が重要視されてゐることに気づく。このことは非情の受身には，ほとんどの場合，存在継続の「たり」または「り」が下接されてゐることによっても明らかである。「たり」も「り」も下接語に無い場合は「あり」か「侍り」か「無し」等，存在や状態を表はす語が必ず下にある。」(小杉1979: 484)と指摘し，中古の仮名文学作品においては，非情の受身は動作ではなく，結果としての状態を表すとしている。

清水(1980)は中古から近代までの資料を調べ，中古における非情の受身の平均使用率が16%であることを示し，非情の受身は「国語本来の受身表現の一」であると指摘している。

奥津(1983)は『枕草子』，『徒然草』に占める非情の受身の割合はそれぞれ27%，38.8%であることを示した上で，受身の主語と補語の有生性，文のパターン，その出現率を検討し，視点原理とその序列という道具立てによって，古代語における非情の受身の特徴を説明している。奥津(1983)は受動構文全体に視野を広げ，古代語における非情の受身の形式的特徴と意味的特徴を視点原理とその序列に基づいて説明した先駆的研究であるといえる。

「非固有説」の起源と思われる研究でも非情の受身が近代以前に存在する

---

[18] 三浦(1973)では「動作・行動の表現」と「動作・作用の表現」の二つの用語を使っているが，共に非情物が動作・作用を被る出来事を表すものであるため，本章では「動作・作用の表現」に統一した。

ことが指摘されてはいたが，これらの実証研究によりそれが量的にも決して例外とは言い難いことが明らかになった。

非情の受身は意味的特徴により，状態性の表現と動作・作用の表現に分けられ，両種の意味が現れる傾向は文献の特徴と関係している。形式的特徴としては状態性の表現が多く現れる際は述語形式が「たり」，「り」などを含むことが観察できる。

2.2.2 「非固有説」を支持する研究

川村（2012）では，受身の意味は「ラル形述語の用法のうち，主語者が，自分の意志とは関係なく，事態（他者の行為や変化）から何らかの影響を被ったと感じること（〈被影響〉）を表すもの」（川村 2012: 167）と定義される[19]。いわゆる「非情物主語受身文」[20]に関しては，古代語和文に存在することを認め，それらを「擬人化タイプ」，「「潜在的受影者」タイプ」，「発生状況描写」タイプの三種に分類している。その内，「擬人化タイプ」，「「潜在的受影者」タイプ」は事実上有情の被影響者が存在すると考えられることから，「〈被影響〉の受身」であり，川村（2012）の受身の定義により，事実上の有情の受身となる。一方，「発生状況描写」タイプ[21]は川村の分析では，「〈無影響〉の受身」で，述語動詞が文末に現れる際にはその形がラレタリにほぼ局限されること，文中に明示できる行為者項が非情物に限られることを根拠に，受身とは別種のラル形述語文として位置づけられている。

山田（1908）が非情の受身として認める「御物思ひのほどに所せかりし<u>御ぐし</u>のすこし<u>へがれたる</u>しもいみじうめでたきを（源氏・明石）」（山田 1908: 376）の類の用例を，川村（2012）は受身とは別の「発生状況描写」タイプに属すると見なすため，両者は非情の受身に関して意見が異なることになる。

---

[19] 従来の研究における，能動文の場合は主語（《行為者》）から非主語（《対象》）へ動作・作用が向かうのに対し，受身文の場合は非主語（《行為者》）から主語（《被影響者》《対象》）へ動作・作用が向かうのであるという受身文に対する認識と立場が異なる（川村 2012: 108）。

[20] 川村（2012）では，従来と異なる受身の定義により，先行研究において，非情の受身と認められていたものの一部が「非情物主語受身文」として位置づけ直されている。本章でも川村（2012）の議論を検討する際，その用語を使う。

[21] 「発生状況描写用法：ラル形述語の用法のうち，他者の何らかの行為の結果，主語に立つモノにおいて生じた状況を描写するもの」（川村 2012: 167）。

立場によっては古代語における非情の受身と見なすであろう用例の内，被影響の意味と解釈できるものは事実上の有情の受身であり，固有の受身とみるが，被影響の意味に解釈できないものは非固有の受身どころか，受身とも見なさないのである。

また，川村 (2012) で「発生状況描写」と名づけられているものは，述語形式が「たり」，「り」などを含むことから，三浦 (1973)，小杉 (1979) で論じられる「状態性の表現」や「状態を表す」ものと対応していることがわかる。本章では以下これらを状態性の表現と呼ぶ。状態性の表現では，行為者項は表示されないか，ニ表示の非情物であるとされる (尾上 2003)。

なお，三浦 (1973) によれば，古くから存在する非情の受身には，状態性の表現以外に動作・作用の表現もあるが，この類は非情の受身と認めるかどうかという以前に議論にのぼること自体が少ない。(6) や (7) にみられるように，この類は行為者が表示されないか，表示されればニ表示の有情者である。

ここまで「非固有説」の研究史を一通り見てきたことで，非情の受身は古代語においても存在するだけでなく，数の面でも少数とはいえないことが確認でき，非情の受身非固有説が誤りであることが明らかになった。残された問題として近代以前に存在する非情の受身に「動作・作用の意味」を持つものがあるか否かを検討する。また，状態性の表現における述語動詞の特徴と行為者項に関する制約をどのように統一的に理解し，解釈すべきかも検討する必要がある。

近代以前に存在する非情の受身に「動作・作用の意味」を持つものがあるか否かという問題を検討するにあたっては，日本語の受身の成立要因をどう捉えるのかが肝心である。以下では受身構文に注目し，そのプロトタイプを概観した上で，非情の受身構文を形式特徴と意味特徴に基づいて考察する。

3. 日本語の受動構文の成立要因—そのプロトタイプ—

尾上 (2003) は，日本語には間接受身（対応する能動文において他動詞の目的語ではないものが主語になる受身）が存在するため，受身を統語的に規定することは不可能であると主張している。その上で，固有の受身では主語がほとんど人格であること，人格主語は直接受身でも間接受身でも被影響者と見なせること，非情物主語の受身は（擬人法と潜在的受影者が想定できる場合を除いて）使用目的が情景描写に限られること，という三つの理由をあ

げ,「〈受身〉とは(ある人格の行為の結果発生した)一つの事態の影響を,被影響者に視点を置いて(=主語として)語る用法である」(尾上 2003: 35)という規定を与えている。

　受身の成立要因を「主語の被影響を語る」とする観点をとれば,受身は有情の受身に限られることになる。すなわち,受身の主語の指示対象は人格を持つ有情者であり,行為の結果発生した影響は有情者の感じる被影響ということになる。非情物主語の受身の一部(擬人法的なものと潜在的受影者が想定できるもの)は,主語が有情者であるか,潜在的な有情者が存在すると解釈されることによって,これらの受身の成立要因も有情者の感じる被影響によって説明される。「情景描写」である「発生状況描写」の類は,モノの位置変化と「被影響」は意味が異質であること,形式の偏りがある(「−ラレケリ」「−ラレム」というような動作・作用の意味を表すものが極端に少ない)ことから,受身とは異なるとされる。

　「主語者の被影響」という意味特徴に従うと,受身は以下のように分類できる。主語の指示対象が有情者の場合には,間接受身と直接受身がある。間接受身の類(赤ちゃんに一晩泣かれて,眠れなかった)は,主語の指示対象が述語の表す行為の直接の対象ではなく,主語者が「泣く」という行為に関わらないため,主語者の被影響のみが想定できる[22]。一方,直接受身の類では主語の指示対象が述語の表す行為の対象であり,被影響の意味が読み取れるが,動詞の意味や文環境によって被影響が含意される程度が異なってくる。「太郎は先生に叱られた」では「叱る」ことによる顔色が変わったなどの変化も想定できなくはないが,がっかりするや落ち込むなどの被影響がより想定しやすい。しかし,「太郎がヤクザに殺された」では「太郎」は生きている状態から死んでいる状態へと変化しているため,主語者が述語の表す行為によって変化していることは確かであるが,太郎が自分の状態変化を認識することは不可能なので,被影響が想定しにくい。さらに,主語の指示対象が非情物の場合,被影響の意味が生じることは,定義上,不可能である。

---

[22] 松下(1930)は「被動では動作に二つの方面が有る。第一方面は動作そのものとしての方面で第二方面は我に與へる利害影響としての方面である,(引用者注:句点の誤りか)だからその利害影響はやはり動作である。この意味に於て利害を被るのはやはり動作を被るの一種である」(松下 1930: 160)と指摘し,「動作」の意味として動作の実質とそれから生ずる利害の2種を認めている。

仮に被影響の主体である潜在的受影者が想定できるとしても，4.2.1 で論じるように，その被影響は非情物主語の変化に依存して生じることが重要である。

有情の受身（直接受身と間接受身）と非情の受身では受身構文の意味がそれぞれ異なると考え，とりわけ間接受身に特徴的である「被影響」をもって受身の成立要因を定義する立場をとれば，非情の受身が自ずから考察対象外となり，有情の受身（直接受身と間接受身）と非情の受身に，受身としての共通性を見出すことは不可能になる[23]。

「非動作主に視点を置く」点を重視し，「ラレル文」を分析した尾上(2003)の他に，有情の受身と非情の受身の共通点を重んじる見解は初期の国語学や西洋語の研究にも見られる。山田(1908)では，「複語尾」をめぐって，「ル・ラル」が「状態性間接作用」[24]を表すと指摘した上で，その一種としての受身は「文主其者が作用の主者ならずして其の作用の發者として別に對者ありて之を起し，文主は其が影響を蒙る者」(山田 1908: 369)であると主張する[25]。世界の諸言語の受動文[26]を考察する Shibatani(1985)によると，受動文の典型的な機能は "agent defocusing"(動作主の脱焦点化)である。その後，大堀(2002)，西村・長谷川(2016)などもこの観点を引き継いだ分析を提示している[27]。特に西村・長谷川(2016)は受身構文について明快な用語

---

[23]　尾上(2003)はラレル形の用法全体に視野を広げ，いずれも出来文の下位レベルで，「非動作主に視点を置くために出来文を使う用法」として分類しており，有情の受身と発生状況描写の2種の用法に共通性を認めている。出来文とは，事態をあえて個体の運動（動作や変化）として語らず，場における事態全体の出来，生起として語るという事態認識の仕方を表す文である(尾上 2003: 36)。詳しくは本書の長谷川・西村論文を参照されたい。

[24]　状態性間接作用とは文の主者が其の作用の主者ならずして對者ありて其者が其作用の主者として文の主者に作用を與へをる場合又は文の主者は其作用に對して主者たれども其の作用は現に行はる、にあらずして唯行はるべき地位に立てるを示す。共に直接に行はれず，間接なり。而して又共に主者其者の状態を示す傾向強し。この故に状態性といふなり(山田 1908: 368)。

[25]　受身を「有情の主語者自身が影響を蒙ることを意識している」有情の受身と「非情物が影響を受けることを傍観者の立場から観察して述べる」非情の受身に分類した上で，どちらも状態性の意味を持つとし，その共通性を指摘している。

[26]　受動文及びそれと類似する形式の構文（たとえば日本語の場合，可能・自発・尊敬を含む）。

[27]　大堀(2002: 166)は間接受動について，「被動者への注目が拡張し，述語の表す因果連

を用いて詳細な規定を与えている。本章はそれに基づいて非情の受身構文の形式と意味の特徴を検討することにより，非情の受身の内，非固有と見なせるものは，近代以降に西洋語の翻訳の影響を受けて生じたもののみを非固有の受身と見なす。

> 受身構文のプロトタイプは，主語の指示対象 X が（明示されないか付加詞で表される）他者 Y の（対応する能動文と共通する動詞が表す）働きかけの直接の対象になる（ことによって何らかの変化を被る），という捉え方を表し，その形式は対応する能動構文に比べて有標である。受動構文の形式面での有標性は，Y を主役にして捉えられ（Y と X をそれぞれ主語と目的語の指示対象とする，真理条件的に等価な他動詞構文を用いて表現され）やすい事態を（Y を差し置いて）X を主役にして捉え直すという，意味の有標性を反映していると考えられる。

> （西村・長谷川 2016: 299）

受動構文には，「太郎がヤクザに殺された」のようなプロトタイプ的なものから，「レモンにはビタミン C が多く含まれている」などのような周辺的なものまで様々な類型が存在する。有情の受身と非情の受身（及びその下位分類）の構文がそれぞれ異なった意味特徴と形式特徴を持つことはその反映である。

4.　固有の非情の受身

　受動構文は行為者が脱焦点化され，行為の対象が注意の焦点であるため，主語が有情者かどうかと関係なく，行為者が明示されないか付加詞で表されることが一般的である。日本語の受身は，以下のような視点の原理に従っている。「非情の受身は，有標の無生名詞という，話し手にとっては疎遠なものをあえて主語の位置に引き上げたのである。このいわば成り上がり者の主語に対して，無標の有生名詞は同一文内での共存を嫌うのであろう。もし〈動作主〉をおくのであれば，やはりそれを主語に据えて能動文にする方が自

鎖上にない影響の受け手までもプロファイルされた構文として知られるのが，次に示すような日本語のいわゆる迷惑受動（adversative passive）である」と述べている。

然なのである」(奥津 1983: 75)。すなわち，行為の対象としての非情物が主語でありながら，有情者が行為者項として現れる文が成立しにくいのである。状態性の表現は構文の形式的特徴として，行為者項が現れないか，有情ではない非典型的な行為者項（自然現象など）が現れるため，制約に違反しない。一方，動作・作用の表現であっても行為者項が現れない場合や，有情ではない行為者項が現れる場合には制約に違反しない。有情の行為者項が現れる場合は視点制約に違反するため，成立するためには特別な理由が必要である。

　以下では，大堀（2002），西村・長谷川（2016）などによる受身の成立要因を参照し，構文的特徴に基づき，非情の受身を状態性の表現と動作・作用の表現に分けて考察する。

4.1　状態性の表現

4.1.1　非情物主語行為者無表示―「X が V(ら) れたり」―

(10) 御腹も少しふくらかになりにたるに，…しるしの帯のひきゆはれたる程など，いとあはれに。　　　　　　　　（源氏・宿木）（宮地 1968: 286）

(11) ふたあゐえび染などのさいでのをしへされて草子の中にありけるを見つけたる。　　　　　　　　　　　　（枕草子・30）（山田 1908: 376）

　（10）は主語の指示対象「しるしの帯」が何者かの引き結う行為を受け，形状が変化し，着物に巻かれている状態を表す。（11）は主語の指示対象「さいで」[28]が押しつぶす行為を受け，形状や位置が変化し，草子の中にある様子を表す。述語動詞が「て」形であるが，それに続く「草子の中にありける」から，文全体が表すのは状態の持続という意味であることがわかる。

　「状態性の意味」には受身構文が表す，主語の指示対象である非情物が他者の働きかけの直接の対象になることによって何らか（具体的には位置や状態など）の変化を被るという意味と，「たり」などによる変化が完了した状態の持続という意味が含まれる。行為者の意図や対象への働きかけではなく，対象の変化した状態が意味の中心であるため，行為者が項としても，付

28　さい - で【裁帛・裁布】(1)絹，または布の裁(た)ちはし。裁ち余りの布帛。布きれ。たちはずし。

（日本国語大辞典 2005）

非情の受身の固有性問題 | 335

加詞としても明示されない。言い換えると，行為者を明示（とりわけ項として明示）すると，その事態への関与を明示することになるため，被動者の変化した状態に注目する捉え方とずれてしまうのである。よって，形式的には行為者が明示されない「X が V（ら）れたり」という形をとる。

こうした形式的特徴により，固有の非情の受身は状態の意味に偏るとする研究もあるが，このことは非情の受身に限った現象ではなく，同じことが非情物主語の能動構文についてもあてはまる[29]。一般に，ある事態を非情物に視点をおいて捉えるのが自然であるのは，非情物において生じた一回的な出来事ではなく，一回的な出来事の結果として生じる非情物への変化のほうに注意が向く場合である。非情物が主語になる構文の述語動詞が「（ら）れたり」に偏るのは事実であるが，「たり」などを伴うことなく，非情物において一回的出来事が起きたことを表す受身文も存在する。例えば，「唐絵の屏風の黒み，おもてそこなはれたる（枕草子・163）」（奥津 1983: 76）のように，「屏風」が黒く汚れているという非情物における変化が生じた後の状態を捉えたものもあるが，これは「此ノ寺吹キ被倒ヌ（今昔物語・20）」（三浦 1973: 136 ＝ (14)）のように，非情物に生じたことを状態性の表現としてではなく，非情物に対する働きかけの部分に注目し，それを出来事として捉えたものもある。

4.1.2　非情物主語行為者二表示─「X が Y に V（ら）れたり・（ら）る」─

状態性の意味ではあるが，自然現象などの非典型的な行為者項が現れ，述語動詞が「（ら）れたり」だけでなく「（ら）る」でも現れることが特徴である。

(12)　磯がくれかきはやれども<u>もしほ草</u>たちくる<u>浪</u>にあらはれやせむ。
（千載戀・二）（山田 1908: 376）
(13)　夕暮れ・暁にかは竹の<u>風</u>に吹かれたる，目さまして聞きたる。
（枕草子・115）（宮地 1968: 286）

(12)は「浪」の寄せては返すという動きが，「藻塩草」にあたり，「藻

---

[29]　現代語でも，「財布が落ちた」という一回的出来事を表す表現より「財布が落ちている」という状態性の表現の方が多く見られる。

塩草」が動いている状況を，「藻塩草」に焦点を当てて述べる表現である。
(13)は「風」という気体の動きが，「かは竹」にあたり，「かは竹」が動いている状況を，「竹」に焦点を当てて述べる表現で，「吹く」が自動詞であるのが特徴的である[30]。主語の指示対象である非情物において位置変化などが生じたが，文全体が表すのは非情物主語に変化が生じたという一回的出来事ではなく，主語の指示対象と行為者項という二つの非情物の関係からなる状況である。述語動詞の形式は「(ら)れたり」と「(ら)る」の両方がありうるのである。

　この類の受身文を作りやすいのは行為者項が非情物であり，視点制約に違反しないためである。(12)(13)が表す事象を自然現象を主語にして能動的表現に言い換えるとおおよそ「浪が藻塩草を洗う」，「風が竹を吹く」となるが，「浪」，「風」—は行為者として非典型的である[31]。そのためそれぞれの文の表す事象において，自然現象そのものよりも，それに取り巻かれる物の動向の方がより注目されやすいのである。つまり，「浪」，「風」は「藻塩草」，「竹」をめぐる事態が生じた原因と見なされることで，行為者項として現れ，行為の対象に生じた変化とその原因が同時にプロファイルされる文が成立するわけである。

4.2　動作・作用の表現
4.2.1　非情物主語行為者無表示—「X が V(ら)る」[32]—
(14)　此ノ寺吹キ被倒ヌ。　　　　　　　　　　　（今昔物語・20）（三浦 1973: 136)

---

[30]　自動詞によるものに関して，柴谷 (2000: 152) は古いものを見ると，作用が直接的に受身文の主語に及んでいるものと見られる場合や，主語が心理的な影響を受けている状況を表したものが主で，主語が物理的・心理的作用の直接的な対象となっていて，他動詞ベースの受身に近いものと解釈できるとしている。鷲尾 (2008) は，「風に吹かれる」という受身表現と古代語において存在した《風が〜を吹く》という他動表現との関係について考察している。

[31]　プロトタイプ的な〈使役行為者〉は自らの力ないしエネルギーを，意図的にかつ自らの責任において，用いることによって，〈対象〉の位置ないし状態に何らかの変化を生じさせるという目標を達成する人間である (西村 1998: 136)。

[32]　「さまざまの御祈はじまりて，なべてならぬ法ども行はるれど，（方丈記)」（奥津 1983: 76) に見られる非情の受身は，川村 (2012) では「行事の実施」と類型化され，尊敬用法とされている。また，作成動詞による非情の受身では，主語の指示対象は行為が行われてはじめてその存在が認められるものであるため，主語の指示対象に関して変化の意味

(15)　文保に<u>三井寺焼かれし</u>時…　　　　　　　　（徒然草・86）（奥津 1983: 76）

　(14)は主語の指示対象「此ノ寺」が風で吹き倒されたこと，(15)は主語の指示対象「三井寺」が火をつけるという何者かの行為の結果，変化したことを表す。主語の指示対象である非情物が他者の働きかけの直接の対象になることによって，何らかの変化を被るというプロトタイプ的意味の内，変化を被ったこと自体に注目する場合に，述語動詞の形式が「(ら)る」になるわけである。現代語では，オランダ語の前置詞 "door" や英語前置詞 "by" などの影響を受け，行為者をニヨッテなどの付加詞で表すことが可能であり，近代以降に生じたニヨッテ受身はこの類にもとづいた用法だと考えられる。一方，古代語では，そのような手段が慣習化しておらず，行為者を付加詞で表すことは困難であった[33]。

　川村(2012)では，(14)および(15)は，実質的には有情の受身相当である「潜在的受影者」タイプと見なされるものと思われる。そのため，(14)，(15)などは，非情の受身から除くというのが，益岡(1991)，川村(2012)の主張である。

　そもそも，先行研究が(14)のような例を，潜在的受影者を想定することで有情の受身と見なしたのは，非情物主語が他者の働きかけの直接の対象になることによって何らかの変化を被ったことという一回的動作・作用の意味を表す受身が日本語には本来存在しないという信念が存在するためだと思われる。しかしながら，(14)，(15)がいずれも動作・作用の表現であることは否定できないだろう。これまでの研究において動作・作用の表現が存在しないと判断されてきたのは，間接受身の成立による「被影響」の意味の際立ちと調査資料の特徴に起因すると思われる[34]。非情の受身が状態性の表現に

想定にくい。この2種と，受動構文のプロトタイプとの関係については別稿で考えてみたい。

[33]　金水(1991)は，翻訳語調によって新たに発生した非情の受身に，構文的構造と文章論的機能の交渉という観点から再吟味を加え，ニヨッテ受身が日本語の表現の類型を拡張するものであり，これが受動文の意味的類型の拡張に有効であると指摘している。

[34]　川村(2012)は古代(主に中古)の日本語を検討するもので，調査資料は『古事記』，『日本書紀』，『風土記』，『歌経標式』，『万葉集』，『正倉院仮名文書』，『続紀宣命』，『祝詞』，『三代集』，『蜻蛉日記』，『源氏物語』，『和泉式部日記』，『続紀歌謡』，『仏足石歌』，『神楽歌』，『催馬楽』，『東遊歌』，『風俗歌』，『琴歌譜』，『土佐日記』，『竹取物語』，『伊勢物

偏ることや[35]，そもそも非情の受身全体の使用率が有情の受身に比べて少ないこともその要因であると言えるだろう。

　本章では，行為者項が現れない「XがV(ら)る」構文に関して，潜在的受影者[36]を想定できることが文の成立要因であるとは見なさず，非情物主語が他者の働きかけの直接の対象になることによって，何らかの変化を被ったことが文の成立要因であると考える。仮に「潜在的受影者」に相当する有情者が存在したとしても，非情物が影響を受けてはじめて，その非情物と密接に関係している有情者が影響を受けるのであり，非情物への影響とは独立に有情者が影響を受けるのではないという点が決定的に重要である。

4.2.2　非情物主語行為者ニ表示―「XがYにV(ら)る」―

(16)　なほざえをもととしてこそ，大和魂の世に用ゐらるる方も強う侍らめ。
　　　　　　　　　　　　　　　　　　　　　（源氏・少女）（金水 1991: 7）

(17)　かの明石の舟，この響きにおされて，過ぎぬる事も聞こゆれば…
　　　　　　　　　　　　　　　　　　　（源氏・澪標）（川村 2012: 153）

(18)　灯台の打敷をふみて立てるに，あたらしき油単に襪はいとよくとらへられにけり。さしあゆみてかへれば，やがて灯台は倒れぬ。
　　　　　　　　　　　　　　　　　　（枕草子・108）（奥津 1983: 77）

　(16)は「大和魂」がノ格で表示され，形式上主語に立っているが，「世(朝廷)がある人の大和魂を用いる」ことで，大和魂の価値が変化し，さら

語』，『大和物語』，『平中物語』，『落窪物語』，『枕草子』，『紫式部日記』である。状態性の意味が仮名文学作品などの和文に，動作・作用の意味は和漢混淆文に現れる傾向があるため(三浦 1973, 小杉 1979)，和文と異なる和漢混淆文が作り出した文環境が動作・作用の表現を多出したといえよう。すなわち，動作・作用の表現は文体的には漢文直訳の影響を受ける仏書などの訓読資料，内容的には叙事的文学作品の軍記物語などに現れやすいとのことである。

[35]　「叙景文」(金水 1991)，「発生状況描写」(尾上 2003, 川村 2012)にあたる。

[36]　潜在的受影者の想定について，益岡による一連の研究で挙げられた用例も構文的に「XがYにV(ら)れる」である。「この町は日本軍に破壊された」の適格性について，益岡(1982, 1987)は「町」が物理的に受影しているとし，主語が非情名詞の受身文の適格性を，ある出来事から何らかの物理的影響を受けることで説明しているが，益岡(1991, 2000)においては，「町」に潜在している有情の被影響者が存在する，すなわち，潜在的受影者が想定できることが文を適格にすると主張し，物理的影響による説明を撤回している。

に文中では言及されていない「大和魂の持ち主」が影響を被ったという意味が読み取れる。(17) は主語の指示対象である「舟」が(源氏一行の)にぎやかさに圧倒され，参詣もせず立ち去ったことという「舟」の位置変化を表すが，「舟」の修飾語として明示される「かの明石」も影響を受けたという意味が読み取れる[37]。(18)は主語の指示対象「襪」が新しい油単にくっついて取れなくなるという「襪」の状態変化を表すが，その後の文脈から，襪をはいている有情者が影響を受けたという意味が読み取れる。また「とらえる」は人や生き物の行為を表すので，「油単」が有情扱いされていることがわかる。

　この類では，行為者項が有情者である場合や非情物であっても有情相当である場合が多いため，視点制約に違反しているはずある。そのため，先行研究においては，潜在的受影者を想定することで，視点制約違反を正当化する試みが見られたのだが，必ずしもそのように考える必要はない。潜在的受影者を想定せずとも，他人よりも持ち物やその他の話し手と密接に関わるものに視点を置きやすいと考えることで，「一般的に言って，話し手は，主語寄りの視点を取ることが一番容易である」(久野 1978: 169)という「表層構造の視点ハイアラーキー」(同上)に合致しているとみなすことができる。

　また，4.2.1 で分析した動作・作用の表現と比べ，潜在的受影者がより想定しやすいことは確かであるが，やはりこの場合でも非情物に変化が生じたことを前提として，その非情物と密接に関係している有情者を潜在的受影者として捉えていることには変わりがない。

5. まとめ

　非情の受身非固有説は日本語の非情の受身を西洋語と比較することで生じた説である。受動態を考える際には，通言語的に共通する特徴と，言語ごとの特徴の両者に目を配らなければならない。日本語の非情の受身は視点制約によって，行為の対象としての非情物が主語である場合に，有情の行為者項が非情物主語とともに現れる文が成立しにくいという特徴を持つ。

　固有の非情の受身はすべて「主語の指示対象が他者の働きかけの直接の対

---

[37]　(18)は主語に格助詞がないものであり，潜在的受影者が想定できるものの多くがこの類であること，この類は「持ち主の受身」との判別が困難であることが指摘されている(川村 2012: 154)。本章では形式上主語が「NのX」，「X」という特徴を持つもののいずれも，「N」が主格として表されていないため，「持ち主の受身」とせず，非情の受身としたい。

象になることによって変化を被る」という意味を持ち,「状態性の表現」と「動作・作用の表現」に分けられる。「非固有説」の議論の焦点は,「動作・作用の表現」である。従来の研究では潜在的受影者を想定するなどして,その存在を認めていないが,本章では潜在的受影者の想定を必要とせず,それを非情の受身と考え,視点原理により,他人より話し手の持ち物やその他の話し手と密接に関わるものに視点を置きやすいと考えることで,一見すると視点制約に違反すると思われるものも制約に従っていることを示した。

非情の受身は近代以降に急速に増加したが,その多くは「動作・作用の表現」である。近代以降に,それまで全く存在しなかった用法が現れ,増加し続けたと考えるよりも,もともと存在していたものがより一般化したとするのが無理のない想定である。また「によって」受身の出現もその増加を加速させているといえよう。さらに,このような急速に増加した用法の影響を受け,現代語では,非情物主語が他動性の強い行為の対象である場合や,有情者の持ち物である場合を超えて使用範囲が広がっていくことが予測できる。

なお,非情の受身における「変化」の意味に関して,志波(2015)は変化の意味を表す割合が非情の受身の半分以上を占めるものの,非情の受身全般が変化を表すわけではないと指摘している。このような観点からは,「変化」を受身文のプロトタイプ的意味に含めることに疑問が生じるかもしれない。しかし,これは「変化」をどのように捉えるか,つまり「変化」の内実次第である[38]。他者の働きかけを受けることによる位置や状態の変化を「変化」の典型とすれば,状態変化だけでなく他者の働きかけを受けることも,変化として認めるべきである。ただし,作成動詞による非情の受身と,位置関係を表す非情の受身をどのように捉えるかという問題は残されている。

参照文献

池上嘉彦(1981)『「する」と「なる」の言語学:言語と文化のタイポロジーへの試論』大修館書店.
大堀壽夫(2002)『認知言語学』東京大学出版会.
岡田正美(1900)「対部・補部・客部」『日本文法文章法大要』吉川半七.[北原保雄・吉田東朔(編)(2001)「日本語文法研究書大成」20–41.勉誠出版.]
岡﨑友子・森勇太(2016)『ワークブック　日本語の歴史』くろしお出版.

---

[38]　詳しくは本書の田中論文を参照されたい。

奥津敬一郎 (1983)「何故受身か？：〈視点〉からのケース・スタディ」『国語学』132: 65–80.

尾上圭介 (2003)「ラレル文の多義性と主語」『月刊言語』32 (4)：34–41.

川村大 (2012)『ラル形述語文の研究』くろしお出版.

清水慶子 (1980)「非情の受身の一考察」『成蹊国文』14: 46–52.

金水敏 (1991)「受動文の歴史についての一考察」『国語学』164: 1–14.

久野暲 (1978)『談話の文法』大修館書店.

小杉商一 (1979)「非情の受身について」田辺博士古稀記念国学論集編集委員会 (編)『田辺博士古希記念　国語助詞助動詞論叢』473–488. 桜楓社.

志波彩子 (2015)『現代日本語の受身構文タイプとテクストジャンル』和泉書院.

柴谷方良 (2000)「ヴォイス」仁田義雄・益岡隆志 (編)『日本語文法Ⅰ　文の骨格』119–186. 岩波書店.

武田素子 (2014)「「潜在的受影者」説の精密化」『日本語文法』14 (1): 105–113.

中島悦子 (1988)「『万葉集』における「非情の受身」」『日本女子大学大学院の会会誌』7: 1–11.

西村義樹 (1998)「行為者と使役構文」中右実・西村義樹『構文と事象構造』108–203. 研究社出版.

西村義樹・長谷川明香 (2016)「語彙，文法，好まれる言い回し：認知文法の視点」藤田耕司・西村義樹 (編)『日英対照　文法と語彙への統合的アプローチ：生成文法・認知言語学と日本語学』282–307. 開拓社.

橋本進吉 (1931)「受身可能の助動詞」[講義案・高橋一夫筆記 (1969)「助動詞の研究」収録『助詞・助動詞の研究』266–292. 岩波書店.]

原田信一 (1974)「中古語受身文についての一考察」『文学・語学』74. [再録：福井直樹 (編) (2000)『シンタクスと意味：原田信一言語学論文撰集』516–527. 大修館書店.]

藤田耕司・西村義樹 (編) (2016)『日英対照　文法と語彙への統合的アプローチ：生成文法・認知言語学と日本語学』282–307. 開拓社.

益岡隆志 (1982)「日本語受動文の意味分析」『言語研究』82: 48–64.

益岡隆志 (1987)「受動表現の意味分析」『命題の文法：日本語文法序説』161–194. くろしお出版.

益岡隆志 (1991)「受動表現と主観性」仁田義雄 (編)『日本語のヴォイスと他動性』105–121. くろしお出版.

益岡隆志 (2000)「叙述の類型から見た受動文」『日本語文法の諸相』55–69. くろしお出版.

松下大三郎 (1930)「被動の動助辞」『標準日本口語法』150–171. 中文館書店.

三浦法子 (1973)「平安末期の受身表現についての考察」『岡大論稿』創刊号：129–143.

三矢重松 (1926)「非情の受身」『高等日本文法 (増訂改版)』173–175. 明治書院.

宮地幸一 (1968)「非情の受身表現考」『近代語研究』2: 277–296. 武蔵野書院.

山田孝雄 (1908)『日本文法論』宝文館.

鷲尾龍一 (2008)「概念化と統語表示の問題：日本語・モンゴル語・朝鮮語の比較から

みる《風に吹かれる》の本質」生越直樹・木村英樹・鷲尾龍一（編著）『ヴォイスの対照研究』21–64. くろしお出版.

Shibatani, Masayoshi（1985）Passives and related constructions: A prototype analysis. *Language* 61（4）: 821–848.

『日本国語大辞典（精選版）』(2005) 小学館.

第4章

日本語受身文を捉えなおす
——〈変化〉を表す構文としての受身文——
田中太一

キーワード：受身文，受影受動文，属性叙述受動文，主体化，変化

1. はじめに

　日本語受身文は，しばしば，主語の指示対象が有情者であれば心理的影響を表し，非情物であれば属性叙述や物理的影響を表すと分析されてきた。このような分析には，有情者への物理的影響を表す受身文を排除する理論的根拠がないことや，受身文に共通する意味を捉え損なうことなどの欠点がある。本章では，受身文は主語の指示対象の〈変化〉を表す構文であるとする立場から，先行研究を検討し，受身文の統一的把握を試みる。

　第2節では，益岡による受身文分類を概観した後，受影受動文を検討し有情者主語受身文に心理的影響のみを認める分析が維持し難いことを示す。第3節では，属性叙述受動文に関する先行研究を概観し，その問題点を指摘する。第4節では，「間主観的変化表現」に関する議論を参照し，属性叙述受動文を受身文の体系に位置づけなおす。第5節では，それまでの議論を踏まえ，受身文の意味を再検討する。第6節はまとめである。

2. 益岡による受身文の分類

　益岡は Kuroda(1979)，黒田(1985)が提示する，受身文を行為者マーカーを基準に，ニ受身文とニヨッテ受身文に二分する分析を発展させたモデルを用いて受身文を分析している[1]。益岡の受身文分類は論文ごとに異なるが，まとめると以下のようになる。本章ではこのうち受影受動文および属性叙述受

---

[1] 益岡は言及していないが，Kuroda(1979)と黒田(1985)は異なった分析枠組みを持つ。この点に関しては田中(2017)を参照。

動文を中心に議論を行う。

昇格受動［受影受動文（直接受動文・間接受動文）・属性叙述受動文[2]］
降格受動[3]   （益岡 1987）[4]

事象叙述［受影受動文（直接受動文・間接受動文）・降格受動文］
属性叙述［属性叙述受動文］   （益岡 1991）

事象叙述［受影受動文（直接受動文・間接受動文・機縁受動文[5]）・降格受
動文］
属性叙述［属性叙述受動文］   （益岡 2000）

2.1 それぞれの論文における受影受動文の意味

　益岡（1987）では，「或る存在が或る出来事の結果として心理的或いは物理
的影響を被るという意味を明示すること」（益岡 1987: 183）が受影受動文の
意味であり，主語の指示対象が有情者の場合には心理的影響を明示し，主語
の指示対象が非情物の場合には物理的影響を明示するとされている。
　益岡（1991）では，「受影受動文は，ある主体がある事象から影響を受ける
ことを表す。主体の身に起こった出来事，すなわち，主体の経験を表現する
文である」（益岡 1991: 195）と定義される。ここで，「受影性」は心理的影響

---

[2]　「或る対象が或る属性を有している」という意味を明示する受身文（益岡 1987: 183）。
　(a)啄木の素朴な短歌は，多くの人々に愛されている。　　　　　　　　（益岡 1987: 189）

[3]　動作主をニで表示することができない受身文である。Kuroda（1979）のニヨッテ受身文
におおよそ対応する。

[4]　益岡（1982: 53）は「受影性の前景化と属性叙述の明示化の両方が動機となっている昇
格受動文も実際には存在しうる，と考えられるが，本章ではこのような例は考察の対象外
とする」という記述から分かるように，「受影受動文」と「属性叙述受動文」を排他的だと
みなしてはいない。しかし，その改定再録版である益岡（1987）にはこのような記述は見ら
れない。益岡（1987）では，「事象叙述」と「属性叙述」の区別が前提になっているためだと
考えられる。さらに，益岡（1991）以降は，「事象叙述」と「属性叙述」は根本的に異なる叙
述の類型とされ，両者の共通性を捉えることは困難となった。

[5]　主語が有生物，ニ格名詞句が無生物の受身文を指す。
　(b)彼は急に疲れにおそわれる。（「香子」）　　　　　　　　　　　　　（益岡 2000: 61）
　(c)私は中学時代にこの歌に心を打たれた。（「私の自己形成史」）　　　　（益岡 2000: 61）

に限定される。益岡（1987）であれば，非情物が被る物理的影響を明示する文とみなすであろう（1）・（2）のような非情物主語の受身文に関しても，「潜在的受影者」説[6]をとることで，心理的影響を表す受身文（つまり実質的に有情者主語の受身）だと解釈される。益岡（1991）の「受影性」は，後述する川村（2012）の〈被影響〉とおおよそ対応する。

（1）　あの絵が子供に引き裂かれた。　　　　　　　　　（益岡 1991: 197）

（2）　翌年，その寺が信長に焼き払われた。　　　　　　（益岡 1991: 197）

　益岡（2000）では，（3）・（4）のように主語の指示対象もニ格名詞句の指示対象も非情物の場合に，物理的影響による「受影性」を認めるべきだとされている。

（3）　砂浜の上に引き上げられた漁船が，月光に照らされて……。（「草の花」）　　　　　　　　　　　　　　　　　　　　　　　　（益岡 2000: 64）

（4）　あのりっぱなひまわりの花が，嵐に吹き落とされていたのを思い出した。（「山の音」）　　　　　　　　　　　　　　　　　　　（益岡 2000: 64）

　（3）・（4）は，川村（2012）では「発生状況描写」（cf. 尾上 2003）とみなされ，受身文からは除外されている。ただし，「発生状況描写」には，物理的影響が認められているため，川村（2012）は，益岡（2000）の解釈自体を否定するものではない[7]。

　以上のように，益岡の「受影性」は論文ごとに様々であるが，有情者主語受身文の場合に，心理的影響のみを認め物理的影響を認めないという点で一貫している[8]。しかし，心理的影響がどのような意味をもつのか，益岡は明言

---

[6]　潜在的受影者とは「受影受動文の表面には現れないけれども，その受動文が叙述している事象から何らかの影響を受ける存在のことである」（益岡 1991: 197）。

[7]　川村（2012: 167）は，発生状況描写を「ラル形述語用法のうち，他者の何らかの行為の結果，主語に立つモノにおいて生じた状況を描写するもの」と規定している。

[8]　益岡（2000: 62）は「主体が「受影者」であることを自ら意識していないとしても，表現者は，主体が事象から影響を受ける立場にあることを認めている」場合には「受影受動文」が作れるとしているが，この場合の「受影性」がどのようなものかは示していない。

していない[9]。とくに，物理的影響を表すと思われる(5)や(6)における心理的影響がどのようなものとして想定されているのか不明である。

（5） 太郎は次郎に殺された。

（6） 花子は洋子に殴られた。

2.2 川村 (2012) における〈被影響〉説の問題点

川村 (2012) は〈被影響〉という，益岡の心理的影響におおよそ相当する概念を用いて受身文を分析している。

また，川村 (2012) は，受身文研究史を整理し，受身文研究には立場 A・立場 B の二つの立場が存在すると主張している。立場 A・立場 B はそれぞれ次のように特徴づけられる。立場 A は，「いわゆる「対応する能動文」の有無，あるいは，いわゆる「迷惑」がでるかどうかによって分ける立場」(川村 2012: 29f)，「「まとも / はた迷惑」などに注目する立場」(川村 2012: 38) である。立場 B は，「主語が有情か非情か，あるいは，《行為者》項の表示がニかニヨッテか，などの観点で分ける立場」(川村 2012: 30)，「「被影響 / 無影響」などに注目する立場」(川村 2012: 55) である。川村 (2012) は，自身を立場 B に位置づけている。

2.3 〈被影響〉の内実規定

川村 (2012: 71) は，尾上 (1999) による分類[10]を発展させ，立場 B に属する

---

[9] 益岡 (1991, 2000) では，「受影受動文」は主体の内面的事象を描くと考えているようだが，坪井 (2002: 70) が指摘するように，ニ受身文は「主語の受影感情自体を語るわけではない」と思われる。

[10] 尾上 (1999: 88) は，受身 A(本節のイ類)・B(本節のロ・ハ類)・C タイプ (本節のニ類) に共通する意味として，「他者の行為や変化(典型的には他者の意志と他者の力の発動)の結果，あるものが自らの意志とは関係なく(いやおうなく)ある立場に立つことになるという事態把握のあり方」を提示している。尾上 (2000) 以降は，受身 C タイプは「発生状況描写」という，受身とは異なる構文とみなされるようになる。川村 (2012) はその立場を引き継いだものである。とはいえ，尾上 (2014: 662f) は「「この新聞は週一回発行される」のような翻訳受身(非固有受身)が市民権を得てしまった現代語においては，第 1 例 [引用者注：瓢箪が軒に吊るされている] のような古典語以来の由緒正しい発生状況描写用法のラレル文もこのような非固有受身も，ともにモノ主語受身文として区別なく意識されるという可能性は十分にある」と述べており，現代の日本語話者にとっては「発生状況描写」も受

日本語受身文を捉えなおす | 347

先行研究で受身文の意味記述に用いられてきた，「影響」・"affectivity"・「利害」・「受影性」と呼ばれてきた対象を以下の四種に整理している[11]。

イ．他者の行為などから有情の主語者の被る間接的 (悪) 影響 (〈はた迷惑〉)
（7）　次郎が娘に高い服を買われた。　　　　　　　　　　　（川村 2012: 71）

ロ．他者の心理的態度等の対象となることで有情の主語者が被る（非物理的）
　　影響
（8）　太郎は花子に愛されている。　　　　　　　　　　　　（川村 2012: 71）
（9）　太郎は花子に憎まれている。　　　　　　　　　　　　（川村 2012: 71）
（10）　太郎は先生に褒められた。　　　　　　　　　　　　　（川村 2012: 71）
（11）　太郎は先生に叱られた。　　　　　　　　　　　　　　（川村 2012: 71）

ハ．他者の物理的行為の対象となることで有情の主語者が被る物理的影響
（12）　太郎が暴漢に突き落とされた。　　　　　　　　　　　（川村 2012: 71）
（13）　太郎が暴漢に刺された。　　　　　　　　　　　　　　（川村 2012: 71）
（14）　太郎が洋子につつかれた。　　　　　　　　　　　　（川村 2012: 71f）
（15）　太郎が洋子に触られた。　　　　　　　　　　　　　（川村 2012: 71f）

ニ．他者の物理的行為の対象となることで非情物の主語者が被る物理的作用
　　「発生状況描写」
（16）　パジャマが廊下に脱ぎ捨てられている。　　　　　　　（川村 2012: 63）
（17）　瓢箪が木に吊るされて，風に吹かれている。　　　　　（川村 2012: 63）

　　川村 (2012: 73) は，イ・ロ・ハに共通する意味は〈被影響〉，つまり「主語

身文の可能性を認めている。

[11]　イ・ロ・ハは排他的ではなく，イかつロの例があげられている。
　　（d）僕は彼に見られた。　　　　　　　　　　　　　　　　（川村 2012: 72）
　　（e）小沢さんは鈴木さんに二時間も待たれた。　　　　　　（川村 2012: 72）
　また，イかつハと考えられる例も存在する。
　　（f）花子は列に並んでいる時，後ろから太郎に押された。
　　（g）山田は肩を叩かれた。

者が他者の行為や変化から何らかの影響を受けたと認識すること」・「主語者が感じる被影響感」であると主張している。

2.4 主語の指示対象が物理的影響を認識しているとはどのようなことか

川村 (2012) は，「他者の物理的行為の対象となることで有情の主語者が被る物理的影響」を表す受身文 (ハ) であっても，主語の指示対象が物理的影響を被ったと認識すること，あるいは認識しうることとしての〈被影響〉が存在するのだと主張する。

ここでの「認識しうる」が「有情者である」ことと実質的に等しいとすると，川村 (2012) は，結局のところ，受身文の主語は有情者に限られると主張していることになる。しかし，イ・ロ・ハ・ニと提示しておいて，「イ・ロ・ハは主語の指示対象が有情であるところが共通しているから，それが受身の意味 (〈被影響〉) だ」と主張し，ニは非情物主語であることを理由に受身文ではないとみなすのはいかにも不合理だろう。それゆえ，川村 (2012) は「認識しうる」ではなく「認識する」のだと示す必要がある。

それでは，以下の文 (18)・(19) の主語の指示対象が「物理的影響を認識している」とはどのようなことだろうか。少なくとも筆者の内省では，そのような「認識」は全く感じられない。

(18) 太郎は花子に殴られた。
(19) 太郎は花子に殺された。

このことに関して，金水 (1991) は，受影受動文では主語の指示対象が，自身が影響を受けていることを知らなくても良いと指摘している。

(20) 田中は自分で気づかない間に殺されてしまった。　　　（金水 1991: 5）
(21) 田中はみんなに悪口を言われていることに自分だけ気がついていない。
　　　　　　　　　　　　　　　　　　　　　　　　　　　　（金水 1991: 5）

ところが，川村 (2012: 74) は，金水 (1991) の指摘を踏まえた上で，「主語者の実際の認識とは仮に異なっていても，〔ラレル〕形述語によって受身文を作れば，そこに〈被影響〉の意味が現れてしまうのである。ということはつま

り，〈被影響〉とは話者のある事態把握の仕方だと見るしかない。すなわち，「〈被影響〉の受身」とは，「主語者は当の事態の発生によって影響を感じ得る存在であるし，通常感じているはずである」という話者の事態把握なのである」という結論を導いている。

これを，主語の指示対象が「認識しうる」という主張だと解釈すると，やはり，「受身文の主語は有情者だ」と無根拠に断定していることになってしまう。また，主語の指示対象が「認識する」という主張だとすると，概念化者（発話者）は，主語の指示対象が「認識する」という事態把握と，「自分で気づかない間に」・「気がついていない」という事態把握とを，どのように両立させているのか説明が必要になるが，この点に関する議論は提示されていない。「認識する」というのはそれ自体が一つの事態であり，「気がついていない」という事態とは話者の事態把握において両立しないはずである[12]。

ここまでの議論から，物理的影響を表すタイプ（ハ）に〈被影響〉のような，内省によって捉えることも困難であり，「気づかない」などで否定できるような意味を認める積極的理由はないと考えられる。また，この類に物理的影響のみを認めたとしても，「視点制約」[13]などを用いることで能動文との差異を説明することは十分に可能である。

しかし，川村（2012）には，そのように考えるわけにはいかない理由がある。それは「発生状況描写」の位置付けである。物理的影響を表すタイプ（ハ）が〈被影響〉ではなく物理的影響を表すと考えると，「発生状況描写」を受身から除く根拠が弱くなってしまう。

川村（2012: 79）は，「発生状況描写」の意味である「主語者のモノが被る物理的被作用」を〈被影響〉に含めると，「（有情の）主語者の感じる被影響感」と「モノ主語が被る物理的被作用」という，相当に異質な二つの意味に同じラベルを張ることとなり，「〈被影響〉」の中身が混質的になる」と主張

---

[12] 一見すると，この困難を解消するために〈被影響〉を事態とは別の水準で定義しなおすことが可能であるように思われるかもしれない。しかし，このように考えると，イ類・ロ類において事態における「影響」として想定されていた〈被影響〉もまた事態とは独立であることになり，分析の手がかりが失われてしまう。

[13] たとえば，久野（1986）は，行為者をニで表示する受身文は，主語の指示対象寄りの視点をとると主張している。

している[14]。有情者への物理的影響（のみ）を表し〈非影響〉を表さない受身文の存在は，川村（2012）にとって都合が悪いのである[15]。

2.5 迷惑受身は主語の指示対象への心理的影響を義務的に表すか

物理的影響を表すタイプ（ハ）と同じく，迷惑受身（イ）の場合にも，主語の指示対象が「気づいていない」ことを表す文を作ることができる[16]。

(22) 太郎は楽しみにしていたケーキを花子に食べられた。

(23) 太郎は楽しみにしていたケーキを花子に食べられたが，そのことに気づいていない。

(24) 太郎は一緒にゴールしようと約束していた花子に先にゴールされた。

(25) 太郎は一緒にゴールしようと約束していた花子に先にゴールされたが，そのことに気づいていない。

ここで問題になるのが，物理的影響を表すタイプ（ハ）における物理的影響を受けたという認識と，迷惑受身（イ）における迷惑との違いである。本章では，「物理的影響を受けたという認識」は（受身構文としての）意味とはみなさないが，迷惑受身での「被害」・「迷惑」は意味とみなす方針をとる。とはいえ，どちらも主語の指示対象が「気づいていない」という解釈が可能である。この時，両者を分ける基準は，物理的影響を表すタイプ（ハ）では主語の指示対象が気づいたという含意が読み取れないという内省以外に存在

---

[14] そもそも，この両者は「相当に異質」なのだろうか。本章の立場は，両者を「相当に異質」であるとはみなさず，事態において主語の指示対象が被る〈変化〉として統一的に把握できると示すものである。

[15] 全ての受身文を〈被影響〉によって説明するのであるから，有情物への物理的影響を表す受身文が存在し，なおかつ，その影響を〈被影響〉に組み込むことができないのであれば，理論全体を見直す必要が生じる。

[16] 本節で検討する迷惑受身は，いわゆる「競合の受身」である。「競合の受身」は堀口（1990: 37）が提唱した類であり，「焦点の名詞句に示されるものとのかかわりにおいて主体と競合関係にある相手であるという限定がある」・「常に競合関係にある相手の作用にそってその安定保持の望みをが［原文ママ］断たれるという表現であり，常に主体の受ける感じは〈迷惑〉なのである」と特徴づけられている。ただし，本章の立場は，先行研究における「迷惑」を「被害」と「迷惑」に二分し，主語の指示対象が「迷惑」を感じない場合であっても「競合の受身」とみなすものである。

するだろうか。ここでは，「被害」と「迷惑」を異なる意味で使用したい。「被害」は主語の指示対象になんらかの悪影響が及ぶことを表し，「迷惑」は主語の指示対象になんらかの悪影響が及び，さらにそれを感じることまでを含む[17]。

　「被害」と「物理的影響を認識したかどうか」には明確な違いがある。「被害」は主語の指示対象がそれを感じるかどうかとは独立に存在するのに対し，「物理的影響を認識したかどうか」は，そのような認識が生起したかどうかに依存する。それゆえに，主語の指示対象が「迷惑」は感じていないが「被害を受けている」という捉え方が可能であるのに対し，主語の指示対象が「物理的影響を認識していない」が「物理的影響を認識している」という捉え方は不可能である。たとえば，(23)において，太郎は楽しみしているケーキを花子が食べたと知ったときには「迷惑」を感じるであろうことが前提になっているが，「被害」が生じたのは花子がケーキを食べたその時だとみなすのは自然である。もし，太郎が花子がケーキを食べたことにいつまでも気づかなかったとしても，太郎はあるケーキを食べる可能性を失ったのであり，それがすなわち太郎にとっての「被害」なのである。(25)についても同様に，太郎は花子が先にゴールしたことを知れば「迷惑」を感じるだろうが，「被害」が生じたのは花子がゴールしたその時である。つまり，迷惑受身（イ）と物理的影響を表す受身（ハ）は共に，主語の指示対象が事態に気づいていることを義務的には含意しないのである。

2.6 〈変化〉概念による問題の解消

　益岡・川村はともに，主語の指示対象が有情者である（行為者ニ表示の）受身文に共通する意味を，単一の「受影性」すなわち，心理的影響・〈被影響〉によって捉えようとしたために，迷惑受身の「迷惑」にみられる心理的影響・〈被影響〉を，「迷惑」を表さない受身の場合にも何らかの仕方で適用せざるを得なくなったのだと思われる。たしかに，迷惑受身に主語の指示対象が心理的影響・〈被影響〉を受ける事象を表すものが多いことは確かである。しかしそのことは，物理的影響を表す受身文を排除する根拠にはならないはずである。さらに，前節で確認した通り，いわゆる迷惑受身の全てが主

17　正確には，「迷惑」は「被害」を感じることに還元されない意味を獲得していると考えられるがここでは立ち入らない。

語の指示対象が感じる「迷惑」を義務的に表すわけではなく，「被害」のみを表すものも存在するために，このような分析には正当性がない[18]。

このような有情者主語受身文は全て主語の指示対象への心理的影響を表すとする説は，研究史において否定されたはずの「非情の受身非固有説」が形を変えて復活したものと考えられる[19]。

本章では，受身文の意味を，（受身文特有の）「受影性」のみによって規定する分析を退け，受身文は物理的影響・心理的影響を問わず，主語の指示対象が他者によって何らかの〈変化〉を被る事象を表す文だと考える。〈変化〉は極めて捉えがたい概念であるが，さしあたって広く捉えるならば，「数的に同一である個体が，異なる時点において（単一の時点であれば両立しない）異なる性質を持つこと」[20]と規定できる。このような観点から，川村（2012）の提示した（イ）～（ニ）を見返してみると，全ての類が主語の指示対象の〈変化〉を表していることが分かる。具体的には，（イ）は，主語の指示対象に「被害」あるいは「迷惑」が生じるという〈変化〉を表し，（ロ）は，主語の指示対象の心理的〈変化〉や属性の〈変化〉を表し，（ハ）は主語の指示対象の物理的〈変化〉や心理的〈変化〉や（典型的には履歴としての）属性の〈変化〉を表し，（ニ）は主語の指示対象の物理的〈変化〉を表していると考えられる[21]。

受影受動文における「受影性」を，心理的影響・〈被影響〉に限定せず，主語の指示対象が被る何らかの〈変化〉として分析するならば，「受影性」を表さないとして受影受動文から排除されてきた属性叙述受動文にも同様の分析が適用できる可能性がひらける。

3.　属性叙述受動文に関する先行研究

属性叙述受動文は，（少なくとも典型的には）非情物主語受動文だとみな

---

[18]　川村（2012）はさらに，この〈被影響〉を，受身文の意味とみなし，それが当てはまらない非情物受身文を「発生状況描写」として受身文から除外している。しかし，その根拠となる〈被影響〉は十分に正当化されているとは言い難い。

[19]　研究史を含めた非情物主語受身文の全体像については本書張論文を参照されたい。

[20]　たとえば，春に緑である葉が秋に赤である場合には，葉の色が緑から赤に〈変化〉したということになる（同時に緑でも赤でもあることはできない）。

[21]　もっとも，ここで提示した分類は絶対的なものではなく，また，それぞれの類がここにあげた種類の〈変化〉のみを表すと主張しているわけではない。本章の議論からすれば，全ての類が主語の指示対象の〈変化〉を表していることが確認できれば十分である。

されており，先行研究においても，有情者主語の属性叙述受動文に関する議論は少ない[22]。このことはおそらく，有情者主語受身文であれば受影受動文として解釈可能だと考えられたために，それ以上の説明が求められなかったことに由来する。以下，本節では，益岡の立場を確認した後，属性叙述受動文を全て潜在的受影者（の想定できる受影受動文）に還元する立場，属性叙述受動文にも属性における受影性を認め，一種の受影受動文とみなす立場，属性叙述受動文には受影性を認めない立場をそれぞれ検討する。

3.1　益岡 (1982, 1987, 1991, 2000) の分析

益岡は属性叙述受動文を受影受動文から区別し，その成立要件を以下のように記述している。

> 属性叙述受動文が成立するか否かは，与えられた叙述が主題名詞句に対して，何らかの有意味な属性を含意することができるかどうかにかかっている。　　　　　　　　　　　　　　　　　　　　　　　　（益岡 1987: 189）

(26) が容認されるのは，「多くの人々に愛されている」ことが「啄木の短歌」に有意味な属性を与えることができるからであり，(27) が容認されないのは，「花子に愛されている」ことが「啄木の短歌」に有意味な属性を与えることができないからだとされる。

(26)　啄木の素朴な短歌は，多くの人々に愛されている。　（益岡 1987: 189）
(27) *啄木の素朴な短歌は，花子に愛されている。　　　（益岡 1987: 189）

3.2　天野 (2001) の分析

天野 (2001: 9) は，「無生物主語のニ受動文には一貫して潜在的受影者が想定される」と主張している。たとえば，以下の文では雑誌を編集した人物や

---

[22]　たとえば，益岡 (1991) は以下の例を「属性叙述受動文」として挙げている。この例は，対応する能動文が容認されないことを含め，独立した検討が必要であるが，本章の射程を超えるものである。

　(h)　鈴木さんは陶芸家として知られている。　　　　　　　　　（益岡 1991: 192）
　(i) *(私たちは) 鈴木さんを陶芸家として知っている。

売り出す出版社の人間が潜在的受影者とみなされる。

(28)　この雑誌は 10 代の若者によく読まれている。　　　　　　（天野 2001: 8）

　これに対して，和栗（2005）は，属性叙述受動文には潜在的受影者が想定しづらい例が存在すると指摘している。

(29)　三上山は，手頃なハイキングコースとして多くの市民に親しまれている。　　　　　　　　　　　　　　　　　　　　　　（和栗 2005: 164）
(30)　この山道は，江戸時代，京へ氷を運ぶ飛脚に利用されていた。
　　　　　　　　　　　　　　　　　　　　　　　　　　　　（和栗 2005: 164）

　（31）・（32）のように，潜在的受影者への心理的影響を読み取ることが不自然ではない例が存在することは確かだが，それだけで全ての例を説明するのは無理があるだろう[23]。

(31)　=(1) あの絵が子供に引き裂かれた。　　　　　　　　　　（益岡 1991: 197）
(32)　=(2) 翌年，その寺が信長に焼き払われた。　　　　　　　（益岡 1991: 197）

3.3　坪井 (2002) の分析

　坪井（2002）は，属性叙述受動文は（「箔つけ」による）主語の指示対象の identity の構成・更新という変化を表しているとみなしている。

　　あるものに何かが起きたと言うのは，その起きたことによってそのものに何らかの意味で変化が生じ，その意味で何事かがそのものに対してなされたことになるからであるが，あるものがそのものであるのは単にそ

---

[23]　武田（2014: 110）は，一見すると潜在的受影者が存在しない場合でも，聞き手を潜在的受影者だとみなすことで「潜在的受影者を暗示することによって「この事態は万人が受影者の立場に立ち，万人が皆衝撃を受けてしかるべき事態なのだ」という話者の事態把握を述べる」のだと主張している。潜在的受影者の有無を判断する基準はいまだ明らかでなく，このように解釈できる文の存在を否定することまではできない。しかしながら，話し手・聞き手は通常の言語使用においては必ず存在するために，全ての（非情物主語）受身文が潜在的受影者説で説明できることになってしまい，かえってその説明力を損なう分析だと言える。

のものの物理的性質だけによるものではない以上，広義の変化は具体的な物理的変化だけには限られず，そのものの identity に関わる抽象的なものも含まれるであろうし，有情者の場合であれば，意志や感情に関わる面での変化も当然入ってくる。 (坪井 2002: 72)

　坪井 (2002: 80) は，「属性叙述受動文は「～され（て…になっ）た」という意味の括弧部分を表現していない文であるというのと同じである。つまり，「チョムスキーに数回引用された。」は，「チョムスキーに数回引用されて有名になった/評価が上がった。」と同じこと」だと主張し，属性叙述受動文として分類されてきた受身文にも受影性を認めている。

(33)　この論文はチョムスキーに数回引用された。 (坪井 2002: 64)
(34)　?この論文は太郎に数回引用された。 (坪井 2002: 64)

3.4　和栗 (2005) の分析

　和栗 (2005) は，以下のように，受影受動文に還元不可能なもののみを属性叙述受動文として認めるべきだと主張している。つまり，和栗 (2005) は，坪井 (2002) の言うような「箔つけ」が認められる文は受影受動文に分類した上で，そのような〈変化〉の読み取れないもののみを属性叙述受動文とみなすのである。

　　1.　ある対象の属性を叙述することをめざして非主語名詞句を昇格させることを動機とする。2.　対応する能動文のガ格項が「ニ」で表示される。3.　主語に立つモノに受影性が認められない。 (和栗 2005: 167)
　　属性叙述受動文でいう「属性」とは，ある事態が生起した結果として得られた性質ではなく，事態が生起する以前からそのものが本来的に持っていた性質だと考える (和栗 2005: 168)

この定義にあてはまる文として具体的には，〈選択系〉と〈評価系〉の二類があげられる。

(35)　この本は，起業を志す人に読まれている。〈選択系〉 (和栗 2005: 173)

(36)　この種の広告は，幼い子供を持つ親に嫌われている。〈評価系〉

(和栗 2005: 175)

　しかし，この議論は成立しないと思われる。上記の受身文が，文字通り「事態が生起する以前からそのものが本来的に持っていた性質」を表しているのだとすると，(37)・(38) が自然な文として容認されるはずである。しかし，実際には明らかな不整合を含んでおり容認性は極めて低い。このことから明らかなように「起業を志す人に読まれている」という性質は，「起業を志す人が読む」ことによって生じるのであり，「幼い子供を持つ親に嫌われている」という性質は，「幼い子供を持つ親が嫌う」ことによって生じるのである。すなわち，これらは「事態が生起する以前からそのものが本来的に持っていた性質」ではないのである。〈選択系〉・〈評価系〉とされるような例についても，ある属性を持たない状態とある属性を持つ状態が異なる時点において両立しているのであるから，本章での規定によれば〈変化〉として扱うことができる。

(37)＊この本は，起業を志す人に読まれている。ただし，起業を志す人は誰もこの本を知らない。
(38)＊この種の広告は，幼い子供を持つ親に嫌われている。ただし，幼い子供を持つ親は誰もこの種の広告を知らない。

　和栗 (2005: 177) は「主語の持つ性質自体が機縁となって何らかの作用を受けるという点で，〈選択系〉の動詞と〈評価系〉の動詞は共通である。「選択しよう」「評価づけしよう」とすること自体は，ニ格項で表現されている人の意志的な行為ではあるが，「何を選択するのか」，「どのような評価を与えるのか」ということに関しては，ニ格項の人の完全な自由意志ではなく，主語の性質に作用される側面を持つ」として，属性叙述受動文が主語の指示対象の（属性における）〈変化〉を表さないという主張の正当化を試みているが，ここで述べられているのは，行為者は（行為者と対象との関係によって定まる）可能な行為しか対象に対して行うことはできない（可能であるということは行えるということであるし，不可能であるということは行えないということである）という自明な事実にすぎず，そのことを根拠に主語の指示対象

の〈変化〉を否定することはできないだろう。

　また，坪井（2014: 61）は，野矢（2002）を参照し，個体を四次元連続体[24]として捉えた上で，和栗（2005）における〈選択系〉・〈評価系〉の受身文は「主語について述語部分が表す他者の関わり方を結びつけて語ることでそのものの過去の履歴・経歴の集積に付け加えられる新たな伸び広がり部分を構成し，それによって identity が更新されることを表す」と説明している。本章では，属性叙述受動文にも主語の指示対象の〈変化〉を認める点では坪井（2014）と同様の立場を取るが，その〈変化〉は発話によるものではなく，言語表現が表す事象の生起によるものであると考える。たとえば，（39）が実際には起業を志す人はだれも読んでいない本についての発話（つまり偽）である場合を考えてみたい。この場合には，坪井（2014）の主張が妥当であるとしても，「この本」に付け加わる「履歴・経歴」は，「企業を志す人に読まれていると言われた（ことがある）」ことであって，「企業を志す人に読まれている」ことではないだろう。

（39）　この本は，起業を志す人に読まれている。（実際には読まれていない）

　（39）のような場合であっても，主語の指示対象には，発話による主語の指示対象の identity の構成・更新という〈変化〉は生じているのではあるが，そのような〈変化〉は主述関係を持つ文が発話されれば必然的に生じるのであり，このことによって受身文を特徴づけるのは無理があると思われる[25]。

4.　「間主観的変化表現」としての属性叙述受動文

　本章では，坪井（2002, 2014）と同じく，属性叙述受動文が表しているのは，箔つけによる〈変化〉であり，したがって，属性叙述受動文は受影受動文

---

[24]　四次元主義では，個体は空間的部分だけでなく時間的部分も有すると考える。四次元主義については Sider（2001）や倉田（2017: 第一講義）を参照。

[25]　また，（39）が真である（つまり，実際に起業を志す人に読まれている）場合でも，発話されるたびに「この本」が〈変化〉すると考えるのは（もちろん「この本」に何かが起こったという意味では何らかの〈変化〉はあるとは言えるのだが）無理があると思われる。（39）における identity の構成・更新が一度しか起こらないのだとすると，この文が〈変化〉を表すのは一度だけであり，二度目以降は〈変化〉を表さないことになってしまうだろう。

と統一的（少なくとも連続的）に捉えられると考える。では，属性の〈変化〉とはどのようなものだろうか。以下では，本多（2016）を参照し，その内実を検討する。

本多（2016）によると，（40）は「間主観的変化表現」[26]，（41）は「通常の状態変化表現」である。主語の指示対象に「客観的」な変化が生じている（41）のような例とは異なり，（40）では，「冥王星という星それ自体には客観的な変化は何も生じていない。宇宙戦艦ヤマトが冥王星に波動砲を撃ち込んだ結果，冥王星が破壊されて惑星にふさわしい大きさを失った，というようなことではない。科学者たちの協議によって「惑星」の定義が変更され（というよりは確定され），その結果それまで漠然と「惑星」にカテゴリー化されていた冥王星が「惑星」カテゴリーから除外されてあらためて「準惑星」としてカテゴリー化された」（本多 2016: 257）のであり，「私たちの知識体系」の変化をあらわしているのだとされている。

(40) Pluto became a dwarf planet in 2006. （本多 2016: 258）

(41) The child will become an adult. （本多 2016: 258）

（42）は（40）と同じく「間主観的変化表現」ではあるが，この場合は「惑星」の定義が変更されたわけではなく，冥王星に関して新たな事実が明らかになり私たちの知識が変化したことで，冥王星の位置づけが変化する事象を意図した文である。ここではまさに，坪井（2002, 2014）が主張している，identity の構成・更新が生じている。

(42) So could Pluto become a planet again? （本多 2016: 258）

本多（2016）は「通常の状態変化表現」（41）と「間主観的変化表現」（40）・（42）を区別した上で，両者に同じ言語表現（この場合には become）が用いら

---

[26]　本多（2016）が扱う例は，主に「間主観的変化表現」だが，「間主観性状態表現」には，「間主観的コピュラ文」や「間主観的使役表現」も存在するとされる。

(j) 彼らにとってはもう冥王星は惑星ではない。 （本多 2016: 271）

(k) でも，ケレスを惑星にするのだったら，EKBO 天体の「セドナ」だって惑星にしてくれたっていいんじゃない？ （本多 2016: 271）

れる理由を，主体化 (subjectification)[27] に求め，以下の原理を提示する。

> **異なる対象に同じ捉え方を適用して捉えることが，異なる対象に同じ言語表現を適用することが可能になる仕組みの一つである**
>
> （本多 2016: 264）[28]

受影受動文における対象の〈変化〉と，属性叙述受動文における概念化者の知識体系の〈変化〉は異なる対象ではあるが，どちらも受身文で表現しうる事態であり，両者には同じ捉え方が適用されていると考えられる。

また，主体化は「間主観的状態表現」だけでなく，属性叙述受動文が表す事象が，受身文として捉えられることの動機にもなっている。(43)は「この論文」を，「チョムスキー」が数回引用することによって，「この論文」に評価の上昇などの何らかの〈変化〉が生じたことを意味する文であるが，対応する能動文(44)の典型的な用法にはそのような含意はない。これは，受身文は主語の指示対象の〈変化〉を表すという捉え方の反映だと考えられる。また，(45)のように能動文で結果を明示すると，やはり(43)とは異なり，行為者（チョムスキー）が，「この論文」の評価を上昇させることまでを意図していた（少なくとも，数回引用することで論文の価値が上昇すると知っていた，あるいは，当然知るべきであるとみなされていた）という意味になる[29]。

(43) ＝(33)　この論文はチョムスキーに数回引用された。

（坪井 2002: 64）＝（益岡 1987: 190）

(44)　チョムスキーは，この論文を数回引用した。

(45)　チョムスキーは，この論文を数回引用して，評価を上げた。

---

[27]　主体化とは，Langacker(1990, 1998, 2008 など)によって提示された概念であり，さまざまな規定がなされてきた。本多 (2016: 265) は，Langacker(2008)における主体化規定を「ある事物を概念化するのに必要な認知過程を，それとは別の事物を概念化する際に適用すること」と整理している。

[28]　強調は原著者によるものである。

[29]　(l)がごく自然であるのに対し，(m)は太郎が次郎は殴られて喜ぶのだと信じているというような特殊な場合でなければ容認されない。

(l)　太郎は次郎を殴ってケガをさせた。

(m) ?太郎は次郎を殴って喜ばせた。

ただし，属性叙述受動文とされるものの全てに，この分析がそのまま当てはまるかは疑わしい。たとえば，和栗（2005）によって，〈選択系〉・〈評価系〉と名付けられた類では，文が表す事象[30]によって別の事態としての〈変化〉が引き起こされるのではなく，むしろ，文が表す事象それ自体が，すなわち主語の指示対象の属性の〈変化〉でもあるのである。ただし，このように考えた場合でも，属性叙述受動文は「受動文受動文」と同じく主語の指示対象の〈変化〉を表すとする主張は維持しうる。

益岡（2008）では，（おそらく）和栗（2005）を踏まえ，属性叙述受動文における属性が，「傾向属性」と「履歴属性」の2種に分類されている。(46)では，「バス釣りを楽しむ人がよく用いている」という事態によって，「ルアー」が「バス釣りを楽しむ人によく用いられている」という属性を持つのであり，(47)では，「高齢者の方々が親しんでいる」という事態によって「ゲートボール」が「高齢者の方々に親しまれている」という属性を持つのである。一方で(48)・(49)は，坪井（2002）が主張するように，「チョムスキーが数回引用する」ことで，「有名になった／評価が上がった」という〈変化〉を表している。

(46) このルアーは，バス釣りを楽しむ人によく用いられている。（傾向属性）〈評価系〉
(益岡 2008: 8)

(47) ゲートボールは，高齢者の方々に親しまれている。（傾向属性）〈選択系〉
(益岡 2008: 8)

(48) この論文はチョムスキーに数回引用された。（履歴属性）
(益岡 2008: 8)

(49) この論文はチョムスキーに数回引用されたことがある。（履歴属性）
(益岡 2008: 8)

文が表す事象が主語の指示対象の〈変化〉そのものである場合には，「されて〜になった」という解釈は行われず，文が表す事象が主語の指示対象の

---

[30] ここでは，形式上対応すると考えられる能動文が表す事象を指して「文が表す事象」という表現を用いる。また，間接受身のように対応する能動文が存在しない場合には，受身文の行為者項を主語とする（受身文のラレル形述語に対応する非ラレル形述語を持つ）能動文が表す事態を指す。

〈変化〉を直接には表さない場合に「されて〜になった」と解釈されるのである。「傾向属性」・「履歴属性」という分類はこの区別を反映するものだと言えるであろう。

　文が表す事象そのものが主語の指示対象の〈変化〉である属性叙述受動文と，さらに別の事態として主語の指示対象の〈変化〉が生じる属性叙述受動文との差は，受影受動文における，いわゆる中立受身と迷惑受身の差と平行的である。

　久野 (1983) は，(50) には迷惑の意味がなく，(51) には迷惑の意味がある理由を「インヴォルヴメント」仮説によって説明している。

(50)　この子は，皆にかわいがられた。　　　　　　　　（久野 1983: 205）
(51)　山田は，花子にアパートに来られた。　　　　　　　（久野 1983: 205）

　　　ニ格受身文の「被害受身の意味「ニ」受身文深層構造の主文主語が，埋め込み文によって表される行為・心理状態に直接的にインヴォルヴされていればいる程，受身文は，中立受身として解釈し易く，そのインヴォルヴメントが少なければ少ない程，被害受身の解釈が強くなる
　　　　　　　　　　　　　　　　　　　　　　　　　　（久野 1983: 205）
　　　元々受身にできない筈の名詞句を受身文の新主語とすると，それが，埋め込み文の動作，心理状態に直接インヴォルヴしたという解釈を動詞の意味以外から補給してやる必要が生じ，被害受身の解釈が発生するという仮設
　　　　　　　　　　　　　　　　　　　　　　　　　　（久野 1983: 205）

受身文が主語の指示対象の〈変化〉を表す構文であることから，文が表す事象が〈変化〉を表さない迷惑受身では，心理的影響という〈変化〉が補われるのである。属性叙述受動文でもこれと同じことが起こっており，文が表す事象が〈変化〉を表さない場合に「属性の変化」が補われるのである。

5.　受身文の意味

　前節までの議論で，有情者主語受動文は心理的影響を表し，非情物主語受動文は属性叙述・潜在的受影者・発生状況描写などを表すという対応関係は極めて疑わしいことが明らかになった。

362 | 田中太一

　西村・長谷川 (2016) は，（日英語の）受身文のプロトタイプに関して，以下のような分析を与えている。

　　受動構文のプロトタイプは，主語の指示対象 X が（明示されないか付加詞で表される）他者 Y の（対応する能動文と共通する動詞が表す）働きかけの直接の対象になる（ことによって何らかの変化を被る），という捉え方を表し，その形式は対応する能動構文に比べて有標である。受動構文の形式面での有標性は，Y を主役にして捉えられ（Y と X をそれぞれ主語と目的語の指示対象とする，真理条件的に等価な他動詞構文を用いて表現され）やすい事態を（Y を差し置いて）X を主役にして捉え直すという，意味の有標性を反映していると考えられる。

（西村・長谷川 2016: 299）

「働きかけの直接の対象になる（ことによって何らかの変化を被る）」ことが受身文が表す典型的な事態とするならば，間接受身文や属性叙述受動文は，上記プロトタイプからの主体化による拡張であると考えられる。
　また，Langacker (2008: 382–386) によると，受動文は，被動者をトラジェクター（はじめに注目される参与者）とする構文である。これは，Kuroda (1979)，奥津 (1983)，久野 (1986) などの，（行為者ニ表示の）受身文は主語の指示対象よりの「視点」をとるという分析とも整合的である。
　有情者主語受動文は全て心理的影響を表すと考える益岡や川村の説では，(52)・(53) は (54) と同じく，太郎への心理的影響や〈被影響〉を表していることになる。確かに，人間には心的側面が存在し，人間に働きかければ，それが物理的側面や属性的側面へのものであったとしても，なんらかのしかたで心的側面にも影響が及ぶことはありうるが，それが常に起こっていると考えるべき根拠はない。むしろ，(52) は，次郎の働きかけによって生じる太郎の物理的〈変化〉を太郎をトラジェクターとして捉えた文，(53) はチョムスキーの賞賛による太郎の評判などの属性の〈変化〉を太郎をトラジェクターとして捉えた文，(54) は娘の死による太郎の心理的〈変化〉を太郎をトラジェクターとして捉えた文だとするのが無理のない解釈ではないだろうか[31]。

31　Tsuboi (2000) は，迷惑受身はニ格名詞句に事象の生起に対する責任が帰せられるという議論を根拠に，受影は事象からではなく，ニ格名詞句の指示対象からのものであると主

日本語受身文を捉えなおす ｜ 363

　(53)・(54)はともに，文に現れる動詞が表す事象を原因とした結果事象（属性の変化・心理的変化）を表している。これは，(52)のような物理的な〈変化〉を含む事態からの主体化[32]による拡張だと考えられる。いずれも，受身文のプロトタイプ的意味である働きかけの対象になることによる〈変化〉を表している。

(52)　太郎は次郎に殴られた。
(53)　太郎はチョムスキーに賞賛されている。
(54)　太郎は娘に死なれた。

　能動文の場合には，有情者が被る物理的〈変化〉や，非情物が被る属性の〈変化〉などはごく自然に表される。これらを〈変化〉と呼んでよいのなら，受身文の場合にも〈変化〉とみなすべきである。

(55)　次郎は太郎を殴った。
(56)　画商はその絵画の価値を高めた。
(57)　=(45)　チョムスキーは，この論文を数回引用して，評価を上げた。

　有情者には，物理的側面・属性的側面・心的側面があり，非情物にも，物理的側面・属性的側面（・心的側面）[33]がある。概念化者はどの側面における〈変化〉であっても，受身文が表す事象として捉えることができる。

6.　おわりに
　受身文は，被動者をトラジェクターとして捉え，その〈変化〉を表す構文である。このように考えるならば，なぜ行為者ではなく被動者がトラジェクターになるのかを説明する必要がある。いわゆる「視点制約」はこの点を説

張する。しかしながら，ニ格名詞句が責任を持つのは，ニ格名詞句が因果連鎖の起点として捉えられているという事実の反映であり，そのことをもって受影がニ格名詞句からだと断定することはできないと思われる。

[32]　言語表現の側からは，受動構文による強制 (coercion) としても説明できる。

[33]　非情物に心的側面を認めるかどうかは難しい問題であるが，いわゆる擬人化用法は，非情物に心的側面を見出していると考えることもできる。

明する原理である。

「視点制約」によれば，たとえば，潜在的受影者によって説明されてきた例を，働きかけの対象となる非情物でありながらトラジェクターとして捉えられやすい対象は，それが〈変化〉することが別の主体の〈変化〉を引き起こすようなもの（すなわち，所有物や作品）であると無理なく説明することができる。また，いわゆる発生状況描写が表すのは，行為者も被動者も非情物である非典型的な事象であり，行為者は典型的な使役事象ほどには目立っていないためにトラジェクターとしては捉えられづらい。とりわけ行為者が風や日光のような具体的な形を持たない非情物であり，被動者がひょうたんや船のような具体的な形を持つ非情物である場合には被動者の方が事態把握の中心となりやすく，そのため被動者をトラジェクターとして捉え，その〈変化〉を表す構文の事例として自然に位置づけられると思われる。

参照文献

天野みどり (2001)「無生物主語のニ受動文：意味的関係の想定が必要な文」『国語学』52 (2): 1–15.

本多啓 (2016)「間主観性状態表現：認知意味論からの考察」藤田耕司・西村義樹 (編)『日英対照　文法と語彙への統合的アプローチ：生成文法・認知言語学と日本語学』254–273. 東京：開拓社.

堀口和吉 (1990)「競合の受身」『山辺道』34: 31–40.

川村大 (2012)『ラル形述語文の研究』くろしお出版.

金水敏 (1991)「受動文の歴史についての一考察」『国語学』164: 1–14.

久野暲 (1983)『新日本文法研究』大修館書店.

久野暲 (1986)「受身文の意味：黒田説の再批判」『日本語学』5 (2): 70–87.

倉田剛 (2017)『現代存在論講義II　物質的対象・種・虚構』新陽社.

Kuroda, S.-Y. (1979) On Japanese passives. In: George Bedell, Eichi Kobayashi and Masataka Muraki (eds.) *Explorations in linguistics: Papers in honor of Kazuko Inoue*, 305–347. Kenkyusha.

黒田成幸 (1985)「受身についての久野説を改釈する：一つの反批判」『日本語学』4 (10): 69–76.

Langacker, Ronald W. (1990) Subjectification. *Cognitive Linguistics* 1: 5–38.

Langacker, Ronald W. (1998) On subjectification and grammaticization. In: Jean-Pierre Koenig (ed.) *Discourse and cognition: Bridging the gap,* 71–89. CSLI Publications.

Langacker, Ronald W. (2008) *Cognitive grammar: A basic introduction*. Oxford: Oxford university press.

益岡隆志 (1982)「日本語受動文の意味分析」『言語研究』82: 48–64.

益岡隆志（1987）『命題の文法』くろしお出版.

益岡隆志（1991）『モダリティの文法』くろしお出版.

益岡隆志（2000）『日本語文法の諸相』くろしお出版.

益岡隆志（2008）「日本語における叙述の類型」『エネルゲイア』33: 1–13.

西村義樹・長谷川明香（2016）「語彙，文法，好まれる言い回し：認知文法の視点」藤田耕司・西村義樹（編）『日英対照　文法と語彙への統合的アプローチ：生成文法・認知言語学と日本語学』282–307. 開拓社.

野矢茂樹（2002）『同一性・変化・時間』哲学書房.

奥津敬一郎（1983）「何故受身か？：〈視点〉からのケース・スタディ」『国語学』132: 65–80.

尾上圭介（1999）「文法を考える 7　出来文（3）」『日本語学』18（1）: 86–93.

尾上圭介（2000）「ラレル文の多義性の構造と主語」文法学研究会第二回集中講義.

尾上圭介（2003）「ラレル文の多義性と主語」『言語』32（4）: 34–41.

尾上圭介（2014）「ラレル 1」日本語文法学会（編）『日本語文法事典』661–665. 大修館書店.

Sider, Theodore（2001）*Four dimensionalism: An ontology of persistence and time*. Oxford University Press.

武田素子（2014）「「潜在的受影者」説の精緻化」『日本語文法』14（1）: 105–113.

田中太一（2017）「日本語受身文をめぐる黒田久野論争について」『東京大学言語学論集』38: 271–285.

Tsuboi, Eijiro（2000）Cognitive models in transitive construal in the Japanese adversative passive. In: Ad Foolen, Frederike van der Leek（eds.）*Constructions in cognitive linguistics*, 283–300. John Benjamins.

坪井栄治郎（2002）「受影性と受身」西村義樹（編）『認知言語学Ⅰ：事象構造』63–86. 東京大学出版会.

坪井栄治郎（2014）「属性と変化についての覚え書き」『Language, Information, Text』21: 57–68.

和栗夏海（2005）「属性叙述受動文の本質」『日本語文法』5（2）: 161–179.

『認知言語学を紡ぐ』執筆者一覧

【編者】

森　雄一　（もり　ゆういち）　　　成蹊大学文学部教授

西村義樹　（にしむら　よしき）　　東京大学大学院人文社会系研究科教授

長谷川明香（はせがわ　さやか）　　成蹊大学アジア太平洋研究センター客員研究員

【著者】(五十音順)

有薗智美(ありぞの　さとみ)

現在，名古屋学院大学外国語学部准教授.

【主要業績】The interpretation of metonymy by Japanese learners of English.（Jeannette Littlemore 氏・Alice May 氏との共著）In Ana María Piquer-Píriz and Rafael Alejo-González, eds., *Applying Cognitive Linguistics: Figurative language in use, constructions and typology*. John Benjamins, 2018.「［手＋形容詞・形容動詞］における「手」の実質的意味」山梨正明（編）『認知言語学論考 vol.14』ひつじ書房 2018.「行為のフレームに基づく「目」,「耳」,「鼻」の意味拡張―知覚行為から高次認識行為へ―」『名古屋学院大学論集　言語・文化篇』25(1), 2013.

井川壽子(いかわ　ひさこ)

現在，津田塾大学学芸学部英語英文学科教授.

【主要業績】『イベント意味論と日英語の構文』くろしお出版 2012.　Thetic markers and Japanese/Korean perception verb complements. *Japanese Korean Linguistics* 7, CSLI Publications, 2010.

古賀裕章(こが　ひろあき)

現在，慶應義塾大学法学部専任講師.

【主要業績】「日英独露語の自律移動表現」松本曜（編）『移動表現の類型論』くろしお出版 2017.「自律移動表現の日英比較―類型論的視点から―」藤田耕司・西村義樹（編）『文法と語彙への統合的アプローチ―生成文法・認知言語学と日本語学―』開拓社 2016.「「てくる」のヴォイスに関連する機能」森雄一・西村義樹・山田進・米山三明（編）『ことばのダイナミズム』くろしお出版 2008.

小松原哲太(こまつばら　てつた)

現在，立命館大学言語教育センター講師.

【主要業績】「修辞的効果を生み出すカテゴリー化―日本語における類の提喩の機能的多様性―」『認知言語学研究』3, 2018.『レトリックと意味の創造性―言葉の逸脱と認知言語学―』京都大学学術出版会 2016.

鈴木　亨(すずき　とおる)

現在，山形大学人文社会科学部教授.

【主要業績】『慣用表現・変則表現から見える英語の姿』（住吉誠氏・西村義樹氏との共編著）開拓社 2019. Spurious resultatives revisited: Predication mismatch and adverbial modification.『山形大学人文学部研究年報』14, 2017.「'Think different'から考える創造的逸脱表現の成立」菊地朗他（編）『言語学の現在を知る 26 考』研究社 2016.

田中太一（たなか　たいち）
現在，東京大学大学院人文社会系研究科博士課程.
【主要業績】「日本語は「主体的」な言語か―『認知言語類型論原理』について―」『東京大学言語学論集』41, 2019.「「同じ事物」と「ありのままの現実」」『東京大学言語学論集』40, 2018.「日本語受身文をめぐる黒田久野論争について」『東京大学言語学論集』38, 2017.

張　莉（ちょう　り）
現在，上海市甘泉外国語中学日本語部講師.
【主要業績】「古代日本語における非情の受身の意味」『東京大学言語学論集』38, 2017.「現代日语书面语无生命主语ニ格被动句研究」『日语教育与日本学』10, 2017.

永澤　済（ながさわ　いつき）
現在，名古屋大学国際言語センター・大学院人文学研究科准教授.
【主要業績】「近代民事判決文書の口語化―ある裁判官の先駆的試み―」『東京大学言語学論集』37, 2016.「複合語からみる「自分」の意味変化―なぜ「自分用事」「自分家」「自分髪」という言い方ができたか―」『東京大学言語学論集』29, 2010.「様態副詞から文副詞へ―日本語の副詞「明らかに」の歴史的変化―」『認知言語学論考 No.7』2008.

西村義樹（にしむら　よしき）
現在，東京大学大学院人文社会系研究科教授.
【主要業績】『認知文法論 I』（編著）大修館書店 2018.『言語学の教室―哲学者と学ぶ認知言語学―』（野矢茂樹氏との共著）中央公論新社 2013.『認知言語学 I―事象構造―』（編著）東京大学出版会 2002.

野田大志（のだ　ひろし）
現在，愛知学院大学教養部准教授.
【主要業績】「日本語多義動詞の意味分析に関する覚書―メタ言語の選定及び語義の区分―」『愛知学院大学教養部紀要』65(3), 2018.「現代日本語における動詞「ある」の多義構造」『国立国語研究所論集』12, 2017.「［他動詞連用形＋具体名詞］型複合名詞の意味形成」『日本語の研究』7(2), 2011.

野中大輔(のなか　だいすけ)
現在，国立国語研究所プロジェクト非常勤研究員．
【主要業績】「語形成への認知言語学的アプローチ—under-V の成立しづらさと under-V-ed の成立しやすさ—」(萩澤大輝氏との共著) 岸本秀樹 (編)『レキシコンの現代理論とその応用』くろしお出版 2019．「構文の記述方法と構文の単位を問い直す—英語の場所格交替を例に—」『東京大学言語学論集』40, 2018．『不確かな医学』(シッダールタ・ムカジー著，訳書) 朝日出版社 2018．

野村益寛(のむら　ますひろ)
現在，北海道大学大学院文学研究院教授．
【主要業績】『認知言語学とは何か—あの先生に聞いてみよう—』(高橋英光氏・森雄一氏との共編著) くろしお出版 2018．「事象統合からみた主要部内在型関係節構文—「関連性条件」再考—」藤田耕司・西村義樹 (編)『日英対照　文法と語彙への統合的アプローチ』開拓社 2016．『ファンダメンタル認知言語学』ひつじ書房 2014．

長谷川明香(はせがわ　さやか)
現在，成蹊大学アジア太平洋研究センター客員研究員．
【主要業績】「認知言語学のどこが「認知的」なのだろうか？」(西村義樹氏との共著) 高橋英光・野村益寛・森雄一 (編)『認知言語学とは何か—あの先生に聞いてみよう—』くろしお出版 2018．『メンタル・コーパス—母語話者の頭の中には何があるのか—』(ジョン・R. テイラー著，西村義樹氏・平沢慎也氏・大堀壽夫氏との共編訳) くろしお出版 2017．「語彙，文法，好まれる言い回し—認知文法の視点—」(西村義樹氏との共著) 藤田耕司・西村義樹 (編)『日英対照　文法と語彙への統合的アプローチ—生成文法・認知言語学と日本語学—』開拓社 2016．

平沢慎也(ひらさわ　しんや)
現在，慶應義塾大学非常勤講師，東京大学非常勤講師，東京外国語大学非常勤講師．
【主要業績】『前置詞 by の意味を知っているとは何を知っていることなのか—多義論から多使用論へ—』くろしお出版 2019．『メンタル・コーパス—母語話者の頭の中には何があるのか—』(ジョン・R. テイラー著，西村義樹氏・長谷川明香氏・大堀壽夫氏との共編訳) くろしお出版 2017．Why is the *wdydwyd* construction used in the way it is used? *English Linguistics* 33 (2), 2017.

本多　啓(ほんだ　あきら)
現在，神戸市外国語大学英米学科教授．
【主要業績】「構文としての日本語連体修飾構造—縮約節構造を中心に—」天野みどり・早瀬尚子 (編)『構文の意味と拡がり』くろしお出版 2017．『知覚と行為の認知言語学—「私」は自分の外にある—』開拓社 2013．『アフォーダンスの認知意味論—生態心理学から見た文法現象—』東京大学出版会 2005．

籾山洋介（もみやま　ようすけ）
現在，南山大学人文学部日本文化学科教授.
【主要業績】「ステレオタイプの認知意味論」『認知言語学論考 No.13』ひつじ書房 2016.『日本語研究のための認知言語学』研究社 2014.『日本語は人間をどう見ているか』研究社 2006.

八木橋宏勇（やぎはし　ひろとし）
現在，杏林大学外国語学部准教授.
【主要業績】「使用基盤モデルから見たことわざの創造的使用」『ことわざ』7, ことわざ学会 2015.「実践的イディオム学習への認知的アプローチ」『杏林大学外国語学部紀要』24, 2012.『聖書と比喩—メタファを通して旧約聖書の世界を知る—』（橋本功氏との共著）慶應義塾大学出版会 2011.

成蹊大学アジア太平洋研究センター叢書

認知言語学を紡ぐ

2019年 10月30日　第1刷発行

編　者　　森　雄一・西村義樹・長谷川明香

発行人　　岡野秀夫

発　行　　株式会社　くろしお出版
　　　　　〒102-0084　東京都千代田区二番町4-3
　　　　　電話：03-6261-2867　FAX：03-6261-2879　WEB：www.9640.jp

印刷所　　シナノ書籍印刷

装　丁　　右澤康之

© Seikei University Center for Asian and Pacific Studies　2019
Printed in Japan　ISBN978-4-87424-814-0 C3080

本書の全部または一部を無断で複製することは，著作権法上での例外を除き禁じられています